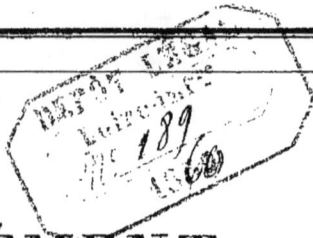

SUPPLÉMENT

A LA

GÉNÉALOGIE

DE LA MAISON

DE CORNULIER

IMPRIMÉE EN 1847.

~~~~~

NANTES,

And GUÉRAUD ET Cie, IMPRIMERIE-LIBRAIRIE

DU PASSAGE BOUCHAUD.

—

1860.

SUPPLÉMENT

A LA

GÉNÉALOGIE

DE LA MAISON

DE CORNULIER

IMPRIMÉE EN 1847.

Tiré à 200 exemplaires pour la famille; ne se vend pas. Ce supplément comprend l'analyse des actes relatifs à la famille de Cornulier, qui ont été retrouvés depuis 1847, et des notices sur toutes les familles qui lui sont alliées.

NANTES,

And GUÉRAUD ET Cie, IMPRIMERIE-LIBRAIRIE

DU PASSAGE BOUCHAUD

—

1860.

AVERTISSEMENT.

La Généalogie de la maison DE CORNULIER a été éditée en 1847 par les soins de feu M. Laîné; elle est divisée en deux parties : 1° la Filiation proprement dite, qui comprend 44 pages d'impression; 2° les Preuves et pièces accessoires, qui en comprennent 179; en tout, 223 pages in-8°. La première partie a été insérée dans le tome XI des *Archives généalogiques et historiques de la Noblesse de France*, recueil que rédigeait alors M. Laîné, et c'est, à proprement parler, la seule qui ait été publiée; la seconde partie, tirée à 200 exemplaires seulement, n'a point été mise en vente.

Depuis 1847, un assez grand nombre de pièces, qui étaient alors inconnues, ont été retrouvées (¹);

___

(1) Des découvertes en ce genre n'ont rien qui doive surprendre, et il en reste sans doute beaucoup d'autres à faire, car on n'a pu travailler que sur des chartriers fort mutilés, et ceux qui sont intacts se trouvent rarement complets. A l'époque où le pillage et l'incendie des châteaux commençait à devenir fort à la mode, les archives du château de *Vair* furent renfermées dans treize barriques et quatre coffres qu'on conduisit à Ingrande et de là, par eau, à Nantes, dans une maison louée tout exprès pour les recevoir, au faubourg de Richebourg. Cette maison était au bord de l'eau, on avait logé le dépôt au rez-de-chaussée; une

quelques inexactitudes ont été reconnues, et l'on a
jugé utile de donner plus de développement à l'exposition des alliances : ce sont ces additions et ces rec-
tifications qui forment la matière du Supplément que

---

grande crue survint dans la Loire; il allait être inondé, lorsque
la personne qui en avait la garde le fit charger sur une charrette
pour le transporter ailleurs. Dans cette opération, une des barriques se défonça; il en tomba des liasses de parchemins garnis
de lacs de soie et de gros cachets : à cette vue, la foule se rassem-
bla; elle commençait à murmurer, lorsque le charretier jugea
prudent de fouetter ses chevaux et de s'éloigner au plus vite. De
son côté, le gardien de la maison, pour détourner l'orage et
éviter d'être compromis, s'empressa de faire acte de civisme en
mettant le feu lui-même à tout ce qui était demeuré sur la place.
Tous les papiers existant au château de *la Caraterie* furent
incendiés avec la maison durant les guerres de la Vendée. Ceux
de la branche *de Montreuil* sont passés dans des familles étrangères, qu'ils intéressaient médiocrement, et l'on ignore au juste
quel a été leur sort.
Quant aux archives de *Lucinière*, peu de jours avant son départ pour l'émigration, M. de Lucinière fit, fort à la hâte, un
choix des pièces qu'il jugeait les plus importantes; on les ren-
ferma dans une barrique qui fut conduite chez Mme Thélot, au
bourg de Joué, et enterrée de nuit dans sa cave. Lorsqu'on en fit
l'ouverture, en 1802, au retour d'Angleterre, tous les papiers
étaient absolument pourris. Le régisseur de Lucinière, Caillaud,
garda pendant la Terreur, au village de la Demenure, en Joué,
une partie des titres de cette terre; obligé de les reléguer dans
son grenier, pour les soustraire à l'incendie, ils y furent très-
maltraités par les rats. Cachés de nouveau en terre, par excès de
précaution, en 1815, ils y ont été complètement détruits. Tout
ce qui se trouvait à *Lorière*, concernant les propriétés d'outre-
Loire, disparut dans l'incendie de cette maison en 1793. Mais les
papiers qu'on avait jugés de moindre importance et qui, par cette
raison, avaient été abandonnés dans le chartrier de Lucinière, y
demeurèrent intacts, bien que le château eût été converti en
cabaret durant la Révolution, et peut-être même grâce à cet
expédient, imaginé par le garde Guérand, pour le préserver de
l'incendie.
D'autres papiers, saisis chez des hommes d'affaires, où ils se
trouvaient déposés, ont été gardés par les administrations de
l'époque comme titres utiles aux biens nationaux. Enfin, en ce
qui concerne les pièces anéanties, toute trace de leur contenu
n'a pas disparu avec elles : on en retrouve des minutes ou des
expéditions; des analyses lus ou moins étendues, soit à l'occasion de leur enregistrement, soit par suite de leur production en
justice ou ailleurs, et des mentions tout à fait imprévues. Ces
recherches sont nécessairement longues et laborieuses, aussi
pense-t-on avoir fait une chose utile en réunissant ici tout ce que
l'on a pu rassembler en ce genre; ce travail, une fois fait, ne sera
plus à recommencer, mais on ne saurait dire encore quand il sera
complet.

l'on donne aujourd'hui. Il se compose de trois parties distinctes :

1º *Additions et Corrections à la Généalogie imprimée en 1847*. Cette partie ne comprend que les corrections proprement dites, ou les *errata*, et les additions qui ne réclament aucun développement.

2º La *Généalogie de la maison de Cornillé, de Vitré, de laquelle la maison de Cornulier est sortie*. Cette généalogie est divisée en deux sections : la première comprend la filiation, autant qu'il a été possible de l'établir; la seconde renferme les preuves de cette filiation et celles de l'identité des deux races. Cette deuxième partie est destinée à remplacer tout ce qui a été dit sur le même sujet, dans la Généalogie imprimée en 1847, sous les titres d'*Origine et premiers sujets de la maison de Cornulier*, et de *Mémoire sur l'identité des noms de Cornulier et de Cornillé*; c'est-à-dire, tout ce qui est compris entre les pages 45 et 75.

3º La troisième partie, la plus considérable de toutes, est un Supplément aux Preuves des degrés établis dans la Généalogie de 1847. Là ont été classées, sous le degré auquel elles se rapportent, dans chacune des quatre branches principales, toutes les pièces nouvellement recueillies, et exposées les parentés résultant de chaque alliance. Chaque génération est ainsi connue non-seulement par ses actes directs, mais encore par l'entourage au milieu duquel elle vivait et par ses liens de consanguinité, ce qui a de tout temps été considéré comme la perfection dans les ouvrages de ce genre.

Pour exposer les parentés les plus proches résultant de chaque alliance, il faut remonter aux huit bisaïeuls et bisaïeules de chaque femme; c'est-à-dire, établir ses huit quartiers, ce qui donne quatre mariages, dont les descendants, dans toutes les lignes, constituent la plus proche parenté de chaque femme. Il n'a pas toujours été possible de retrouver les huit quartiers complets de chaque femme, ni de suivre leur descendance dans

toutes les lignes : quelquefois elle n'était pas entièrement connue ; souvent elle était tellement nombreuse, que son exposition intégrale aurait exigé trop
d'espace.

D'autres parentés résultant des mariages des
demoiselles de Cornulier, on a dû exposer également
leur postérité.

La valeur des alliances a toujours été prise en
grande considération quand il s'agit de classer les
familles ; pour répondre à ce sentiment général, on
a dit ce qu'étaient les maisons dans lesquelles les
demoiselles de Cornulier s'étaient mariées, et l'on a
dû parler des huit quartiers des dames entrées dans
la maison de Cornulier.

Les preuves de quartiers les plus étendues qui
fussent exigées en France, n'en comprenaient que
seize : c'étaient, pour les hommes, celles des chapitres de Beaume-les-Messieurs, de Lure et Murback,
de la métropole de Besançon, de la cathédrale de
Saint-Claude, des comtes de Brioude, des comtes de
Saint-Pierre de Mâcon et de la confrairie de Saint-
Georges de Bourgogne ; pour les femmes, celles des
chapitres de Château-Châlon, de Lons-le-Saulnier, de
Migette, des baronnes d'Andlaw et des baronnes
d'Ollmarsheim. Or, les preuves de huit quartiers étant
établies pour chaque femme, celles de seize quartiers
se trouvent naturellement faites pour leurs enfants.

Sous le régime existant avant 1789, ces preuves
avaient leur raison d'être : aujourd'hui, avec les partages égaux, elles seraient sans objet comme institu-
tion sociale ; mais, sous le rapport de la distinction
des familles, elles ont conservé toute leur valeur
morale. Tant que les enfants succéderont aux biens
de leurs pères, on trouvera naturel qu'ils héritent
également des distinctions qu'ils ont acquises : aussi
longtemps que les femmes apporteront à leurs époux
une dot pécuniaire, on prendra en considération
l'honneur de ceux auxquels elles appartiennent. Les
qualités personnelles doivent, sans doute, passer en

première ligne ; mais s'arrêter là, ce serait oublier que la société se compose d'une agglomération de familles à sa base, pour n'y voir qu'un assemblage d'individualités indépendantes les unes des autres, ce qui est l'erreur socialiste.

ADDITIONS ET CORRECTIONS

GÉNÉALOGIE DE LA MAISON DE CORNULIER

IMPRIMÉE EN 1847.

Page 2, ligne 6 de la 1re note, *ajoutez :* Les armes de Cornulier sont données correctement dans le *Promptuaire Armorial* de Jean Boisseau, 1 vol. in-f°, Paris, 1658. Charles Segoing, dans son *Mercure Armorial*, in-f°, 1657, a fait erreur dans les émaux.

P. 3, l. 2 de la note, au lieu de : comte de Plochan, *lisez :* comte de Plorhan.

P. 4, l. 1 et 2, *effacez :* d'une branche bretonne.

P. 6, l. 15, après ces mots : 3° Pierre de Cornulier, *effacez :* religieux de l'ordre de Saint-Benoît, et *ajoutez :* né à Nantes en 1575, entra dans les ordres sacrés en 1593.

P. 6, l. 18, *dites :* abbé commendataire de Sainte-Croix de Guingamp en 1598.

P. 7, l. 32, après : des Croix, *ajoutez :* paroisse de Saint-Martin, près Rennes.

P. 8, l. 6, après 1634, *ajoutez :* puis conseiller du Roi en ses conseils d'État et privé.

P. 8, l. 37, au lieu de : Kerstang, *lisez :* l'Étang ; et au lieu de Rodrou, *lisez :* Roudourou, près Guingamp.

P. 9, l. 30, après : Beauchesne, etc., *ajoutez :* fils aîné, héritier principal et noble de Louis du Bois et de Françoise *le Gay,* dont elle n'eut pas d'enfants.

P. 9, l. 31, après : grand conseil, *ajoutez :* fils de défunt messire Claude Foucault, conseiller du Roi en ses conseils d'État et privé, doyen de la cour des Aides de Paris, et de Madeleine *Aubry*.

P. 10, l. 16, après ces mots : sans admiration, *ajoutez :* le père Surin, jésuite, lui adresse plusieurs de ses lettres qui ont été publiées.

P. 10, l. 21, au lieu de : Rodrou, *lisez :* Roudourou.

P. 12, armes des GUYET, en marge, *lisez :* d'or au lion de sable.

P. 13, l. 13, après 3°, *ajoutez :*

4° François-Joseph de Cornulier, né à Rennes, paroisse de Saint-Aubin, le 21 octobre 1673, mort jeune.

P. 13, l. 31, après : François Deniau, *effacez :* comte de Châteaubourg, président au parlement de Bretagne, et *remplacez par :* seigneur de Chanteloup, conseiller au parlement de Bretagne, et de Marguerite *le Sarrazin*.

P. 14, l. 3, au lieu de : N** Boislève, *lisez :* François de Boislève, seigneur de Chamballan.

P. 14, l. 8, *effacez :* n'eut pas d'enfants de ce dernier mariage, et *lisez :* n'eut de ce dernier mariage qu'une fille, née en 1720, et qui mourut en bas âge.

P. 14, l. 10, après : Élisabeth de Cornulier, *ajoutez :* née en 1682.

P. 14, l. 12, après : Bretagne, *ajoutez :* fils de Paul Hay et de Françoise *de Bréhan*. — Et après la Touche, *ajoutez :* et mourut en 1747.

P. 14, l. 19, après : mariée, *dites :* le 8 mars 1747, à Louis-Marie-Joseph *le Gall*, seigneur de Cunfiou, comte de Ménoray, conseiller au parlement de Bretagne, fils de Guillaume le Gall, conseiller au même parlement, et de Renée *Bernard des Greffins*. Elle mourut sans postérité. Son mari épousa en secondes noces Mlle *Fabrony*, et mourut sans enfants en 1780.

P. 15, l. 2 en comptant du bas, après : 1662, *ajoutez :* capitaine-lieutenant au même corps en 1664.

P. 15, l. 28, après : dame de la Tronchaye, *ajoutez :* née à Rennes, paroisse de Saint-Jean, le 1er juillet 1725.

P. 16, l. 17, après : Cosnier, *ajoutez :* dame du Boisbenoît, près Vallet.

P. 16. *Rétablissez* comme suit tout ce qui est compris entre les lignes 18 et 36 :

1° Claude, II° du nom, né à Nantes le 1ᵉʳ janvier 1666, mentionné ci-après ;

2° Pierre-Marie de Cornulier, né le 7 mars 1669 ;

3° Autre Claude de Cornulier, né le 2 mai 1678, mort le 7 septembre suivant ;

4° Autre Claude de Cornulier, né au Boismaqueau le 2 octobre 1685, dit l'abbé du Boismaqueau, prieur de la Madeleine d'Iff, dans la paroisse du Gâvre, fit ses preuves pour l'ordre de Saint-Lazare en 1723 ;

5° Marie de Cornulier, née en 1670 ;

6° Marie-Anne de Cornulier, née le 9 septembre 1671, religieuse aux Ursulines de Nantes ;

7° Pélagie de Cornulier, née le 31 décembre 1676, mariée le 9 juillet 1692 à Toussaint *Henry*, seigneur de la Plesse, dont un fils unique conseiller au parlement de Bretagne ;

8° Julie de Cornulier, née le 14 septembre 1679, mariée le 16 juillet 1697 à Paul *le Feuvre*, seigneur de la Brulaire, fils de Charles et de dame Hippolyte *de Chevigné*. Ladite Julie de Cornulier morte le 17 août 1755, laissant deux garçons et deux filles ;

9° Thérèse de Cornulier, née le 1ᵉʳ mars 1681, morte le 20 du même mois ;

10° Prudence-Renée de Cornulier, née le 27 mai 1682, morte le 25 décembre 1692 ;

11° Eulalie de Cornulier, née le 26 janvier 1690, morte au Boisbenoît le 16 novembre 1715, non mariée.

P. 16, l. 37, au lieu de : 1ᵉʳ janvier 1665, *lisez :* 1ᵉʳ janvier 1666.

P. 18, l. 6, après : mariée, *ajoutez :* le 11 mars 1720, à Jean-Pierre *Charbonneau*, chevalier, seigneur de l'Étang, Mouzeil, fils de Pierre Charbonneau et d'Yvonne *Baudouin*.

P. 18, Rameau de la Sionnière, l. 1ʳᵉ, après : Cornulier, *ajoutez :* né en 1709.

P. 18, Rameau de la Sionnière, l. 6, après : de la Bothinière, *ajoutez :* née le 29 septembre 1709.

P. 18, Rameau de la Sionnière, l. 10, après : de France, *ajoutez :* seigneur de Cordemais et de la Haye-Mahéas.

P. 19, l. 6, après : suivant, *ajoutez :* conseiller du Roi en ses conseils d'État et privé.

P. 19, l. 26, *lisez :* 3° Joseph-Élisabeth, vicomte de Cornulier, né à Rennes le 28 juin 1745.

P, 19, l. 28, après : marié avec, *dites :* Louise-Reine *de Kervenozaël,* fille de Laurent-Guillaume de Kervenozaël, chevalier, seigneur de Kerambriz, chef de sa maison, et de Louise-Joséphine-Reine *de Boutouillic.* Elle était veuve alors de Jean-Louis Baillon de Servon, conseiller d'État, intendant de Lyon, et elle se remaria, en troisièmes noces, en 1777, au vicomte Joseph du Dresnay.

Et en marge, *ajoutez :* KERVENOZAËL : d'argent à cinq fusées rangées et accolées de gueules, surmontées de quatre molettes d'éperon de même.

P. 20, l. 10, au lieu de : qu'un fils, *lisez :* qu'une fille.

P. 20, l. 19, au lieu de : 1755, *lisez :* 1753.

P. 20, l. 20, au lieu de : contrat du 4 mars, *lisez :* contrat passé à Rennes le 4 mai.

P. 20, l. 29, après : 1740, *ajoutez :* baptisé à Anetz le 28 février 1740.

P. 20, l. 34, après : Rennes, *ajoutez :* le 17 juin 1766.

P. 20, l. 37, après : Jeanne-Marguerite Hay des Nétumières, *ajoutez :* héritière principale du rameau des Hay, seigneurs de Châteaugal et de Tizé.

P. 21, l. 17, après : de la Balue, *ajoutez :* morte à Nantes le 28 janvier 1858.

P. 21, dernière ligne, après : le Roux, *ajoutez :* morte à Nantes, en 1857, sans postérité.

P. 22, l. 24, après : née à Mont-de-Marsan le 8 juillet 1838, *ajoutez :* mariée dans la même ville, le 11 février 1857, à Joseph-Victor comte *de Lonjon,* fils de Clément-François-Louis-Joseph comte de Lonjon, officier des gardes du corps du Roi, et de Marie-Léonide *Brocque.*

P. 22, l. 33, après : de la Renommière, *ajoutez :* dont il a :

1° Jean-Henri-Marie de Cornulier, né à Caen le 5 février 1849.

2° Henri-Marie-Edmond-Toussaint de Cornulier, né à Caen le 18 décembre 1849.

3° Marie-Madeleine-Aglaé-Joséphine de Cornulier, née à Caen le 21 juillet 1851.

P. 23, l. 17, *lisez :* Louise *de la Jou*, fille unique de feu messire Jean de la Jou, écuyer, seigneur de la Caraterie, et de dame Élisabeth *Nepvouet.* (Contrat de Coudret et Charier, notaires à Nantes.)

Et *en marge,* sous DE LA JOU, *ajoutez :* de sable au croissant d'argent, accompagné de trois étoiles d'or.

P. 24, l. 4, *lisez :* Julienne *Hallouin*, dame de la Houssinière, fille de feu écuyer Pierre Hallouin, seigneur de la Moronnière, sénéchal de Clisson, et de feue Françoise *Monnier.* (Contrat du 31 janvier 1681, le Jay et Bourday, notaires à Nantes.)

P. 24, l. 6, *ajoutez :* Charles-Yoland de Cornulier avait pour curateur, en 1710, Claude de Cornulier, seigneur du Boismaqueau, président en la chambre des Comptes.

P. 24, l. 17, après : ursuline à Nantes, *ajoutez :* en 1697.

P. 24, l. 18, après : mariée, *lisez :* par contrat du 28 février 1709, au rapport de Forget, notaire royal à Nantes, à Simon *de Ruis,* alors capitaine de grenadiers au régiment de Navarre, depuis colonel du régiment de son nom.

P. 24, Rameau de la Pajotterie, l. 4, après : Anne le Meignen, *ajoutez :* ou *le Maignan,* qui est le même nom.

P. 25, l. 2, après : comté Nantais, *ajoutez :* donna partage noble à ses juveigneurs par acte du 25 février 1729, au rapport de des Boys et Coiquaud, notaires à Nantes.

P. 25, l. 18, 3° Charlemagne, II° du nom, qui suit, *reportez* cet article au troisième lit, au lieu du second lit, où il a été placé par erreur. Dans beaucoup d'exemplaires, cette faute de transposition a été corrigée au moyen d'un carton pour cette page 25.

P. 25, l. 22, après : Bourgogne-infanterie, *ajoutez :* puis capitaine au bataillon de garnison de Royal-vaisseaux.

P. 25, l. 4 en comptant du bas, après : 1764, *ajoutez :* donna partage noble à ses juveigneurs le 18 mars 1768, et épousa, par contrat du 29 mai 1770, au rapport de Moricet et Jalabert, notaires à Nantes, Rose-Charlotte *de Goyon,* demoiselle de Brissac, fille de feu Arnaud-François de Goyon, chevalier, seigneur des Hurlières, du Boiscornillé, la Motte-Roussel, etc., et de Renée *de Luynes.*

P. 26, l. 11, après 1773, *ajoutez :* fit ses preuves pour le grade de sous-lieutenant, au cabinet du Saint-Esprit, devant Chérin fils, le 5 juin 1787.

P. 27, l. 8 en comptant du bas, après 1799, *ajoutez* : élu membre du conseil municipal de Nantes le 24 juillet 1848 ; élu membre du conseil général de la Loire-Inférieure, par le canton de Machecoul, le 20 août 1848 ; lieutenant de louveterie en 1849.

P. 28, l. 3, après 1828, *ajoutez* : ordonné prêtre à Saint-Pierre de Rome à Noël 1857 ; nommé camérier secret du Saint-Père, avec le titre de *Monsignor*, à la Trinité 1858.

P. 29, l. 28, après : Buor, *ajoutez* : morte à Nantes le 21 février 1856.

P. 29, l. 31, après 1815, *ajoutez* : élu membre du conseil d'arrondissement de Nantes , par le canton de Machecoul, le 27 août 1848, fit partie des volontaires de Nantes qui marchèrent au secours de Paris en juin 1848.

P. 30, l. 11, après : dont il a, *dites* :

> 1º Auguste-Marie de Cornulier, né à Nantes le 22 mai 1853 ;
>
> 2º Marie-Charles de Cornulier, né à la Lande le 19 novembre 1856 ;
>
> 3º Louis-Henri-Marie de Cornulier, né
>
> 4º Marie-Caroline de Cornulier, née à la Lande le 23 juin 1847 ;
>
> 5º Yolande-Marie de Cornulier, née à la Lande le 24 juin 1848 ;
>
> 6º Berthe-Marie de Cornulier, née à la Lande le 20 juin 1849.

P. 30, branche de Lucinière, l. 2, au lieu de : la Gazoire, *lisez* la Motte, dans la paroisse d'Ercé-en-la-Mée.

P. 30, branche de Lucinière, l. 5, après 1574, *ajoutez* : entra comme page au service du duc de Mercœur en 1588, et servait encore près de sa personne en 1593.— Après conseiller du Roi, *ajoutez* : en ses conseils d'État et privé.

P. 31, l. 10, après : conseiller du Roi, *ajoutez* : en ses conseils d'État et privé, et son aumônier.

P. 31, l. 21, *rétablissez ainsi le Nº 2* :

> 2º Victor de Cornulier, seigneur de Montreuil, né le 18 février 1606, épousa, le 29 juillet 1631, Jacqueline *de la Rivière*, fille de messire Louis de la Rivière, seigneur de la Bérangerais, et de Marie *du Ponceau;* il mourut

avant 1636, et sa veuve se remaria avec messire Roland
Morin, seigneur du Trest et du Boistrehan, baron de
Guer, alors conseiller au parlement de Metz, depuis
conseiller d'État, avocat général et président en la
chambre des Comptes de Bretagne, fils de Jean Morin,
aussi conseiller d'État et président au présidial de
Vannes; dont postérité.

Du 1er lit, Jacqueline de la Rivière n'avait eu qu'une
fille, Marie de Cornulier, née à Nantes le 5 octobre
1633, qui fit profession aux Ursulines de Nantes en
1650.

En marge de cet article, *ajoutez* : DE LA RIVIÈRE :
d'or à cinq fusées de gueules accolées, au franc quartier
d'hermines brochant sur les fusées.

P. 32, l. 3, au lieu de : fils de Pierre, *lisez* : fils de Prégent.

P. 32, l. 13, après : Garnier, *ajoutez* : fille de N. H. René Garnier,
seigneur de la Repenelaye, en Anjou, et de Françoise
le Din. (Les armes en marge sont douteuses.)

P. 32, l. 7 en comptant du bas, après : comté Nantais, *ajoutez* :
à l'arrière-ban convoqué en 1690.

P. 33, l. 3, *ajoutez* :
  14° Catherine de Cornulier, supérieure des religieuses de
  Sainte-Ursule à Nantes, de 1649 à 1652.

P. 33, l. 15 de la branche de Montreuil, après : de la Caraterie,
ajoutez : Charlotte le Tourneulx se remaria en secondes
noces avec messire Pierre *Picaud*, chevalier, seigneur de
la Pommeraie.

P. 34, l. 21, après : vivant en 1676, *ajoutez* : prieur du Tertre,
dans la paroisse de Lavau.

P. 34, Rameau du Pesle, l. 4, après 1655, *ajoutez* : reçu chevalier de Saint-Lazare en 1681.

P. 35, l. 16, au lieu de : à Vannes, le 18 février 1679, *lisez* :
à Hennebont, devant Bourges, notaire royal, le 12 février
1679 (mariage bénit le lendemain dans l'église de N.-D.
du Paradis de la même ville), avec Françoise Dondel,
morte à Lucinière, le 30 mai 1704.

P. 35, l. 31, après : seigneur, *lisez* : de la Roche-Gautron, fille
de Louis Trotereau, seigneur du Palierne en Moisdon, et
de Jeanne *Chrestien*.

P. 36, l. 2, 3, 4, en comptant par le bas, *effacez* : il fut reçu de
l'académie d'Angers en 1758 (*Année littéraire 1758*, t. IV).

P. 36, Rameau du Vernay, l. 13, après : Collas de l'Épronnière, établissez un renvoi (¹), et *lisez en note :* (¹) La famille COLLAS, de Bretagne, maintenue d'ancienne extraction en 1669, porte : *d'argent à l'aigle impériale de sable, becquée, membrée et couronnée de gueules.*

P. 37, l. 1ʳᵉ, au lieu de : née en 1689, *lisez :* née à Lucinière, le 18 décembre 1686, nommée à Rennes, paroisse de Saint-Pierre-en-Saint-Georges, le 9 janvier 1693; mariée, le 26 avril 1712, à messire Louis *Chotard,* intendant général de S. A. S. le prince de Condé dans les provinces de Bretagne, Anjou, Touraine et Poitou.

P. 37, l. 7, après : fils, *ajoutez :* unique, Hʳ P. et N.
Et en secondes noces avec Emmanuel Cassard, etc., veuf de Françoise *Merlet de la Guyonnière,* fils d'écuyer Paul Cassard, seigneur de la Frudière, de la Jou, de Vigneux, de la Poissonnière, du Port-Lambert, etc., juge criminel au présidial de Nantes, ancien maire de cette ville, et de Françoise *Mesnard.*

P. 37, l. 24, au lieu de : outre quatre, *lisez :* onze enfants; et *intercalez* immédiatement après cette ligne :

1° Jean-Baptiste-Ange-Benjamin-Toussaint de Cornulier, né à Rennes, paroisse de Saint-Germain, le 18 décembre 1722. Vivait encore en 1730.

3° Julien-Benjamin de Cornulier, né à Lucinière le 30 mai 1730, mort le 2 juin suivant.

P. 37, l. 26, après : capitaine de cavalerie, *ajoutez :* reçu à l'académie d'Angers en 1758 (*Année littéraire 1758,* t. IV).

P. 37, l. 30, au lieu de : née en 1723, *lisez :* née à Rennes, paroisse de Saint-Pierre-en-Saint-Georges, le 19 janvier 1724.

P. 39, l. 5 en comptant par le bas, après : Cornulier, *ajoutez :* seigneur de Lucinière, né à Rennes, paroisse de Toussaint, le 31 juillet 1771.

P. 39, l. 2 en comptant par le bas, après 3°, *ajoutez :* Henri-Louis de Cornulier, né à Rennes, paroisse de Toussaint, le 13 janvier 1777.

P. 42, l. 22, après : l'artillerie navale, *ajoutez :* et sur l'histoire du comté Nantais et celle de sa famille.

P. 42, l. 2 en comptant par le bas, aux notes, au lieu de : trois étoiles d'argent, *lisez :* trois étoiles d'or.

P. 43, l. 11, après : de 1ʳᵉ classe le, *ajoutez :* 16 juillet.

P. 43, l. 13, après : Bône, le, *ajoutez :* 10 mai.

P. 43, l. 17, après : de la Tour et de l'Épée, *ajoutez :* en 1847, pour l'expédition de Sétuval; officier de la Légion d'honneur en 1853; capitaine de vaisseau en 1855, pour la prise de Kinburn ; officier de l'ordre turc du Medjidié.

P. 43, ligne 19, au lieu de : Victor-Louis-Henri, *lisez :* Louis-Henri-Alexandre.

P. 43, après la ligne 31, *ajoutez :*

    E. Louise-Anne-Henriette-Marie de Cornulier-Lucinière, née à Nantes le 24 juillet 1851 ;

    F. Gustave-Jean-Marie-Alfred de Cornulier-Lucinière, né à Nantes le 8 novembre 1855.

P. 43, dernière ligne, à la note, au lieu de : trois dauphins, *lisez :* au dauphin.

P. 44, l. 1re, après 1817, *ajoutez :* licencié en droit, fit partie du premier détachement des volontaires orléanais qui marchèrent au secours de Paris en juin 1848 et se trouvèrent à l'affaire du Carrousel.

P. 44, l. 15, après 1845, *ajoutez :* capitaine au 3e bataillon de chasseurs à pied, le 6 décembre 1850 ; chef de bataillon du 9e bataillon de chasseurs à pied, le 27 janvier 1855 ; commandant du bataillon de chasseurs à pied de la garde, le 22 août 1855 ; chevalier de la Légion d'honneur en 1848, à l'occasion de la prise d'Abd-el-Kader ; chevalier du Medjidié de Turquie après la bataille d'Inkermann ; un des plus brillants officiers de l'armée d'Orient, tué sur la brèche à l'assaut de Sébastopol, le 8 septembre 1855.

P. 44, l. 22, après : le 27 mai 1847, *ajoutez :* mort du choléra, à Paris, le 6 juin 1849.

    B. Charles-Marie de Cornulier-Lucinière, né à Nantes le 27 janvier 1849, mort le même jour que son frère.

    C. Pierre-Charles-Marie de Cornulier-Lucinière, né à Douai, en Flandre, le 20 avril 1851, mort à Nantes le 29 mai 1859.

    D. Anne-Marie-Marguerite de Cornulier-Lucinière, née à Nantes le 18 avril 1850.

P. 44, l. 29, après : Sartoris, *ajoutez :* de la famille Robert, seigneur du Moulin-Henriet, en Sainte-Pazanne, au comté Nantais, qui porte : *de sable à trois coquilles d'or.*

Les pages 45 à 75 sont entièrement refondues dans la seconde partie de ce Supplément.

P. 81, l. 1ʳᵉ, au lieu de : 1635, *lisez :* 1645.

P. 87, l. 2 en comptant par le bas, au lieu de : Robert Teun, *lisez :* Robert Thevin.

P. 91, l. 5 et 6, *effacez :* mais ces besants leur étaient personnels et marquaient seulement leur office de trésoriers généraux; et *substituez :* mais c'est une erreur de l'armoriste.

P. 92, dernière ligne, après le dernier mot de la note, *ajoutez :* On peut voir cette question traitée à fond et résolue de la même manière dans le savant *Traité de la Noblesse* de la Roque, chapitre LXVIII.

P. 95, l. 20, *effacez :* de l'ordre de Saint-Benoît.

P. 96, l. 15, après : un million d'or, *ajoutez :* c'est-à-dire, trois millions de livres.

P. 98, après la l. 9, *ajoutez :* Des mémoires sur la Ligue en Bretagne, publiés par D. Morice, disent que ce Jacques de Launay était normand; mais les provisions suivant lesquelles il fut reçu conseiller au parlement de Bretagne, le 27 mars 1570, et président à mortier le 27 avril 1598, le font naître à Paris.

P. 99, l. 39, *ajoutez :* Hélène de la Noue, mariée en 1630 à Jean de Saint-Pern, seigneur du Lattay, conseiller d'État, dont elle eut :

1° Pierre, qui suit;

2° Charles-Joseph de Saint-Pern, docteur de Sorbonne;

3° Charles de Saint-Pern, chevalier de Malte en 1662, célèbre dans les annales de son ordre, racheté de son esclavage à Tunis par les États de Bretagne;

4° Gabrielle de Saint-Pern, femme de Julien Guichard, seigneur de la Vigne.

XII. Pierre de Saint-Pern, seigneur du Lattay, président au parlement de Bretagne, épousa Yolande de la Marche, dont :

XIII. Louis-Célestin de Saint-Pern, colonel d'infanterie, père de :

XIV. Pierre-Placide de Saint-Pern, seigneur du Lattay, épousa 1° Jeanne-Charlotte-Hiéronyme de Cornulier, dont il n'eut pas d'enfants; 2° demoiselle de la Bourdonnaye de Liré, qui le rendit père de :

XV. Louis-François-Toussaint de Saint-Pern, mort sans postérité.

P. 100, l. 10 de l'article de la Touche, après : Nicolas, sire de la Roche-en-Nort, *ajoutez :* (Nicolas de Laval, baron de la Roche-Bernard.)

P. 101, l. 10, au lieu de : seigneurie de Sans, *lisez :* seigneurie de Jans.

P. 101, l. 11, après : François Dolo, *ajoutez :* Tous ces acquêts furent faits en communauté par Pierre Perrault et Perrine Vivien, sa femme, à laquelle ils restèrent. Celle-ci, étant devenue veuve sans enfants, épousa en secondes noces Toussaint de Comaille, auquel elle les apporta en mariage.

P. 105, à la fin de l'article LUCINIÈRE, *ajoutez :*

On peut se faire une idée de l'immense progression des biens fonds par le bail général de la terre de Lucinière, consenti devant Belon et Petit, notaires à Nantes, le 31 juillet 1679, par dame Renée Hay, épouse de H. et P. seigneur messire Claude de Cornulier, chevalier, seigneur de la Touche, Vair, la Haye, etc., conseiller d'État, président au parlement de Bretagne, stipulant en vertu des pouvoirs à elle donnés par messire Claude de Cornulier, seigneur de Lucinière, abbé de Blanchecouronne et du Hézo. Elle donne à ferme pour sept années, commençant à la Toussaint 1679, à messire Jean-Baptiste de Cornulier, chevalier, seigneur de Lorière, conseiller au parlement de Bretagne :

La maison, terre, seigneurie, fiefs, juridictions, rentes, casuels et autres revenus de Lucinière, sise aux paroisses de Nort et de Joué, avec toutes ses dépendances, généralement sans réserve. La maison garnie de ses meubles, les métairies de leurs bestiaux; la coupe des bois émondables et des taillis en leur temps; de tout quoi il sera dressé procès-verbal à l'entrée en jouissance, pour être rendu à la fin du bail au même prisage.

Ne sont pas compris dans ce bail les acquêts faits par l'abbé du Hézo des terres de la Gazoire et du Vernay (c'est-à-dire, qu'il ne concerne que la terre de Lucinière, telle, à fort peu de chose près, qu'elle se compose encore aujourd'hui).

Lequel bail est consenti moyennant le prix de *deux mille livres par an.*

Et pour qu'on ne pense pas que l'abbé du Hézo ait voulu favoriser son neveu et principal héritier, il exige, pour plus grande sûreté dudit paiement, la caution de N. H. Nicolas Paulus, commis de M. de Harouis, trésorier des États de Bretagne, lequel s'oblige à faire ces paiements directement audit abbé, à partir de la Toussaint 1680, moyennant le transport que lui fait ledit seigneur de Lorière

de pareille somme de 2,000 # par an, à prendre pendant
le cours de ladite ferme, sur les intérêts qui lui sont dus
par les États de cette province, à raison d'une somme de
30,000 # de principal, en laquelle il est subrogé par son
beau-père, par son contrat de mariage, en date du 12 février 1679, au rapport de Bourges, notaire royal à Hennebont,
laquelle somme de 30,000 #, engagée dans le petit devoir
des États, produit des intérêts à raison du denier douze.

Ce bail fut néanmoins sans effet, ayant été volontaire-
ment et d'un commun accord résilié le 12 avril 1680.

En 1785, cette terre se composait de 80 journaux de
bois futaie, dont la coupe était estimée 100,000 # ; sept
métairies à quatre bœufs, chacune de 75 à 80 journaux,
et produisant deux tonneaux de froment et un tonneau de
blé noir ou avoine ; une retenue de cent journaux, où l'on
avait cueilli cette année-là 12 tonneaux de froment et
300 boisseaux de blé noir ; cent écus de cidre ; cent cinquante barriques de vin ; 60 journaux de bois taillis produisant annuellement 35 milliers de fagot, valant 65 # le
millier, rendu à Nort ; une châtaigneraie ; des fiefs très-
étendus sur les paroisses de Nort et des Touches, et des
rentes foncières considérables en Joué ; deux moulins à
vent arrentés 80 boisseaux de seigle ; les deux tiers de la
dîme sur le fief et domaine en Nort ; le droit de pêche
exclusif dans la rivière tout le long des terres ; un colombier ; une chapelle pourvue d'un bénéfice de 80 # ; droit de
banc dans les églises de Nort, de Joué et des Touches, etc.

P. 109, dernière ligne, après : duc de Montbazon, *ajoutez* :
gouverneur de Nantes.

P. 110, l. 22, après : mariée, *ajoutez* : en 1647.

P. 110, dernière ligne, après : de Paris, *ajoutez* : en 1627.

P. 111, l. 2, après : grand conseil, *ajoutez* : en 1656, mort en
1677.

P. 118, l. 25, au lieu de : Mouffle et Rouxel, *lisez* : Baudry et le
Vasseur.

P. 119, l. 28, au lieu de : Chomguy, *lisez* : Chevigny.

P. 120, après : l'extrait des registres de la paroisse de Nozay,
ajoutez : (Les anciens registres de Nozay devaient renfer-
mer un grand nombre d'actes relatifs aux *Cornulier* ;
malheureusement ils ont tous été détruits dans un incendie, en 1792, et les copies qui existent à Châteaubriant ne
remontent pas au delà de 1668 ; l'extrait ci-dessus a été
retrouvé isolé.)

P. 121, l. 28, après : et autres, *ajoutez :* le tout d'un revenu de plus de dix mille livres.

P. 127, dernière ligne, après : mère, *ajoutez :* enregistrées à la chambre des Comptes le 19 août 1702, et au parlement le 14 décembre suivant.

P. 128, l. 26, au lieu de : Cienfiou, *lisez :* Cunfiou.

P. 129, l. 19 et 20, *effacez :* il n'y eut pas d'enfants de ce mariage, et *substituez :* dont elle eut deux filles.

P. 134, l. 3 en comptant du bas, *ajoutez :* Par son contrat de mariage, Jean-Baptiste de Cornulier eut la maison, terre et seigneurie du Boismaqueau, fiefs et juridictions de Bourmont et de Clermont, situés ès paroisses de Teillé et de Pannecé, et en outre la somme de 111,000 #, nette et quitte de toutes charges, pour tous droits aux successions de ses père et mère. Il fut encore stipulé que sa mère et son frère aîné acquitteraient toutes les dettes qu'il pourrait avoir, de manière que la somme de 111,000 # pût être employée intégralement en l'achat et partie du paiement d'une charge de conseiller au parlement de Bretagne, en laquelle il se ferait recevoir avant la bénédiction nuptiale. Ledit chevalier de Cornulier, futur époux, remet d'ailleurs à sa mère et à son frère aîné la charge de capitaine-lieutenant aux gardes de S. M., dont il est pourvu, pour en disposer à leur gré.

Jeanne Rogues, la future épouse, est dotée de la maison de la Poueze, en la paroisse du Loroux-Bottereau, à elle échue de la succession de son aïeule, et de la maison du Boisbenoît, en la paroisse de Vallet ; elle reçoit en outre 45,000 # en argent, un douaire de 2,000 # lui est stipulé.

Si les deux sommes de 111,000 # et de 45,000 # ne suffisaient pas pour acquitter le prix principal de la charge de conseiller au parlement, les expéditions, provisions et réception en icelle dudit chevalier de Cornulier, sa mère et son frère aîné s'obligent à parfaire ce qui manquera, à quelque somme que le surplus s'élève.

Signent audit contrat : Jean-Baptiste de Cornulier, Jeanne de Rogues, Marie des Houmeaux, Guillemette Cosnier, Claude de Cornulier, René Charete, Claude de Rogues, Blanchard, Cosnier, recteur de Saffré, Pierre de Cornulier, Jacques Charete, Jean de Saint-Pern, Jacques Huteau, Charlotte Cornulier, Catherine Cosnier, Jeanne de Montullé, Charlotte Thévin, Jeanne Garnier, de la Noue, Renée Prampart, Marie Meneust, Simone Charete, Judith Huteau, Marguerite de Saint-Pern, Marie Cornulier, Marie Baudouin, Jeanne Fournier, etc.

P. 137, l. 28, après : 25 ans, *ajoutez :* (Le Boisbenest ou le Boisbenoist, terre avec moyenne justice, relevant de la châtellenie de Clisson, fut acquis vers 1650, par écuyer Damien Rogues, seigneur de la Poueze, sur écuyer Charles Cheminée.)

P. 138, l. 22, *ajoutez :* Jean-Baptiste de Cornulier transporta son office de président en la chambre des Comptes de Bretagne, à Claude de Cornulier, son fils, moyennant une somme de 90,000 #, par acte du 24 janvier 1696, au rapport de Lebreton, notaire royal à Nantes.

P. 150, l. 8 en comptant du bas, *effacez :* (paroisse d'Anetz), et *mettez en note :* (²) La Rochepallière, en la paroisse de Saint-Herblon, relevait de la commanderie de Saint-Jean et Sainte-Catherine de Nantes. Cette terre appartenait à la famille de Messac en 1597 et 1608.

P. 152, l. 2, au lieu de : du Rodrou, *lisez :* du Roudourou, et *ajoutez :* leur cousin germain.

P. 161, l. 6, au lieu de : cinq enfants, *lisez :* dix enfants.

P. 161, dernière ligne, *lisez :*

> *b.* Charles-Adrien-Paul-Victoire baron de Goyon, marié en 1831 à Catherine-Antoinette Achard de la Haye.

P. 162, l. 4, au lieu de : un fils et trois filles, *lisez :* dont : Alexandre-Michel-René de Becdelièvre du Brossay, né en 1791, et Modeste-Augustine-Élisabeth de Becdelièvre, mariée en 1813 à M. Dondel du Faouédic.

P. 162, l. 5, D., *dites :* Jeanne de Goyon, mariée en 1801 à Charles-Armand de Rarécourt de la Vallée, baron de Pimodan, ancien capitaine de cavalerie au régiment de Berry, dont : Charles-Auguste, sans alliance ; et Charles-Ferdinand, marié en 1839 avec Marie-Françoise de Monti de Rezé, dont un fils et une fille.

P. 162, l. 10, au lieu de : demoiselle de la Biochais, *lisez :* demoiselle Colin de la Biochais.

P. 163, l. 12 en comptant du bas, au lieu de : quatre fils et deux filles, *dites :* Le marquis de Rougé eut de demoiselle de Crussol d'Uzès :

> 1° Théodoric-Bonabes-Victurnien-Félicien comte de Rougé, né en 1806, marié avec Césarine de Sainte-Maure, dont postérité ;

> 2° Hervé-Alexandre-Victurnien de Rougé, comte du Plessis-Bellière, né en 1809, marié avec demoiselle de Pastoret ;

3º Louis-Bonabes-Victurnien de Rougé, né en 1813 ;

4º Émerance-Henriette-Victurnienne de Rougé, mariée en 1829 à Georges-Louis-Gaston comte de Lostanges-Béduer, dont postérité ;

5º Louise-Marie-Thérèse de Rougé, née en 1817, morte en 1841, sans alliance.

P. 163, l. 9 en comptant du bas, au lieu de : plusieurs enfants, *dites :* Adrien-Gabriel-Victurnien comte de Rougé, pair de France en 1827, eut de demoiselle Forbin d'Oppède :

1º Félix-Palamède-Bonabes-Victurnien de Rougé, né en 1810, page du Roi, marié avec demoiselle de Tramecourt ;

2º Armel-Jean-Victurnien de Rougé, né en 1813 ;

3º Délie-Marie-Louise-Victurnienne de Rougé, née en 1816, mariée au comte Léonce de Perrien ;

4º Delphine-Céleste-Marie-Victurnienne de Rougé, née en 1820, mariée au comte de la Panouse, morte en 1852.

P. 164, l. 2, au lieu de : deux fils et trois filles, *dites :* Augustin-Charles-Camille comte de Rougé, colonel d'infanterie, eut de demoiselle de la Porte de Rians :

1º Adolphe-Charles-Joseph-Camille de Rougé, né en 1803, page du Roi en 1825, marié à demoiselle de Vérac ;

2º Emmanuel-Charles-Olivier-Camille de Rougé, né en 1811, marié à demoiselle de Ganay ;

3º Bonabes de Rougé, marié avec Céline de Lépinay ;

4º Charlotte-Adélaïde-Noémie-Camille-Herminie de Rougé, née en 1813, mariée en 1837 au comte Victor d'Anthenaise ;

5º Paule de Rougé, née en 1815 ;

6º Camille de Rougé ;

7º Charlotte de Rougé, mariée en 1853 à Marie-François-Joseph marquis de Certaines.

P. 164, l. 29, au lieu de : à M. de Mallet, *lisez :* à Henri-Auguste-Olivier marquis de Mallet, veuf de demoiselle Hurault de Vibraye ;

P. 164, l. 37, au lieu de : avec demoiselle, *lisez :* avec Émilie-Louise-Marie-Caroline de Bruc de Livernière.

P. 164, l. 39, au lieu de : B. Quatre filles, *lisez :*

B. Marie-Charlotte-Léonille-Alix de Blocquel de Wismes,

mariée en 1832 à Antoine-Gonzalve comte de Jobal, sans postérité;

C. Valentine-Alicie-Sidonie-Thérèse de Blocquel de Wismes;

D. Thérèse-Émilie-Geneviève-Isaure de Blocquel de Wismes, mariée en 1845 au comte Louis du Parc, dont postérité;

E. Maximienne-Marie-Thérèse de Blocquel de Wismes, marié en 1847 au baron Edmond d'Espinose, dont postérité.

P. 168, l. 20, après : sa jeunesse, *ajoutez :* (Voyez *Histoire de la Vendée militaire,* par Crétineau-Joly, 2º édition, t. IV, p. 476 et 515.)

P. 172, l. 1ʳᵉ, *supprimez :* Il acquit aussi la Gazoire, en Nort.

P. 173, l. 4, au lieu de : Pierre de Kerméno, *lisez :* Prégent de Kerméno.

P. 173, *ajoutez :*

Extrait des registres de la paroisse de Nort.

Le 29 juillet 1631, la bénédiction nuptiale fut donnée en la chapelle de Saint-Georges, paroisse de Nort, à messire Victor *Cornulier,* écuyer, seigneur de Montreuil, fils de messire Jan Cornulier, chevalier, seigneur de Lucinière, conseiller du Roi, grand-maître enquesteur et général réformateur des eaux et forêts de France au département de Bretagne, et de dame Marguerite le Lou; et à dame Jacqueline *de la Rivière,* fille de messire Louis de la Rivière, seigneur de la Berangerais (en la paroisse de Cugand) et de demoiselle Marie *du Ponceau.* Signé : Jan Cornulier, Marguerite le Lou, Victor Cornulier, Jacqueline de la Rivière, Marie du Ponceau, Geneviève le Breton, P. de Kerméno, René le Petit, Prudence-Marie le Lou, Renée du Ponceau, Jeanne Biré, Jean Macé, Claude le Lou, Louis Barlagat, Charles du Vernay.

P. 175, l. 2 en comptant du bas, après : mariée, *dites :* en 1659 à Jean Picaud, seigneur de la Morinais.

P. 175, après la dernière ligne, *ajoutez :* Jean de Cornulier avait obtenu de monseigneur de Montmorency, à raison de sa terre de la Motte, la concession d'un banc clos, en l'église paroissiale d'Ercé-en-Lamée, du côté de l'épître. Le sieur du Breil des Monts le fit enlever; mais Isabelle de Cornulier le fit rétablir par arrêt du parlement de Bretagne, ainsi qu'il est constaté par le *procès-verbal des églises situées sous la baronnie de Châteaubriant, dressé en 1663.*

P. 181, *ajoutez* aux *Extraits des registres de la paroisse de Nort* :

Le 30 janvier 1734, furent mariés messire Pierre *Picaud*, chevalier, fils de Vincent-Bernard Picaud, chevalier, seigneur de la Pommeraie, et de Marie-Anne Bonnet, de la paroisse de Messac ; et dame Charlotte *le Tourneux*, veuve de messire Claude *de Cornulier*, chevalier, seigneur de Montreuil, après dispense du 3e au 4e degré d'affinité auquel ils étaient parents.

Le 7 avril 1745, fut baptisé Pierre-Charles-Louis de Becdelièvre, né de ce jour, fils d'Antoine de Becdelièvre, chevalier, seigneur, comte du Bouexic, conseiller au parlement de Bretagne, et de Charlotte de Cornulier. Cet enfant mourut le 12 mai suivant.

P. 184, l. 19, *commencez* ainsi l'article du Pesle :

La réformation de la paroisse de Port-Saint-Père, faite en 1429, porte : L'hôtel du Pesle à Pierre de la Guerche ; l'hôtel de la Moricière à Thébaud de Saffré. — La réformation de la paroisse de Rezé, faite en 1455, porte : L'hôtel de la Grande-Haye, au sieur de Sesmaisons.

P. 186, l. 35, au lieu de : à Vannes, *lisez* : à Hennebont.

P. 190, l. 10, au lieu de : Anne de la Tour-André, *lisez* : Anne de la Tour-Landry.

P. 193, parmi les *Extraits des registres de la paroisse de Nort, ajoutez* :

Le 26 mars 1697, fête de la Pentecôte, en l'église paroissiale de Nort, fut baptisé un Turc qui dit être originaire de la ville d'Ourme, en Turquie, âgé d'environ 23 à 24 ans, demeurant en cette paroisse, après avoir été catéchisé quantité de fois, etc. Parrain, messire Claude *de Cornulier*, chevalier, seigneur de Montreuil, Longlée, etc. ; marraine, dame Françoise *Dondel*, épouse de messire Jean-Baptiste de Cornulier, chevalier, seigneur de Lorière, baron de la Roche-en-Nort, conseiller au parlement de Bretagne.

Le 2 juillet 1703, a été inhumé dans la chapelle du château de Lucinière, Anonyme de Louail, née de ce jour, fille d'écuyer François-Claude Louail, seigneur de la Saudrais, et de dame Marie-Prudence de Cornulier.

Le 31 mai 1704, le corps de H. et P. dame Françoise *Dondel*, compagne de H. et P. seigneur messire Jean-Baptiste *de Cornulier*, chevalier, seigneur de Lorière, Lucinière, le Vernay, le Meix, etc., baron de la Roche-en-Nort, a été inhumé au chœur de l'église de Nort.

A l'extrait du 4 novembre 1706, *ajoutez* : François-Bernard des Vaux, de la paroisse de Touvois, seigneur de Loisellière en la paroisse de Donges, fils unique,

Hʳ P. et N. de messire Jean-Baptiste, etc. — Et aux témoins, *ajoutez :* Bréart de Boisanger, Marguerite Cosnier, Bertrand de Saint-Pern du Latay, Pierre Bernier, Armand-Joseph du Cambout, Pierre-Louis du Cambout.

Le 26 avril 1712, furent mariés, dans la chapelle de Lucinière, messire Louis *Chotard,* intendant général de S. A. S. Mˢʳ le Prince dans les provinces de Bretagne, Anjou, Touraine et Poitou, de la paroisse de Béré de Châteaubriant; et demoiselle Marie-Anne-Marcuise *de Cornulier,* fille de Jean-Baptiste de Cornulier et de Françoise Dondel. Signé: Cornulier, Louis Chotard, Jacques-Bertrand Chotard, Jean-Baptiste de Cornulier, Pierre-Eustache de Cornulier, Jeanne Libault de Cornulier, François-Bernard des Vaux, Pélagie de Cornulier, Marie Landais, Jeanne du Breil, etc.

(Depuis plus d'un siècle, cette famille Chotard fournissait ses intendants généraux aux barons de Châteaubriant; Louis Chotard est qualifié procureur et receveur général de l'infortuné duc Henri de Montmorency, aux pays de Bretagne et d'Anjou, dans un acte de 1626. Jacques Chotard, intendant général des affaires de Mˢʳ le Prince, porte, dans l'Armorial de 1696, *d'or à la croix ancrée de sable.*)

P. 199, l. 3, après : Rennes, *ajoutez :* ledit acte au rapport de Chassé et de Saint-Jean, notaires royaux à Rennes.

P. 199, après les vers, *ajoutez :* Le même chevalier de Cornulier du Vernay a donné, sous la date du 20 juin 1753, une autre pièce de vers insérée dans les *Lettres sur quelques écrits* de Fréron, t. X, p. 22.

P. 199, l. 8 en comptant du bas, après : en particulier, *ajoutez :* Le comte de Cornulier est inscrit au nombre des associés libres de l'académie d'Angers, dans *la France Littéraire* de l'abbé d'Hébrail, t. Iᵉʳ, 1769. Ces deux dernières mentions pourraient se rapporter, la première, à Claude-Toussaint-Henri, et la seconde, au chevalier de Cornulier du Vernay.

P. 200, l. 22, après : leur mère, *ajoutez :* ledit acte au rapport de Tuemoine et Soyer, notaires royaux à Rennes.

P. 201, l. 6, après : son père, *ajoutez :* assistaient à ce mariage : messire Jean-Baptiste (nommé, par erreur, Claude dans cet acte) de Cornulier, seigneur de Lorière, conseiller au parlement, père de l'époux; H. et P. seigneur M. le président de Cornulier; H. et P. seigneur M. des Nétumières, conseiller au parlement; H. et P. seigneur le comte du Rocher (du Quengo); H. et P. seigneur le comte de la Saudrays

(Louail); M. Harembert, seigneur de la Bazinière, conseiller au présidial de Rennes; H. et P. dame la présidente de Cornulier (Jeanne-Marie-Rose-Françoise de Boislève); Marie-Prudence de Cornulier de la Saudrais; Dondel du Marallach; du Quengo du Faouet; Julie du Quengo du Rochay; Madeleine de la Bourdonnaye; Anne-Marie Pommeret.

P. 201, parmi les *Extraits des registres de la paroisse de Nort*, *ajoutez*, après l'extrait du 20 mai 1729 : parrain, H. et P. messire Toussaint de Cornulier, chevalier, seigneur du Boismaqueau, président en la chambre des Comptes de Bretagne; marraine, Henriette de Gennes, femme de N. H. Julien Charil, sieur du Val, négociant à la Fosse de Nantes.

Le 1er juin 1730, fut baptisé, en la chapelle de Lucinière, Julien-Benjamin, fils de Claude-Jean-Baptiste de Cornulier, chevalier, seigneur de Lorière, Lucinière, le Pesle, etc., conseiller au parlement de Bretagne, et d'Anne-Marie de Gennes; l'enfant né de la veille. Parrain, messire Ange-Benjamin-Jean-Baptiste-Toussaint de Cornulier; marraine, Anne-Marie-Élisabeth de Cornulier, sœur du parrain. — En marge est écrit : *Obiit die secunda ejusdem mensis, 1730.* — Signé : Ange de Cornulier, Anne-Marie de Cornulier, de Gennes.

Benjamin de Cornulier signe à un mariage fait en la chapelle de Lucinière, le 5 mai 1731.

P. 202, l. 13 en comptant par le bas, *effacez :* l'autre, avocat au parlement de Paris, où il acquit une grande réputation; et *substituez :* l'autre, jésuite, fougueux antagoniste des jansénistes en général et de son frère l'oratorien en particulier.

P. 202, l. 6 en comptant du bas, au lieu de : la Couture, *lisez :* de Saint-Vincent.

P. 202, dernière ligne, au lieu de : une fille, *lisez :* deux filles, mariées, l'une à M. Fabrony, l'autre à M. de Martel.

P. 203, l. 5, au lieu de : Angers, *lisez :* Saumur.

P. 207, l. 8 et 9, au lieu de : comte de Damas-Crux, *lisez :* comte de Crux-Courboyer.

P. 216, l. 16, après : aucune propriété, *renvoyez* à cette note :

(¹) Son fils établissait comme il suit, en 1817, sur la base du revenu de cette époque, capitalisé au denier vingt, le montant des confiscations qu'il avait essuyées.

La terre de Lucinière. . . . . F.   240,000
Futaies de Lucinière vendues nationalement.   100,000
Hôtel de la rue Bourbon, à Rennes. . . .   80,000
La terre du Cosquer (Côtes-du-Nord). . .   12,000
La terre de Lorière, en Brains (la retenue).   40,000
Bois futaies de Lorière.   30,000
Trois métairies de Lorière   48,000
La terre du Pesle, en Brains   120,000
Vigne de la Lande, en Saint-Léger. . . .   40,000
La terre du Vernay, aux Touches.   100,000

    Valeur des biens-fonds en 1817 . . . F.   810,000

En 1830, le revenu de ces biens avait aug-
    menté d'un tiers, et ils se vendaient le
    denier trente, en sorte qu'ils valaient alors
    le double, soit . . . . F.   1,620,000
Une charge de conseiller de grand'chambre
    et président des enquêtes au parlement de
    Bretagne, valait en 1789, au moins. . .   100,000
Les droits féodaux de Lucinière, du Pesle et
    du Vernay, considérés comme de pures
    rentes foncières.   80,000
Mobiliers, cheptels, instruments aratoires,
    récoltes, etc., saisis et vendus par la
    Nation, à Lucinière, à Lorière et à Rennes   90,000

    Total des confiscations. . . . F.   1,890,000

Si l'on y comprenait les droits féodaux de Kergaro; la
partie de ceux de Poilley qui revenait à Mme de Lucinière; ceux de Saint-Hilaire-du-Harcouët, qui seraient
échus à ses héritiers (*), et la privation de jouissance des
revenus pendant trente-six ans; les pertes que la branche
des Cornulier de Lucinière a subies par suite de la Révolution, rapportées à l'époque de 1830, où l'indemnité des
émigrés fut payée en totalité, ne pourrait pas être évaluée
à moins de trois millions six cent mille francs.

En regard, et comme venant en déduction de ces pertes,
nous devons porter trois articles :

1° Les bois donnés à l'État en échange de ceux de
Lucinière, et qui furent restitués en 1816.

(*) En 1790, les droits féodaux de Saint-Hilaire étaient évalués comme il
    suit :
Le droit de coutume sur les marchés et foires, affermé. . . 2000 #
Rentes seigneuriales fixes 200
Casuels de fiefs. 300
            Total. . . . . 2500 #

Bois de Saffré, valant. . . . . .F.   30,000
Bois de Bourgogne   7,000
Bois des Funeries. 20,000

               TOTAL. . . . .F.   57,000

2° L'indemnité, soi-disant intégrale, votée en 1825, et qui devait combler la différence existant entre les confiscations et les restitutions qui précèdent. Mlle de Lucinière et les enfants de son frère reçurent, en rentes 3 % :

Pour les biens vendus dans la Loire-Inférieure F. 4,562
   Idem   dans l'Ille-et-Villaine. . . 1,470
   Idem   dans les Côtes-du-Nord. .   392

             En tout. . . . . . F. 6,424

qui, au taux de 70, cours de l'époque, représentait un capital de.. . . . . F. 150,000

Les bases légales de la répartition ayant été très-défavorables, on fit constater et accepter une lésion de 111,000 fr. pour la Loire-Inférieure, pour laquelle on avait droit au fonds commun réservé pour cette destination sur les trente millions de rentes votées en 1825; mais, sur la proposition de M. Dupin aîné, la Chambre de 1830 confisqua ce fonds commun.

3° En rentrant de l'émigration, M. de Cornulier trouva tous les biens de son père vendus ou réunis au domaine de l'État. Dans cette dernière catégorie étaient les bois de Lucinière, non susceptibles de restitution et incorporés définitivement à cause de leur étendue; ce fut par voie d'échange qu'il en rentra en possession.

La terre du Pesle, d'une valeur actuelle de plus de dix mille livres de rente, avait été achetée de la Nation par Bernard la Quèse, geôlier de la prison du Bouffay à Nantes, avec le bénéfice qu'il avait opéré sur le débit de trois barriques d'eau-de-vie détaillées aux prisonniers. M. Vassal, commissaire de la marine à Nantes, voulant l'acheter, compta à M. de Cornulier une somme de 20,000 fr. pour avoir sa ratification.

Les trois métairies de Lorière furent également rachetées et rétrocédées immédiatement avec un bénéfice d'intervention de 9,000 fr.

La vente de l'hôtel de Rennes fut aussi ratifiée beaucoup plus tard et postérieurement à l'indemnité, moyennant 1200 fr.

Ces trois articles réunis forment un total de 30,200 fr.

Ainsi, en réunissant tout ce qui est venu en déduction des pertes subies par le fait de la Révolution, on arrive au chiffre de cent quatre-vingt-sept mille francs, et le déficit restant est énorme:

La petite terre du Cosquer, en Pommerit-Jaudy, près Pontrieux, avait été donnée en majorat à un chef de bataillon de l'Empire, qui mourut sans postérité vers 1832; le majorat fit alors retour à l'État; on lui offrit la restitution des 392 fr. de rentes 3 % qu'on avait reçues en échange, pour rentrer en possession de la terre; mais l'administration des domaines repoussa cette proposition.

L'indemnité relative à la terre du Vernay fut peu de chose, parce qu'elle ne fut établie que sur la portion réduite qui en revenait d'après les nouvelles lois régissant les successions, et qui ne donnaient plus droit qu'à un sixième, au lieu de la totalité.

La terre de Kergaro, en Quemper-Guezennec, près Pontrieux, avait échappé à la confiscation sous le nom de Mlle du Bourblanc, non émigrée. Les droits de Mme de Lucinière dans la terre de Poilley, près Fougères, furent conservés à cause du procès, non terminé, dont ils étaient l'objet avec la famille du Princey.

En rentrant en France, en 1802, M. de Cornulier ne possédait personnellement que cent louis, prix de son licenciement en Angleterre, et il ne trouvait rien à recueillir. Les 20,000 fr. qu'il reçut pour la ratification de la vente du Pesle furent employés à racheter les deux métairies d'Allon, à Lucinière. Le prix de ratification des métairies de Lorière, en Brains, lui permit de rentrer dans celles de Laurière, à Lucinière, qui avaient été achetées par M. Voruz, fondeur en cuivre à Nantes. Mlle Morvant, acquéreur du domaine de Lorière, lui facilita, par des démarches incessantes à Paris, l'échange des bois de Lucinière à des conditions avantageuses.

Quant à Mme de Lucinière, sa position était celle-ci : en 1778, les héritiers de Charles-Adolphe du Bourblanc lui avaient abandonné, sous l'autorité de son mari, les terres de Kergaro, du Cosquer, de Saint-Hilaire-du-Harcouët et des Bois-de-Sélunes, ainsi que leurs droits sur la terre de Poilley, et sur une maison sise à Paris, au coin du boulevard de la Madeleine et de la rue Saint-Honoré, derrière le ministère de la marine, qui était l'ancien hôtel de Juyé. En retour de cet abandon, elle devait leur servir une rente constituée de 5,000 #; mais elle la racheta, en 1785, en leur cédant les terres de Saint-Hilaire et des Bois-de-Sélunes. Cette même année, elle acheta de MM. de Gouyon-Miniac tous leurs droits dans cette succession, moyennant une somme de 31,000 # qui ne put être payée qu'en 1811. Enfin, en 1791, Kergaro fut abandonné en toute propriété à Mlle d'Apreville; on l'estimait alors à 3,000 # de revenu. En rentrant en France,

au commencement de 1802, Mme de Lucinière vendit
Kergaro, qui lui était échu ; elle termina, en 1808, par
transaction, le procès Poilley, qui durait depuis un siècle
et demi. Il fut convenu que les sieurs de Princey de la
Nocherie resteraient propriétaires de la terre de Poilley et
de la moitié de la maison de Paris, moyennant qu'ils paie-
raient une somme de 140,000 fr. et qu'ils abandonneraient
leurs droits sur tout le reste. Mme de Lucinière vendit à
M. de Semallé sa moitié de la maison de Paris, moyennant 40,000 fr.

Au moyen de ces ressources, Mme de Lucinière put
payer partie de ses dettes d'avant l'émigration et de celles
qu'elle avait été obligée de contracter à Jersey et à Londres ;
elle racheta en outre, de M. Liancour, le château de Lucinière
et son pourpris, avec les métairies de la Lande et du Pavillon,
et celle de la Lardière, dans les Touches, qu'elle donna à
Guérand, l'ancien garde de Lucinière, en échange de celle
du Verger, qu'il avait acquise de la Nation. C'est ainsi que
la terre de Lucinière se trouvait, en 1812, rachetée presque
en totalité.

P. 217, l. 4 en comptant du bas, après : de Lucinière, *ajoutez :* M. du Bourblanc, l'ancien avocat général au parlement de Bretagne, adressait, le 10 juillet 1818, à
Mlle de Lucinière, sa fille, une lettre de condoléances,
dans laquelle il lui disait : « Vous avez perdu, ma chère
enfant, le modèle des bons pères ; il était mon ami depuis
cinquante-six ans ; nous avons couru la même carrière,
subi les mêmes exils, les mêmes privations ; fidèles à
nos anciens principes, nous avons toujours marché du
même pied, et je suis condamné à survivre au plus
ancien et au meilleur de mes amis. » Puis, le compa-
rant au Ryphée de Virgile, le plus juste entre les Troyens,
le plus saint observateur des lois, il terminait par cette
citation :

Cecidit justissimus unus
Qui fuit in Gallis et servantissimus œqui.

(*Æneidos,* lib. ii, v. 427 et 428.)

P. 221, l. 29, après : Rouen, *ajoutez :* abbé d'Hermières, en
Brie.

P. 222, l. 9 en comptant du bas, après : Marie-Élie vicomte
d'Oilliamson, *ajoutez :* a épousé à Paris, le 18 juin 1850,
Alix-Camille-Marie-Thérèse-Gabrielle de Champagne,
fille de Charles-Gabriel comte de Champagne-Bouzey,
maréchal de camp, officier de la Légion d'honneur, et de
Clémentine-Adélaïde d'Orglandes, dont postérité.

P. 222 et 223, tout ce qui est compris sous le Xe degré à rétablir comme suit :

Ernest-François-Paulin-Théodore de Cornulier a écrit
sur différents sujets.

OUVRAGES IMPRIMÉS.

I. — NAVIGATION.

1° *Quelques Observations sur l'usage des chronomètres,*
insérées dans les *Annales maritimes* de 1831, t. II,
p. 381 à 402.

2° *Supplément à un article sur les chronomètres inséré
dans les Annales maritimes de 1831,* publié dans les
Annales de 1832, t. Ier, p. 587 à 599.

3° *Mémoire sur l'influence que les changements de température exercent sur la marche des montres-marines,
et sur la nécessité de tenir compte de cette influence dans
le calcul des mesures chronométriques,* inséré dans les
Annales maritimes de 1842, t. Ier, p. 489 à 555.

4° *Supplément à un Mémoire sur l'influence que les changements de température exercent sur la marche des montres marines,* inséré dans les *Annales maritimes* de
1844, t. Ier, p. 165 à 216.

Ce dernier mémoire a été suivi d'une polémique entre
M. de Cornulier et M. Daussy, ingénieur hydrographe
en chef du Dépôt des cartes et plans de la marine,
membre de l'Académie des sciences et du Bureau des
longitudes, auteur de travaux analogues : elle consiste
en quatre lettres, deux de chaque côté, publiées dans
les *Annales* de 1844, et dans lesquelles chacun d'eux
s'efforce de faire prévaloir son système.

5° *Travaux de M. de Cornulier sur les chronomètres,*
insérés dans les 2e et 3e cahiers de *Recherches chronométriques,* publiés par le Dépôt des cartes et plans de
la marine en 1859, et tirés à part à trente exemplaires
seulement, in-8° de 92 pages; Paris, Paul Dupont.

C'est un résumé de ses anciens travaux sur les
chronomètres, que le Dépôt de la marine avait prié
M. de Cornulier de rédiger lui-même pour la nouvelle
publication que cet établissement édite sur cette matière.

Au résumé de ses anciens mémoires, il avait ajouté
un examen critique des travaux sur le même sujet,
postérieurs aux siens, et publiés par MM. Lieussou,
ingénieur hydrographe, en 1854; Mouchez, lieutenant
de vaisseau, en 1855; et Ansart-Deuzy, aussi lieutenant de vaisseau, en 1858 : mais cette dernière partie

du travail de M. de Cornulier a dû être répartie à la suite de chacun des ouvrages qu'elle concerne, et fractionnée dans les *cahiers* ultérieurs, le plan de la publication du Dépôt étant assujetti à l'ordre des dates.

6° *Notice sur une vigie située à peu de distance au nord de l'île de Saint-Michel, l'une des Açores, et, par occasion, quelques Remarques sur les vigies de l'océan Atlantique en général*, insérée dans les *Annales maritimes* de 1831, t. II, p. 497 à 513.

7° *Mesure de la capacité des tonneaux*, insérée dans les *Annales maritimes* de 1831, t. II, p. 513 à 516.

L'auteur calcule la capacité d'un tonneau en l'assimilant à une tranche d'ellipsoïde allongé, et déduit de cette assimilation une formule très-simple pour la pratique du jaugeage.

8° *Position de l'île de Pitcairn*. Note insérée dans les *Annales maritimes* de 1832, t. Iᵉʳ, p. 599.

9° *Diverses Questions qui sont ordinairement suggérées par la vue des montagnes*. Inséré dans les *Annales maritimes* de 1838, t. Iᵉʳ, p. 555 à 570.

Ce mémoire a pour objet la détermination de la hauteur et de la position des grandes montagnes qu'on aperçoit de loin en mer, et de faire connaître le parti qu'on peut tirer de leur observation pour fixer la position relative du navire.

10° *Recherches sur les principes théoriques de la Chasse au plus près du vent, suivies d'une application à la pratique de la chasse des règles que fournit la théorie*, avec trois planches. Inséré dans les *Annales maritimes* de 1839, t. II, p. 305 à 428.

Ce mémoire, qui forme un traité complet de la chasse, matière qui n'avait encore jusque-là été traitée par aucun auteur avec quelque développement, malgré son importance dans la marine à voiles, fut composé à Lorient, en 1838, en collaboration avec M. Peyronnel, capitaine de corvette. Comme œuvre de géométrie pure, plusieurs mathématiciens le comparent à la Statique de Poinsot, sous le rapport de l'élégance et de l'enchaînement des démonstrations; au point de vue de l'utilité, il établit des règles certaines à la place des préceptes erronés ou contradictoires que renfermaient les manœuvriers élémentaires et les tactiques officielles. La rédaction de ce travail appartient en entier à M. de Cornulier, qui avait déjà étudié quelques cas isolés, et auquel M. Peyronnel remit un volumineux manuscrit dans lequel li avait examiné de nombreuses circonstances de la chasse, mais sans en donner la solution mathématique.

II. — ARTILLERIE.

1° *Mémoire sur le pointage des mortiers à la mer.* Inséré dans les *Annales maritimes* de 1841, t. II, p. 223.

2° *Mémoire sur l'extension à donner aux hausses marines.* Inséré dans les *Annales maritimes* de 1841, t. II, p. 741.

3° *Nouveau système de pointage pour les canons-obusiers.* Inséré dans les *Annales maritimes* de 1842, t. 1er, p. 308.

Les systèmes de pointage proposés dans les mémoires N° 1 et N° 3, pour les mortiers et pour les canons-obusiers, ont donné lieu à des expériences consignées dans trois rapports insérés dans les *Annales maritimes : 1° Rapport sur un moyen de pointage proposé par M. de Cornulier pour les mortiers des bombardes,* 1841, t. 1er, p. 498; *2° Rapport sur le pointage à la mer des canons-obusiers de gros calibre, tirant sous de grandes élévations, et sur l'emploi de ces bouches à feu dans les bombardements maritimes,* 1843, t. 1er, p. 1019; *3° Rapport sur le pointage des mortiers des bombardes,* 1843, t. II, p. 375.

Les résultats des expériences relatives à l'extension des hausses marines, mémoire N° 2, sont consignés dans la *Suite des expériences d'artillerie exécutées à Gâvre,* publiées in-4° en 1844, et dans les *Annales maritimes* de la même année.

Les trois propositions ci-dessus, relatives à l'artillerie navale, avec les expériences qui en ont été la suite, ont été insérées dans le *Journal des Armes spéciales,* publié par M. Corréard, années 1841 à 1844, et on y a ajouté des planches pour l'intelligence du texte; ces articles ont encore été tirés à part et réunis dans deux brochures publiées par le même :

1° *Mémoire sur le pointage des mortiers à la mer et sur les améliorations du système des hausses marines,* avec planches; in-8° de 80 pages, Paris, 1841.

2° *Propositions et expériences relatives au pointage des bouches à feu en usage dans l'artillerie navale,* avec planches; in-8° de 236 pages, Paris, 1844.

Le système de pointage pour les mortiers a été appliqué sur les bombardes armées pour la guerre de Crimée, sous le nom de *système Cornulier.* Sa supériorité a été reconnue par tous les bombardiers; malheureusement, les bâtis destinés à supporter le pendule avaient été faits à la hâte, en fer de mauvaise qualité, et ils ne résistèrent pas. On demanda donc que les mortiers fussent fondus à l'avenir avec les supports fixes que l'auteur avait recommandés dès le principe.

III. — Histoire.

1° *Généalogie de la maison de Cornulier en Bretagne*, in-8° de 223 pages, publiée sous le nom de M. Laîné, en 1847.

2° *Notice sur la maison de Cornulier*, insérée dans l'*Annuaire de la Noblesse de France*, publié par M. Borel d'Hauterive, pour 1858, p. 180 à 189.

3° Le présent *Supplément à la Généalogie de la maison de Cornulier imprimée en 1847.*

4° *Dictionnaire des terres du comté Nantais et de la Loire-Inférieure*, un vol. in-8° de 400 pages.

Ce Dictionnaire historique des fiefs du comté de Nantes, fruit de longues et patientes recherches, a été publié par fractions successives dans les *Annales de la Société académique de Nantes et de la Loire-Inférieure*, à partir de 1857. Il n'était encore parvenu qu'à la lettre F, lorsqu'il a été l'objet d'un rapport très-favorable, fait par M. Desnoyers au Comité impérial des Travaux historiques, et inséré dans la *Revue des Sociétés savantes des départements*, livraison de février 1859, p. 183. Cet ouvrage, qui a en outre été tiré à part à deux cents exemplaires, est d'un genre absolument nouveau.

GÉNÉALOGIE

DE LA

MAISON DE CORNILLÉ, DE VITRÉ,

DE LAQUELLE

LA MAISON DE CORNULIER EST SORTIE (1).

INTRODUCTION.

La maison DE CORNULIER est une branche cadette, ou, comme on disait autrefois, un ramage de l'ancienne maison *de Cornillé,* dans la baronnie de Vitré : le changement du nom et des armes date de l'an 1381.

Les premiers auteurs de cette maison figurent dès le XI° siècle parmi les principaux officiers des sires de Vitré, juveigneurs et premiers barons de Bretagne ; leurs descendants sont restés constamment attachés à leur service pendant six cents ans, suivant sans interruption le sang de leurs anciens maîtres jusque dans ses dernières ramifications, depuis Robert de Vitré, qui accompagna le duc Guillaume de Normandie à la conquête de l'Angleterre en 1066, jusqu'à Françoise de Lorraine, femme du duc de Vendôme en 1645.

Quand, au milieu du XIII° siècle, la baronnie de Vitré passa dans la maison de Laval, les *Cornillé* suivirent leurs nouveaux seigneurs à leur résidence ordinaire de Laval; ils paraissent même avoir été employés par eux

---

(1) Cette partie du Supplément est destinée à remplacer tout ce qui a été dit sur le même sujet dans la Généalogie imprimée en 1847, sous les titres d'*Origine et premiers sujets de la maison de Cornulier*, et de *Mémoire sur l'identité des noms de Cornillé et de Cornulier;* c'est-à-dire, tout ce qui est compris entre les pages 45 et 75.

dans leur comté de Cazerte, au royaume de Naples. Ici
il existe une lacune de près d'un siècle, pendant laquelle
les actes de Bretagne sont muets à leur égard, sans
doute à cause de leur éloignement du duché.

En 1404, Anne de Montmorency-Laval, héritière de
Vitré, épousa Jean de Montfort-Gaël, et, par suite de
cette alliance, la maison de Laval, dont les Montfort
avaient pris le nom, devint encore plus puissante en
Bretagne qu'elle ne l'était auparavant. C'est aussi vers
cette époque que les *Cornillé* commencent à reparaître
plus fréquemment dans cette province; toutefois, ce
n'est guère avant la fin de ce siècle que la branche actuellement existante, et la seule qui paraisse avoir survécu, se fixa dans le comté Nantais, alors que la maison
de Montfort-Laval s'y fixa elle-même par le mariage de
Guy XIV, comte de Laval, avec Françoise de Dinan,
dame de Châteaubriant. C'est aussi depuis cette époque
seulement, où elle devint sédentaire avec des possessions plus importantes, que la filiation de la maison *de
Cornulier* est établie sans interruption par titres authentiques.

Dans les anciens actes, le nom de *Cornillé* est traduit
en latin par *Cornilli, Cornilleio, Cornildeio;* dans les
actes français, on le trouve écrit quelquefois *Corniller,*
sans doute pour le distinguer de *Cornille,* à une époque
où l'usage des accents n'était pas encore introduit, et là
où la confusion aurait pu exister entre ces deux noms.

Malgré le changement du nom de *Cornillé* en celui de
Cornulier, opéré par une branche cadette en 1381, le
nom ancien n'en resta pas moins le plus usité dans cette
branche pendant longtemps encore. Soit ancienne habitude, soit plus grande facilité de prononciation, on continua à dire et à écrire *Cornillé,* non-seulement dans le
territoire de Vitré, où cette famille avait son ancien
patrimoine, et où il était difficile de faire prévaloir la
dénomination nouvelle, mais aussi dans le comté Nantais, où le nom ancien lui est encore aujourd'hui appliqué aussi souvent que le nouveau dans l'usage ordinaire
de la vie; où même il est le seul usité parmi les gens
de la campagne; où, enfin, il a été employé fort tard
dans les actes publics, tellement que nombre de contrats d'acquêts faits par Jean de Cornulier, de 1607 à
1644, et rapportés par les notaires voisins de sa rési-

dence habituelle de Lucinière, portent *Cornillé* pour *Cornulier*.

Les notaires de la baronnie de Luçon écrivaient encore, en 1693, *Cornilier* pour *Cornulier*. Au surplus, Ogée, dans son Dictionnaire de Bretagne, et les savants Bénédictins auteurs de l'histoire de cette province, ont employé plusieurs fois le premier nom pour le second ; partout l'usage a consacré la confusion des deux dénominations, et nous justifierons leur identité dans un mémoire spécialement consacré à cet examen.

Ne possédant pas de grands fiefs, vivant à l'ombre des sires de Vitré et, pour ainsi dire, dans l'intimité de leur maison, les *Cornillé* n'eurent pas d'existence propre ; ils doivent toute leur importance à la position qu'ils occupaient près de leurs seigneurs. Rarement trouvent-ils l'occasion d'être nommés à part ; l'histoire de leurs maîtres est la leur : officiers principaux de leur hôtel, ils assistent comme témoins à leurs libéralités ; gendarmes de leur garde, ils les suivent dans leurs expéditions ; rôle modeste, mais honorable, qui était celui de l'immense majorité de la noblesse.

Les archives de la chambre des Comptes des sires de Laval n'ayant pas été conservées, les *Cornillé* habitant d'ailleurs la frontière de la Bretagne qui a été le plus constamment le théâtre de la guerre, et particulièrement ravagée à l'époque de la réunion du duché à la France, leurs anciens titres se sont trouvés presque tous détruits. La vie peu sédentaire qu'ils menaient, était déjà une cause de dispersion, et il n'est pas étonnant que les mentions isolées qui nous en restent aujourd'hui soient insuffisantes pour retracer avec certitude leur filiation complète et suivie.

Lors de la grande réformation de la noblesse de Bretagne, en 1668, les *Cornulier* ne remontèrent pas leur filiation au delà de Pierre de *Cornulier* et de Marie de *Concoret*, sa femme, vivants en 1490 ; mais, si l'on remarque que la chambre de la Réformation, établie par lettres patentes du 20 janvier 1668, n'ouvrit que le 26 septembre de la même année ; que leur induction est du 2 octobre suivant, et leur arrêt de maintenue du 17 novembre, un des premiers qui aient été rendus, on voit qu'ils ne prirent aucun délai pour rechercher des titres dont le recouvrement est ordinairement si long ; qu'ils renoncèrent à l'avantage d'attendre d'autres productions qui auraient pu les aider ; en un mot, qu'ils se bornèrent à faire usage immédiatement des pièces qu'ils avaient sous la main.

Cette manière d'agir, qui serait taxée de précipitation aujourd'hui, n'avait alors rien que de fort naturel. En Bretagne, on ne reconnaissait que deux degrés dans la noblesse : l'*extraction simple* et l'*ancienne extraction;* on était réputé d'ancienne extraction toutes les fois qu'on remontait *par filiation suivie*, avec jouissance continue du *gouvernement noble,* jusqu'au xve siècle, et qu'on ne trouvait aucune trace d'*anoblissement.*

Les pièces produites par les *Cornulier* justifiaient de toutes ces conditions ; le surplus n'était qu'une sorte de curiosité historique, dont il y avait si peu lieu de s'occuper judiciairement, que la Chambre aurait pu se refuser à l'examen des degrés surabondants. Si l'on remontait jusqu'au xve siècle, ce n'était même que pour complaire à certaines exigences particulières à la Coutume de Bretagne, car les lettres patentes qui prescrivaient la réformation n'exigeaient rien au delà de 1560, c'est-à-dire de la preuve centenaire reconnue comme suffisante presque partout. Ce n'est que beaucoup plus tard, et par un raffinement qu'on pourrait qualifier sévèrement, à cause des divisions qu'il apporta dans le corps de la Noblesse, qu'on exigea des preuves plus étendues pour les honneurs de la Cour.

Quand cette réformation de 1668 fut ordonnée, on la considéra généralement comme une mesure toute fiscale, comme un ordre auquel il fallait obtempérer aux moindres frais possible ; on se borna donc à produire les titres qu'on avait sous la main quand ils suffisaient à la preuve exigée. Peu après, ces idées se modifièrent ; un arrêt de maintenue fut considéré comme un monument de famille ; on s'appliqua à lui donner toute la perfection dont il était susceptible : aussi les familles qui obtinrent des arrêts isolés dans le xviiie siècle, firent-elles généralement remonter leur filiation plus haut que celles qui avaient passé à la grande réformation. On était devenu plus curieux de rechercher des titres ; les archives avaient été explorées et étaient mieux connues ; l'esprit historique, dû sans doute aux travaux des Bénédictins, était un élément nouveau qui fut pris en grande considération. Si la grande réformation avait été faite un siècle plus tard, ses arrêts auraient été certainement publiés, et cette perspective eût été un puissant stimulant pour les familles, qui auraient tenu à y paraître dans tout leur lustre.

Aujourd'hui qu'il ne s'agit plus d'établir, par le moyen d'une généalogie, des droits à la jouissance d'aucun privilége, le but historique est le seul qu'on puisse se proposer; et dans cette voie nouvelle il n'y a plus de limite à laquelle on doive s'arrêter, que celle où la lumière des titres fait défaut à l'historien de bonne foi. Ce sont là les bornes dans lesquelles nous nous sommes renfermé en rédigeant le travail suivant.

PREMIÈRE SECTION.

FILIATION.

ORIGINE ET PREMIERS SUJETS DE LA MAISON DE CORNILLÉ.

La maison DE CORNILLÉ, en Bretagne, tire son nom de la paroisse de Cornillé, entre Vitré et la Guerche ; on l'y trouve établie dès le temps où l'usage des surnoms commença à s'introduire en Bretagne. (I, II) (1)

Les barons de Vitré paraissent avoir été de tout temps les véritables seigneurs de la paroisse de Cornillé ; mais les *Cornillé* possédaient dans cette paroisse les principaux fiefs de leur mouvance immédiate, et c'est de là que

---

(1) Ces renvois se rapportent aux numéros correspondants de la *II*e *Section* ci-après, page 48.

leur venait leur surnom, par suite d'un usage généralement répandu dans le Vitréais, où l'on préférait le nom
de la paroisse qui renfermait le fief à celui du fief lui-
même. C'est ainsi que nous trouvons une maison *de
Torcé* possédant les fiefs de la Motte, du Bois et autres,
dans la paroisse de Torcé; laquelle paroisse, prise en
bloc, était aussi un fief direct des sires de Vitré. Le
P. Augustin du Paz, en sa généalogie de la maison
d'Argentré, a pareillement remarqué que le manoir des
seigneurs de ce nom s'appelait Launeel ou Launay, et
qu'il était situé dans la paroisse d'Argentré, de laquelle
ils avaient pris leur nom. Or, les sires de Vitré étaient
encore seigneurs directs d'Argentré, et, parlant à la
rigueur, eux seuls avaient le droit de se nommer *de
Cornillé, de Torcé, d'Argentré*. (III)

Le plus ancien personnage du nom de *Cornillé* dont
les titres fassent mention, est :

I. — Hamelin DE CORNILLÉ, témoin d'une donation
faite par Hervé de Maingui et Hadvise, son épouse, du
tiers de la dîme de l'église de Plaine-Fougères, à l'abbaye
de Saint-Florent de Saumur. L'acte en fut passé entre les
mains de l'évêque Sylvestre, en la chambre épiscopale
de Rennes, le 17 des calendes de janvier, l'an 1086.
(Cartulaire de Saint-Florent de Saumur, f° 87, recto.)

Cet Hamelin eut deux fils, Odon et Geoffroy de Cornillé, dont nous allons parler.

II. — D. Lobineau (*Histoire de Bretagne*, t. II,
col. 222) et D. Morice (t. Ier, col. 475) mentionnent,
d'après le Cartulaire noir de Saint-Florent : Geoffroy
DE CORNILLÉ, témoin d'un accord fait l'an 1090 entre
Hamon de Liffré et les moines de Saint-Florent.

Odon et Geoffroy *de Cornillé* furent témoins au traité
de paix fait, en l'an 1106, entre André de Vitré, Ier du
nom, et le duc de Bretagne Alain Fergent; traité dont
parle le Baud dans les termes suivants :

« En celle bataille de Tinchebray, qui fut entre Henri,
roi d'Angleterre, et Robert, son frère, duc de Normandie, fut le duc de Bretaigne, Alain, aidant au dit Henri.
Lequel duc Alain, quand il envoya son exercite à Tinchebray, avait sommé et requis André de le servir en
celle expédition comme son homme; la quelle chose

André avait refusé faire pour cause du comte Robert de Mortain, père d'Agnès, sa femme, le quel avec son frère Odon, évêque de Bayeux, avaient abandonné le roi Henri pour se tenir ô Robert, le duc de Normandie, qui était l'aîné. Et pour celle cause, après que l'exercite Alain fut retourné victeur de la bataille, Alain courut sus à André et à ses hommes qui avaient ensuy la volonté de leur seigneur, et par sa puissance ôta à plusieurs leurs terres. Mais de celle guerre Alain et André parvinrent à paix et firent accordance le huitième jour après la fête Saint-Hilaire (l'an 1106) et y furent plusieurs honorables hommes. . . . . de la part d'André : Robert, son frère ; Guaranton ; Geoffroy de Moustiers ; Hamon, son frère ; Hervé d'Acigné ; Hervé de Coaymes ; *Odon de Cornillé et Geoffroy, son frère*, etc., et fut entre André et Alain la paix faite et fermée. » (*Chronique de Vitré*, p. 18 et 19.) (IV)

Cet Odon *de Cornillé* et Geoffroy, son frère, qui occupent une position éminente près du sire de Vitré, étaient fils d'Hamelin *de Cornillé*, cité plus haut, ce que l'on prouve par l'acte de don du tiers de l'église de Montreuil à l'abbaye de Saint-Serge d'Angers, passé en 1060, au château de Vitré, en présence de Robert, seigneur de Vitré, et de plusieurs autres témoins qui figurent habituellement à la suite de ce seigneur, entre autres : *Odo, filius Hamelini; Gosfredus, frater ejus* (*Cartulaire de Saint-Serge*, cité par D. Morice, t. Ier, col. 413). Ici les noms de fiefs manquent, mais à peine l'usage commençait-il à s'en introduire en Bretagne ; la plupart des témoins de cette époque ne sont encore désignés que par leur seul nom de baptême, et c'est ce qui s'oppose invinciblement à ce qu'on remonte les filiations plus haut.

Selon une ancienne tradition, mais qui ne repose sur aucun titre, Hamelin, le premier qui porta le nom de *Cornillé*, était Normand d'origine et puîné du seigneur des Biards, dans le comté de Mortain ; il s'attacha de bonne heure au service d'André de Vitré, le suivit dans l'expédition d'Angleterre en 1066, et contribua puissamment à son mariage avec Agnès, héritière de Mortain. En reconnaissance des services qu'il en avait reçus, et à cause de l'affection que lui portait sa femme, André lui donna des terres dans les paroisses de Cornillé et de

Torcé, lesquelles furent partagées entre ses enfants, de sorte qu'Hamelin *de Torcé*, vivant en 1093, et Hervé *de Torcé*, vivant en 1196 (D. Morice, t. Iᵉʳ, col. 482 et 725), étaient de la même famille que les *Cornillé*.

La gratification d'André de Vitré étant postérieure à 1066, Hamelin ne pouvait pas encore porter le nom de *Cornillé* dans l'acte de 1060; cette remarque confirme la tradition. Celle-ci explique en même temps une particularité remarquée par le Baud, savoir, qu'après la bataille de Tinchebray, « comme André de Vitré cuidast aller saisir sa terre (le comté de Mortain, qui lui appartenait du chef de sa femme), il ne trouva qui le reçut, fors le sieur des Biards, qui le recueillit bénignement en son chastel comme son seigneur; » conduite qui s'explique tout naturellement de la part d'un proche parent de l'un des principaux officiers du sire de Vitré.

Odon, l'aîné des fils d'Hamelin, que nous voyons agir déjà comme majeur en 1060, ainsi que son frère puîné Geoffroy, aurait eu pour parrain, toujours d'après la même tradition, le fameux Odon, évêque de Bayeux, frère utérin de Guillaume le Conquérant et de Robert de Mortain; ce fut en mémoire de l'honneur qu'il reçut en cette circonstance que le nom d'Odon se perpétua durant plusieurs générations dans la famille de *Cornillé*.

III. — Odon DE CORNILLÉ, IIᵉ du nom, qui paraît fils d'Odon Iᵉʳ, et Jacquelin *de Cornillé*, qui peut être son frère, sont cités comme témoins pour Robert de Vitré (Robert III, dit le Jeune) dans un accord fait en 1158 entre lui et les moines de Sainte-Croix de Vitré, touchant l'exercice et les bornes de leurs juridictions. (*Cartulaire de Marmoutiers*, copie t. III, p. 55, 298 et 299; D. Lobineau, t. II, col. 210; D. Morice, t. Iᵉʳ, col. 633.)

Odon *de Cornillé*, qui paraît le même que le précédent, figure comme témoin d'un accord fait au XIIᵉ siècle, entre Robert de Vitré et les moines de Saint-Florent. (*Cartulaire rouge de Saint-Florent*, cité par D. Morice, t. Iᵉʳ, col. 670.)

Pierre le Baud rapporte (*Chronique de Vitré*, p. 19) un événement dans lequel Odon *de Cornillé* intervint d'une manière intéressante, et qui prouve la haute considération dont il jouissait près de son seigneur.

« Et lors Robert de Vitré desirant avoir terre, sans le
conseil et assentement d'André, son père, print à femme
(en 1123) Emme, fille Gaultier, seigneur de la Guerche
et de Pouencé ; et après ce mariage parfaict et accom-
ply, retourna Robert à Vitré ; mais André, son père, qui
l'entendit, oyant sa venue, tant pour ce qu'il avait prins
la fille de son homme lige, que pour ce qu'il l'avait fait
sans son consentement et conseil, grandement courroucé
contre lui, manda que hastivement il issit de sa ville et
de toute sa terre. Et comme Robert ne le voulsist
faire, André, son père, s'arma, monta à cheval et print
son espée ; si vint en la ville où il trouva Robert, le quel
il navra griefvement au corps. Mais *Odon de Cornillé*
voyant celle chôse, les départit, puis print Robert et le
porta de là en son hostel, où il le retint tant qu'il fut
guéri de celle playe. Et quand Robert fut reconvalescé
et sain, il n'ôsa demeurer en la terre de son père, ni en
la terre Gaultier de la Guerche, père de sa femme, mais
il s'enfuit d'illec et s'en alla à Candé avec Emme sa
femme : et là demeura si longtemps qu'il engendra et
eut d'elle un fils qu'il fit nommer André. Et quand
André, seigneur de Vitré, père de Robert, l'entendit, il
manda le dit Robert et Emme sa femme, et les fit venir
à Vitré et leur pardonna. »

IV. Hervé DE CORNILLÉ, témoin d'une donation faite
en 1160 à l'abbaye de Savigné par Robert de Vitré,
André son fils et Emme sa femme. (*Titres de Savigné :*
D. Lobineau, t. II, col. 209 ; D. Morice, t. Ier, col. 641.)
Cet Hervé peut être le père d'un autre Hervé de
Cornillé, mentionné en 1210. (*Archives de l'hôpital de
Saint-Nicolas de Vitré*, sac 56, transumpt n° 6.)
Sylvestre *de Cornillé* et Geoffroy *de Cornillé*, dont
nous ignorons l'attache, aussi bien que celle d'Hervé,
figurent comme témoins d'une donation faite au XIIᵉ siè-
cle par Robert de Vitré à l'abbaye de Savigné. (*Cartu-
laire de Savigné :* D. Morice, t. Ier, col. 646.)

V. Odon DE CORNILLÉ, IIIᵉ du nom, et Secard DE COR-
NILLÉ, son frère, figurent comme témoins d'une donation
faite en 1199 au prieuré de Sainte-Croix de Vitré par
Jean d'Erbrée, en présence d'André de Vitré. (*Titres de
Marmoutiers :* D. Morice, t. Ier, col. 775.)

Le même Odon *de Cornillé* est encore témoin d'une autre donation faite en 1207 au prieuré de Sainte-Croix de Vitré par Robert de Domaigné, avec la ratification d'André de Vitré. (*Titres de Marmoutiers* : D. Morice, t. Ier, col. 808.)

VI. Geoffroy DE CORNILLÉ (fils d'Odon III) figure comme témoin d'une donation faite en 1199 par André de Vitré ; Robert, son frère, chantre de Paris, et Emme, sa mère, pour le salut de Robert, son père, et d'Alain de Dinan, son frère. (*Titres de Notre-Dame de Vitré* : D. Lobineau, t. II, col. 214 ; D. Morice, t. Ier, col. 772.)

Ce Geoffroy *de Cornillé*, vivant encore en 1229, est dit, dans un acte de cette époque, fils d'Odon *de Cornillé* et neveu de Secard *de Cornillé*. (*Archives de l'hôpital de Saint-Nicolas de Vitré*, sac 56, transumpt n° 6.)

« Le duc Pierre, non content d'employer son autorité pour faire jouir les habitants de Saint-Aubin-du-Cormier des priviléges qu'il leur avait accordés, les fit confirmer encore par tous les grands de la province, qui, à sa considération, leur accordèrent sur leurs terres les mêmes priviléges qu'il leur avait accordés sur les siennes. Cela se fit dans une assemblée générale de la Noblesse qui se tint à Nantes la veille de la Pentecôte 1225, et où se trouvèrent, entre autres : André de Vitré, Goranton de Vitré, Bertrand de Tizé, *Pierre de Cornillé*, Alain d'Acigné, etc. » (D. Lobineau, t. Ier, p. 218 et t. II, col. 379 ; D. Morice, t. Ier, col. 854.)

Pour que *Pierre de Cornillé*, qui ne pouvait être considéré comme l'un des grands de la province, fût appelé à ratifier ces priviléges, cela n'a pu arriver qu'en sa qualité d'officier principal du sire de Vitré, ou bien comme possessionné lui-même dans les environs de Saint-Aubin-du-Cormier, auquel cas son concours eût été utile ; il est fort probable que ce fut à ces deux titres réunis.

Le sire de Vitré ratifiait en personne, et il le faisait en telle compagnie que les témoins étaient plus que suffisants, par le nombre et par la qualité, pour bien garantir son assentiment ; la présence d'un des officiers de sa maison n'y pouvait rien ajouter. Reste donc à dire que *Pierre de Cornillé* agissait en son nom propre, donnant aux habitants de la nouvelle ville des droits sur ses propriétés personnelles ; mais ses propriétés n'étaient pas assez importantes pour qu'il eût été convoqué directement à Nantes ; il avait dû y venir à la suite du sire de Vitré, son maître, et comme attaché à sa personne.

Presque toutes les possessions des Cornillé étaient situées au midi de Vitré ; cependant la branche que nous désignons plus loin sous le nom *de Mecé* était établie au nord, vers Saint-Aubin-du-Cormier, et nous verrons qu'elle possédait au xve siècle des terres dans les paroisses de Romagné et de Saint-Jean-sur-Coisnon. Par suite, il y a de grandes probabilités pour croire que ce Pierre est auteur de la branche de Mecé, dans laquelle le nom de Pierre a été l'objet d'une prédilection toute particulière.

VII. Odon DE CORNILLÉ, IVe du nom, chevalier, et Laurence, sa femme, donnèrent au prieuré de la Primaudière, en l'an 1252, leur part de la dîme de la Préverie. Le sceau d'Odon *de Cornillé*, apposé à cet acte, porte *trois corneilles.* (Relevé des *Titres de la Primaudière*, n° 73 de la collection des Blancs-Manteaux, à la Bibliothèque royale de Paris.) (V)

A la même époque, c'est-à-dire en 1252, vivait Alain *de Cornillé*, prêtre, héritier de Gautier *de Cornillé.* (*Archives de l'hôpital de Saint-Nicolas de Vitré*, sac n° 28, original.)

Guillaume de *Cornillé*, vivant vers 1250, est mentionné dans un acte dont le vidimus est de 1323. (*Archives de l'hôpital de Saint-Nicolas de Vitré*, sac n° 5, transumpt n° 3.)

Ici se trouve une grande lacune, après laquelle nous rencontrons :

VIII. Jean DE CORNILLÉ, un des chevaliers templiers qui déclarèrent vouloir défendre leur ordre dans la procédure faite contre eux à Paris de 1309 à 1311. (*Traité de la condamnation des Templiers*, par Dupuy, in-4°, 1654.)

Guy DE CORNILLÉ, abbé de Saint-Augustin de Limoges, de l'ordre de Saint-Benoît, mentionné dans des actes de 1337, 1357 et 1366 (nova *Gallia Christiana*, t. II). Il

est bon de remarquer qu'à cette époque les ducs de
Bretagne étaient aussi vicomtes de Limoges.

Geoffroy DE CORNILLÉ, vivant en 1375, est mentionné
dans les *Titres du château de Vitré* déposés à la bibliothèque de la ville.

Nous venons de signaler une lacune d'un siècle, durant laquelle les actes de Bretagne sont muets à l'égard
des *Cornillé;* pour se rendre raison de ce silence, il
faut examiner l'histoire des seigneurs de Vitré auxquels
leur existence est intimement liée.

Durant tout le temps qu'a subsisté l'ancienne maison
de Vitré, c'est-à-dire celle qui descendait des comtes de
Rennes, nous ne trouvons pas une génération sous
laquelle les *Cornillé* ne soient mentionnés plusieurs fois
et comme gens attachés tout particulièrement à leur
service. (VI, VII)

En 1254, cette ancienne maison s'éteignit, et avec elle
les *Cornillé* semblent disparaître de la Bretagne ; ce résultat est fort naturel, et tient à plusieurs causes qu'il est
facile d'assigner :

1° En passant au service des sires de Laval, les *Cornillé* perdirent de leur importance relative près de ces
grands seigneurs, pour lesquels la baronnie de Vitré
n'était qu'un simple membre des vastes domaines qui
en faisaient une des plus riches maisons de France.

2° Les sires de Laval préférèrent pendant longtemps
leurs anciens sujets du Maine à leurs nouveaux sujets
de Bretagne; ces derniers furent même si maltraités par
leurs nouveaux seigneurs, qu'ils s'en plaignirent au Duc,
qui intervint en leur faveur en 1308 (*Art de vérifier les
dates,* t. II, art. des sires de Laval). Il semble que les
sujets bretons des sires de Laval ne rentrèrent définitivement dans les bonnes grâces de leurs maîtres que
depuis leur alliance avec la maison de Bretagne. C'est
aussi du temps de Béatrix, fille du duc Arthur II, que
nous voyons reparaître les *Cornillé*; jusque-là, il était
naturel qu'ils fussent éclipsés.

3° Dans l'intervalle où les *Cornillé* manquent, les
actes de Bretagne ne mentionnent que très-rarement les
sires de Laval eux-mêmes, et ce n'était qu'à leur occasion qu'ils pouvaient paraître. Ce silence de l'histoire à
leur égard tient à deux causes; leur absence du duché
et la mauvaise volonté de l'historien D. Morice.

4° De 1275 à 1340, les sires de Laval furent engagés dans les expéditions d'Italie et de Flandre, où ils avaient des intérêts directs. Charles d'Anjou appela à Naples Guy VII de Laval, pour lui faire service en sa qualité de comte de Cazerte, contre Pierre d'Arragon; il s'y rendit, en 1275, *avec grand nombre de ses sujets*, et y resta jusqu'à 1284 (*Histoire généalogique des grands officiers*, t. III, p. 627; *Art de vérifier les dates*, t. II, sires de Laval). Il est fort probable qu'il dut laisser en partant un corps de troupes au roi de Sicile, et quelque *Cornillé* pouvait bien en faire partie. Le Baud nous apprend aussi que Guy VIII menait ses gens en armes dans les guerres de Flandre.

5° Les deux maisons de Laval et de Rohan se disputaient la qualité de premier baron de Bretagne : avant d'être l'historien de la province, D. Morice avait été celui de la maison de Rohan; sa partialité pour elle est manifeste; il s'étend beaucoup plus sur son compte que sur celui de sa rivale; autant il a été prodigue, dans ses Preuves, d'actes relatifs aux Rohan, autant il en a été avare pour les Laval. D'ailleurs, plus on se rapproche de l'époque moderne, moins les témoins deviennent nombreux dans les actes; et les *Cornillé*, rejetés sur un plan plus reculé qu'autrefois, ont moins de raisons pour y paraître : c'est sans doute ce qui fait qu'on ne les y aperçoit plus. Il faudra des circonstances autres que des transactions privées et des actes d'un nouveau genre pour les remettre en évidence; aussi c'est dans les enquêtes ou réformations que nous allons les retrouver. (VIII)

FILIATION SUIVIE.

BRANCHE DES SEIGNEURS DE LA BICHETIÈRE.

I. — Jehan DE CORNILLÉ, écuyer dans la compagnie de messire Thibault de la Rivière en 1373, conseiller et maître des Comptes du sire de Laval, ratifia le traité de

Guérande en 1381, et était seigneur de la Bichetière, dans la paroisse de Cornillé, en 1400. Il fut marié deux fois, 1° en 1391, avec Marguerite RACAPPÉ, qui mourut sans postérité en 1396; 2° avec Jehanne DU HALLAY, qui était veuve de lui en 1407, et qui le rendit père de :

1° Jehan *de Cornillé,* qui suit;

2° Olivier *de Cornillé,* l'un des gendarmes du comte de Richemont, qui fut depuis le duc Arthur III, en 1424, était marié, en 1448, avec Jeanne *Martin;*

3° Jehanne *de Cornillé,* mariée au seigneur *du Plessix.* Elle vivait encore en 1472, ayant pour fils Jehan du Plessix et pour petit-fils Louis du Plessix.

Nota. Les actes qui prouvent l'existence d'Olivier et de Jeanne *de Cornillé,* ne justifient pas qu'ils eussent pour père Jehan, Ier du nom, et on ne les place ici qu'en raison de l'époque à laquelle ils vivaient.

Béatrix *de Cornillé,* qui peut être sœur de Jean, Ier du nom, avait été mariée et était veuve dès 1407; en 1443, elle donna à l'hôpital de Saint-Yves de Vitré, le lieu et métairie nommé le Faill, en la paroisse de Saint-Didier. Son sceau, apposé à l'acte de donation, qui est encore à l'hôpital de Vitré, porte *trois corneilles.*

II. — Jehan DE CORNILLÉ, seigneur de la Bichetière, de la Borderie et de Montchouon de 1407 à 1450. On ignore le nom de sa femme, mais il fut père de :

III. — Noble et puissant écuyer Amaury DE CORNILLÉ, seigneur de la Bichetière, de la Borderie, de la Croix et du Bois-Cornillé dès 1459; fut un des témoins entendus, en 1485, dans l'enquête des dégâts faits au château de Sévigné. En 1477, sa juridiction scellait ses actes d'un sceau à *trois corneilles,* autour duquel était écrit : *Sceau de la Bichetière.* Il épousa, en 1466, noble demoiselle Isabeau DE LA TOUCHARDIÈRE, dame de la Motte et du Plessix de Torcé, dont il eut :

1° Pierre *de Cornillé,* qui suit;

2° Jehan *de Cornillé,* châtelain de Derval, en 1513, pour Jehan de Laval, sire de Châteaubriant;

3° Dom René *de Cornillé,* qui fut d'église. Jehan et dom René, son frère, possédaient par indivis, en 1513, le manoir de la Croix, dans la paroisse de Cornillé;

4° Thébaude *de Cornillé,* qui paraît fille d'Amaury, épousa le seigneur *du Boishalbran;* elle possédait, en 1513, la métairie noble du Buat, paroisse de Martigné-Ferchault, et le manoir de la Piglonière, en la paroisse de Saint-Germain-du-Pinel;

5° Jeanne *de Cornillé*, mariée à N** *le Vayer*, de la maison de la Clarté en Cornillé;

6° Olive *de Cornillé*, mariée, dès 1508, à Jamet *de la Vallée*. Elle possédait, dans la rue de la Saulnerie, à Vitré, une maison qui est rappelée dans l'aveu de la baronnie de Vitré de 1542;

7° Renée *de Cornillé* épousa son parent, Hervé *de Cornillé*, de la branche de Bais, rapportée ci-après;

8° Catherine *de Cornillé*, dont le sort est inconnu.

Ces quatre dernières filles possédaient par indivis, en 1513, le manoir de la Hussonnière, paroisse de Moulins, évêché de Rennes, qui avait appartenu autrefois à noble écuyer Georges le Vayer.

IV. — Noble écuyer Pierre DE CORNILLÉ, seigneur de la Bichetière, du Bois-Cornillé, de la Revelais, de la Motte et du Plessis de Torcé, de 1497 à 1524, vendit, avant 1513, le manoir de la Borderie à Mathurin le Moënne, habitant de Vitré. Il épousa, avant 1510, Guyonne BRILLET, dame de la Hardouinais et de la Vallée, fille de Guillaume Brillet, seigneur de Monthorin en Louvigné-du-Désert. Il en eut :

1° Antoine *de Cornillé*, qui suit;

2° Artuze *de Cornillé*, qui était veuve dès 1529, et qui paraît fille de Pierre;

3° Madeleine *de Cornillé*, cellerière de l'abbaye de Saint-Georges de Rennes, en 1528, et qui paraît aussi fille de Pierre.

V. — Noble écuyer Antoine DE CORNILLÉ, seigneur de la Bichetière, de la Motte et du Plessis de Torcé, en 1525, mort avant 1536, épousa Geffeline DE CHAMPAIGNÉ, dont il eut :

1° Briand *de Cornillé*, seigneur de la Bichetière, de la Motte et du Plessis de Torcé, de 1536 à 1553, figure dans plusieurs montres de l'évêché de Rennes. Il épousa Jeanne *de Poix*, dont il n'eut pas d'enfants;

2° Guy *de Cornillé*, qui succéda à son frère aîné, et qui suit;

3° Pierre *de Cornillé*, abbé de Montmorel, au diocèse d'Avranches, en 1558, fut chassé de son abbaye par Louis de Montgommery, seigneur de Ducey, ardent calviniste, et obligé de se réfugier au Mont-Saint-Michel, où il obtint des lettres de sauvegarde du roi Charles IX, datées du 2 janvier 1573. Il se démit de son abbaye le 31 août 1775, en faveur de Jean Louvel, son neveu, retenant mille livres de pension, puis fut curé de la paroisse de Terregaste, dépendante de Montmorel, où il mourut le 8 janvier 1589.

Il fut enterré dans le chœur de Montmorel, devant le maître-autel. (*Gallia Christiana*, t. XI, col. 539.)

4° Demoiselle N** *de Cornillé*, mariée à N** *Louvel*.

VI. — Noble et puissant écuyer Guy DE CORNILLÉ, seigneur de la Bichetière, de la Hunobaudière, de la Motte et du Plessis de Torcé, de 1556 à 1587; paraît être le même que Guillaume *de Cornillé*, qui est cité dans l'aveu de la baronnie de Vitré de 1542 comme possédant les fiefs de la Charbonnelaye et de la Frogerie, dans la paroisse de Livré. On ignore le nom de sa femme, et il ne laissa qu'une fille pour héritière.

VII. — Noble damoiselle Isabeau DE CORNILLÉ, dame de la Bichetière, de la Motte et du Plessis de Torcé, en 1596, et qui ne possédait plus ces terres en 1597. Elle avait été mariée, et était veuve dès 1592.

En 1597, la Bichetière, la Motte et le Plessis de Torcé appartenaient à Jeanne *de Kermainguy*, épouse de René *Guéhenneuc*. Ces terres furent vendues en 1600; le sieur *Lombart*, lieutenant du gouverneur de Rennes, acquit la Bichetière; mais son contrat d'acquêt fut annulé par arrêt du parlement de Bretagne du 7 juin 1602. En 1770, la Bichetière appartenait à M. *Fournier*.

En 1609, la Motte et le Plessis de Torcé appartenaient à Pierre *Guillaudeuc*; Jeanne Guillaudeuc, sa fille, les porta en mariage, en 1626, à Olivier *Frottet*; en 1642, elles étaient passées à Mathurin *Geffrard*, et ses descendants les possédèrent jusqu'en 1765, qu'ils les vendirent à la famille *de Langle*, qui les possède encore aujourd'hui.

BRANCHE DE BAIS.

(*On n'a pas encore trouvé la jonction de cette branche avec la précédente.*)

I. — Thomas DE CORNILLÉ, seigneur de Vausselles, dans la paroisse de Bais, en 1390 (Ogée, *Dict. de Bret.*, art. Bais), eut pour fils :

II. — Thomas DE CORNILLÉ, seigneur du manoir de Vausselles en 1427; il était mort en 1440, et laissa pour héritier :

III. — Hervé DE CORNILLÉ, employé avec un page, sous la paroisse de Bais, dans trois rôles particuliers du rôle général des montres de l'évêché de Rennes, depuis l'an 1412 jusqu'en l'an 1480. Il fut père de :

   1º Hervé *de Cornillé*, qui suit;

   2º Dom Jehan *de Cornillé*, prêtre, seigneur de la Pichardaye, en la paroisse de Villamée, en 1513.

IV. — Hervé DE CORNILLÉ, seigneur du Grand-Fougeray et de la Ville-Cotz, en la paroisse de Bais, et de la Suillerie, *aliàs* la Juellenie, en la paroisse de Visseiche, en 1513; épousa, avant 1513, Renée DE CORNILLÉ, sa parente, fille d'Amaury *de Cornillé*, seigneur de la Bichetière. Il en eut deux filles :

   1º Perrine *de Cornillé*, qui suit;

   2º Françoise *de Cornillé*, dame de la Suillerie, qui était mariée, en 1541, avec noble homme maître Jacques *Losche*.

V. — Perrine DE CORNILLÉ, morte avant 1535, épousa Jean DE LA VALETTE, seigneur de la Rivière, et leurs descendants sont qualifiés seigneurs de Villesco, des Fougerais et du Boismellet, en la paroisse de Bais, dans la *Généalogie de la famille de la Valette*, rôle de Rennes, articulée à la réformation de 1668.

Le Haut-Fougeray et la Villesco étaient passés depuis dans la famille *de Langle*, sur laquelle ils ont été vendus nationalement.

BRANCHE DE MECÉ,

DE LAQUELLE LES CORNULIER SONT SORTIS.

(On n'a pas encore pu trouver la jonction de cette branche avec les deux précédentes.)

I. — Grégoire DE CORNILLÉ, qu'on croit né et marié dans le comté de Cazerte, près de Naples, qui appartenait alors aux sires de Laval, épousa Alisette DE COCHINY, dont il eut :

II. — Grégoire DE CORNILLÉ, grand chasseur de cerfs, dont le duc Jean IV changea le nom et les armes en 1381, selon ce que raconte du Haillan. Il fut père de :

III. — Guillaume DE CORNILLÉ OU DE CORNULIER,
seigneur de la Dauphinais, paroisse de Romagné, près
Fougères, et de la Jarnouze, en la paroisse de Mecé,
où il est nommé *Cornillé* à la réformation de 1427, et
Cornullier à celle de 1429; fut garde des forêts de Vitré
et du Pertre de 1385 à 1396, puis maître d'hôtel ou
sénéchal du comte de Laval. Il mourut en 1435. Il avait
épousé, vers 1415, Honorée DE MONTBOURCHER, de la
branche aînée de cette maison, fille de Bertrand, sire
de Montbourcher et du Pinel, et de Roberte *de Courceriers*. Elle était petite-fille *de Laval,* et c'est en considération de cette alliance que Guillaume de Cornulier fut
gratifié de l'office de maître de l'hôtel du comte, devenu
son cousin. Il fut père de :

1° Guillaume, qui suit;

2° Perrine *de Cornillé,* dame de Montchevron, dans la
paroisse de Saint-Jean-sur-Coisnon, en 1453. Elle fut mariée
dans la maison des *le Prévost,* seigneurs de Saint-Marc,
où elle porta la terre de Montchevron, depuis nommée
Cornillé, en mémoire de ses anciens possesseurs.

IV. — Guillaume DE CORNILLÉ, II° du nom, seigneur
de la Dauphinais, après son père, et de Villepie, dans la
paroisse d'Izé, fut complétement ruiné; tellement que,
dès 1478, ses terres de Villepie et de la Dauphinais étaient
passées à Jean de Lescoët, maître des eaux et forêts de
Saint-Aubin-du-Cormier, maître de l'artillerie et capitaine général des francs archers de Bretagne. (*Réformations* d'Izé, de 1483 et 1513; de Romagné, de 1478;
D. Morice, t. III, col. 574, 578, 580 et 582.)

Ce Guillaume de *Cornillé* ou de *Cornulier* épousa
une femme qui n'est connue que sous le seul nom de
Jeanne; elle était veuve de lui en 1498, et demeurait
alors à Châteaubriant, en la Grande-Rue ([1]). De ce mariage vinrent :

1° Pierre *de Cornulier,* qui suit;

2° René *de Cornulier,* marié avec Mathurine *Rouceray,* qui
était veuve de lui en 1560, et demeurait alors à Châteaubriant, en la Grande-Rue. Il en eut cinq enfants, savoir :

---

(1) Si la femme de Guillaume II de Cornulier n'est pas désignée autrement, il
n'y a pas lieu de s'en étonner, car Nicolas Catherinot a justement remarqué,
en l'un de ses opuscules (*Tombeau généalogique,* p. 38), que, « en ce siècle
« 1400 et longtemps auparavant, les femmes mariées perdaient leur nom de
« famille et se retranchaient à leur seul nom de baptême. »

A. Jean *de Cornulier*, demeurant sous la seigneurie du Boisgerbaud, en la paroisse de Soudan, en 1560; mort le 4 mars 1610 et enterré dans le cimetière de Saint-Jean-de-Béré. Ne paraît pas avoir laissé de postérité;

B. Étiennette *de Cornulier*, épousa Jean *Bouschet*, avec lequel elle vivait en 1560, et dont elle a laissé postérité;

C. Marie *de Cornulier*, non mariée, enterrée à Saint-Jean-de-Béré le 15 juillet 1573;

D. Antoinette *de Cornulier*, non mariée, enterrée en la chapelle de Saint-Nicolas à Châteaubriant, le 29 octobre 1586;

E. Guillemette *de Cornulier*, rappelée dans le rôle rentier de 1616, comme ayant possédé anciennement un jardin dans la rue de la Vannerie, à Châteaubriant.

V. — Noble écuyer Pierre DE CORNULIER, seigneur de la Haudelinière, dans la paroisse de Nort, était, en 1487, capitaine des arquebusiers à cheval de François de Laval, seigneur de Châteaubriant (Ogée, *Dictionn. de Bret.*, art. Nort). Il épousa vers 1490 Marie DE CONCORET; c'est lui qui forme le premier degré dans la généalogie articulée à la réformation de 1668. Il n'eut qu'un fils unique.

VI. — Pierre DE CORNULIER, seigneur de la Haudelinière, capitaine des arquebusiers à cheval de Jean de Laval, marié 1° avec Louise DES VAUX; 2° le 5 février 1525, avec Jeanne LE ROYER.

Du premier lit :

1° Jeanne *de Cornulier*, morte sans postérité, rappelée dans le rôle rentier de 1616, comme ayant été possessionnée dans la Grande-Rue de Châteaubriant.

Du second lit :

2° Pierre *de Cornulier*, marié avec Claude *de Comaille;*

3° Michel *de Cornulier*, baptisé à Saint-Jean-de-Béré, le 2 juillet 1531, ne paraît pas avoir vécu longtemps;

4° Michelle *de Cornulier*, mariée à Jean *Baril*, partagée noblement par son frère aîné en 1555, et mentionnée dans l'aveu de 1560 comme possédant une maison dans la Grande-Rue de Châteaubriant, conjointement avec Jeanne Rouceray, femme de Jean Roussel, écuyer.

IIᵉ SECTION.

—

PREUVES ET ÉCLAIRCISSEMENTS.

—

ORIGINE ET PREMIERS SUJETS.

I

Saint-Allais (*Nobiliaire universel de France*, t. III, p. 97) a donné la généalogie de la famille *de Couasnon*, d'après les preuves qu'elle a faites, au mois de septembre 1789, devant Chérin fils, pour les honneurs de la Cour. Il est dit, dans cette généalogie, que les *Cornillé* et les *Couasnon* sortent, au même degré, de la maison *d'Erbrée*, dont ils seraient juveigneurs, comme suit :

« Jean *d'Erbrée*, chevalier, épousa Béatrix, dont il eut :
   « 1° Jean *d'Erbrée*, mentionné en 1202, 1207 et 1227.
   « 2° Hervé *d'Erbrée*, nommé aussi Hervé *de Coignon*,
      « et déclaré frère de Jean, mentionné en 1227.
   « 3° Odon *de Cornillé*, nommé comme leur frère. »

D. Morice (t. Iᵉʳ, col. 775) rapporte aussi, sous l'an 1199, la donation faite au prieuré de Sainte-Croix de Vitré par Jean d'Erbrée, le père, et il en résulte bien que Jean d'Erbrée, le fils, et Hervé de Coignon étaient frères ; mais Odon de Cornillé n'y figure qu'en qualité de simple témoin, et nullement comme parent. Le nom de *Cornillé* était d'ailleurs beaucoup plus ancien, et il figure en d'autres actes de la même époque avec celui d'Erbrée (en 1166 et en 1207; col. 641 et 808), sans que rien indique qu'il y ait parenté entre eux.

Au surplus, vérification faite sur l'original de la preuve de Couasnon, qui est au cabinet du Saint-Esprit, il en résulte que Chérin fils, qui était beaucoup moins exact que son père, a fait erreur en ce que les actes qu'il a analysés ne justifient nullement l'origine qu'il attribue aux *Cornillé*.

II

Il y a eu des *Cornillé* en Anjou comme en Bretagne : Ménage cite un titre de l'abbaye du Perray-Neuf contenant une donation de plusieurs héritages dépendants de la terre de *Cornillé*, faite par Geoffroy, seigneur de Cornillé, fils de Robert de Sablé, III° du nom, aux chanoines du Bois-Renou, et qui porte : « Ego Gaufridus, dominus de *Cornilleio*, filius domini Roberti de Sabolio ; qui scilicet Robertus magister templi Hierosolymis tunc temporis habatur. »

« Ce Geoffroy de Cornillé fut grand maître des Templiers après son père, de 1190 à 1195.

« Cette terre de Cornillé, continue Ménage, est la paroisse de Cornillé en Anjou, entre Briançon et Milon, de laquelle l'abbé du Perré-Neuf, ou du Bois-Renou, ce qui est la même chose, était décimateur. »

Il ne paraît pas que ce Geoffroy de Cornillé ait eu des enfants, ni même qu'il ait été marié : la troisième maison de Sablé finit en sa personne pour les mâles ; Marguerite de Sablé, sa sœur, fut mariée à Guillaume des Roches, sénéchal d'Anjou. Un titre du Perré-Neuf, de l'an 1209, porte : « Guillelmus de Rupibus, seneschalus Andegavensis et dominus de Sabolio et Margareta uxor ejus dederunt quæ cumque habebant et habere possent in Brionio, in valle et in *Cornelio*. »

En outre de ces seigneurs de Cornillé, ajoute Ménage, il y a eu en Anjou une autre famille *de Cornillé*. A une fondation faite au prieuré de l'Évière, à Angers, en l'an 1112, on trouve comme témoin *Benedictus de Corniliaco*. (*Histoire de Sablé*, par Gilles Ménage, in-f°, 1683, p. 174, 175, 176, 357 et 364.)

En 1183, Emme, abbesse du Ronceray, près d'Angers, promet à Étienne de Marçay, sénéchal d'Anjou et second fondateur de l'Hôtel-Dieu d'Angers, d'y installer quatre prêtres pour le desservir ; parmi les religieuses qui assistent comme témoins de l'acte, du côté de l'abbesse, on voit *Villaine de Cornillé*. (Charte originale, en double expédition, dont l'une, provenant du chartrier de l'Hôtel-Dieu, existe aux archives départementales de Maine-et-Loire ; et l'autre, celle du Ronceray, est à la bibliothèque d'Angers.)

Ce nom de Villaine, assez usité alors en Bretagne, était entre autres celui de la femme d'Alain de Porhoët, vicomte de Rohan, en 1126, et celui de la dame de la Roche-Jagu, de la maison de Rohan, en 1251 (D. Morice, t. Ier, col. 553 et 951). Mais le lieu où l'acte est passé nous porte à croire que cette religieuse était angevine, d'autant plus que parmi les religieuses du Ronceray mentionnées dans cette même charte figure Hersende de Sablé. Elle devait, dans tous les cas, appartenir à une famille de qualité, car Notre-Dame du Ronceray était une abbaye noble dans laquelle les religieuses, pour leur admission, ont toujours dû faire des preuves, lesquelles ont été réglées plus tard à huit quartiers de noblesse, quatre paternels et quatre maternels, comme pour l'ordre de Malte.

Une seigneurie de Cornillé, qui est peut-être un démembrement de la paroisse de ce nom, a existé fort tard en Anjou ;

car un armoril manuscrit de cette province, dressé en 1698, mentionne les *Jousse seigneurs de Cornillé.*

Plusieurs terres portent aussi le nom du Bois-Cornillé, comme on en voit d'autres qui s'appellent le Bois-Corbeau : ces noms viennent sans doute d'une futaie que les corneilles ou les corbeaux affectionnent pour retraite ; le nom des paroisses de Cornillé ne paraît pas avoir une autre origine.

III

Pierre le Baud (*Chronique de Vitré,* p. 38) rapporte qu'André II de Vitré bailla en douaire à Luce, sa femme, par son testament de l'an 1210, la vicomté de Bays, *Cornillé, Torcé,* Vergeal, Étrelles, Fercé et *Argentré,* seigneuries qui étaient par conséquent de son domaine direct.

IV

La *Chronique de Vitré* de Pierre le Baud (ou plutôt le Bault, car c'était là son vrai nom) a été écrite vers 1480, mais elle n'a été publié qu'en 1638, par les soins de Pierre d'Hozier. L'impression a été faite sans une connaissance suffisante des lieux et des personnes ; ainsi, dans la seule page 19, on trouve *Ponencé* pour *Pouancé* répété quatre fois, et *Martigue* pour *Martigné ;* erreurs faciles à commettre avec l'écriture du temps, où l'*u* ne se distingue pas de l'*n* et du *v,* et où l'on n'employait pas d'accents.

Par suite de la même méprise, on a imprimé *Corville* pour *Cornillé ;* mais cette erreur est facile à reconnaître à la page 38, où elle se trouve reproduite de manière à devenir évidente, parce que là c'est de la paroisse qu'il est question.

Au surplus, il existe à la bibliothèque de Rennes un manuscrit de la Chronique de Vitré qui date de 1586, et qu'on estime à l'égal de l'original, parce que c'était celui du célèbre Bertrand d'Argentré, petit-neveu de le Baud, et ce manuscrit porte sans équivoque *Cornillé* pour la page 19 et même *Cornuillé* pour le passage correspondant à la page 38 de l'imprimé.

D. Morice (*Hist.,* t. Ier, p. 987, note 5) a révoqué en doute l'existence du traité de paix conclu entre André de Vitré et le duc Alain Fergent, par la raison qu'il ne croit pas possible que ce puissant suzerain ait consenti à traiter d'égal à égal avec son vassal ; mais les raisons qu'il apporte à l'appui de son opinion ne sont pas convaincantes et n'ont pas été admises.

V

Le prieuré de *la Primaudière,* de l'ordre de Grandmont,

était situé dans la forêt de Juigné, paroisse de ce nom. Il avait été fondé, en 1207, par Geoffroy III., baron de Châteaubriant, et par Guillaume, sire de la Guerche et de Pouancé, qui tous les deux étaient de la même maison et possédaient la forêt de Juigné par indivis. (Du Paz, *Généalogie de Châteaubriant*.)

La Préverie, aujourd'hui la Prévière, est une paroisse d'Anjou, limitrophe de Juigné. Il paraît que les dîmes de cette paroisse appartenaient en partie à *Laurence*, femme d'Odon *de Cornillé*, puisqu'elle figure dans l'acte de donation. Par suite de cette alliance ou d'autres analogues, les Cornillé de Bretagne ont pu se trouver possessionnés en Anjou.

VI

Robert de Vitré, dit le Jeune, étant mort en 1183, au moment où il se disposait à partir pour Jérusalem, André II, son fils, se croisa en 1184, pour accomplir le vœu de son père. « Celuy voyage parfit celuy André, » dit le Baud. Il servit ensuite le duc Arthur dans ses guerres d'Anjou, du Maine et de la Touraine, et mourut en 1221, à son retour de la croisade contre les Albigeois.

André III, son fils, qu'il avait eu de sa troisième femme, Eustachie de Retz, lui succéda à la baronnie de Vitré. Cet André fit le pèlerinage de Saint-Jacques de Compostelle, en 1226, et servit le roi de France contre le duc Pierre Mauclerc, alors excommunié, au siège d'Ancenis, en 1230. En 1239, dit le Baud, « grand nombre de barons se croisèrent sous l'enseigne du duc Pierre, entre lesquels y alla monseigneur André à grand appareil : car, *outre plusieurs de ses hommes et sujets qu'il y mena*, il avait sous sa bannière le seigneur d'Ancenis et Foulques Paynel à ses dépens. » Il se croisa une seconde fois, en 1248, et fut tué près de saint Louis, à la bataille de la Massoure, en 1250.

Sous ces deux André, nous trouvons deux Odon, Geoffroy, Sylvestre, Sécard, Hervé, Guillaume et Pierre *de Cornillé*, mentionnés comme attachés à leurs personnes; une partie d'entre eux, au moins, doit les avoir suivis dans ces expéditions.

A André III succéda, à l'âge de deux ans et demi, André IV, dit le Jeune, qui mourut en 1251; en lui s'éteignit la maison de Vitré.

Philippette de Vitré, sa sœur consanguine, avait épousé dès 1239 Guy VI de Montmorency-Laval, fils de Mathieu de Montmorency, connétable de France, et d'Emme, héritière de Laval. Guy VI se croisa en 1248 avec André de Vitré, son beau-père; devint baron de Vitré, du chef de sa femme, qui mourut en 1254; suivit le duc d'Anjou à la conquête de Sicile en 1265, et mourut lui-même en 1267.

Guy VII, son fils, sire de Laval et de Vitré, épousa en 1260

Isabeau de Beaumont, qui lui apporta le comté de Cazerte, dans la terre de Labour, à quatre lieues de Naples. Il se croisa avec saint Louis en 1270; fut mandé, à cause de son comté de Cazerte, par Charles d'Anjou, roi de Sicile, dans la guerre qu'il avait contre Pierre, roi d'Arragon; *il se rendit à cet appel en 1275, avec grand nombre de ses sujets; resta dans son comté de Cazerte jusqu'en 1284,* et mourut en 1295.

Guy VIII, sire de Laval et de Vitré, comte de Cazerte, *fit toutes les guerres de Flandre, de 1302 à 1320, et y mena ses gens en armes. Il en usait mal avec ses sujets de Vitré, ce qui le fit réprimander par le duc de Bretagne en 1308.* Il mourut en 1333, laissant de Béatrix de Gavre, comtesse de Fauquemberg en Flandre :

Guy IX, sire de Laval, de Vitré et de Gavre en Flandre, comte de Cazerte; suivit le duc Jean III à la guerre de Flandre en 1340, embrassa le parti de Charles de Blois, fut tué à la Roche-Derrien en 1347, et fut enterré à Vitré. Il avait épousé en secondes noces, en 1315, Béatrix de Bretagne, fille du duc Arthur II, qui ne mourut qu'en 1384, et dont il eut :

Guy X de Laval, fait prisonnier à la bataille de la Roche-Derrien, mort l'année suivante au château de Vitré, et qui eut pour successeur son frère Jean, dit :

Guy XI de Laval, sous lequel les *Cornillé* reparaissent de nouveau en Bretagne.

VII

L'historien le Baud nous a conservé la mémoire de quelques faits qui prouvent suffisamment quel rang tenaient les *Cornillé* à la cour des anciens barons de Vitré; mais il importe de remarquer que les mentions qui sont faites de leur nom en différents actes n'en sont pas une preuve moins décisive, quoiqu'ils n'y figurent que comme témoins.

Il faut considérer, en effet, que ce n'était point un acte insignifiant que la comparution à des donations pieuses : les seigneurs qui faisaient ces libéralités étaient toujours assistés de leurs proches, de leurs amis les plus intimes, de leurs premiers vassaux et des principaux officiers de leur maison. L'appareil avec lequel un tel acte était passé ajoutait beaucoup à sa validité, parce qu'il ôtait tout prétexte à une accusation de surprise; aussi voyons-nous que les moines, fort attentifs à prendre toutes leurs sûretés, avaient le soin de faire figurer des noms considérables à côté de ceux des donateurs. Ils voulaient que leur témoignage imposât le respect, au besoin; même que le donateur, en manquant à ses promesses, ne pût le faire sans blesser les hauts personnages qu'il avait pris à témoin de ses engagements.

Souvent les témoins s'engagent même *comme cautions du donateur*. Dans l'accord entre les moines de Sainte-Croix et André de Vitré, leur seigneur, souscrit par *Herveus de Torce, Miles*, et autres, en 1195, on lit : « Hi omnes juraverunt quod si dominus Andœas ab hac compositione resiliret, ipsi sese redderent obsides mandato nostro et monachorum. » (D. Morice, t. Ier, col. 726 ; tiré des archives de Marmoutiers.)

On ne doit pas être surpris non plus de ne voir figurer les *Cornillé*, pour ainsi dire, que dans les actes de cette nature ; les plus anciens noms ne se sont généralement sauvés de l'oubli que de cette manière. Il ne nous reste aucune montre militaire du temps de l'ancienne maison de Vitré, et les actes civils de l'époque où elle florissait sont excessivement rares. De toutes les archives, celles des monastères ont été les mieux conservées, ces asiles étant les seuls que la guerre respectât un peu dans ces temps de dévastation, et les moines ayant toujours été excessivement soigneux de garder les titres qui intéressaient leurs maisons, alors même que les gentilshommes ne se souciaient guère que de la possession d'état et de la paisible jouissance.

La conclusion la plus naturelle qu'on puisse tirer des remarques qui précèdent, est que si les *Cornillé* figurent comme témoins dans la plupart des actes qui nous restent des anciens barons de Vitré, ils devaient être des principaux officiers de leur maison et qu'ils ont dû, en cette qualité, les accompagner dans la plupart de leurs expéditions.

VIII

Il est un genre de documents dans lequel on pourrait être surpris de ne pas trouver les *Cornillé* mentionnés fréquemment : ce sont les montres militaires du quatorzième siècle, qui nous ont été conservées en si grand nombre, qu'elles semblent devoir comprendre toute la Noblesse bretonne de cette époque.

Mais il faut considérer que les *Cornillé* se trouvaient dans une position particulière : ne possédant aucun fief en proche mouvance des ducs, ils ne lui devaient pas le service militaire direct ; ils n'y étaient tenus que vis-à-vis des sires de Vitré, et ceux-ci étaient des personnages tellement hors ligne que les commissaires du duc ne s'avisaient pas de vérifier, un à un, s'ils amenaient bien réellement à l'ost de leur souverain le nombre de gendarmes qu'ils étaient tenus de lui fournir, et d'en dresser l'état nominatif avec leurs observations sur la qualité des armes et des chevaux. Il est dit ordinairement, à leur égard, sans plus de détails : *Monseigneur Guy de Laval, avec tant de chevaliers et d'écuyers ;* c'est-à-dire, qu'on passe en compte sa déclaration sans faire la revue.

C'était même là un droit reconnu par les ordonnances du

duc François II pour les montres générales : « Comme par nos mandements pour la revue, nous avons excepté les serviteurs, domestiques et commensaux des barons anciennement créés barons au dit pays et duché, etc. » (D. Morice, t. III, col. 230.)

Quelques revues spéciales pour ces anciens barons ont cependant été ordonnées; D. Morice en rapporte même qui ont été exécutées pour les Rohan, à une époque où ils n'étaient pas bien avec les ducs. C'était une petite taquinerie que le trésorier Landais se donna aussi la satisfaction de faire aux seigneurs de Laval, ses anciens maîtres; témoin les extraits suivants de l'inventaire de la chambre des Comptes de Bretagne, dit de *Turnus-Brutus*, fⁿ 587, recto :

« Mandement du duc François, en date du 28 mai 1467, qui ordonne de faire les montres des domestiques et gentilshommes des maisons des barons; inséré au quatrième livre des montres de l'évêché de Saint-Brieuc, ainsi que ce qui suit : »

« Montre des domestiques, gentilshommes et commensaux de la maison de Jehan de Laval, baron de Derval, du 15 juin 1477. »

« Autre montre de la maison de Guy de Laval, tenue à Châteaubriant, aussi le 15 juin 1477. »

Les registres de la Chancellerie de Bretagne mentionnent l'enregistrement des mandements donnés par le duc François II pour faire les montres de tous les nobles des évêchés de Bretagne, et à part ceux de diverses grandes seigneuries, telles que les baronnies de Fougères, Vitré, la Roche-Bernard, la vicomté de Donges, Guérande, etc. Ces mandements sont datés du mois d'août 1467.

Malheureusement, tous les registres de montres qui existaient à la chambre des Comptes ont été détruits par la commission dite du Triage des titres, en 1794, et l'on n'en connaît aucune copie complète.

BRANCHE DE LA BICHETIÈRE.

Iᵉʳ DEGRÉ.

Jehan *de Cornillé*, un des écuyers de la compagnie de messire Thibault de la Rivière, mentionné dans sa montre reçue au siége devant Brest, le 1ᵉʳ juin 1373, sous le connétable du Guesclin. (*Preuves de l'Histoire de du Guesclin*, par Hay du Châtelet, in-fⁿ, p. 379.)

L'Avranchin monumental, par M. le Hériché, mentionne (t. Ier, p. 373), d'après les archives du château de Ducey, le mariage célébré en 1391 de Jean *de Cornillé* avec Marguerite *Racappé*.

Il existait deux familles différentes du nom de Racappé : l'une d'Anjou, qui portait : *de sable à trois roquets d'argent ;* l'autre originaire de l'évêché de Rennes, mentionnée dans la réformation de 1426 comme pòssessionnée dans la paroisse de Moustiers, et qui portait : *une fasce accompagnée de trois hermines* (D. Morice, t. II, col. 690). C'est à ces Racappé, de l'évêché de Rennes, que devait appartenir la femme de Jean *de Cornillé*.

La réformation de la paroisse de Moustiers, faite en 1427, dit que l'hébergement de Beaulieu, en cette paroisse, appartenait alors à Marguerite Racappé ; mais cette Marguerite ne pouvait être que la nièce de Jean *de Cornillé*, dont la femme était morte sans postérité longtemps auparavant, comme le prouvent les pièces suivantes.

De l'an 1396, minu de l'hébergement de (le nom est effacé), sis en la paroisse de Noyal-sur-Vilaine, tombé en rachat par le décès de la femme de Jehan *de Cornillé* (*Domaine de Rennes*, Ire liasse, aveu coté 48). Cet aveu est effacé et presque illisible.

L'inventaire du domaine de Rennes dit qu'à ce minu était attaché l'acte de la composition faite pour ledit rachat par Jean *de la Verrue*, héritier de ladite défunte, du 12 novembre 1396, signé Eon de Beaumont, passe. Ainsi, cette première femme de Jean *de Cornillé* ne laissa pas d'enfants.

Sauvegarde pour Jehanne *du Hallay*, veuve de feu Jehan *de Cornillé*, datée du 24 juin 1407. (*Registre de la Chancellerie de Bret.* de l'an 1407 ; armoire L, cassette G, n° 46.)

La maison *du Hallay*, de l'évêché de Rennes, et une des plus illustres de Bretagne, porte : *d'argent fretté de gueules*.

Jehan *de Cornillé* ratifia à Guérande, le 10 avril 1381, le traité de paix conclu entre le roi Charles VI et le duc Jean IV ; il signe au rang des écuyers, en présence de Jean de Laval, dit Guy XI, auteur de ce traité. (D. Morice, t. II, col. 275 ; D. Lobineau, t. II, col. 616.)

La date de cette signature prouve que Jean de Cornillé était, dès 1381, au service du sire de Laval ; car il n'avait pas son domicile à Guérande, et il se trouve là avec lui. L'ordonnance du Duc, pour la ratification, est du 10 avril ; c'est le jour même qu'il donne la sienne, et il signe des premiers ; l'empressement qu'il y met indique qu'il appartenait au négociateur du traité, car D. Lobineau remarque (t. Ier, p. 439) qu'il y avait tellement d'opposition, que les écuyers de l'hôtel du Duc attendirent jusqu'au 20 du mois pour y donner leur consentement. Jean de

Cornillé était en effet un des principaux conseillers du sire de
Laval, comme le prouvent les deux pièces suivantes :

Dans la réformation de la paroisse de Marcillé-Robert, évêché
de Rennes, pour l'année 1479, on rapporte *in extenso* la lettre
de franchise du manoir de Maupré, octroyée en 1382 par Guy,
sire de Laval et de Châteaubriant; elle se termine ainsi : « Ce
fut donné et fait à Marcillé, nos généraux Comptes y tenant,
présents monsieur Guillaume de Courances; Pierre Hactes,
sénéchal de Rennes; Guillaume de la Touche-Abelin, sénéchal
de Vitré; Jehan *de Cornillé*, Thébaud de Taillis, maître Jean
Hodeart et plusieurs autres, le mercredi prochain après la fête
monsieur saint Lucas, 28 octobre 1382; ainsi signé, passé par
monsieur et de son commandement, madame présente, et les
autres dessus dits *des Comptes de monsieur.* » Signé P. Broessin.

Ainsi, Jean de Cornillé était maître des Comptes du sire de
Laval en 1382, ou même président, car il est nommé le premier des gens des Comptes.

Cette chambre des Comptes était composée, selon l'abbé
le Paige (*Dictionnaire du Maine*, article Laval), d'un président
et de quatre maîtres ou auditeurs; elle avait été établie par ce
même Guy XI, qui gouverna Laval de 1348 à 1412. Cette belle
baronnie se gouvernait en tout comme un petit état; elle avait
un juge général pris parmi les personnes qualifiées, et plusieurs de ces juges ont été en même temps conseillers au
parlement de Bretagne.

Madame de Laval, dont la présence est marquée dans l'acte
précédent, parce qu'il s'agit de son domaine, est Louise de
Châteaubriant, première femme de Guy XI, qui mourut sans
enfants en 1383.

Hervé de Couaynon ayant exhaussé la chaussée d'un étang
et, par suite, nui aux landes et communs du Pertre, il y eut à
ce sujet transaction passée entre lui et Guy, sire de Laval et de
Vitré, le 9 décembre 1396, où comparurent pour le sire de
Vitré : Jehan *de Cornillé* et Guillaume *de Cornillé*, garde des
forêts de Vitré et du Pertre. (Titre produit pour les preuves de
Cour de la maison de Couasnon.)

Les forêts de Vitré et du Pertre faisaient toutes les deux partie
du domaine du sire de Laval; Guillaume *de. Cornillé*, son
forestier, appartenait à la branche de Mecé, IIIe degré.

Quant à cette charge de forestier, Ducange, dans son glos-
saire, v^o *Forestarius*, la définit : *Silvarum dispositor et custos.*
A l'imitation du souverain, qui avait un grand-maître des
eaux et forêts, chaque baron avait son maître particulier pour
sa baronnie. Le duc Conan ayant concédé un droit aux moines
de Savigné dans la forêt de Rennes, Raoul, sire de Fougères,
confirme cette donation : *tanquam primus et princeps foresta-
riorum.* C'est peut-être en qualité de forestier du sire de Vitré

que Pierre *de Cornillé* ratifie en 1225 les priviléges accordés par le Duc à la ville de Saint-Aubin-du-Cormier.

De l'an 1400, aveu rendu à Jehan *de Cornillé*, seigneur de la Bichetière.

De l'an 1409, autres aveux rendus audit Jehan *de Cornillé*, par Jehan de la Fresnaye, pour des terres et héritages sis en la paroisse de Torcé. (*Titres de M. le vicomte de Langle, de Vitré*.)

Ogée, *Dictionnaire de Bretagne*, article Vitré, dit que la juridiction de la Bichetière, moyenne justice, s'exerçait à Vitré même.

D. Lobineau (t. II, col. 998) et D. Morice (t. II, col. 1147) donnent la liste des gendarmes que le comte de Richemont (depuis Arthur III, connétable de France et duc de Bretagne) emmena avec lui dans son voyage de Nantes à Angers, où il allait trouver le Roi, le 6 octobre 1424. Parmi les gendarmes de son hôtel, on voit figurer Olivier *de Cornillé*.

« Par acte du 25 octobre 1448, passé en la cour de Beaumont-le-Vicomte, au Maine, les héritiers de feus Pierre et Jean les Rouveaux, procédant au partage de la succession de ceux-ci, Robin Martin et Jeanne Martin, sa sœur, leurs neveu et nièce, sont partagés, entre autres biens, de la terre de Souvigné, près la Ferté-Bernard, ainsi qu'elle se contient, ses dépendances et appartenances. Avec ce aura la récompense telle comme Olivier *de Cornillé* et dame Jeanne, sa femme, étaient tenus faire pour certain douaire sis sur Souvigné et la Galaisière. » (*Dictionnaire de la Sarthe,* par Pesche, t. IV, art. Souvigné-sur-Même.)

La rédaction ci-dessus n'est pas claire; il paraît cependant en résulter qu'Olivier de Cornillé avait épousé Jeanne Martin, sœur de Robin Martin; lesquels Martin avaient pour oncles Pierre et Jean Rouveau (peut-être Rousseau), dont ils partagèrent la succession de telle sorte que la terre de Souvigné, en dépendante, fut attribuée à Robin Martin, auquel sa sœur fut en outre tenue de faire certain rapport.

De l'an 1472, sauvegarde pour Louis du Plessix, mineur; Jeanne *de Cornillé*, dame du Plessix, et pour Thomine Douault, veuve de feu Jean du Plessix, aïeule et mère dudit mineur. (Tables analytiques des *Registres de la Chancellerie de Bretagne;* n° 35 de la Collection des Blancs-Manteaux.)

Sauvegarde pour Béatrix *de Cornillé*, veuve, en date du 8 juin 1407. (*Registre de la Chancellerie de Bretagne,* armoire L, cassette G, n° 46.)

Lettres de franchise d'un lieu et métairie nommé le Faill, en la paroisse de Saint-Didier, évêché de Rennes, donné à l'hôpital de Saint-Yves de Vitré par défunte damoiselle Béatrix *de*

Cornillé; lesdites lettres octroyées par le duc François Ier, en faveur dudit hôpital, le 3 mars 1444.

Une copie détachée desdites lettres (dont le dépôt tenait lieu alors de l'enregistrement), datée du 16 juin 1445, et signée du chancelier de la Ripvière, existe encore aux archives de la chambre des Comptes à Nantes.

IIe DEGRÉ.

Réformations de la paroisse de Cornillé, où est écrit :

1° En 1427, « Jean *de Cornillé,* seigneur de la Bichetière. »
2° En 1446, « Jean *de Cornillé,* seigneur de l'hôtel de la Bichetière. »

Réformation de la paroisse d'Étrelles, évêché de Rennes, en 1440, où est écrit :

« Jean *de Cornillé,* seigneur des hôtels de la Borderie et de Mourchovon. »
(Aujourd'hui on écrit et on prononce Montchouon).

Plusieurs aveux rendus, en 1449 et 1450, à Jehan *de Cornillé,* seigneur de la Bichetière, par dom Olivier de la Chesnaye, pour le fief de la Touche et autres. (*Titres de M. le vicomte Ferdinand de Langle.*)

IIIe DEGRÉ.

Du 15 avril 1459, acte au rapport de Jehan Sorel et Gebemer, notaires de la cour de Vitré, écrit sur parchemin et scellé du sceau de ladite Cour, par lequel Olivier le Breton s'oblige à payer à Almory *de Cornillé,* seigneur de la Bichetière, douze réaux d'or, en place de douze quartiers de seigle qu'il s'était obligé de payer à Jehan *de Cornillé,* père dudit Almory, pour la jouissance du moulin des Vaulx. (*Original.*)

Réformation de la paroisse de Cornillé, en 1483.

« La Bichetière à Amaury *de Cornillé.* »
« La Croix à Amaury *de Cornillé.* Depuis trente ans, les demeurants audit lieu payaient fouages et à présent en sont exempts ; il y a enquête d'une et d'autre part, et est ledit *Cornillé* plus relevé de noblesse dudit lieu que lesdits paroissiens. »
« *Item,* tient ledit *Cornillé* une métairie nommée la métairie du Passais, contenant environ 85 journaux de terre, n'y a point de métayer, ledit lieu est roturier et a toujours été ès mains de gens de bas état par avant qu'il fût audit *de Cornillé.* »

Réformation de la paroisse d'Étrelles, en 1483.

« La Borderie à Amaury *de Cornillé.* »

Réformation de la paroisse de Torcé, en 1483.

« Le Plessis, la Motte et le Bouays à Amaury *de Cornillé* et à sa femme. »

De l'an 1468, vingt et un aveux rendus par divers vassaux à noble et puissant écuyer Amaury *de Cornillé* et à noble damoiselle Isabeau *de la Touchardière*, son épouse et compagne, seigneur et dame de la Bichetière, de la Motte et du Plessis de Torcé.

De 1477, autre aveu rendu à Amaury *de Cornillé* et à Isabeau *de la Touchardière*, sa compagne. Il est scellé d'un sceau à *trois corneilles*, autour duquel est écrit : *Sceau de la Bichetière.* (*Titres de propriété de M. de Langle, de Vitré.*)

Dans le procès-verbal des dégâts faits au château de Sévigné, dressé en 1485, et rapporté par D. Morice (t. III, col. 478), un des témoins entendus est noble homme Amaury *de Sevillé*, seigneur de la Bichetière ; au lieu de *Sevillé*, c'est évidemment *Cornillé* qu'il faut lire.

La seigneurie de *la Motte de Torcé*, apportée dans la maison de Cornillé, en 1466, par Isabeau de la Touchardière, tirait son nom d'une motte féodale considérable dont les restes se voient encore près de l'église de Torcé. Les seigneurs de la Motte avaient banc clos avec accoudoirs et armoiries prohibitives en l'église de Torcé, et leur chapelle privée, vulgairement appelée la chapelle de la Bichetière.

Relativement aux anciens possesseurs, on trouve, après les sires de Torcé :

Du mois de décembre 1282, aveu rendu à Jehan Laizné, seigneur de la Motte de Torcé, par Pierre Alby, pour les fiefs de Langevinière et du Haut-Busson ;

Autres aveux de 1389 à 1416, rendus à Jehan Laizné, seigneur de la Motte de Torcé ;

De 1429, aveu rendu à écuyer Robert Laizné, seigneur de la Motte de Torcé ;

De 1443 à 1462, aveux rendus à Jehan Laizné, seigneur de la Motte et du Plessis de Torcé.

Ici paraît s'éteindre cette famille de Laizné ; peut-être s'est-elle fondue dans la famille de la Touchardière ?

Réformation de la paroisse de Cornillé, en 1513.

« Pierre *de Cornillé*, seigneur de la Bichetière, possède le manoir dudit nom et le manoir de la Revelais, par échange d'écuyer Jean de la Touche. »

« Jean et dom René *de Cornillé, frères dudit Pierre*, possèdent le manoir de la Croix. »

Dans cette réformation, les *Cornillé* sont mentionnés les premiers de la paroisse, avant François de Maure du Plessis-Auger, Christophe de Poix et autres.

Le manoir de la Revelais, *aliàs* la Recoulais, appartenait en 1483 à Jean Huguet, sieur du Boisrobin.

Réformation de la paroisse de Derval, non datée, mais qui, par sa forme, doit être d'environ 1513; car ce sont les terres qu'elle a principalement en vue, plutôt que les personnes, ce qui est le caractère distinctif des réformations du XVIᵉ siècle.

« Jehan *de Cornillé*, chastelain de Derval. »

Derval appartenait à la maison de Laval depuis 1488; c'était une place forte du premier ordre, et la charge de son châtelain ou gouverneur avait une grande importance.

Réformation de la paroisse de Martigné-Ferchault, évêché de Rennes, en 1513.

« Damoiselle Thébaude *de Cornillé*, dame du Boishalbran, possède la métairie noble du Buat. »

Dans l'aveu de la châtellenie de Martigné-Ferchault rendu au Roi, en 1523, par Claude de Villeblanche, et coté 1133 aux archives de la chambre des Comptes, on lit : « Damoiselle Thébaude *de Cornillé*, dame du Boishalbran, à raison de son lieu et domaine du Buat. »

En 1541, le Buat appartenait à Pierre du Bois, seigneur du Boishalbran.

Réformation de la paroisse de Saint-Germain-du-Pinel, évêché de Rennes, en 1513.

« Damoiselle Thébaude *de Cornillé* possède le manoir de la Piglonnière. »

En 1513, le Boishalbran, en la paroisse de Saint-Germain-du-Pinel, était possédé par Guyon du Boishalbran, fils de Jean du Bois, fils d'autre Jean du Bois. Ainsi, Thébaude *de Cornillé* était mariée avec ce Guyon du Boishalbran qui possédait aussi la métairie de la Basle, dans la paroisse d'Étrelles, laquelle passa depuis aux de Gennes de Vitré.

Réformation de la paroisse de Moulins, évêché de Rennes, en 1513.

« Les demoiselles *de Cornillé*, Renée, Olive, Catherine et Jeanne le Vayer, possèdent un petit manoir nommé la Hussonnière, qui fut à noble écuyer Georges le Vayer. »

Ces le Vayer étaient seigneurs de la Clarté, dans la paroisse de Cornillé, et prirent dans la suite le nom de la Clarté. (Du Paz, *Généal. de Bret.*, p. 802.)

Du 25 juin 1508, évocation pour Jamet *de la Vallée* et Olive *Cornelier*, sa femme. (Tables analytiques des *Reg. de la Chancell. de Bretagne*, nᵒ 35 de la collection des Blancs-Manteaux.)

IV° DEGRÉ.

Du 23 septembre 1510, au rapport de Jehan Pepin et Pierre de Beauvais, notaires de la cour de Rennes, transaction sur procès pendant en ladite cour entre noble écuyer Pierre *de Cornillé*, seigneur de la Bichetière, fils aîné, héritier principal et noble de défunt Amaury *de Cornillé*, lequel était fils aîné, héritier principal et noble de Jehan *de Cornillé*, en son temps seigneur dudit lieu de la Bichetière, d'une part; et noble écuyer Julien du Boschet, seigneur de la Haye de Torcé, comme héritier principal et noble de messire Raoul du Boschet, en son temps seigneur dudit lieu de la Haye de Torcé, d'autre part.

Par lequel acte, ledit *de Cornillé* cède audit du Boschet tous les droits qu'il avait dans le moulin et étang des Vaulx, sis partie en la paroisse de Torcé et autre partie en la paroisse de Cornillé, moyennant la somme de quatre-vingts livres, monnaie de Bretagne.

Au pied duquel acte est la ratification de Guyonne *Brillet*, épouse dudit Pierre *de Cornillé*, en date du 14 septembre 1511, laquelle ratification avait été exigée dans la transaction précédente. (*Original.*)

De 1497 à 1524, quantité d'aveux rendus par divers vassaux à noble écuyer Pierre *de Cornillé*, seigneur de la Bichetière, de la Motte et du Plessis de Torcé. (*Titres de M. le vicomte de Langle.*)

Réformation de la paroisse de Torcé, en 1513.

« Pierre *de Cornillé*, écuyer, seigneur dudit lieu » (c'est-à-dire, plus exactement, seigneur de la Bichetière, fief principal de la paroisse de Cornillé) « possède le manoir de la Motte de Torcé et celui du Bois-Cornillé par la succession de feu Amaury *de Cornillé*, son père. »

Ce manoir du Bois-Cornillé est la même chose que le manoir du Bouays, situé dans la paroisse de Torcé, déjà mentionné dans les preuves du degré précédent. Il est dit le Bois-Cornillé, du nom de son possesseur; mais il ne faut pas le confondre avec la terre du Bois-Cornillé, sise en la paroisse d'Izé, et qui appartenait au célèbre trésorier de Bretagne Pierre Landais.

Réformation de la paroisse d'Étrelles, en 1513.

« Mathurin Lemoënne, marchand de Vitré, possède le manoir de la Borderie, par acquêt qu'il a fait de Pierre *de Cornillé*, seigneur de la Bichetière. »

Réformation de la paroisse de Louvigné-en-Fougerais, autrement Louvigné-de-Bais, évêché de Rennes, en 1513.

« Pierre *de Cornillé* et Guyonne *Brillet*, sa femme, fille de feu Guillaume Brillet, seigneur de Monthorin, possèdent les métairies de la Hardouinais et de la Vallée. »

La famille BRILLET ou BREILLET est originaire de la baronnie de Vitré; sa généalogie a été publiée par d'Hozier (*Armorial de France*, 3ᵉ registre, Iʳᵉ partie) et, d'une manière encore plus complète, par M. de Courcelles (*Histoire des Pairs de France*, etc., in-4°, t. II).

Guillaume Brillet fut évêque de Saint-Brieuc en 1424, de Rennes en 1427, et archevêque de Césarée en 1447, l'année même de sa mort. Une de ses sœurs, Jamette Brillet, fut la seconde femme de Jean *de la Rivière*, seigneur de la Rivière d'Auverné, d'Eancé, de la Chauvellière, etc., chancelier de Bretagne. Elle n'en eut qu'un fils, Robert de la Rivière, qui succéda à son oncle sur le siége épiscopal de Rennes en 1447, et qui mourut en 1449.

Pierre Brillet, frère aîné de l'évêque de Rennes, épousa, en 1411, Isabeau *d'Orenge*, dame de Laubinière, en la paroisse d'Arquenay, au Maine. Il en eut :

Geoffroy Brillet, chevalier, seigneur de Laubinière, de Monthorin, en la paroisse de Louvigné-du-Désert, et du Plessis; ces deux dernières terres acquises par son oncle l'évêque, qui lui en fit don. Il mourut en 1486, après avoir été marié deux fois : 1° avec Blanche *de Champagné*; 2°, en 1445, avec Guillemette *de Montbourcher*, cinquième fille de Bertrand de Montbourcher, sire de la Roche et du Pinel, et de Jeanne *d'Orenge*. Du 1ᵉʳ lit vint :

Guillaume Brillet, écuyer, seigneur de Monthorin, lequel transigea, comme fils aîné, héritier principal et noble, le 26 novembre 1496, avec Guillemette de Montbourcher, sa belle-mère, sur la succession de son père, qui avait consenti, le 30 septembre 1484, une donation mutuelle à sa seconde femme. Il fut père de :

1° Bertrand Brillet, mort sans postérité;

2° Marguerite Brillet, mariée à Robert *Hingant*, seigneur de la Tremblaye;

3° Jacquette Brillet, femme de Brieuc *de la Feillée*, seigneur de la Ville-Gicquel;

4° Guyonne Brillet, dame de la Hardouinaye, mariée à Pierre *de Cornillé*.

Du 2ᵉ lit de Geoffroy Brillet vinrent :

1° Jean Brillet, seigneur de Laubinière, qui s'est transplanté dans le Maine, où sa postérité subsiste encore aujourd'hui;

2° Michelle Brillet épousa : 1° François *Marchant*, seigneur de la Greslaye; 2° Gilles *Peyron*;

3° Catherine Brillet, femme de Guillaume *du Châtellier*.

La famille Brillet porte : *d'argent à trois têtes de loup de sable, arrachées de gueules.*

Du 13 octobre 1526, mandement pour Guyonne Brillet, damoiselle, contre Antoine *de Cornillé, fils de Pierre de Cornillé et d'elle.*

Artuze *de Cornillé,* veuve le 23 octobre 1529.

(Table analyt. des *Reg. de la Chancell. de Bretagne.,* n° 35 de la collection des Blancs-Manteaux.)

Du mardi 13 avril 1528, procession faite à l'abbaye de Saint-Georges pour le droit de *bouillie* dû par les religieuses au chapitre de la cathédrale de Rennes.

« Et ibidem celebravit missam, magister Johannes Mercatoris, major capellanus, et domini responderunt Gloria in excelsis, et durante Gloria, magister Petrus Jouauld et Herveus Colson, canonici, accesserunt de coro ad crateram, quod vocat *la Grille,* et coram eis comparuit domina Magdalena *de Cornillé,* celearia, prout se talem esse dixit, et petierunt *pultem* sibi dari more solito; et ipsa fecit in eodem loco prope chorum exhiberi unam magnam pelvim repletam pultæ, et asseruit esse de lacte et farina, et domini acceptaverunt, etc. » (Extrait des *Registres du Chapitre.*)

Ve DEGRÉ.

Du 11 juin 1527, aveu du fief de la Touche, rendu par Jeanne Babin, veuve de Jean le Coq, à noble écuyer Antoine *de Cornillé,* seigneur de la Bichetière, du Plessis et de la Motte de Torcé. (*Titres de M. le vicomte de Langle.*)

Du 17 mars 1536, maintenue pour Geffeline *de Champaigné,* veuve de feu Antoine *de Cornillé,* au nom et comme tutrice de ses enfants, sur les prééminences d'église dans les paroisses de Cornillé et de Torcé. (Table des *Reg. de la Chancell. de Bretagne,* n° 35 de la collection des Blancs-Manteaux.)

De 1539, déclaration des rentes et devoirs dus par les hommes et sujets de la seigneurie de la Motte et du Plessis de Torcé à damoiselle Geffeline *de Champaigné,* tutrice de Briand *de Cornillé.* (*Titres de M. de Langle.*)

Montres de l'évêché de Rennes pour l'année 1541.

« Jehan de la Martinière s'est présenté monté et armé en état d'archer pour Briand *de Cornillé,* seigneur de la Bichetière, et fournira demain sa déclaration et a fait le serment. » (*Recueil de montres de Guy Autret, sieur de Missirien,* ms. de la bibliothèque de Rennes.)

Rôle d'une compagnie de cent hommes d'armes et archers du ban et arrière-ban de l'évêché de Rennes, dans lequel figure Briand *de Cornillé* auprès de Briand de Champaigné. (*Titres de M. le vicomte Ferdinand de Langle, de Vitré.*)

De 1542 à 1553, aveux rendus à Briand *de Cornillé,* seigneur de la Bichetière, de la Motte et du Plessis de Torcé. (*Titres de M. le vicomte Ferdinand de Langle, de Vitré.*)

On voit dans la généalogie de la famille *de Poix*, rôle de Rennes, articulée à la réformation de 1668, que Jeanne de Poix épousa Briand *de Cornillé*, seigneur de la Bichetière.

Cette famille de Poix, possessionnée dans la paroisse de Cornillé dès 1513, a donné un capitaine du ban et arrière-ban de l'évêché de Rennes, chevalier de l'ordre en 1575, des conseillers au parlement de Bretagne, etc. Elle porte : *écartelé aux 1er et 4 d'or au vol de gueules ; aux 2 et 3 de gueules à la bande d'argent accostée de six croisettes recroisetées d'or, 3, 3 ;* armes qui dénotent sa descendance des fameux Tyrel, sires de Poix en Picardie.

La Chesnaye des Bois, ou plutôt son continuateur Badier, a publié la généalogie de la famille *de Champagné*, autrefois *Champaigné*, dans le quinzième volume de son *Dictionnaire de la noblesse*, in-4º : pour plus de détails, il renvoie au septième registre de l'*Armorial de France*, par d'Hozier, t. XI ; mais ce septième registre, qui était sans doute préparé, n'a jamais paru, la révolution étant survenue.

La Chesnaye donne la filiation de huit branches de la maison de Champagné; mais il paraît en avoir omis plusieurs, et c'est à l'une de ces dernières que devait appartenir Geffeline, femme d'Antoine *de Cornillé*.

La maison de Champagné, sires de Champagné, la Montagne, Montigné, etc., était une des plus anciennes, des plus distinguées et des mieux alliées de l'évêché de Rennes; elle s'est transplantée en Anjou, où elle subsiste encore. Elle porte : *d'hermines au chef de gueules.*

L'abbaye de *Montmorel*, au diocèse d'Avranches, a été souvent gouvernée par des Bretons : de 1448 à 1475, par Nicolas Eschart, *nobilis armoricus*, dit la *Gallia Christiana ;* de 1480 à 1512, par Jean Eschart, son neveu, et, de 1515 à 1520, par Julien Eschart, frère de Jean.

Jean *Louvel*, fils d'une sœur de Pierre *de Cornillé*, dit la *Gallia Christiana*, mourut en 1595 et fut enterré, comme son oncle, dans l'église de Montmorel, devant le grand-autel, où son tombeau portait un écusson chargé de *trois têtes de loup,* qui sont les armes de la famille Louvel, de l'évêché de Rennes, d'ancienne extraction chevaleresque.

VIe DEGRÉ.

De 1556 à 1587, dix aveux rendus par divers vassaux à noble homme, *aliàs* noble et puissant, *aliàs* noble écuyer Guy *de Cornillé*, seigneur de la Bichetière, de la Hunobaudière, de la Motte et du Plessis de Torcé. (*Titres de M. de Langle.*)

Briand *de Cornillé* était seigneur de la Bichetière de 1536 à 1553, et c'est Guy qui lui a succédé de 1556 à 1587; mais il ne peut être que son frère, et non son fils. En effet, Geffeline de Champaigné avait plusieurs enfants mineurs en 1536; Briand, son fils aîné, était encore sous sa tutelle en 1539; quand il se serait marié en 1540, le fils de Briand n'aurait pu avoir que quinze ans en 1556 : or, Guy *de Cornillé* était majeur à cette époque, puisqu'on lui rendait aveu directement, autrement l'aveu eût été rendu à son tuteur.

VII° DEGRÉ.

Du 5 juillet 1596, aveu rendu par Robert Tricot à noble damoiselle Isabeau *de Cornillé*, dame de la Bichetière, de la Motte et du Plessis de Torcé. (*Titres de M. de Langle.*)

Du 2 juillet 1597, aveu rendu par Julienne Tyrel, pour elle et ses enfants, à haut et puissant René de Guéhénneuc et à noble damoiselle Jeanne de Kermainguy, sa compagne, seigneur et dame de la Briançais, Toufou, la Bichetière, le Plessis et la Motte de Torcé, la Garrelais, le Chêne, etc. (*Ibidem.*)

Jeanne de Kermainguy étant nommée dans cet aveu relatif à la seigneurie de Torcé, il n'y a pas de doute que les terres des *Cornillé* étaient venues par elle à René de Guéhenneuc, et il y a grande apparence qu'elle en était venue en possession par acquêt plutôt que par héritage.

De 1597 à 1600, autres aveux rendus à René de Guéhenneuc et à Jeanne de Kermainguy, seigneur et dame de la Bichetière, de la Motte et du Plessis de Torcé.

En 1592, une demoiselle de la Bichetière (Isabeau *de Cornillé*) était veuve renonçante à sa communauté, et vers 1600 le sieur Lombart, lieutenant du gouverneur de Rennes, avait acquis la terre de la Bichetière avec les droits de fiefs, juridiction, prééminences d'église et autres dépendances et appartenances d'icelle terre; lequel contrat d'acquêt fut annulé par un arrêt du 7 juin 1602. (*Controverses de Belordeau*, t. Ier, p. 251, 252 et 592.)

De 1609 à 1625, aveux rendus à honorable homme Pierre Guillaudeuc, sieur de la Vieuville, le Bois-Bichetière (qui doit être la même chose que le Bois-Cornillé en Torcé), la Motte et le Plessis de Torcé.

De 1626, aveux rendus à honorable homme Olivier Frottet et à Jeanne Guillaudeuc, sa compagne.

De 1642, aveux rendus à écuyer Mathurin Geffrard, seigneur du Plessis et de la Motte de Torcé.

Ses descendants ont vendu lesdites terres, en 1765, à la famille de Langle, qui les possède encore aujourd'hui.

BRANCHE DE BAIS.

IIe DEGRÉ.

Réformations de la paroisse de Bais, évêché de Rennes.

En 1427 : « Le lieu et métairie de la Vausselle appartenant à Thomas *de Cornillé*, noble personne et exempte de fouages pour cause de sa noblesse. »

En 1440 : « Thomas *de Cornillé*, en son vivant seigneur de la Vausselle. »

Ce Thomas est nommé le premier de tous les nobles de la paroisse, avant Tinténiac, d'Espinay, etc.

IIIe DEGRÉ.

Réformation de la paroisse de Villamée, évêché de Rennes, en 1513.

« La Pichardaye, à dom Jehan *de Cornillé*, prêtre. »

IVe DEGRÉ.

Réformation de la paroisse de Bais, en 1513.

« Le Grand-Foulgeray et la Villescotz, à Hervé *de Cornillé* et sa compaigne, quels lieux les dits mariés ont eus de Marie le Blanc, pour récompense du lieu de la Borderie par eux lui baillé, qui estoit à la dite femme du dit *Cornillé*, par succession de son père, contenant 60 journaulx de terre. »

En 1483, la Borderie, paroisse d'Etrelles, appartenait à Amaury *de Cornillé*; ainsi cet Amaury était le père de la femme d'Hervé *de Cornillé*. Pierre *de Cornillé*, son fils aîné, avait vendu, avant 1513, la Borderie à Mathurin le Moine, habitant de Vitré; il paraît qu'il aurait fait cette vente sans droit et au préjudice de sa sœur, mariée à Hervé *de Cornillé*, à laquelle elle échut définitivement en partage, qui confirma la cession faite par son frère, mais qui eut en récompense le Grand-Foulgeray et la Villescotz, qui lui furent donnés par Marie le Blanc, veuve probablement de Mathurin le Moine, acquéreur de la Borderie.

La Villecotz ou la Villesco appartenait en 1427 et en 1440 à Pierre de Tinténiac. Le Haut-Fougeray, en 1427, à Jamet Cadoré, et en 1513 à François Cadoré. Les Fougerais, *alias* le Bas-Fougeray, en 1427, à Pierre de Chaumay.

Réformation de la paroisse de Visseiche, évêché de Rennes, en 1513.

« Hervé *de Cornillé*, seigneur du Fougeray, possède le manoir de la Suillerie. »

Dans l'*Aveu de la châtellenie du Désert*, rendu au Roi en 1541, on lit, sous la paroisse de Vissaiche :

« Noble homme maître Jacques *Losche* et damoiselle Françoise *de Cornillé*, sa femme, à cause d'elle, tiennent à devoir de foi, hommage et chambellainage le lieu, domaine et métairie de la Juellenye, » ce qui doit être la même chose que la Suillerye.

Ve DEGRÉ.

Le manoir du Boismellet, en la paroisse de Bays, appartenait en 1427 aux enfants de Jean le Blanc ; en 1440, à Guillaume le Blanc et à Marie le Blanc ; enfin, en 1513, à Julien Garic.

BRANCHE DE MECÉ,

DE LAQUELLE LES CORNULIER SONT SORTIS.

Ier ET IIe DEGRÉS.

———

ORIGINE DU NOM ET DES ARMES

DE CORNULIER.

Bernard de Girard, seigneur du Haillan, historiographe de France et généalogiste des ordres du Roi en 1595, mort en 1610, dit :

« Grégoire *de Cornillé*, fils de Grégoire *de Cornillé*
« et d'Alisette *de Cochiny*, fut un très-grand et habile
« chasseur, talent qui lui fit acquérir l'estime et l'incli-
« nation particulière du duc de Bretagne Jean IV, lequel
« voulut, sur ce qu'il avait amassé une grande quantité
« de bois et d'andouillers de cerfs, par la prise conti-
« nuelle qu'il faisait de ces animaux, qu'il prît, au lieu
« de son nom *de Cornillé*, celui *de Cornulier*, avec des

« armes parlantes, au lieu de ses armes anciennes, qui
« étaient *d'argent à trois corneilles de sable*, et portât,
« au lieu, *d'azur au rencontre de cerf d'or*, et, pour lui
« témoigner son estime, lui permit d'ajouter *entre ses*
« *branches une hermine d'argent*, ce qui fut vers l'an
« 1381 : dont sortit Guillaume *de Cornulier*. »

Ce récit de du Haillan mérite que nous l'examinions
dans toutes ses circonstances.

1° Grégoire *de Cornillé*, dont le duc Jean IV changea
le nom et les armes en 1381, était certainement alors au
service de Guy XI de Laval. Il n'était pas assez riche
pour prendre quantité de cerfs sur ses domaines, et la
terre de la *Bichetière*, où il pouvait bien en venir quelques-uns, si elle justifiait son nom, ne lui appartenait
pas.

Pour acquérir la réputation qu'il s'était faite comme
chasseur, il devait s'être exercé sur un grand théâtre,
tel que les terres du sire de Laval. Jean *de Cornillé*, son
parent, était alors conseiller et maître des Comptes de
ce seigneur; son fils, Guillaume, était son forestier en
1396, comme nous l'avons déjà vu aux Preuves du 1er degré de la *branche de la Bichetière*, et comme le prouve
surabondamment un acte des *Archives de l'hôpital de
Saint-Nicolas de Vitré*, du 15 juin 1385 (sac 1-2, original), qui est une vente de bois des forêts de Vitré, faite
par Guillaume *de Cornillé*. Tout porte à croire que
Grégoire avait précédé son fils dans cette charge de
forestier, et il ne pouvait pas être mieux placé pour devenir un habile chasseur.

2° Rien n'est plus naturel que de voir le duc Jean IV
s'occuper familièrement de l'un des officiers du sire de
Laval. Ce seigneur, fils de Béatrix de Bretagne, était
son proche parent, et il lui avait les plus grandes obligations; c'était lui, presque seul, qui s'était opposé, en
1373, aux entreprises du roi Charles V sur la Bretagne,
et il venait de le réconcilier avec son successeur, dans
des circonstances difficiles. Aussi le nomma-t-il gouverneur du duché, avec pouvoirs d'*alter ego*, pendant
son absence, en 1382; et il était en telle estime près de
toute la province, que les seigneurs du pays lui confé-
rèrent les mêmes pouvoirs en 1404.

3° Le changement de nom et d'armes fait par le Duc

n'avait rien d'étonnant pour l'époque; sans sortir de la Bretagne, on pourrait citer quantité d'exemples analogues.

« Autrefois, dit la Roque (*Traité de l'origine des Noms*, chap. XXX), on changeait de nom en France sans aucune solennité. Cet usage dura jusqu'à l'ordonnance d'Amboise, du 26 mars 1555, par laquelle le roi Henri II défendit de le faire à l'avenir sans avoir obtenu des lettres de dispenses. »

« Avant la fixation des noms et des armes, les puînés pouvaient aussi porter d'autres noms et d'autres armes que leurs aînés, pour les distinguer, et les exemples en sont très-communs. »

« Le nombre de ceux qui ont pris les noms et les armes de leur mère, ou de leur femme, ou d'autres parents par substitution, est infini. »

Le même la Roque dit encore (*Traité singulier du Blason*, p. 48) : « L'usage des armoiries, pour les familles ordinaires, n'a commencé qu'à la première croisade, en 1096; elles n'ont été héréditaires que longtemps après, et, jusqu'au règne de saint Louis, elles passaient à l'aîné seul, à l'exclusion des puînés. »

4° Les idées de fixité que nous attachons aujourd'hui aux noms et aux armoiries, étaient bien loin d'être aussi arrêtées au quatorzième siècle; certes, le duc Jean IV ne se sera fait aucun scrupule de changer en *Cornulier* le nom de *Cornillé*, qui sonnait à peu près de la même manière. Et comment en aurait-il été autrement dans un siècle où l'orthographe n'était pas encore fixée, surtout pour les noms propres, auxquels on faisait subir des mutilations horribles, au point de les rendre totalement méconnaissables. S'il était un nom qui dût être généralement connu, c'était assurément celui du connétable du Guesclin, et cependant on le trouve écrit indifféremment, dans les manuscrits du temps : *du Glesquin, Claikin, Gléaquin, Glayaquin*, etc. Ménage a même remarqué qu'on l'appelait de quatorze façons différentes.

5° A l'égard du changement des armes, il faut considérer qu'on n'était pas encore très-éloigné du temps où l'on s'était formé des écussons arbitrairement; les idées qui avaient présidé à leur choix dans l'origine régnaient encore généralement.

. « Après les circonstances particulières qui détermi-
naient les chevaliers à prendre telles ou telles armes, ils
étaient le plus souvent guidés dans leur choix, dit le
P. Ménestrier, par leur goût pour tel ou tel exercice;
celui de la chasse étant le plus commun, et la chasse au
cerf étant la plus estimée de toutes, on voit pourquoi on
rencontre si souvent cet animal dans les armoiries. »
L'idée de le donner pour marque distinctive à Grégoire
de Cornillé se sera donc présentée tout naturellement à
l'esprit du Duc.

Le choix des armes se décidait surtout par la ressemblance qui existait entre le nom qu'on portait et celui de
certains objets dont on se faisait des armes parlantes :
on était si curieux de ces sortes de rapprochements,
qu'on ne manquait jamais de les saisir, quelque peu
exacts et même quelque ridicules qu'ils pussent être.
Cet empressement était une conséquence de l'invention
même des armoiries, qui, dans l'origine, étaient une
sorte d'hiéroglyphes destinés à faire reconnaître sous
leur armure les chevaliers qui les portaient : ainsi, tout
ce qui rappelait le nom atteignait le but.

Les *Cornillé* s'étaient conformés à cet usage de
prendre des armes parlantes, puisqu'ils portaient *d'argent à trois corneilles de sable;* en changeant leurs
armes, elles perdaient cet avantage : elles exprimaient
un talent, un goût décidé pour la chasse, mais elles
devenaient muettes; c'est ce qui détermina le Duc à
modifier en même temps le nom de *Cornillé* en *Cornulier,* afin que les armes nouvelles fussent parlantes encore. En un mot, Grégoire *de Cornillé*, en changeant
de nom et d'armes, quittait des armes qui n'étaient
que parlantes, pour en prendre d'autres qui étaient à la
fois parlantes et caractéristiques, ce qui était le comble
de la perfection.

En 1429, le roi Charles VII anoblit les frères de
Jeanne d'Arc, dite la Pucelle d'Orléans, et leur permit
de porter les fleurs de lis de France dans leurs armes
(*d'azur à l'épée d'or en pal, la pointe haute, soutenant
une couronne aussi d'or, accostée de deux fleurs de lis
de même*); mais cette permission ne fut point insérée
dans leurs lettres de noblesse, on ne jugeait pas encore
nécessaire de le faire. En vertu de ces nouvelles armes,
Jean et Pierre d'Arc prirent d'eux-mêmes le nom *du Lys,*

pour les rendre parlantes. Un fils de Pierre, Jean du Lys, dit le Jeune, de peur que leur ancien nom *d'Arc* ne tombât dans l'oubli, quitta le bel écusson de la Pucelle pour se faire des armes parlantes du nom d'Arc (*un arc et des flèches*); ses descendants furent obligés de demander à Henri II, en 1550, la permission de reprendre les fleurs de lis. Cet exemple remarquable et presque contemporain montre avec quelle facilité on changeait de nom et d'armes, et le prix qu'on attachait à leur connexité.

6° Outre les idées générales que nous venons d'exposer, et qui ont pu porter le Duc à effectuer ce changement d'armes, nous remarquons une coïncidence frappante entre ce changement et un fait contemporain très-remarqué; nous voulons dire la prise du fameux cerf de César dans la forêt de Senlis, par le roi Charles VI, qui eut lieu au commencement de cette même année 1381.

« Le premier moyenneur de la paix conclue entre le roi Charles VI et le duc Jean IV, fut, dit *Belleforest*, le seigneur de Laval, ennemi des Anglais et proche parent du duc de Bretagne. Tandis qu'on capitulait icelle, les oncles du Roi exerçant le jeune prince à la chasse dans la forêt de Senlis, etc. » Mais ici il vaut mieux laisser la parole au *religieux de Saint-Denis*, auteur contemporain et qu'on peut nommer l'historiographe officiel de Charles VI; il s'exprime ainsi :

« Trois mois s'étaient écoulés depuis le couronnement du Roi (il l'avait été le 4 novembre 1380), lorsqu'il vint faire une visite à Saint-Denis. Il se rendit ensuite à Senlis; là, retenu par les agréments de la forêt voisine, il y passa une quinzaine à chasser : c'est alors qu'il rencontra le fameux cerf portant un collier de cuivre doré où étaient ces mots : *Cæsar hoc mihi donavit.* Le Roi fut tellement enchanté de cette rencontre, qu'il fit graver ce cerf sur sa vaisselle et sur ses meubles. »

« En mémoire de cette rencontre, dit *Juvénal des Ursins*, en son Histoire de Charles VI, ce prince prit pour devise un cerf volant, et partout où on mettait ses armes y avait deux cerfs pour tenants d'un côté et d'autre. »

Le Laboureur, en son édition de Juvénal des Ursins, adopte sa version.

Claude Paradin, en ses *Devises historiques*, publiées à Paris en 1622, dit que le roi Charles VI, désirant perpétuer la mémoire de la prise qu'il avait faite de ce fameux cerf en la forêt de Senlis, prit pour devise un cerf volant ayant une couronne au col.

Froissard ne parle pas de la rencontre de chasse, mais d'un songe que Charles VI aurait eu à Senlis même, et dans lequel il aurait vu un cerf ailé.

Du Haillan raconte brièvement la rencontre du cerf dans la forêt, et s'étend longuement sur le songe.

En résumé, comme le remarque *Belleforest,* les auteurs les plus estimés de l'époque ne parlent point du songe, mais seulement de la rencontre de chasse.

Les négociateurs du duc Jean IV étaient près du Roi quand cet événement arriva; à leur tête était le sire de Laval, au service particulier duquel étaient les *Cornille*. Jean, son conseiller, qui l'accompagnait à Guérande les premiers jours d'avril de cette même année, l'avait certainement suivi à Paris au mois de février; Grégoire, lui-même, pouvait être du voyage et avoir contribué par son talent à la prise de ce bel animal, que le Roi voulut qu'on lui amenât vivant [1].

Quoi qu'il en soit, à leur retour en Bretagne, les envoyés du Duc ne manquèrent pas de lui raconter cette étrange aventure, qui occupait toute la Cour de France à leur départ; et si, pour une rencontre de chasse, le roi Charles VI avait pris un cerf pour emblème, le Duc put bien avoir la pensée de changer les armes de Grégoire *de Cornillé* dans des circonstances analogues.

De ce que du Haillan ne parle pas du cerf de Senlis, à l'occasion du changement d'armes de Grégoire *de Cornillé*, il ne faudrait pas en conclure que ces deux faits n'ont aucune corrélation entre eux; car du Haillan n'adoptait pas cette version : il préfère celle où le Roi vit un cerf en songe, la trouvant plus vraisemblable; mais cette préférence est précisément une preuve qu'il raconte ce qui concerne Grégoire *de Cornillé* sans avoir un parti pris à l'avance.

_____

[1] « Les princes, émerveillés du collier doré que ce cerf portoit au col, commandèrent qu'il fût prins aux retz et filets, sans lui faire grief ne oultrage, ce que fut fait. » (*Chroniques d'Anjou et du Maine*, écrites en 1528, par Jean de Bourdigné, 3ᵉ partie, chap. vi.)

7° **Non** contents du rencontre de cerf qui figure dans l'écusson des Cornulier, *Guillaume Vatar* et François, son fils, imprimeurs du Roi et du parlement à Rennes, dans un armorial de Bretagne qu'ils avaient fait dresser et dont l'impression fut suspendue par la Révolution, leur donnent pour cimier une tête et cou de cerf, et pour supports deux cerfs au naturel. On ignore où ils s'étaient renseignés à cet égard, mais cela ressemble singulièrement à ce que fit le roi Charles VI. C'est le travail des Vatar que M. Guérin de la Grasserie a publié depuis.

8° A l'époque qui nous occupe, la chasse était, après la guerre, la principale occupation de la Noblesse ; or, de toutes les chasses, celle du cerf était réputée la plus noble ; nos pères avaient cet animal en singulier honneur : il n'est donc pas étonnant que le talent de Grégoire *de Cornillé* lui ait fait acquérir l'estime et l'affection du Duc, et que celui-ci ait voulu lui en donner une marque durable.

« Toutes les armes ont été simples dans leur première invention, dit *Jean le Laboureur ;* on n'y voyait qu'un corps unique autrefois, et les anciens n'y ajoutaient rien sans grande cause. » L'*hermine* est donc, dans les armes des Cornulier, une véritable pièce *additionnelle*; et il y a lieu, à la première inspection, de s'enquérir pourquoi on l'a ajoutée au corps principal.

Par sa position au-dessus de ce corps principal, l'*hermine* doit en même temps être réputée *pièce honorable*, car elle occupe précisément la place qui était réservée aux fleurs de lis de France. Le roi Charles VII anoblit, par lettres données à Jargeau au mois de février 1429, Guillaume Compain, bourgeois d'Orléans, en récompense des services qu'il avait rendus durant le siége de cette ville. Compain prit pour armes : *d'azur au massacre de cerf d'or,* et le Roi lui permit de le sommer, entre les bois, d'une fleur de lis d'or, pour marque de cette concession de noblesse. (La Roque, *Traité de la Noblesse*, p. 165.)

Nous ne voyons pas, il est vrai, que l'histoire de Bretagne rapporte nulle part que les Ducs fussent dans l'habitude de concéder ainsi une ou plusieurs de leurs hermines à titre de récompense; mais cet usage était si bien établi en France pour les fleurs de lis, qu'il n'y a rien d'étonnant à ce qu'il ait été imité en Bretagne. Ce

6

qui n'était pas ordinaire a pu être pratiqué quelquefois, et ici d'autant plus naturellement que cette année 1381 fut celle de la création de l'*ordre de l'Hermine* par ce même duc Jean IV.

La faveur qu'il avait accordée à Grégoire *de Cornillé* ne serait pas d'ailleurs unique en son genre : en 1398, il permit à Jean de Sérent, son conseiller, pour le récompenser de ses services et de sa fidélité et pour se l'attacher encore davantage, de timbrer ses armes d'une hermine. (*Généalogie de la maison de Sérent*, apud Moréri, édit. de 1759, t. IX, p. 259.)

9° Le récit de du Haillan présente au premier abord quelque chose de singulier ; c'est le nom italien de *Cochiny*, qu'il donne à la mère de Grégoire *de Cornillé*; mais cette singularité disparaît quand on considère que les *Cornillé* étaient tous attachés au service des sires de Laval, qui étaient aussi comtes de Cazerte au royaume de Naples, et devaient, en cette qualité, avoir des familles napolitaines près d'eux, comme ils envoyaient sûrement une partie de leurs sujets français et bretons servir en Italie ; d'où résultaient des relations suivies entre leurs vassaux des deux pays.

10° Non-seulement la version de du Haillan résiste à l'examen le plus approfondi auquel on puisse la soumettre, mais elle donne encore la clef d'une difficulté qui, sans elle, resterait une énigme inexplicable ; cette fécondité est le véritable caractère de la vérité.

Dans les anciens actes, le nom de *Cornulier* n'est presque jamais précédé de la particule *de*; les membres de cette famille l'ont eux-mêmes très-rarement employée dans leurs signatures, tandis qu'elle accompagnait toujours l'ancien nom *de Cornillé*. Si le premier nom provenait du second par une altération d'orthographe pure et simple, cette suppression n'aurait aucune raison d'être ; tandis qu'elle devient une conséquence nécessaire du fait rapporté par du Haillan.

Le nom de *Cornillé* étant un nom de fief, il entraînait nécessairement la particule avec lui ; mais elle ne convenait plus devant celui de *Cornulier*, véritable surnom ou sobriquet. Si on l'emploie encore à la réformation de Mecé, en 1429, c'est abusivement, et sans doute parce que le nom du fief de Cornillé, peu éloigné de là, était présent à l'esprit des commissaires enquêteurs. Maintenant que l'usage a prévalu de la mettre partout indistinctement, parce que les personnes peu instruites, et c'est le grand nombre, en out fait un signe caractéristique de noblesse, l'on a dû s'y conformer, tout en le condamnant.

IIIe DEGRÉ.

Réformations de la paroisse de Mecé, évêché de Rennes.

En 1427 : « Guillaume *de Cornillé*, seigneur de la Jarnouse. »

En 1429 : « Guillaume *de Cornullier*, noble. »

Réformations de la paroisse d'Izé, évêché de Rennes.

En 1427 : « Marguerite Ratap, dame de Villepie. »

En 1483 : « Villepie à Alain de Lescoët. »

En 1513 : « Villepie à feuz Guillaume *de Cornillé* et Jehan de Lescouet, chacun en son temps seigneurs dudit lieu, puis à Guyon de Lescouet, son fils, et à Bertranne du Breil, sa mère, quels ont dampuis vendu et transporté à noble Guyon de Vendel, seigneur dudit lieu, quel étant décédé, demoiselle Étaisse de Langan, dame de Vendel et de Laurigan, le tient comme tutrice de Guyon de Vendel, son fils. »

Des 26 octobre 1419 et 8 janvier 1429, deux aveux rendus à la cour de Fougères par Guillaume *de Cornillé*, écuyer, pour l'hébergement noble de la Basse-Dauphinaye, contenant 120 journaux de terre, tenu noblement de ladite cour à foi et devoir de bail et assis en la paroisse de Romaigné.

Signé : Dalidou, passe. Et *Guillaume de Cornillé, bien est.* (*Aveux du domaine de Fougères*, cotés 643 et 887, Archives de la chambre des Comptes.)

Réformations de la paroisse de Romagné, évêché de Rennes.

En 1478 : « La Dauphinaye à Jehan de Lescouet, seigneur de Villepie. »

En 1513 : « La Daulphinaye, à frère Jehan Bardoul, prieur du prieuré de la Daulphinaye. » (C'est la Haute-Dauphinaye.)

« Autre Daulphinaye à Julien le Provost, seigneur de Saint-Marc, noble. » (C'est la Basse-Dauphinaye.)

Réformations de la paroisse de Saint-Jean-sur-Coisnon, évêché de Rennes.

En 1453 : « Le lieu de Montchevron à Perrine *de Cornillé*. »

En 1478 : « Montchevron à René le Prévost. »

En 1513 : « Le manoir de Cornillé à Julien le Prévost, seigneur de Saint-Marc. »

Il paraît que Perrine *de Cornillé* porta, avant 1478, cette terre dans la famille *le Prévost* de Saint-Marc, et que c'est elle qui fut nommée depuis *Cornillé*, en mémoire de ses anciens possesseurs.

Montchevron, Mourchovon ou *Montchouon*, dans la paroisse d'Étrelles; *Montehon*, etc., ne sont qu'un même nom écrit ou prononcé différemment. Ce nom était très-commun dans le Vitréais, et, pour distinguer les unes des autres les localités qui le portaient, on y joignait le nom de leurs possesseurs : ainsi, dans la généalogie de Brillet, on dit Montehon-Brillet; il est probable qu'on disait de même, pour la terre située en Saint-Jean-sur-Coisnon, Montchevron-Cornillé; d'où l'on aura fait Cornillé tout court, par abréviation. Les terres qui portent les noms très-répandus du Bois, du Plessis, de la Touche, etc., sont toutes dans ce cas.

Dans la généalogie qu'elle a produite en 1668, la famille *le Prévôt* a posé pour son premier degré : René le Prévôt, seigneur de Saint-Marc, marié avec Raoulette de la Corbinaye : c'est lui qui est mentionné ci-dessus dans la réformation de 1478 comme seigneur de Montchevron; il devait être fils de Perrine *de Cornillé*. D'après la même généalogie, René eut pour fils Julien, qui est dit possesseur du manoir de Cornillé en 1513, et qui, à la même époque, était venu en possession de la Dauphinaye en Romagné; laquelle Dauphinaye était passée précédemment des *Cornillé* aux Lescouet, comme nous venons de le voir, et comme le prouve encore la pièce suivante.

Du 28 mars 1488, don de ventes et lods à Jean de Lescouet, seigneur de Villepie, advenus au Duc par certain contrat fait et consenti entre ledit de Lescouet et René le Provost, seigneur de Saint-Marc, sur convention touchant le nombre de trente livres de rente que ledit de Lescouet a transportées audit le Provost sur le lieu et domaine de la Dauffinaye (Extrait des *Registres de la Chancellerie de Bretagne*). Ces trente livres de rente paraissent être un supplément de partage dû à Perrine *de Cornillé*, mère de René le Provost, sur les biens de Guillaume *de Cornillé*, son frère, acquis par Jean de Lescouet.

Les MONTBOURCHER sont des puînés de l'ancienne maison de Vitré. Ils portaient : _d'or à trois channes ou marmites de gueules. Une grande généalogie de cette illustre famille, qui vient de s'éteindre, avait été dressée par l'abbé le Laboureur; Clairambault hérita des papiers de ce généalogiste, mais ils ont été détruits dans l'incendie d'une partie du cabinet du Saint-Esprit, en 1792. Notre savant jurisconsulte breton Pierre Hévin en a aussi dressé une généalogie détaillée : mais c'est la branche du Bordage qu'il avait en vue; il ne s'occupe qu'incidemment de la branche aînée, qui était déjà éteinte de son temps; c'est ainsi qu'il ne nous reste pour celle-ci, qui nous intéresse le plus, qu'une filiation sèche très-peu satisfaisante.

Ce squelette du travail de le Laboureur a été publié par la
Chesnaye des Bois dans son *Dictionnaire de la Noblesse*, édition in-4°.

VIII. Jean, sire de Montbourcher et du Pinel, capitaine de
Nantes et sénéchal du Limousin, fut père de :

IX. Guillaume de Montbourcher, qui épousa 1° Béatrix *de
Lansamort ;* 2° Marie *Coupu.* Du 1er lit vint :

X. Bertrand, sire de Montbourcher et du Pinel, épousa, en
1384, Roberte *de Courceriers*, fille du sire de Courceriers au
Maine et de Jeanne *de Laval.* Cette alliance se fit, dit Hévin,
par l'avis et en présence de très-noble et redouté seigneur
monseigneur de Laval et de Vitré, de monseigneur de Laval,
seigneur de Châtillon, frère de ladite Jeanne et oncle de ladite
Roberte ; ladite Jeanne, fille d'André de Laval. Bertrand de
Montbourcher laissa de Roberte de Courceriers huit enfants,
savoir :

1° Guillaume, qui épousa une demoiselle *de la Cigogne* et
    mourut sans enfants ;
2° Bertrand, qui suit :
3° et 4° Louis et Gilles, sans postérité ;
5° Jeanne, mariée à Robert, sire *d'Espinay ;*
6° Marguerite, mariée à Hervé *du Pé*, seigneur de Launay ;
7° Autre Jeanne, femme de Robert *de Vendel ;*
8° Honorée de Montbourcher, mariée à Guillaume *de Cor-
    nillé*, seigneur de la Dauphinais.

XI. Bertrand, sire de Montbourcher et du Pinel, épousa, en
1415, Jeanne *d'Orange*, dont il eut :

1° René, qui épousa Olive *de Partenay*, sans postérité ;
2° Guillaume, qui continua la lignée ;
3° Hervé, qui épousa Honorée *Piedevache ;*
4° Hélène, femme de René *de la Lande*, seigneur de Crossac ;
5° Guillemette, qui épousa en 1445 Geoffroy *Brillet*, sei-
    gneur de Laubinière.

Au quinzième degré, Françoise, dame de Montbourcher, du
Pinel et du Bois de Chambellé, héritière de la branche aînée,
épousa, en 1574, René de Montbourcher, seigneur du Bordage.
C'est ainsi que cette branche, sortie du tronc principal vers
1300, devint l'aînée.

Roberte *de Courceriers* était bien fille d'une demoiselle de
Laval, comme le dit Hévin, car on lit dans la généalogie des
marquis d'Espinay, insérée dans le recueil du P. du Paz, que
Robert, sire d'Espinay, grand-maître de Bretagne, avait épousé
Jeanne de Montbourcher, *petite-fille de Laval.* Ce Robert
mourut en 1438. Hévin, d'ailleurs, est digne de toute confiance, et il parle comme un homme qui a tenu le contrat de

mariage entre ses mains; cependant, il est remarquable qu'André du Chesne, en sa *généalogie de Montmorency*, ne parle pas de cette alliance de Jeanne de Laval avec le sire de Courceriers.

Le sire de Laval et de Vitré, en 1384, était Guy XI, dont nous avons déjà eu plusieurs fois l'occasion de parler; il était arrière-petit-fils de Guy VIII et d'Isabeau de Beaumont, comtesse de Cazerte. Ce même Guy VIII, mort en 1295, avait épousé en secondes noces madame Jeanne d'Acre, petite-fille de Jean de Brienne, roi d'Acre et de Jérusalem, et de Bérengère de Castille; alliance qui le mit en proche parenté avec les empereurs d'Allemagne et de Constantinople, les princes d'Antioche, etc. De ce second lit vint, selon du Chesne :

André de Laval, seigneur de Chastillon-en-Vendelais, mort avant 1356, épousa Eustache de Bauçay, dont il eut :

1° Jean de Laval, seigneur de Châtillon, mort en 1398, épousa Isabeau de Tinténiac, dont une seule fille :

Jeanne de Laval, mariée : 1° au connétable du Guesclin; 2° en 1384, à Guy XI, sire de Laval et de Vitré;

2° Guy de Laval, seigneur de Loué, mort en 1386, épousa Jeanne de Pommereux, qui le rendit père de :

Thibault de Laval, mort avant 1433, marié avec Jeanne de Maillé, dont, entre autres enfants :

Jeanne de Laval, femme, vers 1439, de Guillaume, seigneur *de Courceliers*. (Nous pensons qu'il faut lire ici *Courceriers*.)

3° Marie de Laval épousa Jacques de Surgères; elle vivait en 1385 et 1398;

4° Jeanne de Laval, mariée à Guillaume Felton;

5° Alix de Laval, mariée à Guy de Parthenay, dit l'Archevêque.

« Il sortit encore de ce mariage, dit du Chesne, deux ou trois filles dont je n'ai appris ni les noms ni la destinée. »

Nous pensons que l'une de ces filles était une autre Jeanne de Laval, mariée au sire de Courceriers, mère de Roberte de Courceriers, dame de Montbourcher, et aïeule d'Honorée de Montbourcher, dame *de Cornillé* ou *de Cornulier*. Quant à Jeanne de Laval, mariée à Guillaume de Courceriers vers 1439, c'était une seconde alliance entre ces deux maisons, ou plutôt c'est une erreur de transposition faite par du Chesne.

Il résulte de la généalogie ci-dessus que Guy XI, sire de Laval et de Vitré, était cousin issu de germain de Roberte de Courceriers, dame de Montbourcher, et qu'il en était devenu le cousin germain en épousant la veuve du connétable du

Guesclin, laquelle était tante à la mode de Bretagne d'Honorée de Montbourcher, femme de Guillaume *de Cornulier*.

Pour éviter les méprises, il est bon de noter ici que, vers la même époque, vivaient deux autres demoiselles *de Montbourcher* qui portaient aussi le nom d'Honorée : toutes les deux appartenaient à la branche du Cordage ; c'étaient :

1° Honorée de Montbourcher, dame des Landelles, en la paroisse de Thorigné et de la Tourniole, qui fut mariée deux fois : 1° en 1399, avec Thomas de Guébriac ; 2° avec Roland Madeuc, seigneur du Guémadeuc. Elle mourut au mois de juillet 1428. (Aveu des Landelles, de 1455 ; domaine de Rennes, liasse n° 6.)

2° Honorée de Montbourcher, qui fut aussi mariée deux fois ; d'abord à Georges de la Cigogne, et ensuite à Olivier Botherel, seigneur d'Apigné.

Comme nous l'avons vu par sa signature même, ce Guillaume, Ier du nom, ne prenait que le nom de *Cornillé*. Il était déjà conservateur des forêts du sire de Laval en 1385 ; ces fonctions supposent qu'il était déjà un homme fait en 1381 : il est tout naturel qu'il ait conservé le nom sous lequel il était connu et qu'il ait laissé à ses enfants l'adoption de la dénomination nouvelle.

IVᵉ DEGRÉ.

Dans la Généalogie imprimée en 1847, nous avions cru pouvoir indiquer, comme formant ce quatrième degré, un certain Pierre, mentionné dans les réformations de la paroisse de Couëron, évêché de Nantes, de 1447 et de 1455, dans les termes suivants :

En 1447 : « Le métayer de Pierre *de Cornillé* exempt par grâce du dernier Duc. »

En 1455 : « Le métayer de la veuve de Pierre *de Cornils*, franc par grâce. »

Le second nom étant absolument inconnu en Bretagne, nous avions pensé qu'il y avait erreur dans la copie de la réformation de 1455, et qu'il fallait s'en tenir à la dénomination employée en 1447. Nous nous étions trompé, comme le prouve la pièce suivante, qui existe encore en original dans les archives de la chambre des Comptes.

« Du 9 février 1441, lettre de franchise accordée par le duc Jehan de Bretaigne, sur la demande et recommandation de l'évêque de Nantes, à Pierre *de Cornilz*, à Jeanne Houaiseau, sa femme et compaigne, et à leur héritier principal, pour leur maison et métairie, nommée la Boutardière, sise en la paroisse de Couëron, et rabat d'un demi-feu à la dite paroisse pour cause de l'octroi de la dite franchise. »

Extrait des aveux de la baronnie de Châteaubriant rendus au Roi par François et par Jean de Laval en 1498 et en 1503. (L'aveu de 1503 est une copie textuelle de celui de 1498.)

« Jehanne, veuve Guillaume *Cornillet*, doit pour sa maison sise en la Grande-Rue (de la ville de Châteaubriant) de rente par chacun an, 20ˢ 6ᵈ. »

Extrait de l'aveu de la baronnie de Châteaubriant rendu au Roi en 1541.

« René *Cornullier*, pour la maison et hébergement qui fut à Thébaud Thomas, sis à Saint-Michel » (faubourg de Châteaubriant).

Extraits de l'aveu de la baronnie de Châteaubriant rendu au Roi par le connétable Anne de Montmorency, en 1560.

En la Grande-Rue de la ville de Châteaubriant.

« Mathurine Rouceray, veufve feu René *Cornullier*, et consorts, doivent pour une maison 20ˢ 6ᵈ. » (Cette maison est celle qui appartenait, suivant l'aveu de 1498, à Jehanne, veuve de Guillaume *Cornillet*.)

« Louis Bourdon, pour cause d'une maison, joignant d'un côté maison aux enfants du dit *Cornullier* et consorts. »

« Jehan Rouxel et Jehanne Rouceray, sa femme, à cause d'elle, et Michelle *Cornullier*, pour cause d'une maison qui fut dom Guillaume Garnier, doivent 20ˢ. »

« Collas Harel et mathurine Rouceray, veuve René *Cornullier*, pour cause d'une maison qui fut autrefois à feu Jacques Bourdon. »

En la rue des Quatre-Œufs.

« Jehan Bouschet et Thiennette *Cornullier*, à cause d'elle, sa femme, et leurs consorts, doivent pour leur maison 3ˢ 6ᵈ. »

Sous le fief de Rougé, en Châteaubriant.

« Jehan *Cornullier*, estager de la seigneurie du Bois-Gerbaud. »

Les *Rouceray* et les *Bouschet* étaient d'anciennes familles du pays, possessionnées dans les paroisses voisines de Châteaubriant, en Erbray, Juigné, Moisdon, etc., et alliées aux meilleures familles des environs, telles que les Rouxel, du Rocher, etc.

La famille Rouceray ou Rouczeray paraît tirer son nom de la terre du Rouceray, en la paroisse de Varades, qui appartenait en 1443 à Yves du Rouceray, et qui fut franchie en 1460 en faveur de Jean le Clerc. L'aveu de Châteaubriant de 1498 mentionne, dans la rue de la Torche, un jardin appartenant à la veuve de Guillaume Rouzeray, pour raison duquel elle devait de rente 3ˢ 2ᵈ.

Les Rouceray étaient également établis à Vitré et dans les

environs; l'aveu de Vitré de 1542 mentionne, en la rue de la Poterie, maître Jacques Rouceray, et, dans la paroisse d'Étrelles, Macé, Guillaume et Jean Rouceray.

Dans le *Procès-Verbal des églises situées sous la baronnie de Châteaubriant*, dressé en 1663, on lit à l'article de la *Chapelle de Saint-Nicolas*, sise au milieu de la ville de Châteaubriant : « Sous la voûte qui sépare la nef du chanceau est une pierre tombale sur laquelle est un écusson relevé qui porte les armes ci-devant référées dans le grand tableau du maître-autel (*parti au 1er de sable à un autour d'or, soutenu d'un croissant d'argent; au 2e d'argent à une bande de sable accompagnée de deux croix potencées de gueules*); autour de laquelle pierre nous avons lu : Cy gist le corps de noble homme Julien Bouschet, sieur de la Haute-Moraye, procureur d'office de Châteaubriant, qui décéda le 21 novembre 1659). »

Extraits de l'aveu de la baronnie de Châteaubriant rendu au Roi en 1614.

Faubourg Saint-Michel.
« Les enfants de feue Estiennette *Cornuiler*. »

Rue des Quatre-OEufs.
« Les cause ayant des *Cornulliers*. »

Le Champ de Foire.
« Les cause ayant de noble homme Claude *Corniller*. »

Rue de la Vannerie.
« Le pré qui fut à Estiennette *Cornullier*. »
« La maison et jardin qui furent à noble homme Pierre *Cornuller*. »
(Dans cet aveu on écrit indistinctement *Cornullier*, *Cornillier* et *Cornuller*.)

Extraits de l'aveu de la baronnie de Châteaubriant rendu au Roi en 1634 par le prince de Condé; ledit aveu dressé sur le rôle rentier réformé en 1616.

Le faubourg Saint-Michel.
« Les cause ayant des hoirs de feue Estiennette *Cornuiller*, doivent, à cause d'un jardin, 2s. »

En la Grande-Rue.
« Les cause ayant de Jehanne *Cornuiller*. »

En la rue des Quatre-OEufs.
« Les cause ayant des *Cornuilliers*. »

Le Champ de Foire.
« Les cause ayant de maître Jehan Oultrance et femme, et de noble homme Claude *Corniller* et consorts. »

En la rue de la Vannerie.
« Pour un petit jardin qui anciennement était à Guillemette *Cornuillier*. »

« Le pré qui fut à Estiennette *Corniller*. »

« La maison et jardin qui furent à noble homme Pierre *Cornuiller*. »

En la partie de la ville de Châteaubriant comprise sous le fief de Rougé.

« Les cause ayant de Jeanne du Rocher, héritière d'Estiennette *Corniller*, et les cause ayant de Julien Charette, seigneur d'Ardaine, et consorts, doivent 3ᵈ parisis pour cause d'une maison place de la Pompe. » (Cette maison est celle qui appartenait en 1560 à Jehan *Cornullier*, inhumé à Saint-Jean-de-Béré en 1610, sous le nom de *Corniller*, et qui paraît ne pas avoir laissé de postérité.)

Entre Vitré et Châteaubriant, on trouve, dans les XVIᵉ et XVIIᵉ siècles, un assez grand nombre de simples laboureurs qui portent le nom de *Cornulier* : entre autres, sous la baronnie de la Guerche, dans la paroisse de Restiers, en 1526 ; dans la châtellenie de Martigné-Ferchault, en 1541, 1560, 1614 et 1680 ; dans la châtellenie d'Eancé, en 1542, 1588 et 1678, et à Teillay, paroisse-d'Ercé-en-Lamée, en 1560. Ces individus peuvent être complétement étrangers à la famille qui nous occupe ; ils pourraient encore sortir de Guillaume II, et avoir dérogé par suite de la misère dans laquelle il était tombé ; enfin ils peuvent être issus en bâtardise de ce même Guillaume II, vers 1470, de la même manière qu'une branche de laboureurs, bâtards des Cornulier de la Caraterie, allait surgir, en 1778, dans la paroisse de Saint-Étienne-de-Mer-Morte, au pays de Retz, quand un arrêt du Parlement vint leur interdire ce nom qu'ils portaient illégitimement.

Extraits des registres de la paroisse de Saint-Jean-de-Béré.

(2 juillet 1531). « Anno millesimo-quingentesimo-trigesimo-primo : die secunda mensis julii : baptisatus fuit Michael, filius Petri *Cornullier* et ejus uxoris. Patrini fuerunt discretus vir Michael Tourtelier, presbiter, et Petrus le Feubvre ; materna fuit Maria du Rocher uxoris Mathurini Rouzeray. Ita est. »

« Le 15 juillet 1573, fut enterré, au cimetière de Béré, le corps de Marie *Cornulier*, non mariée.

« Le 29 octobre 1586, Antoinette *Cornulier* fut honorablement enterrée en l'église et chapelle de 'Saint-Nicolas de Châteaubriant. »

« Le 4 mars 1610, décéda Jean *Corniller*, et son corps fut enséputuré au grand cimetière de l'église de Béré, en présence de Jean Caris, Michel du Pin et plusieurs autres. »

Les registres de Saint-Jean-de-Béré, l'ancienne paroisse de Châteaubriant, qui commencent à l'an 1491, ne contiennent pas d'autres mentions des *Cornulier* que celles qui sont rapportées ci-dessus ; c'est une preuve évidente qu'ils n'habitaient pas Châteaubriant depuis longtemps et qu'il faut chercher leur berceau ailleurs.

Les aveux et les rôles rentiers de la baronnie ne mentionnent non plus leur nom que depuis l'an 1498, et ils n'y figurent que pour la possession de maisons et de jardins dans la ville même; c'est-à-dire, pour l'établissement qui leur était rigoureusement nécessaire pour habiter une ville où leurs fonctions les obligeaient à résider. L'absence de toute possession territoriale dans les environs est une nouvelle preuve de leur arrivée récente dans ce pays.

Il n'est guère douteux que ce fut Guillaume, IIe du nom, mentionné à cause de sa veuve dans l'aveu de 1498, qui s'y établit le premier, ou bien plutôt son fils, Pierre, qui y aurait été suivi par sa mère. Dans tous les cas, ils y vinrent, l'un ou l'autre, dénués de tout patrimoine.

Le degré de ce Guillaume, IIe du nom, paraît être le plus difficile à établir régulièrement, les aveux de 1498 et de 1503 se bornant à mentionner son nom incidemment. Ces aveux et les suivants, aussi bien que les registres de Saint-Jean-de-Béré, prouvent que l'on écrivait indifféremment, à Châteaubriant, *Corniller*, c'est-à-dire *Cornillé*, ou *Cornulier;* mais l'identité des deux noms étant un point capital pour ce travail, nous ne croyons pas suffisant de nous en tenir à ce seul témoignage; c'est pourquoi nous avons traité cette question avec tous les développements qu'elle comporte, dans la dissertation suivante.

MÉMOIRE SUR L'IDENTITÉ DES NOMS
DE CORNILLÉ et DE CORNULIER.

Le titre de *noble écuyer*, que portait Pierre *de Cornulier*, vivant en 1487, et qui est relaté dans le contrat de mariage de son fils; le même titre, qui est pris par celui-ci, *et qui lui est reconnu par Jean de Laval, gouverneur, amiral et lieutenant général pour le Roi en Bretagne,* dans les lettres de don qu'il lui fit en 1533; la charge, où son père et lui étaient, de capitaine des arquebusiers à cheval de ces hauts personnages; leurs alliances avec les familles les plus distinguées du pays; sont des preuves indubitables que les *Cornulier* étaient déjà réputés d'ancienne et de noble race, et qu'ils tenaient un rang distingué dans leur province, dès l'époque où leur filiation non interrompue commence à être prouvée par titres certains.

Il semble donc qu'on devrait retrouver leur nom dans l'histoire de Bretagne, dans les montres de cette pro-

vince et autres monuments publics, car ils n'étaient pas
parvenus à cet état sans avoir figuré quelque part auparavant ; et cependant, à l'exception de la réformation de
Mecé, en 1429, qui a été inaperçue par un grand nombre, on ne les voit mentionnés dans aucun rôle breton
antérieurement à cette époque : d'où il faut conclure
qu'ils ne sont pas d'origine bretonne, ou bien que leur
nom a été changé ou altéré.

On a dit, en effet, que les *Cornulier* étaient originaires de Normandie ; mais aucune preuve solide n'a
été apportée à l'appui de cette opinion : on n'a point
montré que leur nom fût mentionné dans les anciennes
chartes de cette province. Selon toute apparence, cette
opinion a pris sa source dans la vieille tradition qui fait
sortir les *Cornillé* du comté de Mortain, mais à une époque tellement reculée que ceux qui en ont parlé s'y sont
mépris et n'ont eu en vue que le récit de Mézeray, qui
dit que, après la désastreuse bataille d'Azincourt, en
1415, trente mille familles normandes vinrent en Bretagne chercher un refuge contre les persécutions into-
lérables des Anglais.

Chevillard, le père, a réuni et discuté les diverses
origines qu'on a données à la famille *de Cornulier*, et
qui avaient cours de son temps ; nous transcrirons ici la
note qu'il en a laissée parmi ses papiers ([1]).

« GÉNÉALOGIE DE LA MAISON DE CORNULIER.

« Plusieurs parlent différemment de l'origine de cette
maison ; les uns la font descendre de la maison *de la Cornillière*, disant que Pierre *de la Cornillière*, fils d'autre
Pierre et d'Anne *le Vayer*, mort en l'an 1435, ayant
épousé Jeanne, fille de Gérard *Nullier*, écuyer, et de
Jeanne Salaun, il en sortit un Guillaume, lequel se fit
un nom de ceux de ses père et mère, s'étant appelé *Cor-*

---

(1) Cette note a été tirée, en 1833, avec d'autres titres du
cabinet de M. Viton de Saint-Allais ; elle provenait du cabinet de
Chevillard, acquis par Saint-Allais, et ce dernier généalogiste
l'attribuait à Chevillard lui-même. Toutefois, d'autres personnes
exercées ont cru y reconnaître l'écriture de Pierre d'Hozier : une
vérification définitive n'aurait pas été fort difficile, les pièces de
comparaison étant nombreuses ; mais on a jugé qu'il n'y avait
qu'un intérêt fort secondaire à fixer son véritable auteur.

nullier, ainsi que sa postérité qui sortit de son mariage contracté avec Marie *de la Haye.*

« Les autres disent qu'elle sort d'une autre famille bretonne, nommée *Cornillé*, en disant que Grégoire *de Cornillé*, fils de Grégoire *de Cornillé* et d'Alisette *de Cochiny*, fut un très-grand et habile chasseur, talent qui lui fit acquérir l'estime et l'inclination particulière du duc de Bretagne Jean IV, lequel voulut, selon le Haill-lan, sur ce qu'il avait amassé une grande quantité de bois et d'andouillers de cerfs, par la prise continuelle qu'il faisait de ces animaux, qu'il prît, au lieu de son nom de *Cornillé*, celui de *Cornulier*, avec des armes parlantes au lieu de ses armes anciennes, qui étaient *d'argent à trois corneilles de sable*, et portât, au lieu : *d'azur au rencontre de cerf d'or ;* et, pour lui témoigner son estime, lui permit d'ajouter *entre ses branches une hermine d'argent,* ce qui fut vers l'an 1381 ; dont sortit Guillaume, lequel, portant le nom de *Cornulier,* est le même dont nous venons de parler à la première opinion.

« D'autres veulent que la maison *de Cornulier* soit mancelle, disant que Guy *le Cornu*, fils de Guillaume *le Cornu* et de Guillemette *du Mats*, quitta le pays du Maine, sa patrie, et s'en alla habiter en Bretagne, ayant suivi Anne, baronne héritière de Laval, mariée par Guy, son père (et parrain de notre Guy le Cornu), à Jean, sire de Montfort et baron de Lohéac, qui le retinrent près d'eux, l'ayant marié à Jeanne, fille de Jacques *de Gennes* et de Jeanne *le Moyne*. Lequel Guy mourut vers l'an 1420, ayant pris le nom de *Cornulier*, au lieu de *Cornu,* pour marquer qu'il était le jeune et le différencier de ses père et frères ; comme qui dirait Jeannot pour Jean, Jacquot pour Jacques, Claudin pour Claude, et ainsi des autres noms. » (Chevillard aurait pu ajouter : comme encore, dans la maison même de Laval, Guy VIII était appelé Guyonnet, du vivant de son père.) « Lequel nom passa de sa personne en celle de ses successeurs et par continuation jusqu'à présent. Duquel mariage il y eut postérité, que nous déduirons après avoir examiné le tout.

« La première desquelles opinions ne me paraît pas avoir un fondement fort assuré ; et, quoiqu'elle soit la plus ancienne des trois, je ne m'y puis ranger, quoiqu'il y ait de la vraisemblance en sa faveur, l'usage du temps s'y accommodant par une infinité d'exemples ; mais, comme dans toutes mes recherches je ne trouve aucune maison éteinte ou existante de ce nom de *Nullier* » (à la réformation de la paroisse de Montgermont, évêché de Rennes, faite en 1427, on cite parmi les nobles : Raoul *Noullier*, page du sire de Texue, un des principaux seigneurs du pays), « j'ai peine à ajouter foi à ce prétendu assemblage des noms *de la Cornillière* et de *Nullier* pour en composer un autre, vu que l'un est connu pour très-bon et que l'autre est ignoré et inconnu ; et, par conséquent, il est peu croyable que le seigneur de la Cornillière eût souffert son fils faire ce changement.

« La seconde opinion ne me paraît pas mieux appuyée que la première, quoique pourtant je l'embrasserais plus volontiers, n'étant pas extraordinaire qu'un prince souverain donne à son sujet et un nom nouveau et des armes nouvelles pour les rencontres qui lui plaisent, dont il y a cent exemples ; et, si la troisième opinion ne me semblait pas meilleure, je m'y rangerais. Mais j'avoue que la chose qui me fait y répugner, est qu'il devrait y avoir charte de la volonté du Duc, et que le temps n'est pas si reculé qu'on en pût encore conserver une copie, laquelle nous mettrait hors de toute contestation.

« Mais, jusque-là, je me range pour la troisième et dernière opinion, en faveur de l'agnom qui s'est pratiqué dans une infinité de maisons anciennes et maisons illustres et particulières du royaume de France et autres états et souverainetés, où les sobriquets, surnoms, cognoms et agnoms ont causé les changements des noms primitifs ; étant une chose très-usuelle que, dans diverses maisons, des puînés aient par là donné commencement à des maisons particulières. Ainsi, Guy *le Cornu*, fils de Guillaume *le Cornu* et de Guillemette *du Mats*, ayant été appelé pour sa petitesse *Cornulier*, ce nom passa à sa postérité dans son transplantement en Bretagne à la suite du sire de Montfort et de la dame de Laval, au service desquels il s'engagea.

« Lequel Guy eut pour fils Guillaume *de Cornulier*, écuyer, maître de l'hôtel du comte de Laval, le même que l'on dit être mort en 1435 et avoir fait le nom de *Cornulier* de l'assemblage de ceux de ses père et mère, sur la foi de Simon Huet, au lieu qu'il vient directement du père; mais il est vrai qu'il épousa Marie, fille de Georges *de la Haye* et de demoiselle *Forestier;* de sorte que toutes les opinions se trouvent ici d'accord.

« De ce mariage sortit, entre autres, Alain *Cornulier*, écuyer, qui épousa une fille de son ancienne patrie nommée Françoise *le Clerc*, fille de Jean *le Clerc*, écuyer; de laquelle alliance sortit :

« François *Cornulier*, écuyer, seigneur de la Chapelle, épousa Julienne, fille de Jacques *de la Cheudin* et de Simonne *le Baud;* d'où :

« Pierre *Cornulier*, seigneur de la Chapelle, épousa Thomasse, fille de Noël *Noël*, écuyer, et de Guillemette *Audevin;* d'où :

« N*** *Cornulier* épousa en premières noces Jeanne *de la Brosse*, fille de Guillaume, seigneur de la Brosse et de Perrine *de Launay;* dont :

« Claude *Cornulier*, seigneur de la Haye, lequel épousa, selon mes recherches, en secondes noces, Marie, fille de Guillaume, seigneur *du Boishardy* et de Marguerite *du Bois*. »

Chevillard poursuit cette filiation jusqu'en 1696, année où, dit-il, il écrit; mais la suite de sa note n'est plus qu'un brouillon informe, où la plupart des noms restent en blanc et où les degrés ne sont, pour ainsi dire, qu'indiqués; il est évident qu'il est dépourvu de documents, quelque étrange que cela puisse paraître dans un travail postérieur à la réformation de 1668.

D'après les degrés qui suivent celui auquel nous nous sommes arrêté, son Claude *de Cornulier* ci-dessus ne serait autre que Pierre, marié en secondes noces, en 1525, avec Jeanne *le Royer;* de ce Pierre à Guillaume, maître de l'hôtel du comte de Laval, il n'y a qu'un siècle de distance, et Chevillard place, pour le moins, une génération de trop dans cet intervalle. La terre de la Haye, dont il gratifie ce Claude, n'entra dans la famille *de Cornulier* qu'un siècle plus tard. Enfin toute la filiation qu'il rapporte ne mérite pas la moindre confiance; nous nous serions même dispensé de la reproduire si nous n'avions pensé que Chevillard avait pu se tromper de bonne foi, et voici comment.

Il donne Alain pour fils à Guillaume *de Cornulier ;*
or, dans les réformations de la paroisse de Landeben,
évêché de Saint-Brieuc, on lit, en 1444 : « Alain *Cornillé*, noble, » et, en 1476 : Jeanne *Cornillé*, fille de feu
Bertrand *Cornillé*, fils d'Alain *Cornillé*, lesquels ont
servi aux armes. » Marin *Cornillé*, un des hommes
d'armes de la garnison du Mont-Saint-Michel pour le
parti de la Ligue, en 1593, pouvait appartenir à ceux-ci[1].
Il existe même encore aujourd'hui des *Cornillé* dans le
département des Côtes-du-Nord, mais rien ne peut faire
soupçonner qu'ils aient pour auteur les *Cornillé* de
Vitré. Ce nom se retrouve ailleurs en basse Bretagne,
mais il paraît être mis là pour *Cornilly*, nom breton qui
signifie en français le *Coin-du-Cormier*.

On a souvent reproché au généalogiste Chevillard son
peu d'instruction et de discernement ; le mémoire qui
nous occupe en est une nouvelle preuve : mais les faits
qu'il rapporte et qu'il a copiés ailleurs, n'en conservent
pas moins toute leur valeur, sauf à les discuter autrement qu'il ne l'a fait et à en tirer une conclusion diffé-
rente de la sienne.

Des trois versions qu'il reproduit, celle de du Haillan
mérite certainement la préférence ; elle est la seule qui
soit complète, qui réponde à tout : nous l'avons déjà
examinée plus haut avec détails ; il ne nous reste plus
qu'à la comparer aux deux autres.

Il se peut que l'on ait conjecturé autrefois que le nom
de *Cornulier* venait par corruption de celui de la *Cornillière ;* il fut un temps, en effet, où l'on était peu scru-
puleux sur la régularité des noms, et l'un des plus
savants hommes en ce genre, le Laboureur, dans sa
Généalogie des Budes, nomme indifféremment une terre
située près de Lamballe la *Cornillière* ou la *Cornullière*.
(*Histoire du maréchal de Guébriant*.) Si les deux dénominations étaient réellement usitées dans le pays, il était
tout naturel d'en conclure que la *Cornillière* et *Cornulier* étaient le même nom.

---

(1) De cette famille pouvaient être encore Michel et François
Cornillet, pourvus en 1560 et 1563 des recettes de Saint-Melaine,
de Jugon et des impôts et billots de l'évêché de Rennes ; lesquels
paraissent descendre de Georget *Cornillet*, l'un des signataires
de l'acte d'association de la Noblesse de Bretagne pour empêcher
l'invasion du pays, en date du 25 avril 1379. (D. Morice, *Preuves*,
t. II, col. 216.)

Cette opinion a pu être la plus anciennement émise, comme appréciation vague, et, dans cet état, elle réunissait en sa faveur plus de probabilités que ne lui en a données Simon Huet, auteur du reste parfaitement inconnu, en y ajoutant des circonstances particulières. En généalogie, comme dans presque toutes les sciences, ce sont les détails qui sont la pierre de touche d'un système.

Nous ne croyons pas, comme Chevillard, qu'il y ait beaucoup de noms qui se soient formés par la réunion de deux autres noms, et nous pensons qu'il aurait été fort embarrassé pour en citer *une infinité d'exemples*. Mais, s'il était vrai que le fils du seigneur *de la Cornillière* et de Jeanne *Nullier* se fût fait un nom de l'assemblage de ceux de ses père et mère, il n'eût pas manqué de se conformer à un usage certainement beaucoup plus répandu, en se faisant des armes de la réunion de celles de ces deux familles; or, si les armes de la famille *Nullier* nous sont inconnues aujourd'hui, nous connaissons celles de la famille *de la Cornillière*, qui porte: *de gueules à trois fleurs de lis d'argent*, et il n'y a là rien qui ait de l'analogie avec le blason des *Cornulier*.

Enfin, cette première version est contraire aux dates, puisque c'est Pierre *de la Cornillière* qu'elle fait mourir en 1435, tandis que cette date convient à la mort de Guillaume *de Cornulier*, mentionné dans la réformation de Mecé en 1429 : tout concourt donc à la faire repousser.

La troisième version aurait plus de chances de se faire accepter ; elle fait venir les Cornulier du Maine en Bretagne à l'époque où les seigneurs de Laval s'y fixèrent presque définitivement; le mémoire du vicomte de Rohan contre Guy XIV de Laval, imprimé à la suite de l'Histoire de Bretagne de D. Morice, nous apprend en effet que sa mère, Anne de Laval, faisait sa résidence ordinaire au château de Montfort.

Il a existé plusieurs maisons du nom de *le Cornu:* la plus illustre est celle des marquis de la Balivière, originaire de la Normandie; mais celle que Chevillard avait en vue est originaire du Maine et répandue en Anjou. Selon M. de Quatrebarbes de la Rongère, cité par Ménage dans son *Histoire de Sablé*, elle a pour auteur Renaud *le Diable*, qui changea, vers l'an 1330, son

nom de *le Diable* en celui de *le Cornu*. Cette maison du
Maine est fort distinguée ; Trincant a publié sa généalogie (*Généalogie de la maison de Savonnières en
Anjou*, in-4°, Poitiers, 1638), et n'y fait aucune mention
de ce que rapporte Chevillard, sans citer son auteur,
comme il le fait pour les deux autres opinions, ce qui
pourrait le faire soupçonner d'avoir tiré celle-ci de son
propre crû.

Les *le Cornu* du Maine, seigneurs de la Barbotière,
près de Laval, de la Courbe-de-Brée, de Launay, de la
Chevallerie, du Plessis-de-Cosme, de la Réauté, etc., se
sont alliés aux maisons de Mathefelon en 1404, de
Villiers en 1405, de Savonnières en 1489, d'Orange,
de Vassé, de Champagne, de Rougé, etc., et ont donné :
Pierre, chevalier de l'ordre du Roi, gouverneur des
ville et château de Craon du temps de la Ligue ; Nicolas,
évêque de Saintes, mort en 1617. Ils portaient : *d'or au
massacre de cerf de gueules, surmonté entre les bois
d'une aigle éployée de sable*. Ces armes ont une très-
grande ressemblance avec celles des *Cornulier*; comme
parlantes, elles convenaient parfaitement à ces derniers,
et nous ne pouvons apercevoir le motif qui aurait déter-
miné Guy *le Cornu* à les modifier, alors qu'adoptant un
nom altéré, il avait au contraire un intérêt manifeste à
les conserver intactes, pour garder la trace de son
origine.

Observons encore que si Guy *le Cornu* avait gardé
le sobriquet de *Cornulier*, qui lui avait été imposé
comme diminutif, à cause de sa petite taille, il aurait dû
se nommer *le Cornulier*, et non *Cornulier* sans article.
C'est bien ainsi que M. Guérin de la Grasserie l'écrit
dans son *Armorial de Bretagne*, mais c'est une pure
imagination de sa part : tous les actes et toutes les signatures portent *Cornulier*, sans article d'aucun genre, ainsi
que nous l'avons déjà fait remarquer.

Ce n'était pas seulement Anne de Laval qui demeurait
habituellement au château de Montfort ; Guy XIV, son
fils, premier comte de Laval, en 1429, celui-là même
dont Guillaume *de Cornulier* était maître de l'hôtel ou
sénéchal, passait la plupart de son temps dans les environs de cette résidence, comme le prouve la naissance
de ses enfants : Françoise de Laval, née à Vannes en
1432 ; Jeanne, née à Auray en 1433 ; Anne, née à Vannes

en 1434; François, né à Moncontour en 1435 ; Jean, né à Redon en 1436; Artuze, née à Vannes en 1437; Jeanne, née à Ploërmel en 1439; Louise, née à Montfort en 1440; Pierre, né à Montfort en 1442; enfin, Isabeau de Bretagne, leur mère, mourut à Auray la même année. C'est ainsi que les *Cornulier* se trouvèrent, par leurs fonctions près de leurs maîtres, conduits à résider dans une partie de la Bretagne où ils n'étaient pas connus : ils y venaient à la suite des seigneurs de Laval; on dut les supposer manceaux. En raison des lieux et des circonstances, cette méprise était assez naturelle pour le nom de *Cornulier*, alors tout nouveau.

Les deux versions que nous venons d'examiner ne sont appuyées sur aucun titre ; cela n'empêche pas Chevillard de prendre la première en considération et d'adopter la seconde. Il est très-singulier de le voir rejeter la version de du Haillan, qui, du moins, émane d'une autorité respectable, sous prétexte de ce même défaut de titre ; c'est là une inconséquence manifeste.

Du Haillan, écrivant cent vingt ans avant Chevillard, a dû être mieux informé de cette origine que lui. Ajoutons qu'il a pu l'être directement par la famille intéressée ; car, outre ses charges d'historiographe de France et de généalogiste de l'ordre du Saint-Esprit, il était encore secrétaire des finances de Henri III et avait pour collègue dans cette partie Pierre *de Cornulier*, trésorier de France à la même époque, avec lequel il se trouvait en relations nécessaires. Il dut même le connaître personnellement à Nantes, lorsqu'il y fut envoyé par le Roi, en 1567, en qualité de commissaire, pour obtenir les originaux de quantité de pièces déposées à la Chambre des Comptes et à la Maison de ville, ainsi que le rapporte l'abbé Travers (*Histoire de Nantes*, in-4°, t. II, p. 398). [1]

---

[1] Du 12 mai 1567. Sur la requête présentée en la Chambre par Bernard de Girard, secrétaire de Mgr le duc d'Anjou et de Bourbonnais, frère du Roi, commis et député par S. M. pour emporter les comptes et acquits mentionnés en sa commission en date des 20 mars et 1er avril derniers, afin que extraits soient faits des actes, livres, garants et acquits étant en la Chambre, etc.
Du 24 mai 1567, Me Bernard de Girard, sr du Haillan, accompagné et assisté de Me René Vergé (juge criminel de Nantes), a sommé Me Marc Fortia, 1er président, et François le Bloy, 2e président, de lui faire délivrer tous les comptes mentionnés au mémoire qu'il lui a présenté par avant ce jour. (*Registres plumitifs de* 1567.)

Chevillard, au contraire, écrivait sans titres et à l'insu des intéressés, comme nous l'avons déjà remarqué ; son mémoire est d'autant plus défectueux qu'il se rapproche davantage de son temps : il s'est borné à rassembler les notes qui existaient dans son cabinet, et à y ajouter un petit supplément, soit pour satisfaire à quelqu'un des devoirs que lui imposait sa charge de généalogiste ordinaire du Roi, en tenant des renseignements prêts sur les personnes qui étaient nommées à certains emplois ; soit plutôt en préparant un recueil de généalogies des officiers du parlement de Bretagne, car il dit, en parlant de Pierre de Cornulier, reçu président à mortier en 1640, « qui nous donne sujet de mettre en ce lieu cette « généalogie. » Il était là dans de bonnes conditions d'impartialité, mais non pas dans celles d'un bon travail, qui ne saurait jamais être bien fait sans la participation des intéressés, détenteurs nécessaires des matériaux à employer.

Le récit de du Haillan est le seul qui soit conforme à la tradition conservée dans la famille *de Cornulier,* suivant laquelle *Cornillé* serait le nom primitif et l'hermine qui figure dans ses armes une concession ducale. Nous ne connaissons de ce récit que ce que nous en a conservé Chevillard : il est probable qu'il était suivi de quelque notice filiative dans l'original ; malheureusement il n'y a pas lieu d'espérer qu'on puisse jamais le retrouver : les papiers de du Haillan existaient dans l'ancien fonds du Saint-Esprit, classés par son successeur Clairambault ; ils ont disparu dans l'incendie d'une partie de ce cabinet, en 1792.

Ce qu'il y a de remarquable dans les trois versions rapportées par Chevillard, c'est que toutes les trois s'accordent pour reconnaître que le premier qui ait porté, *de naissance*, le nom de *Cornulier*, est Guillaume, maître de l'hôtel du comte de Laval, mort en 1435 ; c'est lui que, d'un autre côté, nous trouvons nommé ainsi dans la réformation de Mecé en 1429 ; c'est donc là un point de départ parfaitement assuré.

Pour compléter notre démonstration de l'identité des noms *de Cornillé* et *de Cornulier*, il ne nous reste plus qu'à examiner ces deux noms, abstraction faite de tout document spécial, sous le triple rapport de l'analogie, des fonctions et des alliances.

Dans la recherche des noms qui ont de l'analogie avec celui de *Cornulier*, et qui peuvent lui avoir donné naissance par corruption, il convient de commencer par la Bretagne, où nous trouvons cette famille établie dès le principe; car la transplantation se démontre et ne se présume pas.

Quatre noms connus de cette province peuvent seuls, par altération, avoir formé celui de *Cornulier ;* ce sont ceux de *Cornouailles*, de la *Cornillière*, de *Cornillé* et de *Cornillel*. Nous avons examiné ce qui concerne le second, nous n'y reviendrons pas.

La famille *de Cornouailles*, rôle de Quimper et de Lesneven, a produit une généalogie étendue en 1668; elle porte : *d'azur au mouton passant d'argent, accorné et onglé d'or*. Rien, ni dans sa filiation, ni dans ses armoiries, n'indique qu'elle ait le moindre rapport avec la famille *de Cornulier*.

La famille *Cornillel* habitait le pays de Retz ; elle paraît rarement, et semble éteinte depuis le milieu du douzième siècle, sauf une mention douteuse que nous trouvons en Anjou au quinzième.

Levin *Cornillel* et ses frères, Even et Rainaud, furent témoins d'une donation faite par le duc Conan, vers 1075, aux moines de Marmoutiers établis à Machecoul. (*Cartulaire de Marmoutiers*, t. III, p. 119.)

Dans le 1er volume des *Preuves* de D. Morice, on trouve encore.

Rainaud *Cornillellus*, témoin d'une augmentation faite à la fondation du prieuré de Chemeré par Gestin, Garsire et Barbotin de Retz, en 1083. (Col. 457 et 458.)

Mengui *Cornillel* et Gautier *Cornillel*, témoins d'une charte de Raoul, sire de Retz, pour l'abbaye de Buzay, en 1152. (Col. 612.)

A la fondation de l'abbaye de Montfort, en 1152, « *Cornillellus dedit vineam juxta aquam Modani.* » (Col. 614.)

Accord de l'an 1159, entre les moines de Saint-Serge d'Angers et plusieurs seigneurs du pays de Retz:

« *Querela quædam erat inter monachos S. Sergii apud Chamariacum manentes, atque milites quosdam qui vocabantur Corniliacences, etc... Testes : Rainaldus filius Mainguidi Cornillel, Alardus filius Gauterii Cornillel, etc.* » (Col. 637, 638.)

Ce nom, qui a été omis à la table, ne reparaît plus depuis dans les actes de Bretagne ; seulement, dans la *Gallia Christiana* des frères Sainte-Marthe, on trouve : « *Reginaldus Cornillelli, juris utriusque doctor et legum professor, decanus Andegavensis, anno* 1445. » (Catalogue des évêques et des doyens de la cathédrale d'Angers.) Ce dernier individu nous semble appartenir aux *Cornillé* de l'Anjou.

Rien, dans les brefs documents qui précèdent, ne peut autoriser à croire qu'il y ait quelque chose de commun entre les *Cornillel* et les *Cornulier*, qui n'ont paru dans le pays de Retz qu'en 1651 pour la première fois.

Reste donc à examiner ce qui concerne la seule famille *de Cornillé*. Si l'adage qui dit : *Vox populi vox Dei*, pouvait être invoqué ici, nulle vérité ne serait mieux prouvée que l'identité de ce nom avec celui de *Cornulier ;* car, comme nous l'avons déjà remarqué, le nom de *Cornillé* est celui qui est pour ainsi dire le seul en usage parmi le peuple, même encore aujourd'hui, et ce sentiment universel n'est pas sans quelque valeur.

Nous avons aussi remarqué que les notaires, dans leurs actes, en avaient usé longtemps de la même manière ; ajoutons ici que les personnes les plus versées dans la connaissance des familles bretonnes ont également confondu ces deux noms.

D. Lobineau, p. 108 du 1ᵉʳ vol. de son *Histoire de Bretagne*, cite parmi les anciens noms de cette province : *de Cornillé, près d'Ancenis*. Or, à l'époque où il écrivait son histoire, c'étaient les *Cornulier* qui étaient établis à Vair, près d'Ancenis ; les *Cornillé* n'avaient jamais été possessionnés qu'aux environs de Vitré, où il ne les mentionne pas : d'où il faut conclure que, dans l'esprit de ce savant bénédictin, les deux noms n'en faisaient qu'un. Ce témoignage est concluant, car D. Lobineau n'était pas homme à avoir des complaisances ; il ne transigeait jamais avec la vérité, et l'on sait les persécutions que lui attirèrent, sans pouvoir le fléchir, ses résistances obstinées aux injustes prétentions de la puissante maison de Rohan, aussi bien qu'aux théories intéressées du gouvernement français sur la mouvance de la Bretagne.

D. Morice (*Preuves de l'Histoire de Bretagne*, t. III) a inséré sans réflexions plusieurs pièces relatives à Pierre de *Cornulier*, secrétaire intime du duc d'Étampes, dans lesquelles il est nommé indifféremment *Cornillé* ou *Cornulier* :

1° Lettre du sieur d'Alesso au duc d'Étampes, datée de Blois, le 5 janvier 1560 :

« Monseigneur, j'ai parlé à M\ier le connétable cette après-dînée; votre secrétaire *Corniller* était présent, et, pour ce qu'il s'en va vers vous, je ne vous ferai plus long discours des propos particuliers que lui ai tenus. » (Col. 1266.)

2° Lettre de M. de la Musse au duc d'Étampes, datée du Ponthus, le 10 décembre 1561, et signée Bonaventure Chauvin, où il est dit : « Monsieur *Cornulier*, votre secrétaire, etc. » (Col. 1295.)

3° Lettre de René de Sanzay, au même, du 24 décembre 1562, où il est dit : « Monsieur *de Cornullier*, votre secrétaire. » (Col. 1330.)

On écrivait donc indifféremment *Corniller* et *Cornulier*, et D. Morice jugeait qu'il était superflu de faire remarquer que c'était la même personne.

Ogée, dans son *Dictionnaire de Bretagne*, à l'article *Prénessaye*, dit : « La maison noble de la Tronchaye à madame *de Cornillé*; » or, c'est *Cornulier* qu'il fallait dire.

Ainsi, les gens instruits, comme le commun peuple, n'ont fait qu'un même nom des deux noms qui nous occupent. Toutefois, nous devons bien observer que cette confusion ne s'est faite qu'en mettant *Cornillé* pour *Cornulier*, et jamais dans le sens inverse, tant la première prononciation paraît plus facile, plus naturelle et mieux appropriée au langage local, qui a dû subir une sorte de violence pour adopter la seconde désinence ; ce qui dit assez qu'elle n'est pas le résultat d'une création spontanée, mais bien le produit d'une combinaison réfléchie : aussi semble-t-il que ce nom de *Cornulier* n'appartienne qu'à une seule famille en France. Ainsi donc, quand nous le trouvons écrit *Cornulier*, en 1429, nous pouvons être bien assuré qu'il n'est point mis là par une méprise du secrétaire des commissaires qui présidaient à la réformation de la paroisse de Mecé.

Les deux familles *de Cornillé* et *de Cornulier*, en les supposant différentes, s'adaptent merveilleusement bien pour se faire suite l'une à l'autre.

Les *Cornillé*, bien posés dans le pays de Vitré, reconnus de noble race et trouvés nombreux dans les réformations du XVᵉ et du XVIᵉ siècles, vont s'effaçant peu à peu, pour disparaître complétement à l'époque de la Ligue ; et c'est précisément alors qu'ils s'éclipsent que les *Cornulier* se montrent. Les uns cessent d'être mentionnés quand les autres surgissent inopinément avec tous les caractères d'une existence déjà ancienne, sinon marquante ; la grande considération que l'on accordait aux premiers est passée aux seconds, qui n'ont pas d'antécédents : en sorte qu'une famille se trouve avoir succédé à la position sociale de l'autre, sans qu'on puisse en assigner la raison. Et cette substitution s'effectue dans la localité même, car c'est à Châteaubriant que se montrent d'une manière incontestable les *Cornulier* en 1487, quand les premiers disparaissent à Cornillé, Torcé, Bais et autres paroisses à peine éloignées de sept à huit lieues.

Nous ne voyons pas, il est vrai, que les *Cornulier* soient en possession d'aucune des terres qui appartenaient aux *Cornillé;* mais c'est une circonstance qui s'explique aisément quand on remarque qu'ils descendaient de cadets qui n'avaient point eu de part au partage d'une fortune déjà peu considérable, ou qui en avaient eu une si faible qu'ils l'avaient vendue en s'éloignant de leur localité ; et, en effet, on a pu voir que les terres principales des *Cornillé* étaient toutes passées dans des familles étrangères, soit par ventes, soit par mariages de filles héritières.

A défaut de la continuité de possession des mêmes terres, nous avons du moins la continuité des mêmes fonctions auprès des mêmes personnes, et ce genre de succession ne constitue pas une présomption d'identité moins solide que l'autre, pour une époque où le goût du changement des serviteurs était bien rare.

Les *Cornillé*, après avoir été constamment attachés à la personne des anciens sires de Vitré, passèrent au service des sires de Laval, devenus barons de Vitré ; c'est dans cette position que nous les avons laissés en 1381, 1385, 1396, et 1435 ; or, c'est précisément dans la même position que nous trouvons les *Cornulier*, en 1487, 1525 et 1533, auprès des sires de Châteaubriant, qui étaient aussi de la maison de Laval ; et ils ont continué longtemps après encore leurs services auprès de leurs parents. Ce rapprochement dans la constance des services mérite d'être examiné avec quelque détail, et, pour le faire avec plus de clarté, il convient de reprendre l'exposé de la généalogie de la maison de Laval au point où nous l'avons laissé.

Guy XI de Laval épousa en premières noces, en 1348, Louise de Châteaubriant, qui mourut sans postérité en 1383; il épousa en secondes noces, en 1384, Jeanne de Laval, sa cousine, veuve du connétable du Gueslin. Il mourut en 1412. Son fils étant mort avant lui, il laissa pour héritière sa fille :

Anne, damé de Laval, Vitré, Gavre, Acquigny, Châtillon-en-Vendelais, Tinténiac, Bécherel, Romillé, etc., mariée depuis 1404 avec Jean, sire de Montfort, Gaël, Lohéac, Kergorlay, la Roche-Bernard, Brécilian, Plélan, Comper, etc., qui prit, en 1412, les noms et armes de Laval et fut dit Guy XIII. Il fit le voyage de la Palestine et, à son retour, mourut dans l'île de Rhodes, en 1414. Ses enfants furent :

1° Guy XIV, qui suit.

2° André de Laval, baron de Lohéac, amiral et maréchal de France, épousa Marie, dame de Retz, et mourut sans postérité en 1486.

3° Louis de Laval, seigneur de Châtillon-en-Vendelais et de Comper, successivement gouverneur du Dauphiné, de Gênes, de Paris, de Champagne et Brie, grand maître des eaux et forêts de France en 1466, mort sans postérité, en 1489.

4° Jeanne de Laval, mariée en 1424 à Louis de Bourbon, comte de Vendôme, d'où sont descendus les rois de France de la branche de Bourbon.

5° Catheriné de Laval, femme de Guy de Chauvigny, vicomte de la Brosse.

Guy XIV de Laval, né en 1406, élevé à la cour du Duc de Bretagne, vint se joindre au roi Charles VII en 1427, et l'accompagna jusqu'à son sacre à Reims, en 1429, où le Roi érigea sa baronnie de Laval en comté. Il épousa: 1° en 1430, Isabeau de Bretagne, fille du duc Jean VI et de Jeanne de France, sœur du roi Charles VII; 2° en 1450, Françoise de Dinan, dame de Châteaubriant,

Candé, Vioreau, Montafilant, Beaumanòir, etc. Il mourut à Châteaubriant en 1486.

Du 1er lit vinrent :

1° Guy XV, comte de Laval, né à Moncontour en
   1435, épousa en 1461 Catherine d'Alençon, et
   mourut sans postérité en 1501 ;

2° Jean de Laval, baron de la Roche-Bernard, épousa
   Jeanne du Périer, comtesse de Quintin, dont il eut :

   Nicolas de Laval, né en 1473, épousa : 1° en 1500,
      Charlotte d'Arragon, princesse de Tarente ;
      2° en 1516, Anne de Montmorency ; 3° en 1526,
      Antoinette de Daillon. Il succéda, sous le nom
      de Guy XVI, à son oncle, en 1501, fut gouver-
      neur et amiral de Bretagne, et mourut en 1531,
      laissant, entre autres enfants :

         Du 1er lit :
      Catherine de Laval, mariée en 1517 à Claude,
         sire de Rieux ;

         Du 2e lit :
      Guy XVII de Laval, né en 1521, épousa
         Claudine de Foix, et mourut sans postérité,
         en 1547. Après lui, le comté de Laval et
         la baronnie de Vitré échurent à sa nièce,
         Renée de Rieux, dite Guyonne XVIII, fille
         de sa sœur consanguine issue du 1er lit ;

3° Pierre de Laval, évêque de Saint-Malo, légat du
   Saint-Siége, archevêque de Reims, mort en 1493 ;

4° Yolande de Laval, mariée : 1° en 1443, à Alain de
   Rohan, vicomte de Léon ; 2° en 1454, à Guillaume
   de Harcourt ;

5° Jeanne de Laval, mariée, en 1455, à René, duc
   d'Anjou, roi de Sicile et de Jérusalem, morte sans
   postérité, en 1498 ;

6° Hélène de Laval, mariée à Jean de Malestroit, sire
   de Combourg, créé baron de Derval en 1451, et
   mort en 1482. Elle mourut elle-même en 1500 ;

7° Louise de Laval, mariée en 1468 à Jean de Brosse,
   dit de Bretagne, comte de Penthièvre, dont elle eut :

      René de Brosse, dit de Bretagne, comte de Penthièvre, épousa en 1504 Jeanne de Comines, dont il eut :

A. Jean de Brosse, dit de Bretagne, duc d'Étampes, gouverneur de Bretagne, mort sans postérité en 1564 ;

B. Charlotte de Brosse, dite de Bretagne, mariée à François de Luxembourg, vicomte de Martigues en Provence, dont elle eut :

> Sébastien de Luxembourg, vicomte de Martigues, duc de Penthièvre, colonel général de l'infanterie française, gouverneur de Bretagne, tué en 1569, épousa Marie de Beaucaire, dont :
>
> > Marie de Luxembourg, duchesse d'Étampes et de Penthièvre, vicomtesse de Martigues, née en 1562, épousa en 1579 Philippe-Emmanuel de Lorraine, duc de Mercœur, gouverneur de Bretagne, et beau-frère de Henri III, dont elle eut :
> >
> > > Françoise de Lorraine, duchesse de Mercœur, d'Étampes et de Penthièvre, princesse de Martigues, morte en 1669, avait été mariée, en 1609, à César, duc de Vendôme, dont :
> > >
> > > > 1° Louis, cardinal de Vendôme ;
> > > >
> > > > 2° François de Vendôme, duc de Beaufort.

Du second mariage de Guy XIV de Laval avec Françoise de Dinan, dame de Châteaubriant, vinrent :

1° Pierre de Laval, seigneur de Montafilant, sans postérité ;

2° François de Laval, qui suit ;

3° Jacques de Laval, seigneur de Beaumanoir, qui fut père de François de Laval, mort sans lignée en 1522.

François de Laval, seigneur de Châteaubriant, chambellan du Roi en 1491, mourut à Amboise en 1503. Il
avait épousé, en 1488, Jeanne de Rieux, dame de Derval,
Nozay, Rougé, Malestroit, Châteaugiron, etc., dont il
eut :

Jean de Laval, sire de Châteaubriant, fut mené à
l'âge de quatorze ans à la cour de la reine et duchesse
Anne, qui le retint de sa maison; il suivit toutes les
guerres du roi François Ier en Italie, et y acquit de l'honneur et de la réputation, fut nommé gouverneur et
lieutenant général pour le Roi en Bretagne en 1531,
après la mort de son cousin germain, Guy XVI, comte
de Laval. Il n'eut pas d'enfants de Françoise de Foix,
qu'il avait épousée en 1509. « Devenu veuf en 1537, et
se voyant hors d'état d'avoir des enfants procréés de sa
chair, soit qu'il s'offensât contre ceux qui devaient recueillir sa succession en ligne collatérale, ou pour autre
cause, vendit une partie de ses terres et en donna
d'autres à ses amis, et mourut en 1543. Après la mort
duquel sa maison fut dissipée et divisée, comme les
membres d'un grand corps se divisent d'avec le chef et
les uns des autres. » (Du Paz, *Généalogie des seigneurs
de Châteaubriant.*)

Guillaume *de Cornillé* ou *de Cornulier*, Ier du nom,
était conservateur des forêts de Guy XI de Montmorency-
Laval en 1385 et 1396, puis maître de l'hôtel de Guy XIV
de Montfort-Laval, son petit-fils; il mourut en 1435,
laissant un fils nommé aussi :

Guillaume *de Cornulier*, IIe du nom, sur lequel nous
manquons de renseignements. Nous savons seulement
que sa veuve, nommée Jeanne, demeurait, en 1498, à
Châteaubriant, où Guy XIV était mort en 1486, et que
son fils, Pierre *de Cornulier*, possédait dès 1487 la charge
de capitaine des arquebusiers à cheval de François de
Laval, sire de Châteaubriant, fils aîné du second lit de
ce même Guy XIV. C'est donc à la personne des juveigneurs de la maison de Laval que nous trouvons attachés
les cadets de la maison *de Cornillé*, position fort naturelle assurément.

D'après les antécédents de sa famille et d'après la
conduite de sa postérité, il n'est guère permis de douter
que Guillaume *de Cornulier*, IIe du nom, ne passa sa vie

au service du comte Guy XIV. Ce seigneur, comme nous l'avons vu, résidait le plus souvent dans le centre de la Bretagne, loin de ses terres de Laval et de Vitré; ce fut seulement après son second mariage, avec la dame de Châteaubriant, qu'il habita la haute Bretagne. Guillaume de Cornulier, qui n'avait que de bien minces intérêts dans le pays de Vitré, dut le suivre dans tous ses déplacements, et c'est par suite de cette vie errante qu'il est si difficile de retrouver sa trace aujourd'hui.

Guy XIV étant mort en 1486, laissant des enfants de ses deux femmes, les représentants des branches de la Bichetière et de Bais, restés au pays de Vitré, et liés par la terre au seigneur du fief, durent continuer leurs services près des enfants du premier lit, auxquels la baronnie de Vitré tombait en partage. Parfaitement libres sous ce rapport, puisque dès 1478 ils n'y possédaient plus rien, les représentants de la branche de Mecé pouvaient choisir leurs patrons dans cette nombreuse postérité, sans aucune considération de lieu. Il est probable que ce choix était fait du vivant même de Guy XIV, bien qu'il ne nous soit manifesté qu'après sa mort, en 1487 : François de Laval n'aurait pas nommé d'emblée Pierre *de Cornulier*, Ier du nom, capitaine de ses arquebusiers à cheval, s'il n'avait déjà été attaché à son service; car c'était une charge de grande confiance, comme celle de capitaine des gardes près des Rois.

Pierre *de Cornulier*, fils de celui-ci, occupait, en 1525, la même charge que son père près de Jean de Laval, fils de François. Ce seigneur lui fit don, en 1533, des droits de déshérance qui lui étaient échus par la mort de François de Carné, capitaine de Châteaubriant, *en reconnaissance et rémunération des bons et agréables services qu'il lui avait rendus.* Remarquons ici que, comme gouverneur de la Bretagne, Jean de Laval avait toutes sortes de moyens de récompenser des services ordinaires aux frais de la province; et, s'il prend cette récompense sur ses biens propres, c'est que les services de Pierre *de Cornulier* lui étaient particuliers; il ne le traite pas comme un officier ordinaire, mais bien comme un ancien serviteur de sa maison. Ajoutons que, dans ces mêmes lettres de don, il lui donne une qualification des plus relevées de l'époque, celle de *noble écuyer,* qui indique une race noble de toute ancienneté, et implique ici la descendance des anciens serviteurs de ses aïeux Guy XIV et Guy XI ; descendance que, mieux que tout autre, il était à même de bien connaître, puisque ce fait était un souvenir de sa famille.

Jean de Laval mourut en 1543, et sa maison fut dissipée, comme nous l'avons vu plus haut. Quatre ans plus tard, en 1547, mourait Guy XVII, dernier mâle de la maison de Montfort-Laval ; ce fut une époque critique sans doute pour les *Cornulier*, habitués à servir de père en fils les mêmes maîtres et à n'en jamais servir d'autres. Mais, s'ils s'étaient attachés au sang des anciens sires de Vitré, déjà passé dans les maisons de Montmorency et de Montfort, ils pouvaient continuer les mêmes errements encore, car il en restait de nombreux représentants, parmi lesquels le seul embarras était de choisir et de se faire agréer.

Jean de Brosse, dit de Bretagne, duc d'Étampes, succédait à Jean de Laval dans le gouvernement de la Bretagne ; il était d'ailleurs son parent aussi proche que ce dernier pût en avoir, puisqu'il était petit-fils de Louise de Laval, fille du premier lit de Guy XIV, et que Jean de Laval était lui-même petit-fils de ce Guy XIV. Ce fut donc au service de ce nouveau gouverneur de la province qu'entra Pierre *de Cornulier*, III⁰ du nom ; il n'était alors âgé que de dix-sept ans à peine.

Le duc d'Étampes le prit en grande affection, et en fit son secrétaire intime. Ce duc étant mort sans postérité, à Lamballe, en 1564, Pierre *de Cornulier* passa au service de son neveu et unique héritier, Sébastien de Luxembourg, vicomte de Martigues, pourvu du gouvernement de la Bretagne après la mort de son oncle, et y demeura, en la même qualité de premier secrétaire, jusqu'à la mort de ce seigneur, arrivée devant Saint-Jean-d'Angély, en 1569. L'année suivante, Pierre *de Cornulier* fut pourvu de l'office de trésorier de France et général des finances de Bretagne ; dans cette nouvelle position, nous voyons qu'il restait en fort bons rapports avec Marie de Beaucaire, veuve du vicomte de Martigues.

La fille unique de cette dame, Marie de Luxembourg, épousa, en 1579, Philippe-Emmanuel de Lorraine, duc de Mercœur. Dès que celui-ci eut le gouvernement de la Bretagne, en 1582, il appela Pierre *de Cornulier* dans ses conseils, et, lors de la mort de ce vieux et fidèle serviteur, en 1588, il prit dans sa maison Jean *de Cornulier*, son second fils, le fit élever près de sa personne dans l'exercice des armes, et le gratifia, en 1591, d'une pension sur les États de la province.

Claude, frère aîné de Jean *de Cornulier*, n'avait pas voulu s'engager dans le parti de la *Sainte-Union ;* malgré cette opposition aux vues de son mari et aux siennes, la duchesse de Mercœur n'en resta pas moins la même pour toute sa famille et ne cessa de la protéger de tout son pouvoir ; elle fit restituer aux *Cornulier* des sommes qui leur étaient dues, empêcha la démolition de leur château de Lucinière, qui avait été décidée par le Conseil souverain de la Ligue, et enfin fit élargir du château de Nantes Claude *de Cornulier*, qui y avait été renfermé comme tenant pour le parti de Henri IV.

Françoise de Lorraine, sa fille, mariée avec César, duc de Vendôme, fils naturel de Henri IV, hérita des bonnes dispositions de sa mère ; elle voulut que les *Cornulier* prissent des femmes dans les familles attachées à sa maison. C'est ainsi qu'elle maria, en 1632, Pierre *de Cornulier*, seigneur de la Touche, avec Marie des Houmeaux, fille de Claude des Houmeaux, un de ses premiers vassaux sous sa baronnie d'Ancenis, et de Françoise Raoul, sœur de Guillaume Raoul, chef du conseil de son mari. Pareillement, en 1645, elle fit épouser à Pierre *de Cornulier,* seigneur de Lorière, Françoise de Saint-Joseph du Plessier, sa filleule, élevée dans son hôtel jusqu'à son mariage, fille du premier gentilhomme de la chambre de son mari, et petite-fille du superintendant de sa maison ; le contrat de mariage fut signé de tous les membres de la famille de Vendôme.

Si le trait caractéristique des anciens *Cornillé* avait été leur invariable attachement à une même lignée, les *Cornulier*, comme on le voit, ne le leur ont cédé en rien sous ce rapport : c'est bien la même constance appliquée au même but ; et quand on considère que la même race en est l'objet, il est difficile, à ce seul rapprochement, de ne pas conclure que le même sang est seul capable de produire des effets dont l'identité est aussi frappante.

Enfin, si nous considérons les alliances contractées par les deux premiers *Cornulier* que mentionne la réformation de 1668, nous sommes également conduits à les envisager comme les descendants des *Cornillé* de Vitré.

Pierre *de Cornulier*, Ier du nom, auquel on donne pour parrain l'évêque Pierre de Laval, épousa vers 1490 Marie de Concoret. Cette famille *de Concoret*, éteinte depuis plus de deux siècles, tirait son nom de la paroisse de Concoret, située entre Ploërmel et Montfort, c'est-à-dire au centre du pays qu'avait habité la plus grande partie de sa vie son père, Guillaume II de Cornulier, attaché à la personne de Guy XIV; d'une paroisse dont le comte de Laval était seigneur direct et où il devait venir fréquemment, à cause de son château de Comper, une des plus fortes places de la Bretagne ([1]).

Pierre *de Cornulier*, IIe du nom, fut marié deux fois : en premières noces, il épousa Louise *des Vaux*, de la maison de Levaré. Le château de Levaré est situé dans le Maine, tout près de la frontière de Bretagne et de celle de Normandie, à cinq lieues de Fougères et à huit lieues de Vitré : on dirait un mariage de voisinage fait par les Cornillé de Vitré, et les alliances entre cette maison de Levaré et celle de Cornulier se sont encore renouvelées deux autres fois depuis. La famille des Vaux est d'ailleurs des plus distinguées : Jean des Vaux se croisa en 1248; Marguerite d'Avaugour, veuve d'Hervé VII de Léon, épousa en secondes noces Geoffroy des Vaux, qu'elle institua pour son exécuteur testamentaire en 1375; Jean des Vaux, leur fils, épousa Jeanne de Vendôme; Samson des Vaux, seigneur de Levaré, épousa en 1406 Aliénor d'Avaugour; Jeanne des Vaux, fille de Jean seigneur de Levaré, épousa en 1539 René du Guesclin, seigneur de la Roberie. (*Histoire des grands Officiers*, par le P. Anselme, généalogies d'Avaugour et de du Guesclin; *Dictionnaire du Maine*, par l'abbé le Paige.)

Pierre II *de Cornulier* épousa en secondes noces, en 1525, Jeanne *le Royer*, d'une famille originaire du Maine, comme celle de sa première femme, et qui avait, comme la famille des Vaux, des branches établies en Bretagne

---

(1) Au nombre des chefs de division des armées catholiques et royales de la Bretagne qui assistèrent aux conférences de la Mabilais, près Rennes, au mois d'avril 1795, figure un *de Concoret*. (*Histoire de la Vendée militaire*, par Crétineau-Joly, 2e édition, t. III, p. 263.)

et même à Vitré. Pierre le Royer, trésorier de Bretagne
en 1499 (Titres du château de Nantes), peut être le même
que Pierre le Royer, général des mortes-payes et contrôleur général des guerres en Bretagne en 1515. Gilles
le Royer, receveur des domaines du Roi, habitant de
Vitré, est certifié, par acte du 13 octobre 1537, homme
de bien, de bonne estimation et bien solvable. Il avait
pour frère Jean le Royer, seigneur de la Gravelle, qui
le cautionna par acte du 5 novembre 1542 (Ancien
Inventaire de la chambre des Comptes de Bret. dit de
Turnus-Brutus, fº 487 vº, et fº 489 rº). L'aveu de la
baronnie de Vitré de 1542 mentionne encore Guillaume
le Royer, possessionné dans la paroisse d'Étrelles, et
Jean le Royer, possessionné dans celle de Livré.

Jeanne le Royer était fille de Louise *de Brie*, de l'illustre
famille de Brie, seigneur de Serrent en Anjou, mais
possessionnée en Bretagne, dans le pays de Châteaubriant, comme on le voit par les anciennes réformations,
où l'on trouve : paroisse de Moisdon, en 1427, « l'hôtel
« et domaine de Jean de Brye, noble » ; et, paroisse de
Saint-Julien-de-Vouvantes, en 1444, « la Bryaye à
« l'héritière de feu messire Jehan de Brye, Chevalier. »

Pour contracter des alliances telles que celles que
nous venons d'examiner, les *Cornulier* ne pouvaient pas
être des gens nouveaux en 1490 et 1525 ; et, sous quelque
point de vue qu'on envisage la question de leur origine,
on est toujours conduit à cette conclusion : que les noms
de Cornillé et de *Cornulier* sont identiques, et que la
version de du Haillan est la seule véritable.

SUPPLÉMENT AUX PREUVES

DE LA

GÉNÉALOGIE IMPRIMÉE EN 1847.

BRANCHE AINÉE.

IIIᵉ DEGRÉ.

Du 4 mars 1555, attestation de bonne vie pour Pierre *Cornulier*, receveur alternatif des fouages et impôts de l'évêché de Saint-Brieuc, donnée par-devant Barthélemy Terreau, notaire royal à Tours. (Ancien inventaire de la chambre des Comptes de Bretagne, dit de *Turnus-Brutus,* fº 506, vº.)

Du 28 août 1555, lettres patentes du roi Henri, qui ordonnent à la chambre des Comptes de Bretagne de délivrer au duc d'Étampes tous les comptes, chartes, papiers, titres et enseignements des comtés et seigneuries de Lamballe, Guingamp, Minibriac, Moncontour, Penthièvre, etc. Et, du 1ᵉʳ octobre 1555, acte de procure, passé par la cour de Lamballe, par lequel ledit duc d'Étampes institue Mᵉ Pierre *Cornulier* et Jean Baril ô pouvoir de comparoir par-devant messieurs des Comptes et demander exécution et entérinement de la lettre de commission ci-devant et, suivant icelle, recevoir lesdits titres et enseignements. (*Turnus-Brutus,* fº 187, vº.)

C'est sans doute la pièce ci-dessus dont il est question dans la note adressée à M. Lacroix, généalogiste de l'ordre de Malte, et qui est de l'an 1555, au lieu de 1545, comme le dit cette note. La mission que le duc d'Étampes donnait là à Pierre de Cornulier était fort naturelle, puisqu'il était son premier secrétaire. Jean Baril, qu'il lui adjoint pour recevoir les titres du comté de Penthièvre, était son beau-frère, que nous trouvons pourvu de la recette générale de la prévôté de Nantes en 1560 et 1567, suivant le même inventaire.

Nous ignorons si ce Jean *Baril* appartenait à la famille de ce nom, de l'élection d'Avranches en Normandie, qui a produit

Jean Baril, seigneur de Chanteloup, nommé chevalier de l'ordre de Saint-Michel le 10 mai 1657, et qui portait : *d'argent à l'épervier de gueules, coupé d'azur au lion léopardé d'argent;* famille dont la noblesse fut confirmée aux francs-fiefs de 1632.

Du 7 juin 1556, acte par lequel Me Pierre *Cornulier*, receveur alternatif des impôts et fouages de l'évêché de Saint-Brieuc, baille pour sa caution René du Cambout, seigneur dudit lieu : ledit acte passé par la cour de Nantes, en présence de Me Guillaume Ogier, substitut du procureur du Roi audit Nantes, et rapporté par de Pellan et Baril, notaires. (*Turnus-Brutus,* fo 502, ro.)

Du 29 octobre 1557, acte de caution de Me Pierre *Cornulier*, receveur alternatif des impôts et fouages de l'évêché de Cornouaille, fait et rapporté par la cour de Nantes, signé Baril, Michel, et scellé; par lequel Jean du Perrier (puîné des comtes de Quintin) a cautionné ledit Cornulier, lequel a été certifié par Jean Avril, seigneur de Lourmais; Jean Bocaz, seigneur de Saulterger, et par Yvon Rocaz. (*Turnus-Brutus,* fo 606, ro.)

Du 28 novembre 1558, acte de caution, signé Baril et Raoul, par lequel messire René du Cambout, seigneur dudit lieu, cautionne Me Pierre *Cornulier,* receveur alternatif des fouages et impôts de l'évêché de Saint-Brieuc, et par lequel Me Jean Baril affirme ledit du Cambout être solvable. (*Turnus-Brutus,* fo 500, vo.)

Du mois de mai 1560, arrêt de la chambre des Comptes de Bretagne, ordonnant que Mes Pierre *Cornulier* et Jean Coespelle, secrétaires du Roi en la chancellerie de ce pays, seraient appelés et comparaîtraient en ladite chambre pour être interrogés sur certains articles du compte du trésorier général, Jacques Thevin, relatifs aux baux à ferme faits aux Etats tenus à Dinan le 25 septembre 1508, la copie desquels a été signée d'eux en 1557. (*Registres dits Plumitifs.*)

Du 20 décembre 1560, requête présentée à la chambre des Comptes par Me Pierre *Cornulier,* receveur alternatif des fouages, impôts, cens et augmentations de la gendarmerie en l'évêché de Cornouaille.

Du 21 avril 1561, Me Pierre *Cornulier,* receveur des fouages et impôts, cens et recettes de l'évêché de Saint-Brieuc, constitue Me Guillaume Cousin pour son procureur, avec pouvoir de rendre ses comptes. (*Plumitifs.*)

Du 23 juillet 1561, acte de caution, fait par la cour de Nantes, par lequel Me Pierre *Cornulier,* receveur des fouages de Cornouaille, garantit la personne de Jean Périer, son commis, et Yvon Rocaz. (*Turnus-Brutus,* fo 528, vo.)

Du 4 février 1563, Me Pierre *Cornulier,* secrétaire de Mgr le duc d'Étampes, étant au bureau, a remontré que Mgr le gouverneur lui a commandé venir vers MM. de la Chambre pour les prier de donner congé au sʳ Gautier, auditeur, pour trois ou quatre jours pendant lesquels ils se transporteront jusqu'à Guérande pour faire information des séditions qui s'y sont faites depuis peu de temps. La Chambre accorde audit Gautier un congé de dix jours. (*Plumitifs.*)

De 1568. Sur la remontrance ce jour d'hui faite au bureau par Mᵉ Pierre *Cornulier*, sʳ de la Touche, l'un des conseillers et maîtres desdits Comptes, et ce pour satisfaire à l'ordonnance qui lui avait été faite sur sa réception en ladite Chambre, de faire rendre compte à Mᵉ Jean Périer, son commis à l'exercice de la recette des fouages, impôts et revenus de la gendarmerie en l'évêché de Cornouaille de l'année présente (1568), dont il restait seulement à compter, ledit Périer en aurait présenté ledit compte qui aurait été distribué et examiné jusqu'à la dépense d'icelui, qui toutefois n'aurait pas été déduit ni arrêté, obstant la clôture de ladite Chambre sur ce intervenue, requérant ledit Cornulier, pour faire connaître de son devoir et diligence où besoin sera, pour ce que dit est, acte lui en être décerné, ce qui a été par ladite Chambre ordonné pour valoir et servir à icelui Cornulier comme de raison. (*Plumitif de 1568.*)

Maître Noël Léon, commis de Mᵉ Pierre *Cornulier*, receveur des fouages et impôts de l'évêché de Saint-Brieuc, après avoir compté des deniers de la recette pour l'an fini le 14 novembre 1565, s'est trouvé redevable de neuf-vingt et une livres 19ˢ 3ᵈ par arrêt final dudit compte clos le 2 novembre 1568. (*Livre des Déductions,* coté G, fᵒ 101, vᵒ.)

Il existe aux archives de la mairie de Nantes, sous l'an 1562, plusieurs pièces écrites de la main de Pierre III *de Cornulier,* savoir :

Du 25 juillet 1562, commission donnée par le duc d'Étampes au sieur de Goulaine pour lever cinquante chevau-légers et cinquante arquebusiers à cheval.

Dudit jour, un état de solde vérifié.

Du 26 juillet 1562, commission donnée par le duc d'Étampes au sʳ de la Tour, pour lever une compagnie de deux cents hommes.

Du 7 août 1562, autre commission donnée au sʳ de Thouaré.

Au bas de chacune de ces pièces est écrit : « Collationné à « l'original par moi, notaire secrétaire du Roi, *Cornulyer.* »

Comme premier secrétaire du gouverneur de Bretagne, Pierre de Cornulier avait dû prendre un brevet de notaire secrétaire du Roi, afin que foi fût ajoutée à sa signature dans les différentes expéditions de pièces qu'il délivrait journellement; le titre de secrétaire privé ne pouvant leur donner l'authenticité requise. Il ne prend jamais cette qualité que dans les pièces où elle est nécessaire pour en assurer la validité, et aucun étranger ne la lui donne, pas même le Roi dans les pièces qui le concernent directement.

Ordonnance de Sébastien de Luxembourg, vicomte de Martigues, comte de Penthièvre, gouverneur de Bretagne, pour restreindre l'exercice du culte calviniste à Nantes; donnée à Nantes le 25 juin 1565 et signée *Cornulier*. (*Registres de la Ville*, année 1565, fᵒˢ 54 et 55.)

Mandements de M. de Martigues, donnés à Nantes les 1ᵉʳ, 9 et 19 août 1568, et signés *Cornulier*. (*Histoire de Nantes*, par l'abbé Travers, t. II, pp. 406, 407 et 408.)

Lettre du sʳ Potier, échevin de Nantes, datée d'Angers le 15 janvier 1569, et adressée à M. *de la Touche-Cornulier*, conseiller du Roi, maître de ses Comptes et maire de Nantes. (Travers, t. II, p. 415.)

Du 14 janvier 1570, lettre écrite d'Angers par Louis de Bourbon, duc de Montpensier, à M. *de la Touche-Cornulier*, maire de Nantes.

« Monsieur, vous me faites connaître, par la lettre que vous m'avez écrite, combien vous avez agréable de m'avoir pour gouverneur de votre province; aussi pouvez-vous être assuré de ne trouver moins de faveur et bon traitement de moi que vous en avez reçu par ceux qui m'y ont précédé, encore que je sache qu'ils vous ont toujours été bien fort affectionnés, même feu M. de Martigues, la mort duquel je regrette infiniment, tant pour la perte que le Roi et tout le royaume y ont reçue, que pour la très-parfaite amitié qui était entre nous deux, laquelle seule me serait suffisante pour me faire avoir en recommandation toutes choses sur quoi il a eu puissance et commandement, encore qu'il n'y allât de mon devoir et du service du Roi, etc.

« Votre bien bon ami : LOYS DE BOURBON. »

Du 5 mai 1574, assemblée au manoir épiscopal de Nantes, pour rétablir le bon accord entre la garnison du château et la garde bourgeoise de la ville, à laquelle assistaient : Révérend père en Dieu maître Philippe du Bec, évêque de Nantes; vénérable et discret maître François de Bodieu, seigneur de Courans, son grand vicaire, chanoine dudit Nantes; nobles gens messieurs Jean Morin, conseiller du Roi, premier président de la chambre des Comptes de Bretagne; Pierre *Cornulier*, seigneur de la Touche, conseiller du Roi, trésorier de France et général de ses finances en Bretagne; Guillaume le Maire, seigneur du Plessis-Guérif, conseiller du Roi, sénéchal de Nantes; Jean-Paul Mahé, conseiller du Roi, contrôleur général des finances en Bretagne, sous-maire; Bernard de Monti, maître des Comptes, échevin, etc..., les tous manans et habitants dudit Nantes et super-intendants des affaires de ladite ville, etc. (*Travers*, t. II, p. 447.)

Du 28 mars 1575, assemblée tenue à Nantes pour régler diverses mesures concernant la sûreté de la ville, à laquelle assistaient : Monseigneur de Bouillé, chevalier de l'ordre du Roi, gouverneur et lieutenant général en Bretagne ; noble et puissant messire René, comte de Sanzay, chevalier de l'ordre, capitaine des ville et château de Nantes ; N. et P. François de Daillon, seigneur de la Charte-Bouchère, chevalier de l'ordre, connétable de Nantes, capitaine du château de Pirmil ; noble homme Aimé de Sanzay, comte de la Magnane ; nobles gens messire Pierre *Cornulier*, seigneur de la Touche, conseiller du Roi, trésorier de France et général des finances en Bretagne ; maître Louis Braillon, conseiller du Roi, président en la chambre des Comptes ; maître Guillaume le Maire, seigneur du Plessis-Guérif, sénéchal de Nantes, etc. (*Registres de la Ville*, année 1575, f° 168.)

Du 29 avril 1580, assemblée tenue à Nantes, aux mêmes fins que celle de 1575, et à laquelle assistaient les députés de tous les états de la ville, savoir : l'évêque et le doyen de Saint-Pierre pour l'état de l'église ; MM. Morin, premier président de la chambre des Comptes ; de la Touche-*Cornulier*, trésorier de France et général des finances en Bretagne ; et du Breil le Lou, ancien maître des Comptes, pour l'état des finances, etc. (*Travers*, t. II, p. 500.)

Du 2 septembre 1583, assemblée tenue à Nantes, sous la présidence de l'évêque Philippe du Bec, pour demander le parlement en cette ville, à laquelle assiste N. H. Mᵉ Pierre *Cornulier*, seigneur de la Touche, général des finances en Bretagne, l'un des anciens maires. (*Travers*, t. II, p. 555.)

Pierre III de *Cornulier* avait acquis vers 1570 la terre de la Haye, dans la paroisse de Sainte-Luce, près Nantes. Cette terre appartenait auparavant à la famille de Montigné ; savoir, en 1484, à Guillaume de Montigné, seigneur dudit lieu dans la paroisse des Touches, et en 1543 à Michel de Montigné.

La terre de LA TOUCHE, près Nozay, dont on lui donnait souvent le nom, lui avait été apportée en mariage par sa femme. Elle appartenait en 1427 à Jean *Sorin*, sʳ de Trenoust en Jans, et en 1444 à Pierre Sorin. Nous avons dit comment elle passa des Sorin aux *Frosy*, et de ceux-ci aux *Trégouet*, qui la vendirent, en 1534, à Pierre *Perrault*, premier mari de Perrine *Vivien*. Depuis l'adjonction des fiefs nombreux qu'y firent Pierre de Cornulier et sa femme, cette terre, devenue une des plus belles châtellenies du comté Nantais, ne fut plus connue que sous le nom de *la Touche-Cornulier*, et c'est ainsi que la nomme le duc de Bourbon, dans son aveu rendu au Roi, en 1680, pour cause de sa seigneurie de Nozay.

DE COMAILLE.

Toussaint de Comaille suivit à peu près la même carrière que son gendre Pierre *de Cornulier;* il fut secrétaire et intendant général de l'amiral d'Annebaud, qui l'employa beaucoup dans son gouvernement du Piémont et ailleurs. Pour lui créer une position pécuniaire, il lui fit aussi obtenir des charges dans les finances. Le *Livre des Déductions* (coté B, f° 51, v°) nous apprend qu'il posséda pendant huit ans, finissant au 2 novembre 1536, la recette ordinaire de Guingamp, dont il rendit compte à la Chambre le 26 juin 1539. L'*Inventaire de Turnus-Brutus* (f° 491, v°), mentionne l'acte de caution de Toussaint de Comaille, receveur des impôts et fouages de l'évêché de Dol, en date du 24 septembre 1541. Et le *Livre des Déductions,* déjà cité, rapporte, f° 109, que Toussaint de Comaille, naguère receveur des impôts et fouages de Dol, compta de ladite recette, par maître Jean de Plumaugat, son procureur, pour deux années finies en novembre 1541. Ainsi, il faisait gérer par un fondé de pouvoirs les recettes dont il était pourvu, tout en occupant lui-même par ailleurs d'autres fonctions moins lucratives mais plus relevées : cette marche, qui était sans doute la meilleure alors pour arriver à la fortune, fut exactement celle que suivit Pierre *de Cornulier* sous les auspices du duc d'Étampes.

Les cadets des plus éminentes maisons de la province ambitionnaient ces positions, et n'en dédaignaient même pas d'autres qui étaient moins brillantes, témoin Jean *du Boisgeslin,* qui était fermier des billots et impôts de Cornouaille de 1562 à 1563, et Pierre *du Boisgeslin,* fermier du domaine de Goëllo à la même époque.

Toussaint de Comaille fut ensuite pourvu de la charge de contrôleur général de la marine du Ponant : ce fut alors qu'il épousa Perrine *Vivien,* veuve sans enfants de Pierre *Perrault,* et dont il eut deux filles, comme le montre la pièce suivante.

Du 10 juin 1552, aveu de la terre et juridiction du Bois, en la paroisse d'Orvault, dit autrefois le Bois-Raguenel et depuis le Bois-Raguenet, rendu noblement, à foi, hommage et rachat, aux sieur et dame d'Orvault et du Plessis-Tourneuve, par noble homme Toussaint de Comaille, seigneur de la Touche, au nom et comme tuteur et garde naturel de Claude et de Gillette, ses filles, procréées en mariage d'entre il et défunte demoiselle Perrine *Vivien,* sa femme, en son vivant dame dudit lieu de la Touche et du Bois-Raguenet en Orvault.

Dans la recherche des francs-fiefs faite vers 1550, on lit : « Toussaint de Comaille et Perrine Vivien, sa femme, naguère veuve de feu Me Pierre Perrault, sans préjudice des droits et état dudit de Comaille et même de la permission donnée tant au dit de Comaille que au dit feu Perrault par le feu Roi et par le Roi d'à présent de pouvoir posséder des terres nobles. » Nous avons déjà vu comment, étant étranger à la Bretagne, Toussaint de Comaille avait dû, sans préjudice de sa qualité, se pourvoir d'une semblable permission, pour se mettre à l'abri de recherches poursuivies alors avec une grande activité dans un but fiscal.

La famille VIVIEN appartenait au comté Nantais, où ses mentions sont nombreuses. Perrot Vivien était seigneur de la Galopinière, en la paroisse de Carquefou, en 1443. La réformation de la paroisse de Saint-Michel-de-Chef-Chef, faite en 1444, mentionne Mathurin Vivien, clerc de la cour de Nantes, demeurant à Saint-Père-en-Retz, comme exempt de fouages parce qu'il sert aux armes comme les nobles. Par lettres du 3 avril 1472, le Duc fit don de cent livres à Guillaume Vivien, de Vitré, l'un des receveurs de ses finances, en récompense des pertes qu'il avait éprouvées dans ses recettes. Pierre Vivien était receveur de l'évêque de Nantes en 1495.

Jacquette *du Pin*, dame de Launay, en la paroisse de Couffé, et sœur d'Anne du Pin, femme de Guillaume de Harouis, greffier criminel du parlement de Bretagne, épousa Jean Vivien; elle était veuve en 1556 et mère de Mathurin Vivien, déjà mentionné en 1537. En 1542, Michel Vivien, fils de Guillaume, était possessionné dans la paroisse de Saint-Michel-de-Chef-Chef. En 1555, Jean Vivien était seigneur de la Bimboire, en Maisdon, et cette terre avait passé, en 1557, à Françoise Vivien (sa fille sans doute), femme de Jean *le Tellier*. En 1556, Catherine Vivien, dame du Pesle, en Brains, était mariée avec Hervé *Lyrot*, conseiller au parlement de Bretagne et alloué de Nantes. Pierre Vivien et Jeanne *Guyton*, sa femme, rendirent aveu au Roi, en 1572, pour divers héritages qu'ils tenaient en Sainte-Opportune-en-Retz. Enfin, à la réformation générale, Sébastien Vivien fut débouté par arrêt contradictoire du 30 janvier 1671; il s'armait : *d'argent à trois escarboucles de sable*.

Toussaint *de Comaille* n'eut de Perrine *Vivien* que deux filles : Claude, l'aînée, épousa en 1563 Pierre *de Cornulier*; la cadette, nommée Gillette, *aliàs* Renée, fut mariée avec Robert *Thévin*, conseiller au parlement de Bretagne en 1568, puis président aux enquêtes du parlement de Paris, mort à Nantes en 1616. De ce mariage vinrent : François Thévin, qui suit, et Guillaume Thévin, seigneur de la Rue, conseiller au parlement de Bretagne, épousa Guionne *Bourriau*, remariée depuis au sieur de Quéhillac, dont il eut deux filles : 1° Judith Thévin, mariée en 1627 à Charles *Champion*, baron de Cicé, conseiller au parlement de Bretagne, dont la postérité est rapportée ci-après; 2° Charlotte Thévin, femme de Jacques *Huteau*, seigneur des Burons, président en la chambre des Comptes de Bretagne.

François Thévin, seigneur de la Durbellière, en Anjou, maître des requêtes, mort en 1636, épousa Marie *le Franc*, dont il eut :

1° Denis Thevin, vicomte de Sorges, comte de Montreveau, épousa Madeleine *de Beauveau*, fille de Jacques de Beauveau, comte du Riveau, lieutenant de Roi en Poitou, gouverneur d'Amboise, et d'Isabeau *de Clermont-Tonnerre;* sans postérité.

2° Denise Thevin, mariée avec Alphonse-Henri *de Montluc*, marquis de Balagny; comte d'Orbec, mort en 1628, fils de Jean de Montluc, maréchal de France, prince souverain de Cambray, et de Diane *d'Estrées;* dont :

Alexandre-Henri de Montluc, marquis de Balagny, épousa Catherine-Henriette *de Roquelaure*, fille d'Antoine de Roquelaure, maréchal de France; sans postérité;

Et Jean-Alphonse, dit le marquis de Montluc, tué à la prise de Tortose en 1648.

3° Renée Thevin, mariée en 1633 à Charles *de la Rochefoucauld de Fonsèques*, marquis de Montendre; substitué aux nom et armes de Fonsèque; dont postérité.

PIERRE DE CORNULIER, ÉVÊQUE DE RENNES.

ENQUÊTE FAITE LE 5 JUIN 1593 POUR L'ORDINATION DE PIERRE DE CORNULIER (1).

C'est l'enquête faite par nous Salomon de Herbammez, prêtre, licencié en droit civil et canon, archidiacre de la Mée, chanoine et official de l'église cathédrale de Nantes, touchant la religion, intégrité, conversation, vie et mœurs de maître Pierre *Cornulier*, clerc, licencié en droit civil et canon, natif et habitant de cette ville de Nantes, fils naturel et légitime de défunt noble homme maître Pierre Cornulier, vivant conseiller du Roi, trésorier de France et général de ses finances en Bretagne, et de noble demoiselle Claude *de Comaille*, sa femme et compagne, aujourd'hui sa veuve; seigneur et dame de la Touche et de la Haye. Ladite enquête faite à la réquisition dudit maître Pierre Cornulier, en présence (pour ce appelé) de M⁰ Thomas Lemoyne, notaire royal et apostolique de ce dio-

(1) Cette enquête, écrite en latin, existe dans les archives de la chambre des Notaires à Nantes, minutes de Lemoyne. Les originaux détachés des dépositions de chaque témoin sont en français.

cèse et comté de Nantes ; dans laquelle furent entendus comme témoins :

1° Noble, vénérable et discret messire François du Bodieu, prêtre, chanoine et archidiacre de l'église cathédrale de Nantes, âgé de 73 ans, demeurant au manoir épiscopal de cette ville, connaissant depuis plus de trente ans la famille dudit Cornulier, et qui l'avait tenu sur les fonts du baptême ;

2° Noble, vénérable et discret messire Julien Durand, prêtre, chanoine et trésorier de l'église cathédrale de Nantes, âgé de 39 ans ;

3° Maître Jacques de Launay, conseiller du Roi en sa cour de parlement de Bretagne, âgé de 49 ans, demeurant en cette ville de Nantes, où ledit parlement est séant pour exercer la justice souveraine du Roi audit pays aux catholiques de la Sainte-Union ; connaissant la famille dudit Cornulier depuis vingt-trois ans ;

4° Noble homme Georges Morin, seigneur du Chapeau, conseiller du Roi et maître de ses Comptes en Bretagne, âgé de 54 ans ; ancien secrétaire du duc d'Étampes, et connaissant la famille dudit Cornulier depuis trente-six ans ;

5° Honorable homme maître Jean Bernard, sr de Lori, dit Belanton, procureur postulant au présidial de Nantes et l'un des capitaines de cette ville, âgé de 57 ans, connaissant la famille dudit Cornulier depuis trente-six ans et plus ;

6° Honorable homme Mathurin Gesbaud, sr de Saint-Lo, l'un des échevins de cette ville de Nantes, âgé de 44 ans, connaissant la famille dudit Cornulier depuis vingt-cinq ans ;

Tous lesquels déposent, sous la foi du serment :

Avoir bonne connaissance de défunt noble homme maître Pierre Cornulier, vivant seigneur de la Touche, conseiller du Roi, trésorier de France et général de ses finances en Bretagne, décédé depuis environ cinq ans, et de noble demoiselle Claude de Comaille, sa femme, à présent sa veuve.

Que ledit défunt Cornulier débuta et fut nourri longtemps en la maison de défunt illustre seigneur de bonne mémoire, monseigneur Jean, dit de Bretagne, duc d'Étampes et gouverneur de Bretagne, duquel il était extrêmement aimé, estimé et apprécié, et dont il était le premier secrétaire.

Qu'il passa ensuite au service de défunt illustre seigneur de bonne mémoire, monseigneur de Martigues, neveu dudit duc d'Étampes, son héritier à ses biens et son successeur au gouvernement de Bretagne ; lequel ne l'avait pas en moindre affection et estime que son oncle.

Que tous les deux le consultaient habituellement, non-seulement pour leurs affaires particulières, mais encore pour les grandes et importantes affaires de leur gouvernement, car il était des mieux entendus dans l'administration des affaires d'État et des finances, tenu pour personnage de valeur et de mérite, recherché et employé en toutes occasions importantes.

Qu'il fut pourvu de l'office de trésorier de France et général des finances en Bretagne en l'an 1570, charge dans laquelle il était très-versé et expérimenté, et qu'il remplit heureusement et avec honneur jusqu'à sa mort, arrivée en l'an 1588.

Que, depuis l'an 1582, qu'illustre prince monseigneur le duc de Mercœur prit le gouvernement de la Bretagne, il fut constamment appelé dans ses conseils et consulté sur toutes les affaires les plus importantes qui survenaient. Que ledit prince et son illustre épouse, fille de monseigneur de Martigues, le tenaient en grand honneur et estime et lui rendaient ce témoignage insigne d'être l'un des meilleurs, des plus fidèles et des plus vertueux conseillers d'État qu'ils eussent connus.

Aussi, lors de la mort dudit Cornulier, monseigneur le duc de Mercœur prit un soin tout particulier de la conservation de sa famille; prit son second fils pour être nourri dans sa maison, et le fit élever dans l'exercice des armes près de sa personne.

Que, dans ses fonctions de premier secrétaire des gouverneurs de Bretagne, comme dans les autres charges et emplois qu'il a maniés pour le service des rois très-chrétiens de bonne mémoire Henri II, François II, Charles IX et Henri III, ledit défunt Cornulier s'acquit une telle réputation de piété, de probité et de fidélité, qu'il était en grande estime et considération parmi tous les gens de bien, et réputé et tenu pour homme d'honneur des plus dignes, de droite et parfaite conscience, non-seulement en cette province de Bretagne, mais encore par tout le royaume.

Que ledit défunt Cornulier fut aussi maire de cette ville de Nantes, en laquelle il a constamment demeuré depuis l'époque de son mariage avec ladite de Comaille, et où ils étaient connus notoirement, ainsi que dans les environs, comme gens de bonne race, des meilleures, des plus honorables et des plus anciennes familles du pays; vivant honorés et respectés de tous.

Qu'ils ont toujours vécu et persévéré dans la religion catholique, apostolique et romaine, avec grandes démonstrations de piété et de dévotion, sans avoir jamais varié ni adhéré au parti contraire.

Que ladite de Comaille est femme de grand mérite, honneur et religion. Que défunt noble homme Toussaint de Comaille, son père, fut secrétaire et intendant général de défunt illustre seigneur monseigneur d'Annebaud, vivant amiral de France et lieutenant général en Piémont pour le grand roi François Ier, sous lequel seigneur d'Annebaud ledit de Comaille mania avec honneur les affaires les plus importantes de ce royaume; qu'il était homme de bien et parfait catholique.

Que ledit défunt Cornulier et ladite de Comaille ont eu de leur mariage trois enfants mâles qu'ils ont nourris et fait élever libéralement et honorablement dans l'amour et la crainte de Dieu et la pratique de ses saints commandements, sous l'obéissance de la religion catholique, apostolique et romaine, dont ils leur donnaient eux-mêmes l'exemple. Qu'ils furent d'abord instruits dans la maison paternelle, puis envoyés aux meilleures universités et académies.

L'aîné desquels fut, après la mort de son père, et malgré son jeune âge, pourvu du même office de trésorier de France et général des finances en Bretagne.

Le second porte les armes pour la garde et défense de la foi dans les armées de la Sainte-Union des catholiques, et est nourri, pour lui faire très-humbles services, près de la personne de monseigneur le duc de Mercœur, par la munificence et libéralité duquel il est déjà depuis deux ans pensionnaire de Bretagne.

Le troisième, nommé Pierre Cornulier, fut dès son enfance destiné par son père à l'état ecclésiastique, et, depuis sa mort, sa mère ne négligea rien pour le confirmer dans cette vocation. On l'appliqua de bonne heure à l'étude des bonnes lettres, dans lesquelles il a si bien profité qu'il a déjà acquis le grade de licencié en droit civil et canon. Qu'il est d'un caractère honnête, de bonnes mœurs; qu'il vit catholiquement en la religion de ses parents, et fait espérer qu'il sera un sujet utile à l'Église. Que, pour obéir à la volonté de son père, aux désirs de sa mère et à sa propre inclination, il aspire au saint ordre de prêtrise, en vue duquel il s'applique maintenant tout entier à l'étude de la sainte théologie, qui doit faire l'occupation du reste de ses jours.

Du 12 juillet 1593, formule du serment prêté par maître Pierre Cornulier et signée : *Petrus Cornulier.* (Cette formule n'est autre que la profession de foi dressée par le souverain pontife Pie IV contre les erreurs du calvinisme.)

Du 14 juillet 1593, procuration, en latin, donnée par noble et vénérable messire Pierre *Cornulier,* clerc de la ville de Nantes, licencié en droit civil et canon, pour traiter en sa faveur de la résignation d'un doyenné en l'église cathédrale de Nantes et du prieuré de Saint-Jacques de Pirmil, de l'ordre de Saint-Benoît, audit diocèse, membre de l'abbaye de Saint-Jouan-de-Marnes, desquels est titulaire et prieur commendataire noble et vénérable messire Tristan Guillemier, auquel il ferait, en échange desdits doyenné et prieuré, une pension viagère de 350 écus au soleil, exempte de toutes charges et retenues. Passée à Nantes, sur la paroisse de Sainte-Radégonde, en la maison de noble demoiselle Claude de Comaille, dame de la Touche, mère dudit constituant.

Signée *Petrus Cornulier* et Lemoyne, notaire.

Cinq ans plus tard, en 1598, Pierre de Cornulier fut abbé commendataire de Sainte-Croix de Guingamp.

Pierre de Cornulier fut un des commissaires nommés par les États de Bretagne pour le règlement des fois, hommages et aveux dus au Roi, et dont les bases furent arrêtées de concert avec la chambre des Comptes à Nantes le 27 février 1613 ; il y signe : *P. Cornulier,* abbé de Saint-Méen. (*Arrêts de Noël Dufail,* t. II, p. 364.)

Il assista, comme député du clergé de Bretagne, aux États-généraux assemblés à Paris du 13 octobre 1614 au 23 février 1615, et y est qualifié conseiller au parlement de Bretagne et abbé de Saint-Méen. (*Mercure français* de 1614, 3ᵉ continuation, p. 17.)

C'est à Bordeaux que Pierre de Cornulier, assisté des cardinaux de Retz et de la Valette, harangua le roi Louis XIII au nom du clergé de France, le 18 octobre 1621. Ces remontrances sont insérées tout au long dans le *Mercure français,* t. VIII, pp. 118 à 142. « Rien de plus noble et de plus sage que les vues exposées dans la harangue de Pierre de Cornulier, » dit Véron de Forbonnais. (*Recherches et considérations sur les finances de France,* in-4°, t. Iᵉʳ, p. 169.)

Établissement des Minimes à Rennes.

Extrait du *Chronicon generale ordinis Minimorum ;* in-f°, Parisiis, 1635, pp. 499 et 500.

« Mox autem R. D. Petrus Cornulier ex Trecorensi ecclesia in Rhedonensam evocatus (qui fuit religiosissimi antistis in nostros affectus) se præstitit, comprata S. Petri Diaconia, in qua novi operis ecclesiam construxit, absoluto jam choro et majore altari ædificato, cùm primarium lapidem benedixisset et immisisset a die VIII mensis julii an. 1622 et titulum, inscriptio autem lapidis sic habet :

D. P. S.

ANNO NATIVITATIS

DOMINICÆ

M. D. C. XXII,

GREGORIO XV. PONT. MAX.

LUDOVICO XIII

REGNANTE ET

REBELLES SUI IMPERII

HÆRETICOS DEBELLANTE,

PETRUS CORNULLIER RHEDON.

EPISCOPUS

IN SUÆ DEVOTIONIS

PERPETUUM MONUMENTUM

HUNC PRIMARIUM LAPIDEM

AC IPSIUS ÆDIS SACRÆ

FUNDAMENTALEM

FUNDATOR POSUIT

OCTAVO IDUS JULII. »

Le roi Louis XIII, la Reine mère et Monsieur firent en personne l'ouverture des États de Bretagne assemblés à Nantes le 11 juillet 1626, et ce fut l'évêque Pierre de Cornulier que les États désignèrent pour remercier le Roi et pour le haranguer en cette circonstance importante. Ce même prélat fit au maréchal de Thémines, gouverneur de Bretagne, lors de son entrée solennelle à Rennes, le 21 avril 1627, une harangue qui fut admirée pour son éloquence, dit le *Mercure français* de la même année.

L'écrit publié par Pierre de Cornulier, en 1638, in-8°, sous le nom des États, a pour titre : *Raisons des États de Bretagne pour justifier que l'Indult du parlement de Paris ne doit avoir lieu en ladite province.* Il est ainsi mentionné dans la *Bibliothèque historique de la France,* supplément au t. III, n° 35427.

Extrait des délibérations du chapitre de Saint-Pierre de Rennes.

Du vendredi 15 juillet 1639. Sur l'avis donné que *Monsieur de Rennes* est depuis quelques jours affligé de maladie à sa maison des Trois-Croix, une députation va le visiter de la part de la compagnie.

Du jeudi 21 juillet. Sur l'avis donné à MM. du chapitre, de la part de M. de Rennes, de la continuation de sa maladie et qu'il est en extrémité, les désirant voir, ont arrêté se transporter à l'instant de compagnie aux Trois-Croix, pour visiter mondit sieur et recevoir sa bénédiction, et que pendant la maladie, jusqu'à la fin d'icelle, deux de messieurs l'assisteront le jour et la nuit.

Du vendredi 22 juillet, jour et fête de la Madeleine, aux deux heures de l'après-midi, chapitre extraordinaire, M. le chantre a remontré à la compagnie que, ce matin, lui et M. Desclaux se sont transportés aux Trois-Croix pour visiter M. de Rennes, et, l'ayant trouvé fort pressé de son mal, y sont demeurés jusqu'à environ demi-heure après-midi, que Dieu a fait son commandement de lui.

MM., sur ce délibéré, ont arrêté se transporter ce jour tous en corps aux Trois-Croix, où son décès est arrivé, lui donner l'eau bénite et prier Dieu pour le repos de son âme. Et ont été MM. le trésorier, chantre, Debouré et Desclaux priés, passé leurs prières, visiter MM. les parents dudit feu sieur évêque, se condouloir avec eux et conférer de l'ordre requis pour sa sépulture, et par un même d'avertir M. Moreau, chanoine, secrétaire de mondit sieur de Rennes, de saisir le chapitre des clefs du secrétariat et des sceaux de l'évêché, comme il a droit d'en être saisi pour éviter les inconvénients qui pourraient en arriver.

Du samedi 23 juillet 1639. MM. ont arrêté que pour le repos

de l'âme de feu M. de Rennes, à commencer de ce jour jusqu'au jour de sa sépulture, on célébrera messes hautes en cette église, issue de matines, et se fera l'office par un de messieurs; se chantera aussi chaque jour un *De profundis* à l'issue de vêpres. Et pour avertir le peuple de prier Dieu, se feront sonneries peu avant la messe et peu avant le *De profundis* et incontinent après les six heures du soir.

Du mercredi 27 juillet 1639 : obsèques de M. de Rennes. Les obsèques de M. de Rennes ont ce jour été faites, où M. de Dol (Hector Douvrier) s'est trouvé, qui a officié; et a été le corps porté par la Cordonnerie, le Grand Bout de Cohue, la Ferronnerie, la rue Neuve, les Porches, la rue du Chapitre, rue du Griffon, dans l'église par la principale porte, et a été son corps mis à reposer dans la chapelle de . . . . en attendant que sa chapelle soit parachevée de construire.

Procès-verbal dressé en 1755 des intersignes se trouvant en l'église cathédrale de Rennes, en exécution de l'ordonnance de M. l'intendant, suivant arrêt du Conseil d'État en date du 22 juin 1754, qui ordonne la démolition de la cathédrale, un vol. ms., petit in-f°, où on lit :

   Épitaphe de Pierre de Cornulier, évêque de Rennes.

« Petrus peccator episcopus hic resurrectionem expectat.

« Salve, hospes et vale nil te moramur, licet rei ipsæ publicæ intererat, illustrissimi et reverendissimi D. D. Petri Cornulierii præsulis Rhedonensis zelum in ecclesiam, fidem et officia in principes, charitatem in patriam, merita in singulos futuris sæculis innotescere, virque virtutibus omnibus insignis, nomini et famæ, cœlo et stilo parentari, sed ea quam supremam rebus suis legem dixit aliud tumulo epigramma vetuit inscribi. Nobis non paruisse nefas, tu Deum precare ut secundum expectationem in gloriam resurgat.

« Obiit XI calendas sextiles anno M. D. C. XXXIX, ætatis LXIV, episcopatus XXII. »

Cette épitaphe était gravée sur une table de marbre noir tapissant le fond d'une arcade ouverte dans l'épaisseur du mur, du côté de l'épître, dans la chapelle dite du *Vœu* ou de *Cornulier,* anciennement de *Saint-Sébastien,* qui avait été cédée par le chapitre à messire Pierre de Cornulier, évêque de Rennes, par acte du 15 avril 1637. Le prélat y avait fait une fondation le 7 septembre 1630.

L'écusson des Cornulier y figurait dans plusieurs endroits, sur le tombeau de l'évêque, sur le tableau de l'Annonciation faisant le fond du retable de l'autel et ailleurs.

Le P. Louis Jacob, carme, dans son *Traité des plus belles Bibliothèques qui ont été et qui sont à présent dans le monde,* in-8°, Paris, 1644, cite, au chapitre de la Bretagne, p. 640, « la belle bibliothèque que messire Pierre *de Cornulier*, conseiller au parlement de Bretagne, évêque de Tréguier, puis de Rennes, avait rassemblée à grands frais et avec beaucoup de soins, et qui passa à ses héritiers. »

En 1704, fut publié un discours qui eut beaucoup de retentissement à Rennes. Il fut prononcé solennellement au collége des Jésuites, un des plus célèbres de ceux qui existaient alors en France. Il est intitulé : *Augustissimo Aremoricæ senatui panegyricus, dictus in collegio Rhedonensi societatis Jesu, a Johanne-Baptista Godefroy, ejusdem societatis sacerdote;* Rhedonis, apud viduam Mathurini Denys, collegii societatis Jesu typographi, 1704.

Dans ce discours, l'orateur esquisse en quelques traits les qualités principales qui distinguent les plus illustres membres de ce parlement de Bretagne, entouré alors de tant d'hommages, et voici les lignes qu'il consacre (p. 38 et 39), à Toussaint *de Cornulier*, alors président à mortier.

« Agite verò, Cornulierii nomen potest ne appellari, quin statim recurrat suavissima memoria non tantùm avi et parentis, sed et patriæ spectatissimi illius Rhedonensis episcopi, cujus monumentum insigne pietatis tandiù omnium oculis subjicietur, quandiù stabit major hujus urbis basilica, ejus curis ornata et amplificata; et cujus merita in hanc civitatem eò fuera majora, quò majori pollebat gratiâ, tùm apud Ludovicum justum, tùm apud eminentissimum cardinalem Richelium, quem tam eruditi Antistitis consilia audiisse nunquam pœnituit? Tantorum autem virorum vestigiis insistere si a me prædicetur Cornulierius, si a me vobis, exhibeatur, avitis virtutibus simillimus, ut de Romano consule Velleius scripsit; erit profectò verissimum, erit omne laude majus elogium, sed ei quam sibi Cornulierius jam pridem comparavit famæ et existimationi multò inferius. »

Charlotte *de Cornulier*, mariée en 1594 à René *Champion*, seigneur de Cicé, frère de Guy Champion, évêque de Tréguier, en eut :

V. Charles Champion, baron de Cicé, conseiller au parlement de Bretagne en 1625, marié avec Judith *Thevin*, cousine germaine de Charlotte de Cornulier, sa mère, puisque toutes les deux avaient pour aïeul et aïeule communs Toussaint *de Comaille* et Perrine *Vivien*. De ce mariage vinrent :

1° François qui suit ;

2° Jean Champion, vicomte de Cicé ;

3° Judith Champion, mariée en 1652 à Daniel *Martel*, baron de Renac, conseiller d'État, lieutenant général des armées navales; sans postérité;

4° Thérèse Champion, mariée : 1° à Joseph *Cervon*, baron des Arcis, conseiller au parlement de Bretagne, dont un fils mort sans postérité; 2° à François *Rogier*, seigneur de Crévy, dont une fille mariée au Maine, en premières noces, à M. *Baglion*, seigneur de la Dufferie, et en secondes noces, à Jean-Baptiste comte *de Montesson*.

VI. François Champion, baron de Cicé, conseiller au parlement de Bretagne en 1657, épousa Marie *Cousturier*, dont :

VII. Charles Champion, baron de Cicé, conseiller au parlement de Bretagne en 1663, épousa demoiselle *de Mitrey*, originaire de Lorraine, dont :

1° Clément-Joseph Champion, conseiller au parlement de Bretagne en 1714.

VIII. 2° Jérôme Champion épousa Marie-Rose *de Varennes de Condas*, dont il eut :

1° Jean-Baptiste Champion de Cicé, évêque d'Auxerre en 1758, qui stipula, en 1788, les articles du mariage de Toussaint-François-Joseph *de Cornulier*.

2° Jérôme-Marie Champion de Cicé, évêque de Rhodez en 1770.

3° Marie-Angélique Champion, mariée en 1747 avec Gilles-François *de la Bentinaye*, greffier des États de Bretagne.

La famille Champion, déclarée noble d'ancienne extraction par arrêt du 3 décembre 1668, porte : *d'azur à trois écussons d'argent, chargés chacun de trois bandes de gueules.*

Nous avons dit qu'Anne *de Cornulier*, mariée avec Guillaume *de la Noue*, en eut deux fils, Charles et Henri, dont nous allons parler.

IX. Charles de la Noue, comte de Vair, épousa Élisabeth *de Moucy*, dont il eut :

1° Jacques de la Noue, comte de Vair, brigadier des armées du Roi, épousa Catherine *de Vieuxpont*; leur postérité a donné de nombreux officiers supérieurs à l'armée;

2° M. de la Noue, lieutenant général des armées de Bavière;

3° Charles-Armand de la Noue, capitaine des gardes du prince de Condé.

IX. Henri de la Noue, second fils d'Anne de Cornulier, seigneur de Crenolles, conseiller au parlement de Bretagne, épousa, en 1632, Anne *le Métayer*, dont :

X. Guillaume de la Noue, seigneur de Bogar, conseiller au parlement de Bretagne, épousa, en 1669, Françoise *Prinquel*, dont :

XI. Guillaume de la Noue, seigneur de Bogar, conseiller au parlement de Bretagne, épousa : 1° en 1696, Louise-Françoise de *Trémerreuc ;* 2° Anne-Françoise-Hyacinthe *de la Villéon.* Du 1er lit sont sortis les seigneurs de Bogar, qui subsistent encore ; du 2e lit sont sortis les seigneurs des Aubiers, qui se sont également perpétués.

LUCINIÈRE.

La grande baronnie de *la Roche,* dont la juridiction s'étendait sur la plus grande partie du comté Nantais au nord de la Loire, avait plusieurs siéges pour l'exercice de sa vaste juridiction. Les principaux de ces siéges avaient chacun séparément le nom et le titre de baronnie ; c'étaient : la *Roche-Bernard,* chef-lieu principal du fief ; la *Roche en Savenay,* détachée en 1370, pour former la dot de Catherine de la Roche-Bernard, dite *de Lohéac,* mariée à Miles *de Thouars,* seigneur de Pouzauges, et qui depuis fut connue sous le nom de vicomté de Savenay ; la *Roche-en-Mesquer,* autrement *Camsillon,* qui fut détachée en 1424 et donnée en dot, avec la châtellenie de Saint-Aubin-des-Châteaux, à Jeanne *de Montfort,* dite *de Laval,* femme de Louis *de Bourbon,* comte de Vendôme ; enfin le siége de la *Roche à Nort.* Outre sa juridiction, ce dernier siége possédait aussi un domaine particulier, situé dans la paroisse de Nort, comme on l'apprend par l'aveu de la baronnie de la Roche-Bernard rendu au duc pour cause du décès de Raoul de Montfort, sire de Montfort et de la Roche, lequel alla de vie à trépassement le 19 septembre 1419 ; où on lit dans l'énumération des domaines : « Le château de la Bretesche, en Missillac ; la châtellenie de Saint-Aubin-des-Châteaux ; et *le grant de la terre de la Roche-Bernard au siége et baillage de Nort.*

Le *Livre des Feux,* de la chambre des Comptes, n'est pas moins explicite ; il s'exprime ainsi :

« La paroisse de Nort, où souloit avoir anciennement 106 feuz, enquise par les dits Blanchet et Chausse et selon leur rapport, y a un noble, cinq métayers, un notaire de cour laye, deux sergents généraux du Duc, un sergent du Duc à la cour de Nantes, un sergent de Derval, un sergent de Nozay, un sergent de la Roche, vingt-deux pouvres et onze-vingts contribuants, ramenés à 80 feuz, savoir est : au fié de Saint-Georges 8 feuz, au fié de Rieux 24 feuz, *au fié de la Roche 15 feuz,* au fié de Villeneuve 22 feuz, et au fié du Moulin 11 feuz ; sauf, s'il y a aucun fié qui se complaigne, de faire l'esgaillement sur tout le général de la dite paroisse non obstant la dite séparation. Expédié à Nantes le 22e jour de mars, l'an 1429, et pour ce 80 feuz. »

Tous les fiefs mentionnés dans cette enquête de 1429, sont encore bien connus aujourd'hui, sauf le fief de *la Roche,* dont le nom ne s'est conservé que dans un gué de l'Erdre, et qui a pris celui de *Lucinière* quand il a été définitivement détaché de la baronnie de la Roche-Bernard. Le plus ancien acte dans lequel nous l'ayons trouvé nommé ainsi, est un aveu de la seigneurie du Meix, dans la paroisse des Touches, qui déborne certains héritages au bois de *Lucinière*. Cet aveu est de l'an 1497.

Entre 1429 et 1497, le fief de la Roche, dans la paroisse de Nort, se composant d'un domaine et d'une juridiction directe sur une partie de cette paroisse, mais sans autre préjudice à la baronnie de la Roche-en-Nort proprement dite, fut aliéné par les *Montfort-Laval*, alors barons de la Roche-Bernard. On croit que l'acquéreur fut le trésorier Pierre *Landais*, exécuté en 1485, parce que *Lucinière* fut ainsi nommé (*Lusciniarum area*) et fut possédé par son neveu Robert *Guibé*, cardinal et évêque de Nantes en 1507; prélat fort distingué, qui mourut à Rome en 1513.

Dès l'an 1510, le cardinal Guibé s'était démis de son siége de Nantes en faveur de François *Hamon*, son neveu, abbé de Saint-Méen-de-Gaël, et il lui abandonna en même temps la terre et seigneurie de Lucinière, qu'il posséda jusqu'à sa mort, arrivée en 1532. Guillemette Guibé, sœur du cardinal, avait épousé Guillaume Hamon, de la maison de Bouvet, qui avait pour chef François Hamon, vice-amiral de Bretagne en 1501; ce Guillaume était lui-même capitaine du Loroux-Bottereau en 1487; il fut père de :

1° François Hamon, évêque de Nantes de 1511 à 1532, qui assista au concile de Latran;

2° André Hamon, évêque de Vannes, mort en 1528;

3° Olivier Hamon, seigneur de la Gillière, épousa en 1494 Françoise *d'Aubigné*, dont il eut :

    François Hamon, seigneur de Bouvet, épousa en 1527 Renée *de Surgères*, fille de René, seigneur de la Flocellière, dont il eut :

        1° Jean Hamon, seigneur de Bouvet et de Roche-Servière, épousa Jeanne *de Pannevre*, et eut pour héritière Robinette Hamon, femme, en 1567, de Claude *de Maillé*, seigneur de Brezé;

        2° Françoise Hamon, dame *de Lucinière*, Montigné, Fayau et la Martinière, épousa Hardy *de Jaucourt*, seigneur du Vault, près Avallon, lieutenant général pour le Roi en Bourgogne, bailli de Mâcon, fils d'Aubert de Jaucourt, seigneur de Villearnoul, et de Renée *le Roux*, fille de Louis le Roux, seigneur de la Roche-des-Aubiers, en Anjou, et de Jeanne *d'Aubigné*.

Françoise Hamon mourut le 12 février 1571, laissant deux fils : 1° René de Jaucourt, marié avec Louise *des Réaux*, sans enfants ; 2° Guy de Jaucourt, non marié. Ce fut de ces héritiers que Pierre *de Cornulier* acquit Lucinière en 1581.

François *Hamon*, pendant qu'il était seigneur de Lucinière, avait fondé à Nantes, sur la place du Commerce, l'ancienne chapelle de Saint-Julien. En 1647, il fut décidé de la détruire, parce qu'elle interceptait le jour de la Chambre du Commerce, et d'en rebâtir une nouvelle. En conséquence, on demanda à l'évêque et au fondateur leur consentement à sa démolition et à sa translation en un autre lieu. Ce fut M. *Chauvet*, propriétaire de la maison de *Bouvet*, qui prétendit être aux droits du fondateur. Cette chapelle fut rebâtie ailleurs en 1668. (Travers, t. III, p. 333 et 334.)

Extrait des registres des délibérations de la ville de Nantes du 23 août 1589, f° 353, v°.

« Le dit sous-maire a fait entendre à la présente assemblée que le Conseil d'État a résolu la démolition de la maison de *Lussinière*, pour le regard de la forteresse qui y est, à ce que l'ennemi ne s'en empare. »

Les prééminences dans l'église paroissiale de Nort furent l'objet d'un long procès entre César *de la Muce-Ponthus*, comme seigneur *de Villeneuve, du Moulin* et *de Rieux*, en ladite paroisse, et Claude *de Cornulier*, abbé du Hézo, en sa qualité de seigneur de *Lucinière*. Tant que Lucinière fut un domaine direct de la baronnie de la Roche-en-Nort, les préséances, sinon les droits de patronage, appartinrent, en l'absence d'un titre spécial de fondation, à ses seigneurs ; car la paroisse de Nort était l'une de celles sur lesquelles cette baronnie avait juridiction supérieure. Quand Lucinière fut détaché de la baronnie, ses droits s'éteignirent par le fait de la séparation ; mais, comme le baron ne résidait pas sur les lieux, et que deux seigneurs successifs de Lucinière furent des évêques du diocèse, qui jouissaient naturellement de ces prééminences en vertu de leur titre épiscopal, l'usage établit si bien le droit des seigneurs de Lucinière que, dans le contrat d'acquêt de l'an 1581, il était dit expressément que le patronage de l'église de Nort dépendait de cette terre.

Cependant, en l'absence du baron de la Roche, les droits honorifiques ne pouvaient appartenir qu'au seigneur haut justicier du fief dans lequel se trouvait l'église ; or, non-seulement l'église, mais encore le cimetière et tout le bourg de Nort se trouvaient compris sous les fiefs de Villeneuve, du Moulin et de Rieux. Ces fiefs appartenaient aux seigneurs de la Muce-Ponthus, qui avaient embrassé la religion réformée, et qui, par suite, avaient négligé leurs droits d'église. Ces droits

furent réclamés pour la première fois par César de la Muce
contre l'abbé du Hézo, qui en jouissait à titre héréditaire depuis
quatre-vingts ans, comme seigneur de Lucinière, et, après
une longue procédure, un arrêt fut rendu au profit du sr de la
Muce, le 30 août 1664, par la chambre de l'édit établie au
parlement de Paris en faveur des Religionnaires.

IVe DEGRÉ.

- C'est par les soins de Claude *de Cornulier* que fut construite,
en 1606, la belle galerie à arcades qui fait la façade principale
de l'hôtel de ville de Nantes. (*Note IV sur l'Histoire de Bret.
de D. Morice*, t. Ier, col. 859.)

« En 1618, le sieur *de la Touche-Cornulier*, propriétaire de
la maison des Croix, dite aujourd'hui des Trois-Croix, repré-
senta à la ville de Rennes qu'il avait souffert bien des dom-
mages pour l'établissement de l'aqueduc qui amenait les eaux
des fontaines de Goulebrune et du Bignon, sises en la paroisse
de Saint-Martin, à la pompe du Cartage, lequel traversait plusieurs de ses terres, et demanda, comme indemnité, qu'il lui
fût permis d'établir une prise d'eau pour le service de sa maison sur le tuyau de conduite. Les eaux, disait-il, étaient abon-
dantes, et une telle faveur ne pouvait en rien nuire à la ville.
Des experts furent nommés, et déclarèrent qu'on pouvait sans
inconvénient le laisser établir dans sa cuisine un tuyau qui
s'embrancherait sur la conduite principale, à charge de ne pas
le laisser fluer incessamment, et de ne pas excéder un douzième de la quantité d'eau qui passait dans cette conduite. »
(*Nouveau Dictionnaire de Bretagne*, p. 568, article Rennes.)

Judith *Fleuriot*, mariée en 1601 à Claude *de Cornulier*, était
fille de Pierre Fleuriot, seigneur du Rodourou, près Guingamp,
et de Jeanne *Loysel*. Nous dirons un mot de ces deux dernières
familles.

FLEURIOT.

I. Jean Fleuriot, sr de Kergoër, épousa vers 1427 Isabeau
de Kerleynou, dont il eut : 1o Jean, qui suit; 2o Bertrand
Fleuriot, abbé de Sainte-Croix de Guingamp de 1453 à 1497.

II. Jean Fleuriot, sr de Kergoër, épousa, 1o Catherine *Bellec;*
2o en 1458, Jeanne *Henry*. Du 1er lit vint Jean, sr de Kergoër, marié avec Marie *du Ponthou*, dont deux fils : Fiacre,
religieux de Sainte-Croix de Guingamp, et Bertrand, mort sans
hoirs. Du 2e lit vinrent : Vincent, qui suit, et Yves, auteur des
seigneurs du Roudourou.

III. Vincent Fleuriot épousa vers 1498 Alix *de Troguindy*,

dont Bertrand, qui suit, et Jacques, archidiacre et chanoine de Tréguier, curateur de Pierre, sr du Roudourou, en 1555.

IV. Bertrand Fléuriot, seigneur de Kernabat ou Carnabat, en la paroisse de Plouizy, épousa en 1532 Marie *de Kernévénoy* ou *de Carnavalet*, dame dudit lieu en Quemper-Guézennec, fille unique de Philippe et de Marie *du Chastel*, dont :

V. René Fleuriot, sr de Carnabat et de Carnavalet, capitaine des francs-archers de Tréguier, épousa en 1557 Marguerite *de Kerléau*, dont il eut :

1º Charles Fleuriot, sr de Carnabat et de Carnavalet, chevalier de l'ordre du Roi, épousa Marie *de Kerguezay*, dont il n'eut que deux filles : Marie, la cadette, fut mariée à Charles *de Penfuntenio*, et Marguerite, l'aînée, héritière de Carnabat et de Carnavalet, épousa Jean *d'Acigné*, seigneur de la Touche, fils de Jean d'Acigné, seigneur de Grandbois et de la Roche-Jagu, et de Jeanne *de Bueil*, frère puîné d'Honorat d'Acigné, marié avec Jacqueline de Laval, fille du marquis de Lézay ;

2º René Fleuriot épousa en 1598 Marguerite *de Penancoet* ou *de Chef-du-Bois*, dame de Kerlouet en Quemper-Guézennec ; ils sont les auteurs des seigneurs de Kerfichant en Duault, de Langle en Carnoët ; de Kerjégu en Poullaouen, dont un chevalier de l'ordre en 1620, deux pages en 1753 et 1765 ; du chevalier de Langle, capitaine de vaisseau, massacré en 1787 dans l'expédition de la Pérouse, aïeul du capitaine de vaisseau de nos jours ;

3º Jean Fleuriot, sr de Kerogos ;

4º Yvon Fleuriot, sr de Kersalio ;

5º François Fleuriot, sr de Kersylvestre ;

6º Claude Fleuriot, dame de Coatglazien ;

7º Renée Fleuriot, mariée à Yves *de Trolong*, sr de Munchorre.

Les Fleuriot, seigneurs d'Omblepied, de la Série et de la Freulière au comté Nantais, dont un général vendéen renommé, mort maréchal de camp en 1824, sont aussi une branche des Fleuriot de Guingamp, mais leur attache ne nous est pas connue d'une manière certaine.

BRANCHE DU ROUDOUROU.

III. Yves Fleuriot épousa Jeanne *de Kerprigent*, dont il eut :

IV. Raoul Fleuriot, seigr du Roudourou, paroisse de Plouizy, vivant en 1543, fut père de :

1º Jean Fleuriot, abbé de Bégar en 1595, mort en 1614.

V. 2° Pierre Fleuriot, conseiller au parlement de Bretagne
en 1569, mort en 1594, épousa Jeanne *Loisel,* dont il eut :

Jean Fleuriot, seigneur du Rodourou, mort sans postérité le 6 avril 1646, et Judith Fleuriot, mariée en
1601 à Claude *de Cornulier.*

LOISEL.

Cette maison, qui porte : *d'argent à trois merlettes de sable,*
remonte par filiation suivie à Robin Loisel, seigneur de la
Couldre, en la paroisse d'Essé, qui jura, en 1378, l'association pour empêcher l'invasion étrangère en Bretagne.

V. Jean Loisel, seigneur de Brie et de Chambière, président
et juge universel de Bretagne, ambassadeur pour la paix à Chi-
non en 1462, épousa Jeanne *Sévestre,* fille de Jean Sévestre,
trésorier de Bretagne, dont il eut un fils, Guillaume, et cinq
filles mariées dans les maisons *de Ferron, Guéras de la Châtaigneraie, de Rochefort, du Pan de Méneuf, Thomelin de la
Caillebotière,* et *de Boisfarouge.*

VI. Guillaume Loisel épousa : 1° en 1496, Mathurine *Madeuc,* fille de Rolland Madeuc et de Catherine *de Rostrenen;*
2° Françoise *Malaizé.* Du 1ᵉʳ lit vinrent : Jacques, qui suit, et
Arthur Loisel, seigneur de la Rivière, auteur de la branche de
la Ville-Deneuf, qui a survécu à la branche aînée.

VII. Jacques Loisel, seigneur de Brie et de Chambière, épousa :
1° Masline *de Maure;* 2° Goharde *du Tiercent.* Du 1ᵉʳ lit vint
François, qui suit. Du 2ᵉ lit vint autre François Loisel, seigneur de Saint-Benoît, marié avec Marguerite *de Lécu,* dont
il eut Gillette Loisel, femme de Guillaume *Garel,* seigneur de
Launay.

VIII. François Loisel, mort avant son père, épousa en 1531
Claude *de Montauban,* fille de Jean de Montauban et de Catherine *Lévesque,* dont :

IX. François Loisel, seigneur de Brie et de Chambière, épousa :
1° en 1559, Marguerite *de Chevigné,* fille d'Arthur de Chevigné, seigneur de la Sicaudais et d'Anetz, et de Marie *de la
Touche-Limousinière.* De ce 1ᵉʳ lit vinrent :

    1° Louise Loisel, mariée : 1° à Georges *de la Fontaine;* 2° à
    François *Massuel;*

    2° Jeanne Loisel, femme de Pierre *Fleuriot,* comme il vient
    d'être dit.

François Loisel épousa en secondes noces Jacqueline *Crespin,* fille de François Crespin, président au parlement de Bretagne. De ce 2ᵉ lit vint :

X. Isaac Loisel, président au parlement de Bretagne, épousa en 1588 Catherine *Faucon*, fille de Claude Faucon, seigneur de Ris, président au même parlement, dont :

1° François Loisel, marquis de Brie et de Chambière, président au parlement de Bretagne, épousa en 1637 Mathurine *Baud;* sans postérité ;

2° Suzanne Loisel épousa : 1° Philippe *de Châteaubriant*, seigneur des Roches-Baritault; 2° René, comte *de Carné;* 3° Amaury-Charles *de la Moussaye*, conseiller au parlement de Bretagne. Elle mourut sans postérité.

Anne *de Goulaine* (fille de Claude *de Cornulier*) mariée à Sébastien *de Rosmadec*, marquis du Plessis-Josso, en eut, outre quatre filles bénédictines :

1° Sébastien-Gabriel de Rosmadec, maître de la garde-robe de S. A. R. Msr le duc d'Orléans, épousa Bonne-Élisabeth *d'Espinose*, dont :

Michel-Anne-Sébastien de Rosmadec, marquis de Goulaine, mort en 1786, épousa Marie-Marguerite *le Fevre d'Ormesson de Cheré*, dont il eut : Germain-Sébastien-Élisabeth de Rosmadec, mort en 1750, sans postérité.

2° Jeanne-Geneviève de Rosmadec, mariée à Louis-Samuel *de Goulaine*, de la branche de Laudonnière, dont elle eut un fils mort jeune et :

Marie-Yolande-Armande-Marguerite de Goulaine, mariée : 1° en 1732, avec François-Sébastien *de Bruc*, seigneur de Livernière (voyez article *Complude*, VII° degré de la branche du Boismaqueau); 2° en 1740, avec Henri-Auguste *de Baillehache*, dont elle eut :

Jean-François de Baillehache, page du Roi en 1756, qui devint, par représentation, en 1786, seigneur de Goulaine et du Plessis-Josso.

La maison de GOULAINE, une des plus illustres et des plus anciennes du comté de Nantes, porte : *mi-parti d'Angleterre et de France*, avec cette devise : *A cettuy-ci, à cettuy-là, j'accorde les couronnes*.

La famille DU BOIS de la Ferronnière, qui remonte à Geoffroy du Bois, l'un des chevaliers du combat des Trente, en 1350, porte : *de gueules à trois coutelas d'argent en pal, la pointe en bas*.

Du 14 août 1627, contrat de mariage entre messire Damien *du Bois*, chevalier, seigneur de la Ferronnière, Beauchesne, etc.,

et demoiselle Louise *Cornulier*, fille de messire Claude Cornulier, seigneur de la Touche, la Haye, etc., trésorier de France
et général des finances en Bretagne, et de dame Judith Fleuriot.

Louise de Cornulier reçoit en dot 40,000# à valoir aux successions nobles et de gouvernement noble à échoir de ses père
et mère. Son mari lui constitue un douaire de 3,000# sur la
terre de la Ferronnière.

En présence de Jacques du Bois, sr dudit lieu, conseiller au
parlement de Bretagne ; de Guillaume du Bois, écuyer, seigneur
de la Rongère ; de Louis du Bois, écuyer, seigneur de la
Touche-Laufrère, frères puînés dudit seigneur de la Ferronnière. Signent, en outre des sus-nommés : Jan Cornulier,
Marguerite le Lou, Claude Cornulier, Judith Cornulier, Gabriel
de Goulaine, Gilbert du Puy du Fou, Marguerite des Melliers,
Françoise de la Tribouille, etc. Penifort, notaire royal à Nantes.

Du 25 juin 1635, contrat de mariage entre ladite Louise de
Cornulier, veuve de Damien du Bois, et monsieur maître Nicolas *Foucault*, conseiller au grand conseil, fils de défunt messire Claude Foucault, conseiller du Roi en ses conseils d'État
et privé, doyen de la Cour des Aides de Paris, et de Madeleine
Aubry. Louise de Cornulier est dotée de 60,000# ; on lui sti-
pule un douaire de 2,000#. Ledit contrat passé au lieu noble
de la Haye, en Sainte-Luce, par Quenille, notaire royal à
Nantes, est signé, outre les sus-nommés, par Jan Cornulier,
Claude Cornulier, Charlotte Cornulier, Gabriel de Goulaine,
Claude des Houmeaux, Marguerite le Lou, Marie des Houmeaux, Louis de Goulaine, Suzanne du Butay, etc.

Du 27 novembre 1635, contrat de mariage entre messire
René *Charette*, seigneur de la Bretonnière, Montebert, etc.,
sénéchal de Nantes, et demoiselle Charlotte *Cornulier*, fille de
messire Claude Cornulier, seigneur de la Touche, etc., trésorier de France et général des finances en Bretagne, et de dame
Judith Fleuriot. Ses père et mère lui donnent 60,000# en avan-
cement de leur succession noble, et son mari un douaire de
2000#. Ledit contrat, au rapport de Coudret et Charrier, notaires
royaux à Nantes, est signé de tous les susnommés et en outre :
Cornulier, de Harouys, Gabriel de Goulaine, Jan Charete,
Louis Charete, Julien Charete, Laurens, Beaumont, Jan de
Hardaye, Bernard, Claude des Houmeaux, Alexandre Charete,
de Complude, Bourgogne, Huteau, Claude Cornulier, Marie des
Houmeaux, Charlotte Goddes, Jeanne Charete, etc.

VIII. Jacques *Charette* (fils de Charlotte *de Cornulier*), seigneur de Montebert, la Guidoire, la Bretonnière, sénéchal de
Nantes, puis premier président de la chambre des Comptes
de Bretagne, épousa Jeanne *de Montulé*, dont il eut : 1° Gilles
qui suit ; 2° Madeleine Charette, mariée en 1681 à Louis *Charette*, seigneur de la Gâcherie, sénéchal de Nantes.

IX. Gilles Charette, seignenr de Montebert, conseiller au parlement de Bretagne, épousa Gabrielle-Élisabeth *de Montigné*, dont il eut :

1º René-Amable Charette, seigneur de Montebert, épousa Jeanne *Charette* de la Desnerie ; sans postérité ;

2º Marie-Madeleine-Élisabeth Charette de Montebert, mariée : 1º avec Louis *de Sérent*, marquis de Kefily ; 2º en 1743, avec Henri-François *de Bretagne*, comte de Vertus et de Goëllo, baron d'Avaugour, mort en 1746, dernier de son nom ; 3º avec Anne-Léon *de Montmorency*, premier baron de France, chef de sa maison, lieutenant général, gouverneur d'Aunis, Saintonge et Poitou. Elle mourut âgée de 72 ans, le 8 février 1778, laissant du premier lit :

Armand-Louis, duc de Sérent, pair de France, grand d'Espagne, lieutenant général, gouverneur des ducs d'Angoulême et de Berry, mort en 1822. Il avait épousé, en 1754, Bonne-Marie-Félicité *de Montmorency-Luxembourg*, dont il eut :

1º Armand, comte de Sérent, tué dans la Vendée en 1796, ne laissant qu'une fille morte en 1815, sans postérité de son mariage avec Louis-François-Auguste *de Rohan-Chabot*, prince de Léon, depuis cardinal de Rohan ;

2º Anne-Félicité-Simonne de Sérent, mariée en 1799 à Étienne-Charles, duc *de Damas-Crux ;* sans postérité ;

3º Émilie de Sérent, mariée à Raymond-Jacques-Marie, duc *de Narbonne-Pelet*, morte sans postérité en 1855.

Vᵉ DEGRÉ.

Du 30 novembre 1641, acte par lequel messire Claude *Cornulier*, seigneur de la Touche, la Haye, etc., trésorier de France et général des finances en Bretagne, et dame Judith *Fleuriot*, son épouse, se démettent de la propriété de la terre, châtellenie et seigneurie de la Touche, consistant en maison principale, jardins, bois de haute futaie, métairies, taillis, moulins, dîmes, prés, étang ; fiefs et juridictions de Toulan, la Rivière, Rozabonnet et Procé ; seigneuries des Villattes et autres annexes et dépendances, s'étendant en la paroisse de Nozay et autres, et relevant à foi, hommage et rachat de la châtellenie de Nozay et de la baronnie de la Roche-en-Nort. Ledit abandon consenti en faveur de messire Pierre Cornulier, seigneur de la Haye, président au parlement de Bretagne, leur fils aîné, Hʳ P. et N., auquel ils ont constitué la somme de 3000# de rente en dot par son contrat de mariage avec dame Marie *des Houmeaux*, passé à Rennes devant Caud et Pinot, notaires royaux, le 17 juin 1632, et pour valoir à leurdit fils en déduction de sa dot. Au rapport de Charrier et Bonnet, notaires royaux à Nantes.

Du 4 mars 1643, aveu de la châtellenie de la Touche, rendu au prince de Condé, seigneur de Nozay, par messire Pierre *Cornulier*, chevalier, seigneur de la Touche, la Haye, Châteaufremont, etc., conseiller du Roi en ses conseils d'État et privé, et président au parlement de Bretagne. (Minute de 25 feuillets en parchemin.)

Du 21 mars 1646, acte de vente de la terre et seigneurie des Croix, située en la paroisse de Saint-Martin près Rennes, consistant en maison principale, domaine, fiefs, juridiction, etc., consentie par messire Pierre *Cornulier*, seigneur de la Haye, la Touche, etc., conseiller du Roi en ses conseils d'État et privé, président au parlement de Bretagne, au profit de messire Gilles Huchet, seigneur de la Bédoyère, conseiller du Roi en ses conseils et son procureur général en Bretagne, moyennant la somme de 42,000#. Le vendeur se réserve d'en faire enlever la bibliothèque à sa convenance (c'est la belle bibliothèque de l'évêque de Rennes dont parle le P. Jacob). Au rapport de Coudret et Charier, notaires royaux à Nantes.

Du 21 janvier 1646, au rapport de Coudret et Charier, notaires royaux à Nantes, acte par lequel messire René *Charette*, seigneur de la Bretonnière, conseiller d'État, et dame Charlotte *de Cornulier*, son épouse, déclarent qu'après avoir pris connaissance de l'acte de partage fait le 30 juillet 1644 par défunts messire Claude Cornulier, seigneur de la Touche, conseiller du Roi en ses conseils d'État et privé, trésorier de France et général des finances en Bretagne, et dame Judith Fleuriot, père et mère de ladite dame de la Bretonnière, des biens de leurs successions entre tous leurs enfants, rapporté par les notaires ci-dessus, et reconnu aussi avoir eu bonne et entière connaissance desdits biens nobles et de gouvernement noble; déclarent accepter ledit partage en la forme qu'il est rapporté, et renoncer à rien demander en surplus à messire Pierre Cornulier, chevalier, seigneur de la Touche, conseiller d'État, président au parlement de Bretagne, leur frère aîné, Hr P. et N. Signé : René Charete, Charlotte Cornulier, Cornulier.

Du 15 janvier 1649, au rapport de Coudret et Charier, notaires royaux à Nantes, acte d'accord entre messire René *Charette*, seigneur de la Bretonnière, la Guidoire, Montebert, etc., conseiller du Roi en ses conseils d'État et privé, et dame Charlotte *Cornulier*, son épouse, d'une part; et messire Pierre Cornulier, chevalier, seigneur de la Touche, la Haye, Château-Fermont, le Roudourou, l'Étang, la Ville-Basse, etc., conseiller du Roi en ses conseils d'État et privé, et président au parlement de Bretagne., Hr P. et N., sous bénéfice d'inventaire, de défunt messire Jean *Fleuriot*, vivant chevalier, seigneur du Roudourou, touchant ladite succession, par lequel ledit seigneur de la Bretonnière accepte pour la part de sa femme en ladite succession noble et de gouvernement noble la somme de 16,000#, quitte de tous frais.

Marie *des Houmeaux*, mariée en 1632 avec Pierre *de Cornulier*, était fille unique de Claude des Houmeaux et de Françoise *Raoul*.

Claude des Houmeaux était fils de Jean des Houmeaux et d'Anne *Chenu*.

Jean des Houmeaux était fils d'autre Jean des Houmeaux et d'Anne *de Lespinay*. Ce dernier Jean des Houmeaux était fils lui-même d'Antoine des Houmeaux, seigneur de la Pérochère. Anne de Lespinay était fille de Guillaume de Lespinay et de Marie *du Chaffault*.

Pour la famille DE LESPINAY, voyez le IXe degré de la branche de la *Caraterie*.

La maison DU CHAFFAULT tire son nom de la terre du Chaffault, dans la paroisse de Bouguenais, près Nantes; c'est une branche cadette des anciens vicomtes de Rezay, qui eux-mêmes paraissent être issus en juveigneurie des comtes de Nantes. Elle remonte par filiation suivie à l'an 1271. Pierre du Chaffault fut sacré évêque de Nantes en 1477. Marie, héritière de la branche aînée, porta la plupart des terres de sa maison dans celle *de Lespinay* en 1516. Cette maison, qui vient de s'éteindre, portait : *de sinople au lion d'or, armé, couronné et lampassé de gueules*.

La famille CHENU porte : *d'hermines au chef d'or, chargé de cinq losanges de gueules;* elle a formé plusieurs branches et possédé les terres et seigneuries du Bas-Plessis en Anjou, de Clermont dans la paroisse du Cellier, de Lendormière, de Saint-Philbert, du Boisgarnier, etc. Elle a donné des chevaliers de Malte en 1597, 1601 et 1605, et s'est alliée aux meilleures maisons de l'Anjou et de la Bretagne.

DES HOUMEAUX.

La famille des Houmeaux ou des Hommeaux est originaire de l'Anjou. René des Hommeaux, seigneur de la Pérochère, servait à l'arrière-ban d'Anjou de 1442, et Hardi des Hommeaux à celui de 1490. Antoine des Hommeaux, seigneur de la Pérochère, obtint des lettres de rémission, en 1546, pour avoir tué dans une querelle Adrien le Pelaut, porte-enseigne d'une compagnie de l'arrière-ban.

Noble homme Jean des Hommeaux, écuyer, seigneur de la Pérochère, demeurant à sa maison de la Renouardière, paroisse de la Poitevinière, évêché d'Angers, épousa par contrat du 9 juin 1551 Anne *de Lespinay*, fille de Guillaume de Lespinay, seigneur de Malarit, du Chaffault, Monceaux, etc., et de Marie *du Chaffault*. Ce Jean des Hommeaux signa la Ligue, sous le nom de Sainte-Alliance, à Angers en 1560. Il fut père de :

Jean des Hommeaux, écuyer, seigneur de la Pérochère, qui épousa Anne *Chenu*, laquelle, étant devenue veuve, se remaria en secondes noces, le 30 janvier 1600, avec René *du Bouchet*, chevalier, seigneur de la Haye-de-Torcé, Méral, Pengenay, etc., chevalier de l'ordre du Roi. Le 4 septembre 1607, ce René du Bouchet donna à ferme la métairie de la Renouardière, tant comme mari d'Anne Chenu que comme curateur de Claude des Hommeaux, écuyer, seigneur de la Pérochère, fils de Jean des Hommeaux et de ladite Chenu.

Du 11 juillet 1615, transaction entre Claude des Hommeaux, écuyer, seigneur de la Pérochère, et le curé de la Poitevinière.

RAOUL.

Cette famille, qui porte : *de sable au poisson d'argent en fasce, accompagné de trois annelets de même*, remonte à :

I. Guillaume Raoul, seigneur de la Ragotière et de la Guibourgère dans la paroisse de Teillé, épousa Anne *de Bailleul*, dont Antoine Raoul, seigneur de la Guibourgère, en 1524, père de :

III. Jean Raoul, épousa Marguerite *Plainchesne*, dont il eut :

1° Guillaume, qui suit ;

2° Étienne Raoul, conseiller au parlement de Bretagne en 1587, épousa Hélène *de la Cour-Desvié*, en Angoumois, dont il eut deux filles :

> Jeanne Raoul, mariée en 1613 à Simon *de Savonnières*; et Renée Raoul, mariée en 1618 à François *Thierry*, seigneur de la Prévalaye ;

3° Joachim Raoul, aumônier du Roi, archidiacre de Saintes ;

4° Michel Raoul, scolastique de Saint-Brieuc, puis évêque de Saintes.

IV. Guillaume Raoul, procureur-syndic des États, président à la chambre des Comptes de Bretagne en 1598, épousa Jeanne *Simon*, dont :

1° Jacques, qui suit :

2° Françoise Raoul, mariée en 1609 à Claude *des Houmeaux*, seigneur de la Pérochère, comme on vient de le dire;

3° Marie Raoul, femme de Thébaut *Tanouarn*, seigneur de Couvran;

4° Jeanne Raoul, mariée à Claude *Guignon*, seigneur de Vilaines, gentilhomme de la chambre du Roi.

V. Jacques Raoul, sénéchal et maire de Nantes, conseiller au parlement de Bretagne, puis évêque de Saintes et ensuite de la Rochelle, conseiller d'État, avait épousé, avant d'entrer dans les ordres, Yvonne *Charette*, dont il eut:

1° Guillaume, qui suit:

2° Jeanne Raoul, mariée à René *du Cambout*, comte de Carheil, gouverneur de Rhuys et du château de Sucinio, dont:

    1° Jacques, marquis du Cambout, comte de Carheil, brigadier des armées du Roi, épousa, en 1679, Renée-Marie *le Marchand*, dont: Pierre-Louis, marquis du Cambout, qui a continué la postérité, et Anne-François-Guillaume du Cambout, évêque de Tarbes en 1719;

    2° Armand-Joseph du Cambout, marié en 1707 avec Marguerite *le Maistre*; sans postérité;

    3° Anne-Marie-Louise du Cambout, mariée en 1683 avec Jean-François *de Gourdon de Genouillac*;

    4° Armande-Marie-Madeleine du Cambout, mariée, en 1695, avec Gaspard *des Monstiers de Merinville*.

VI. Guillaume Raoul, seigneur de la Guibourgère et de Mésanger, conseiller au parlement de Bretagne, épousa en 1664 Anne *Sanguin de Végron*, dont il eut: Jacques, qui suit, et quatre filles, mariées à MM. *Tranchant, de l'Hôpital, de la Roche-Saint-André* et *de Charmoy*.

VII. Jacques-Joachim Raoul, conseiller au parlement de Bretagne en 1679, procureur-syndic des États en 1706, épousa Bonne-Thérèse *Sanguin*, dont:

VIII. Jacques-Claude Raoul, seigneur de la Guibourgère, conseiller au parlement de Bretagne en 1708, procureur-syndic des États en 1713, mort en 1723.

Louise-Françoise Raoul, héritière de la Guibourgère, épousa en 1746 Jean-Baptiste-Élie *Camus de Pontcarré*, seigneur de Viarmes, maître des requêtes, intendant de Bretagne, dont postérité.

CHATEAUFREMONT.

Pierre *d'Avoir*, chambellan des rois Charles V et Charles VI, sénéchal d'Anjou, mourut sans postérité en 1390 ; il avait pour sœur Anne d'Avoir, qui porta Châteaufremont à Jean III, sire *de Beuil*, son mari, lieutenant général d'Anjou, de Touraine et du Maine, père de Jean IV de Beuil, maître des arbalétriers de France, lequel fut père de Jean V de Beuil, comte de Sancerre, amiral de France, qui vendit Châteaufremont.

François *d'Avaugour* et Madeleine *de Bretagne*, sa femme, avaient déjà vendu Châteaufremont à Antoine du Guet et à Bertrand de Mesrat, marchands de Tours. René de Bretagne, comte de Penthièvre, en exerça le retrait lignager le 1er octobre 1504, moyennant 13,000# tournois, à la sollicitation de la dame d'Avaugour, sa sœur, à laquelle il le rétrocéda le 9 du même mois.

Jean *de Mésanger*, seigneur de la Minaudière, et le receveur *Jallier* avaient acquis en commun la terre et seigneurie de Châteaufremont pour 45,000# tournois ; ils en jouirent eux et leurs héritiers par indivis environ vingt ans, après quoi ils la partagèrent. Le sieur de l'Isle-Mésanger, fils de l'un des acquéreurs, eut pour sa part le fief et la juridiction, en rapportant à l'autre, qui eut le domaine dans sa lotie, une somme de 7,000# pour égaliser le partage.

Du 5 juin 1630, hommage au Roi par Claude *des Houmeaux*, écuyer, seigneur de la Pérochère, pour cause de la châtellenie de Châteaufremont, lui advenue d'échange, par contrat du 6 avril 1630, avec Jean *Macé*, seigneur de la Rigaudière.

Du 1er juin 1638, arrêt de réception en la chambre des Comptes de Bretagne, de l'hommage rendu au Roi par messire Pierre *Cornulier*, chevalier, seigneur de la Haye, pour le domaine de Châteaufremont, par lui acquis depuis deux ans. Du 7 mai 1644, autre hommage du même pour le même objet.

Du mois de janvier 1655, lettres patentes par lesquelles le Roi octroie à messire Pierre *Cornulier*, président au parlement de Bretagne, l'établissement de deux foires par an en sa terre et châtellenie de Châteaufremont : le 1er mai, près la chapelle Saint-Jacques, et le 10 août au bourg de la Rouxière. Du 14 avril 1655, arrêt du parlement de Bretagne portant enregistrement desdites lettres.

Du 20 novembre 1668, hommage rendu au Roi par dame Marie *des Houmeaux*, veuve de messire Pierre *Cornulier*, seigneur de la Touche, président à mortier au parlement de Bretagne, pour raison de la châtellenie de Châteaufremont à elle échue moitié par le décès du feu seigneur de la Pérochère, son père, pour remplacement des deniers dotaux de la dame sa mère, l'autre moitié par acquêt fait du vivant dudit feu s^r de la Touche-Cornulier, aussi en remplacement de ses deniers dotaux.

VIe DEGRÉ.

MARQUISAT DE CHATEAUFREMONT.

Du 12 janvier 1684, consentement de Jean-Gustave, sire *de Rieux*, accordé au président *de Cornulier*, pour faire comprendre dans l'érection du marquisat de Châteaufremont la partie de son fief de Vair sise en la paroisse d'Anetz, et qui relève de la vicomté de Donges, appartenant audit sire de Rieux. Du 14 janvier 1684, pareil consentement d'Armand *de Béthune*, marquis de Charost et baron d'Ancenis, pour l'incorporation dans ledit marquisat du fief de Savenières, relevant de ladite baronnie. Du 1er mars 1684, pareil consentement de Michel *le Lou*, seigneur de la Motte-Glain, pour le fief du Chaffault, relevant de ladite seigneurie.

Du 23 juin 1684, arrêt du parlement de Bretagne qui ordonne être fait bannies et publications des lettres parentes du roi pour l'érection du marquisat de Châteaufremont, et nomme des commissaires pour vaquer au procès-verbal des châteaux, terres et seigneuries y annexés. Du 11 août 1684, sentence du présidial de Nantes portant certification et répétition desdites bannies.

Du 21 octobre 1685 et jours suivants, procès-verbal de descente faite à la requête de messire Claude *de Cornulier*, président au parlement de Bretagne, pour l'union et incorporation du marquisat de Châteaufremont.

« Christophe Fouquet, chevalier, seigneur, comte de Chalain, président au parlement de Bretagne ; Louis de la Roche, seigneur de Saint-André, doyen du parlement, et Joachim des Cartes, seigneur de Kerleau, conseiller en ladite cour et commissaires d'icelle en cette partie, ayant pour adjoint en notre commission Jean Piquet, seigneur de la Motte, greffier en chef dudit parlement, commis par arrêt du 23 juin 1684 pour faire procès-verbal des châteaux, terres, droits, fiefs, prééminences et dépendances des Châtellenies de Châteaufremont et de Vair, nous sommes transportés sur les lieux, en compagnie de M. le procureur général du Roi, où, étant près d'arriver, nous avons fait la rencontre de M. le président de Cornulier, accompagné à cheval de plusieurs gentilshommes de ses vassaux, lequel nous a priés de prendre logement en son château. » Suit la description détaillée du château de Vair.

Le 22, visite de l'église et paroisse d'Anetz, marques honorifiques, écussons armoriés, lisières funèbres ; ceps, colliers de justice et fourches patibulaires; manoirs nobles relevant de ladite seigneurie; enquête verbale des droits honorifiques et utiles. Les commissaires remarquent parmi les maisons nobles relevant de Vair : la cour d'Anetz, à M. de Sesmaisons; la Série, à M. de Quatrebarbes ; Juigné, à M. Fleuriot. Ils remarquent encore la grande prairie qui s'étend depuis Varades jusqu'à Ancenis, dans laquelle le seigneur de Vair a le droit de faire paître son haras toute l'année, et qui relève de ladite seigneurie. Ils notent que le bourg, l'église et toute la paroisse d'Anetz, relèvent sans exception de ladite terre de Vair. Enfin, ils remarquent une justice à quatre piliers de pierre, dépendante de Châteaufremont, sur une hauteur, près le grand chemin, à un demi-quart de lieue de la ville d'Ancenis.

Le 23 octobre, les commissaires se transportent à l'ancien château de Châteaufremont, distant de deux lieues de celui de Vair, et là ils remarquent les vestiges d'un ancien château, situé sur une éminence, enceint de fossés, lesquels sont en partie remplis des ruines dudit château, où il paraît encore d'anciennes fortifications, casemates, etc., lequel on leur a dit avoir été détruit du temps de Henri III. Près de là une ancienne chapelle dédiée à Saint-Jacques, où était autrefois l'église paroissiale de Saint-Herblon-des-Roussières. De là les commissaires se rendent au château neuf de Châteaufremont, distant d'une lieue de l'ancien; ils le décrivent; visitent l'église de Saint-Pierre de la Roussière, paroisse dont le président de Cornulier est seul seigneur supérieur; même visite au bourg et église de Saint-Herblon, dont ledit président est pareillement seul seigneur supérieur. Le 24 octobre, examen des titres existant aux archives du château de Vair.

Du 7 décembre 1685, arrêt du parlement de Bretagne portant enregistrement des lettres d'érection du marquisat de Châteaufremont.

Du 29 août 1694, enquête et descente faite d'autorité de la chambre des Comptes de Bretagne, en exécution d'arrêt d'icelle du 28 juin 1684, pour l'union et incorporation du marquisat de Châteaufremont, par messire Joseph Rousseau, chevalier, seigneur de Saint-Aignan, président en ladite Chambre; messire Jean Salomon, seigneur de Breafort, conseiller du Roi, maître ordinaire de ses Comptes; en présence du procureur général du Roi en ladite Chambre; lesquels font une enquête analogue à celle des commissaires du parlement.

VAIR.

Du 11 décembre 1579, hommage au Roi par René *du Breil*, seigneur de Liré, époux de Claude *d'Argy*, pour raison de la partie de la terre de Vair sise en la paroisse de Saint-Herblon, qui relève de S. M.; ladite terre échue à la dite d'Argy par le décès de Claude *Tissart*, sa mère, femme de feu François d'Argy, décédée depuis sept ans environ.

Du 28 juillet 1605, don fait par Henri IV au sieur *de la Noue*, des lods et ventes dus à S. M. pour raison de l'acquisition de la terre du Plessis-de-Vair faite par lédit de la Noue. Dans les lettres d'érection de Vair en titre de comté, en 1653, cette terre est portée à un revenu de plus de dix mille livres.

Renée *Hay*, seconde femme de Claude de Cornulier, en 1663, était fille de Paul Hay, seigneur des Nétumières, et de Renée *le Corvaisier*, qu'il avait épousée en 1640. Paul Hay était fils de Jean Hay, conseiller au parlement de Bretagne, et de Mathurine *Bouan*, dame de Tizé. Renée le Corvaisier était fille de René le Corvaisier, seigneur de Pellaine, conseiller au parlement de Bretagne, et de Perrine *de la Monneraye*.

Les enfants de Renée Hay n'ayant pas vécu, nous ne dirons rien ici des familles alliées de cette dame ; nous remarquerons seulement que c'est elle qui fonda les Pénitentes ou religieuses de Sainte-Madeleine établis à Nantes en 1675. Leur maison est aujourd'hui *l'hôtel de Bretagne*, place du Port-Communeau.

Du 15 avril 1686, au rapport de Lebreton, notaire royal à Nantes, acte de fondation par H. et P. seigneur messire Claude *de Cornulier*, chevalier, seigneur de la Haye, Vair, Châteaufrémont, la Touche, etc., conseiller du Roi en ses conseils et président à Mortier au parlement de Bretagne, et H. et P. dame Renée *Hay*, son épouse, demeurant à leur château de Vair, paroisse d'Anetz, et demoiselle Marthe Fremoneau, demoiselle des Maretz, fille majeure, demeurant au manoir noble de la Haye, paroisse de Sainte-Luce; lesquels, reconnaissant les biens qu'ils ont reçus et reçoivent journellement de la bonté de Dieu, l'en désirant remercier par le saint sacrifice de la messe, en l'honneur de la passion de N. S. J. C., ont fondé à perpétuité, en la chapelle du lieu et manoir noble de la Haye, une messe à basse voix tous les dimanches et fêtes gardées de chaque année, pour être célébrée à 8 heures du matin, à l'intention desdits fondateurs, leurs parents et amis vivants et trépassés, etc.; pour laquelle fondation ont légué 80# de rente sur ledit lieu de la Haye.

La première femme de Claude de Cornulier était Marie-Madeleine *Guyet*, qu'il épousa en 1658, et qui était fille de Germain Guyet et de Françoise *le Tanneur*.

Benjamin *le Tanneur*, trésorier général de France en Picardie et Boulonnais, secrétaire du Conseil privé, conseiller d'État en 1662, portait : *d'or à trois maillets de gueules;* aliàs : *d'azur à la fasce de trois mouchetures d'hermine accompagnée en chef d'une étoile d'or accostée de deux maillets d'argent et en pointe d'un maillet d'argent accosté de deux étoiles d'or.*

GUYET.

La famille Guyet est originaire d'Anjou, où elle est connue depuis le règne de Louis XII, et c'est dans cette province qu'est située la terre de la Sourdière, dont le nom a servi à distinguer l'une de ses branches. La rue de la Sourdière, à Paris, porte ce nom pour avoir été bâtie au lieu où était l'hôtel de la Sourdière, appartenant à la famille Guyet.

Plusieurs branches de cette famille ont adopté des armes différentes, bien qu'ayant une origine commune. L'Armorial de la chambre des Comptes de Paris leur donne : *d'azur à la fasce d'argent chargée de trois merlettes de sable, accompagnée en chef d'un croissant d'or et en pointe d'une étoile de même.* La branche des seigneurs de la Sourdière portait : *d'or au lion de sable.*

Le premier connu par filiation suivie est Jean Guyet, seigneur de la Sourdière, un des notables qui assistèrent, en 1508, à la réformation de la Coutume d'Anjou. Son petit-fils, Jean Guyet, laissa de Guillemette *Galland* trois fils, Jean, Nicolas et Martin, qui ont donné naissance à trois branches distinctes.

IV. Jean Guyet, l'aîné, changea les armes de son père et prit : *d'azur à deux chevrons d'or accompagnés d'un croissant d'argent en pointe.* Il laissa de deux lits huit enfants, qui suivent :

1° Antoine Guyet, maître des Comptes à Paris, père de trois filles ;

2° Jean Guyet, prieur de Marly ;

3° Gabriel Guyet, chanoine régulier de Saint-Augustin ;

4° Germain Guyet, sr du Plessis, sans alliance ;

5° Marie Guyet, mariée en 1684 à Joseph *le Clerc de Lesseville,* sans postérité ;

6° Marguerite Guyet, femme de Claude *le Doulx,* baron de Milleville, conseiller au parlement de Paris ;

7° Autre Marguerite Guyet, mariée en 1690 à Louis *le Boullanger,* seigneur de Hacqueville, conseiller au parlement de Paris, maître des requêtes, morte sans postérité en 1702 ;

8° Anne-Nicolle Guyet, mariée : 1° à Claude *de la Borde,* marquis de Marolles, conseiller au parlement de Paris ; 2° à Nicolas *le Grain,* chevalier, dont elle eut une fille unique, Catherine le Grain, femme de Charles *Boucher,* seigneur d'Orsay, intendant du Dauphiné; dont Catherine Boucher d'Orsay, mariée, en 1723, à Léonor marquis *de Pracomtal*, lieutenant de Roi en Dauphiné. (Voyez X° degré de la branche de *la Caraterie*.)

V. Nicolas Guyet, second fils de Jean et de Guillemette Galland, fut aussi père de huit enfants, savoir :

1° Claude Guyet, conseiller en la Chambre des eaux et forêts de France en 1658, mort sans alliance ;

2° Nicolas Guyet, seigneur de Chevigny, capitaine aux gardes françaises en 1661, gouverneur d'Ypres et de Belle-Isle, quitta le service vers 1680, pour se faire prêtre de l'Oratoire, et mourut en 1698 ;

3°, 4°, 5° et 6°, quatre filles, religieuses Ursulines et Hospitalières ;

7° Claudine Guyet, femme de Pierre *Guibert*, secrétaire du Roi, et mère du P. Guibert, oratorien, prédicateur célèbre ;

8° Marguerite Guyet, femme de Claude *Robert*, fameux avocat au parlement de Paris, mère de six enfants, qui suivent :

1° N* Robert, avocat de grande réputation, comme son père ;

2° Edme-Nicolas Robert, intendant du Canada, puis, en 1703, intendant de la marine à Brest, épousa Marie-Anne *le Picard de Mauny*, dont Claudine Robert, femme de Vincent-Louis *de Lantivy*, sans postérité ;

3° N** Robert, chanoine et grand pénitencier de Paris, mort en 1719 ;

4° N** Robert, grand-vicaire de Nîmes ;

5° Marie Robert, femme de Claude-Nicolas *Morel*, seigneur de Vindé, conseiller au Grand Conseil ;

6° Claude Robert, seigneur de Septeuille, né en 1634, procureur du Roi au Châtelet de Paris, laissa de Françoise *Héliot* cinq enfants, qui suivent :

René-Claude Robert, seigneur de Chastillon, conseiller au Châtelet de Paris, mort en 1699 ;

Louis Robert, seigneur d'Estisseuil, président en la chambre des Comptes de Paris ;

Guillaume Robert, seigneur de Septeuille, président en la chambre des Comptes, puis conseiller au parlement de Paris, mort en 1719 ;

Anne-Louise Robert, femme de Pierre *Groult*, seigneur de la Motte, maître des Comptes à Paris ;

Anne-Françoise Robert, mariée en 1714 à François *Moreau*, conseiller d'État.

IV. Martin Guyet, troisième fils de Jean et de Guillemette Galand, laissa aussi de deux lits huit enfants, une fille et sept garçons, entre lesquels :

V. André Guyet, seigneur de la Sourdière, épousa Françoise *de Meulan*, dont :

VI. Germain Guyet, seigneur de la Sourdière, écuyer de la grande écurie du Roi, puis maître des requêtes ordinaires de l'hôtel de S. M., épousa : 1° Anne *Habély*; 2° Françoise *le Tanneur*, morte en 1687, âgée de 87 ans.

Du 1er lit vinrent :

1° Nicolas Guyet, chanoine régulier de Sainte-Geneviève de Paris;

2° Marguerite Guyet, supérieure des Filles de Saint-Thomas, de l'ordre de Saint-Dominique, à Paris ;

3° Thérèse Guyet, religieuse à la Visitation de Chaillot :

Du 2° lit :

4° François Guyet, seigneur de la Sourdière, commissaire général des Suisses, puis lieutenant des Gardes du Corps, mort des blessures qu'il reçut au service ;

5° Marie-Madeleine Guyet, femme de Claude *de Cornulier*.

GALLARD.

Dans l'acte de tutelle des enfants de Claude *de Cornulier* et de Marie-Madeleine *Guyet*, on voit figurer au nombre des parents du côté maternel les *Potier de Novion*, *Gallard*, *le Ferron*, *de Baucquencière*, qui ne viennent point de l'estoc des Guyet, mais qui doivent appartenir à celui des *le Tanneur*, dont nous n'avons pu recouvrer la généalogie, ce qui nous empêche d'en préciser le degré. Toutefois, il paraît certain que la parenté des Potier de Novion et des le Ferron venait par l'intermédiaire des Gallard et probablement aussi celle des Baucquencière.

Cette famille Gallard, de Paris, qu'il ne faut pas confondre avec les Gallard de Béarn et de Terraube, porte : *d'azur à la fasce d'argent chargée d'un cœur (alias d'une flamme) de gueules et accompagnée en chef de deux étoiles d'or et en pointe d'un croissant d'argent.*

Claude Gallard, seigneur de Courances en Gâtinais, de Poinville, de Semonville, baron du Puiset; secrétaire du Roi, conseiller de la ville de Paris en 1616; conseiller au parlement de Paris en 1636, maître des requêtes en 1644, épousa vers 1620 Marguerite *Mandat*, dont il eut :

1° Galliot Gallard, seigneur des mêmes terres que son père, président au parlement de Paris, maître des requêtes, mort en 1684, père de demoiselle Gallard, mariée en 1678 au comte *de Paux*, et de François-Galliot Gallard, conseiller au Châtelet de Paris, puis guidon des gendarmes flamands, mort en 1695, laissant de Catherine *Auzannet* une fille unique :

   Anne-Marguerite-Catherine Gallard, mariée en 1708 à Nicolas *Potier*, marquis de Grignon, conseiller au parlement de Paris, son cousin; morte en 1772.

2° Catherine Gallard, née en 1623, morte en 1685, mariée avec Nicolas *Potier*, seigneur de Novion, premier président au parlement de Paris, dont :

VII. André Potier, marquis de Grignon, président à mortier au parlement de Paris, épousa Catherine-Anne *Malon de Bercy*, dont :

VIII. André Potier, marquis de Novion, premier président au parlement de Paris, épousa Anne *Berthelot*, dont :

IX. Nicolas Potier, marquis de Grignon, marié avec Anne-Marguerite-Catherine *Gallard*, sa cousine, comme on vient de le dire, dont :

X. André Potier, marquis de Novion, épousa Marie-Philippe *Taschereau*. (Voyez X^e degré de la branche de *Lucinière*.)

3° Marguerite Gallard, sœur de Galliot et de Catherine ci-dessus, morte en 1703, épousa Jérôme *le Ferron*, seigneur d'Orville et de Louvre-en-Parisis, président des enquêtes au parlement de Paris en 1627, dont :

Oudart le Ferron, conseiller à la cour des Aides en 1671, épousa Marie-Anne *Laborie*; sans postérité. Et Jérôme le Ferron, conseiller au parlement de Paris en 1671, qui laissa de Marie *de Pâris* :

   Nicolas le Ferron, seigneur d'Orville et de Louvre-en-Parisis, président au parlement de Paris, mort en 1742, épousa en 1719 Mélanie *Berger*, dont un fils et deux filles.

Claude et Galliot Gallard, Nicolas Potier de Novion et Jérôme le Ferron, qui figurent dans le Conseil de famille de 1661, ne permettent guère de douter que la mère de Françoise le Tanneur ne fût une sœur de Claude Gallard.

VIIe DEGRÉ.

DENIAU.

La famille *Deniau* ou *de Nyau*, à laquelle appartenait la première femme de Toussaint *de Cornulier*, est originaire de Navarre. Guillaume Deniau, guidon des hommes d'armes du roi François Ier, fut naturalisé en France en 1529 ; il eut pour petit-fils :

III. Jacques Deniau, seigneur de la Cochetière, conseiller au parlement de Bretagne en 1576, député aux États de Blois en 1588, épousa Jacqueline *Rousseau*, dont :

IV. Jacques Deniau, seigneur de la Cochetière, conseiller au parlement de Bretagne, épousa, en 1611, Marguerite *Constantin*, fille de Robert Constantin, maire d'Angers, et de Jacqueline *Rousseau*, dont :

1º Jacques, qui suit ;

2º Autre Jacques Deniau, conseiller au parlement de Bretagne en 1642 et chanoine d'Angers ;

3º François Deniau, seigneur de Chanteloup, conseiller au parlement de Bretagne en 1648, épousa Marguerite *le Sarrazin*, dont il eut :

    1º François-Guy Deniau, seigneur de Chanteloup, conseiller au parlement de Bretagne en 1688, mort doyen en 1753 ;

    2º Robert-Claude Deniau, seigneur des Teilleuls, conseiller au parlement de Bretagne en 1689, épousa Marie-Madeleine *le Bel de la Gavouyère*, dont il eut :

        Madeleine-Françoise Deniau ;

    3º Françoise Deniau, mariée en 1681 à Toussaint *de Cornulier*.

V. Jacques Deniau, seigneur de la Cochetière et des Rochers, conseiller au parlement de Bretagne en 1637, épousa Gabrielle *Allaneau*, dont :

VI. Charles Deniau, seigneur de Cangé, conseiller au parlement de Bretagne en 1661, comte de Châteaubourg en 1680, épousa Catherine *Bouan*, dame de Châteaubourg, dont :

1º Henri-Charles-Jacques Deniau, comte de Châteaubourg, conseiller au parlement de Bretagne en 1713, épousa en 1718 Angélique-Julie *de la Broise* ; sans postérité ;

2º Françoise Deniau, mariée à Louis-Hercule comte *du Han* ;

3º Anne Deniau, héritière, épousa en 1680 François *de la Celle*, seigneur de la Scardais, dont la postérité a pris le nom de *Châteaubourg*.

Élisabeth *de Cornulier*, fille de Françoise Deniau, dont la postérité est rapportée aux preuves du IXᵉ degré de la branche du *Boismaqueau*, vendit, en 1718, la terre de la Touche, qui lui avait été donnée en dot, pour acheter celle des Rochers, près de Vitré.

Du 8 août 1695, aveu de Cétray, rendu par Bertranne Bizeul à haut et puissant seigneur messire Toussaint *de Cornulier*, marquis de Châteaufremont, baron de Montrelais, seigneur de la Touche, président à mortier au parlement de Brètagne, père et garde noble de demoiselle Élisabeth de Cornulier, sa fille, de son mariage avec défunte dame Françoise *Deniau*, à cause de sa juridiction de Toulan, membre de sa châtellenie de la Touche en Nozay.

Du 31 mars 1702, aveu de Cétray, rendu par Jean Marie et Guionne Bizeul, sa femme, à messire Jean-Paul *Hay*, seigneur, baron des Nétumières, de Tizé, le Fié-Morblc, Noyal, etc., conseiller au parlement de Bretagne, et à dame Élisabeth *de Cornulier*, son épouse, dame de la châtellenie de la Touche en Nozay.

Anne-Louise *de Trémerreuc*, seconde femme de Toussaint de Cornulier, en 1689, était fille de Louis de Trémerreuc et de Guyonne *Goret*.

DE TRÉMERREUC.

La maison de Trémerreuc a été déclarée noble d'ancienne extraction, par arrêt du 27 novembre 1668, sur preuves remontant sa filiation à l'an 1439.

Arthur de Trémerreuc, seigneur de la Chesnaye Tanniot, de la Bourdonnière et du Clos, épousa Jeanne *de la Bintinays*, dont :

Paul de Trémerreuc, seigneur desdits lieux, épousa en 1595 Marguerite *de Villarmois*, dont :

Gabriel de Trémerreuc épousa en 1643 Françoise *du Breil*, fille de Tanguy du Breil, seigneur de Belleville et de Marie *du Coudray*, dont il eut :

1º Louis de Trémerreuc, comte de Largouet, épousa Guyonne *Goret*, dont :

    Anne-Louise de Trémerreuc, comtesse de Largouet, mariée en 1689 à Toussaint *de Cornulier;*

2º César de Trémerreuc;

3º Gabriel de Trémerreuc.

GORET.

Étienne Goret, s^r du Tertre-Barré, épousa Robine *Pépin*, dont il eut Étienne Goret, marié avec Josseline *Bernard*, desquels naquit :

Jean Goret, s^r de la Tendourie, né à Saint-Malo en 1621, reçu secrétaire du Roi en 1651, obtint des lettres de vétérance en 1671, et fut maintenu, en raison des priviléges de sa charge, par arrêt du 24 octobre 1670. Il épousa, en 1642, Françoise *Pépin*, dont il eut, entre autres, Guyonne Goret, dame de Boismaudé, mariée en 1670 à Louis *de Trémerreuc*.

Joseph-Marie Goret, seigneur de la Grand'Rivière, fut admis aux États de Bretagne, en 1786, après avoir prouvé trois partages nobles de 1747, 1761 et 1785. Goret porte : *d'or à trois hures de sanglier de sable.*

LARGOUET.

Dès l'an 1352, la terre de Largouet était possédée par les anciens sires de Malestroit, qui s'éteignirent vers cette époque; puis elle passa aux Châteaugiron, dits de Malestroit, leurs successeurs, et de ceux-ci, en 1394, aux Raguenel, seigneurs de la Bellière, dits aussi de Malestroit.

Le duc d'Elbœuf, qui possédait Largouet du chef de sa mère, Louise de Rieux, vendit en 1610 la juridiction au seigneur d'Assérac; et le domaine, qui était le parc d'Elven, au s^r Rozey, par acte du 25 mars 1655, moyennant le prix de 43,000 #. En 1659, le surintendant Fouquet acquit le domaine et la juridiction par deux actes séparés; et c'est ainsi qu'ils se trouvèrent réunis de nouveau.

La famille LE GALL, d'ancienne extraction, de l'évêché de Vannes, porte : *d'argent au lion de gueules, armé et lampassé d'or, deux fasces d'or brochant sur le tout.*

Marie-Anne-Claude *de Montmorency* (fille unique d'Émilie-Félicité *de Cornulier*), mariée en 1733 avec Louis-Alexandre-Xavier *le Sénéchal*, marquis de Carcado, en eut deux filles :

1° Marie-Anne, qui suit :

2° Marguerite-Louise-Françoise le Sénéchal, mariée en 1763 avec François *de Grasse*, marquis de Sarcus, seigneur de Limermont, maréchal de camp, d'une branche de la maison de Grasse, princes d'Antibes en Provence, établie en Picardie. Dont trois garçons et plusieurs filles établis à Sarcus.

Marie-Anne le Sénéchal, fille aînée et principale héritière, épousa en 1751 Corentin-Joseph *le Sénéchal* de Carcado, marquis de Molac et de Pont-Croix, gouverneur de Quimper, alors colonel du régiment de Périgord, depuis lieutenant général, mort en 1806. Il épousa en secondes noces, en 1786, Célestine-Victoire-Gertrude *Clebsaltel de Fernay*, dont il eut : Alexis le Sénéchal, marquis de Molac, chambellan du roi de Bavière, marié avec Mlle *d'Ourches*; dont une fille marié eau comte *de Sonnax*, écuyer du roi de Sardaigne.

Corentin-Joseph le Sénéchal eut du 1er lit :

1º Louis-Alexandre-Marie-Joseph, qui suit :

2º Le comte de Molac, tué à l'âge de vingt ans ;

3º. Une fille mariée à M. *de Beauveau-Tigny.*

XVIII. Louis-Alexandre-Marie-Joseph le Sénéchal, marquis de Carcado, exécuté à Paris en l'an II, épousa en 1785 Catherine *Pichard de Saint-Julien*, fille aînée d'Étienne Pichard, baron de Saint-Julien, premier baron de la Marche, dont :

XIX. Édouard-Louis-Marie-Alexandre le Sénéchal, marquis de Carcado-Molac, épousa en 1826 Amélie-Jeanne *de Mauléon*, fille d'Amable-Lambert-Charles-Joseph-François-Julien marquis de Mauléon, et d'Aglaé-Rosalie-Françoise *Barrin de la Galissonnière*; sœur d'Augustin-Raoul de Mauléon, marié en 1842 avec Donatienne-Marguerite *de Cornulier*. (Voyez XIe degré de la branche du *Boismaqueau.*)

VIIIe DEGRÉ.

Marie-Anne *de la Tronchaye*, mariée en 1717 avec Charles-René *de Cornulier*, était fille unique de Pierre-Joseph de la Tronchaye et de Péronelle-Renée-Angélique *de la Villéon.*

Pierre-Joseph de la Tronchaye était fils de François *Perret*, dit de la Tronchaye, et de Jeanne-Catherine-Renée *de la Tronchaye.*

François Perret était fils de Pierre Perret et d'Olive *Fleury.*

Jeanne-Catherine-Renée de la Tronchaye était fille de François de la Tronchaye et de Michelle *le Liepvre.*

Péronelle-Renée-Angélique de la Villéon était fille de Jacques de la Villéon et de Renée *de Trolong.*

Jacques de la Villéon était fils de François de la Villéon et d'Isabeau *de la Fresnaye.*

Renée de Trolong était fille unique de Maudé de Trolong et de Marguerite *Carluer.*

PERRET.

I. Jean Perret, sieur du Pas-aux-Biches, fut anobli par lettres du mois de mars 1611, et portait : *d'argent à trois cœurs de gueules*. Il fut père de :

II. Pierre Perret, seigneur des Croslais, sénéchal de Ploërmel, épousa le 24 juin 1645 Olive *Fleury*, dame de Launay, dont il eut :

III. François Perret, seigneur de Lezonnet, épousa le 22 juin 1664 Jeanne-Catherine-Renée *de la Tronchaye*, héritière de sa maison. Par lettres patentes du mois de février 1678, il fut autorisé à changer son nom de Perret en celui de la Tronchaye, et à prendre les armes de cette maison. Il laissa trois fils :

1º Pierre-Joseph Perret, dit de la Tronchaye, seigneur de la Tronchaye, de Lézonnet, Glévilly, Moustouer, etc., cornette de la compagnie du comte de Plélo en 1703, épousa le 9 juillet 1695 Péronelle-Renée-Angélique *de la Villéon*, dont une fille unique :

  Marie-Anne de la Tronchaye, femme de Charles-René *de Cornulier;*

2º Jean-François de la Tronchaye;

3º Florimond-Joseph de la Tronchaye.

DE LA TRONCHAYE.

La maison de la Tronchaye porte : *d'azur à trois fleurs de lis d'argent;* elle est une des plus anciennes de la Bretagne; ses auteurs figurent dès l'an 1246 parmi les nobles de cette province, et sont mentionnés dans les réformations de 1440 et de 1534.

Claude de la Tronchaye, seigneur dudit lieu, dans la paroisse de Prénessaye, près Loudéac, épousa Jaquette *de Talhouet*, dont il eut :

Tanguy de la Tronchaye, fils aîné, seigneur du Moustouer, et Toussaint de la Tronchaye, puîné, seigneur de Kerguestin, qui partagèrent noblement la succession de leurs père et mère en 1613. Tanguy épousa Guillemette *de Derval*, dont il eut :

François de la Tronchaye, marié le 13 janvier 1648 avec Michelle *le Liepvre*, fille unique de Jan le Liepvre, écuyer, seigneur du Val et de Classé, et de Jeanne *Chamery*. Michelle le Liepvre (dont la famille porte : *d'azur à un lièvre d'argent en fasce, accompagné de trois têtes de chien de même*) se remaria en secondes noces avec Sébastien *de Coëtlogon*, vicomte de Méjussaume, gouverneur de Rennes. Du 1ᵉʳ lit elle eut une fille unique :

Jeanne-Catherine-Renée de la Tronchaye, mariée, comme il vient d'être dit, avec François *Perret*, qui fut substitué aux nom et armes de la Tronchaye. Sa femme fut maintenue d'ancienne extraction par arrêt du 11 septembre 1670, après avoir remonté sa filiation noble jusqu'à l'an 1440.

DE LA VILLÉON.

Jacques de la Villéon, seigneur du Boisfeuillet, était chancelier de Bretagne en 1487.

François de la Villéon, marié avec Isabeau *de la Fresnaye*, en eut :

1º Mathurin de la Villéon, seigneur du Boisfeuillet ;

2º René de la Villéon, seigneur de la Ville-Audrain et de Cadelac, qui a laissé postérité ;

3º Jacques de la Villéon, seigneur de Launay-Meur, Molac, la Touche, le Faou, etc., épousa le 28 février 1656 Marie *de Trolong*, dame de Launay, fille unique de Maudé de Trolong et de Marguerite *Carluer*, dont il eut :

    1º Péronelle-Renée-Angélique de la Villéon, mariée avec Pierre-Joseph *de la Tronchaye*, comme il vient d'être dit ;

    2º Marguerite-Renée de la Villéon.

DE LA VILLÉON porte : *d'argent au houx de sinople, au franc quartier de sable fretté d'or.*

DE LA FRESNAYE, maison d'ancienne extraction de l'évêché de Vannes, porte : *d'argent à trois branches de frêne de sinople.*

DE TROLONG, maison d'ancienne extraction de l'évêché de Tréguier, porte : *écartelé, au 1ᵉʳ et 4 d'argent à cinq tourteaux de sable en sautoir; au 2 et 3 d'azur au château d'argent.*

XIII. Joseph-Michel-René, comte *du Dresnay*, épousa : 1º en 1740, Élisabeth-Françoise *de Cornulier;* 2º Marie-Anne *de Montaudouin*, veuve de Guillaume-Marie-René *de Guischardy de Martigné*. Du 1ᵉʳ lit vint :

1º Louis-Marie-Ambroise-René, qui suit.

    Du 2ᵉ lit vinrent :

2º Joseph-Marie-Nicolas-Léonard, vicomte du Dresnay, marié : 1º en 1777, avec Louise-Reine *de Kervenozaël*, veuve en premières noces de Jean-Louis *Baillon* de Servon, intendant de Lyon, et en secondes noces du vicomte de *Cornulier* (voyez VIII° degré de la branche *du Boismaqueau*). Le vicomte du Dresnay n'eut pas d'enfants de ce premier mariage ; il épousa en secondes noces, en 1790, Marie-Françoise-Félicité *le Forestier ;*

3° Marie-Gabrielle-Anne-Cécile du Dresnay, mariée à Yves-Alain-Joseph *le Borgne* de Coëtivy ; sans postérité.

XIV. Louis-Marie-Ambroise-René, marquis du Dresnay, baron de Montrelais, seigneur de Lezonnet, etc., admis aux honneurs de la Cour en 1783, maréchal de camp, colonel d'un régiment de son nom à la solde de l'Angleterre pendant l'émigration, mort à Londres en 1798, épousa en 1766 Marie-Josèphe-Anne *du Coëtlosquet,* dont :

1° Gui-Marie-Joseph, qui suit :

2° François-Marie-Bonabes, vicomte du Dresnay, sous-préfet, épousa Élima *Febvrier des Pointes ;*

3° Marie-Louise-Élisabeth-Angèle du Dresnay, chanoinesse de l'Argentière.

4° Marie-Reine-Josèphe du Dresnay, mariée à M. *de Kersauson de Kerjean.*

5° et 6° Deux autres filles non mariées.

XV. Gui-Marie-Joseph-Gabriel-Ambroise, marquis du Dresnay, colonel de cavalerie, chevalier de Saint-Louis, épousa en 1790 Rose-Jacquette *de Quélen,* dont :

1° Joseph-Marie-Renaud, comte du Dresnay, officier aux gardes à pied, épousa en 1828 Marie-Louise-Geneviève-Augustine-Athénaïs *Jullien de Courcelles,* dont postérité ;

2° Amicie-Marie-Jacquette du Dresnay, mariée à Charles-Édouard *le Long,* marquis du Dreneuc, colonel au service de l'Angleterre ; sans postérité ;

3° et 4° Deux filles non mariées.

La famille DU DRESNAY, originaire de l'évêché de Tréguier, porte : *d'argent à la croix ancrée de sable, accompagnée de trois coquilles de gueules.* Devise : *Crux anchora salutis.*

BRANCHE DU BOISMAQUEAU.

VI° DEGRÉ.

La terre et seigneurie *du Boismaqueau,* en la paroisse de Teillé, appartenait en 1528 à René *de Bailleul,* conseiller au parlement des Grands Jours de Bretagne; duquel elle passa successivement par alliance dans les familles *Raoul, des Houmeaux* et *de Cornulier.*

Du 29 mai 1675, information des vie, mœurs, conversation, religion catholique, apostolique et romaine de messire Jean-Baptiste *de Cornulier,* poursuivant sa réception en l'office de président en la chambre des Comptes de Bretagne; dans laquelle les témoins assignés par le procureur général déposent unanimement qu'il est de très-bonnes vie et mœurs, religion catholique, apostolique et romaine, très-affectionné au service du Roi; qu'il a été lieutenant au régiment des gardes du Roi pendant dix ans, et conseiller au parlement de Bretagne, aussi pendant dix ans; qu'il est en estime de toutes les personnes de qualité; qu'il a exercé sa charge de conseiller au Parlement avec intégrité et avec l'approbation de toutes les personnes de mérite; qu'il a toujours fréquenté les personnes les plus qualifiées de la province, etc. Signé des témoins, du greffier en chef de la Chambre et de Jean Salomon, seigneur de Bréafort, maître des Comptes, commis pour présider l'enquête.

Du 31 mai 1679, aveu rendu au Roi par messire Jean-Baptiste *de Cornulier,* seigneur du Boismaqueau, la Poëze, le Boisbenoît, etc., président en la chambre des Comptes de Bretagne, au nom de messire Claude de Cornulier, son fils, prieur titulaire du prieuré de la Madeleine d'Iff, en la paroisse du Gâvre, membre de l'abbaye de Blanche-Couronne.

Extrait des registres de la paroisse de Teillé.

Le 30 août 1667, fut baptisé Claude, fils de H. et P. messire Jean-Baptiste Cornulier, chevalier, seigneur du Boismaqueau, la Poëze, le Bois-Benoît, etc., conseiller au parlement de Bretagne, et de Jeanne de Rogues. Ledit Claude né sur la paroisse de Saint-Léonard de Nantes, le 1er janvier 1666. Parrain, H. et P. messire Claude Cornulier, seigneur de la Touche, comte de Vair, etc., conseiller du Roi en tous ses conseils et président à mortier au parlement de Bretagne; marraine, Guillemette Cosnier, dame de la Poëze. Signé : Claude Cornulier, Guillemette Cosnier, Marie des Houmeaux, Pierre Cornulier, Renée Hay, Isabelle Loriot, Anne Sanguin, Jean de Kermeno, Jacques de Morais, Jeanne de Rogues, etc.

Le 24 août 1670, fut baptisée Marie, fille de Jean-Baptiste Cornulier et de Jeanne de Rogues, née le . . . . 1670, sur la paroisse de Saint-Léonard. Parrain, écuyer François Blanchard, seigneur de la Laudière; marraine, H. et P. dame Renée Hay, femme de H. et P. seigneur messire Claude Cornulier, chevalier, seigneur de la Touche, etc.

Le 25 septembre 1671, fut baptisée Marie-Anne, née au Boismaqueau le 9 dudit mois, fille de Jean-Baptiste Cornulier,

seigneur du Boismaqueau, et de Jeanne de Rogues. Parrain,
messire Guillaume Raoul, chevalier, seigneur de la Guibourgère, conseiller au parlement de Bretagne; marraine, dame
Marie des Houmeaux, veuve de feu H. et P. seigneur messire
Pierre Cornulier, chevalier, seigneur de la Haye, etc., conseiller du Roi en tous ses conseils et président à mortier au
parlement de Bretagne.

Le 15 octobre 1685, fut baptisé Claude, né le 2 dudit mois,
fils de messire Jean-Baptiste de Cornulier, chevalier, seigneur
du Boismaquiau, la Poëze, le Bois-Benoît, la Sionnière, etc.,
président en la chambre des Comptes de Bretagne, et de Jeanne
de Rogues de la Poëze, sa compagne. Marraine, demoiselle Pélagie de Cornulier, fille desdits seigneurs.

Le 9 juillet 1692, furent mariés, dans la chapelle du Boismacquiau, messire Toussaint *Henry*, seigneur de la Plesse, de
la paroisse de Saint-Aubin de Rennes, et demoiselle Pélagie
de Cornulier, fille de messire Jean-Baptiste de Cornulier, conseiller du Roi, président en la chambre des Comptes de Bretagne. Signé : Toussaint *Henry*, Pélagie de Cornulier, J.-B.
de Cornulier, Jeanne de Rogues, Françoise Dondel, M. Dondel,
J.-B. de Cornulier-du-Pesle, Cl. de Cornulier, Louise Viau,
René Garnier, etc.

Le 16 juillet 1697, furent mariés, dans la chapelle du Boismaqueau, messire Paul *le Febvre*, seigneur de la Brulaire, fils
de défunt messire Charles le Febvre, en son vivant seigneur
de la Bruslaire, et de dame Hippolyte *de Chevigné*; et demoiselle
Julie de Cornulier, fille de Jean-Baptiste de Cornulier, seigneur
de Boismaqueau, conseiller du Roi en ses conseils et président
d'honneur en la chambre des Comptes de Bretagne, et de dame
Jeanne de Rogues de la Poëze, son épouse. Signé : Julie de
Cornulier, Paul le Febvre, J.-B. de Cornulier, Jeanne de
Rogues de la Poëze, Henri de Chevigné, Cl. de Cornulier,
Christophe-Rolland de Chevigné, T. de Cornulier, Françoise
Dondel, Cl. de Cornulier, Anne-Marie Douard de Cornulier,
Pélagie de Cornulier de la Plesse, Prudence de Cornulier, Eu-
lalie de Cornulier, de Cornulier, Marie de Cornulier, Jeanne
Guilloys, de la Gravière.

Extrait des registres de la paroisse de Sainte-Luce.

Le 28 avril 1669 a été nommé Pierre-Marie Cornulier, né le
7 mars 1669, paroisse de Saint-Léonard de Nantes, fils puîné
de messire Jean-Baptiste Cornulier, chevalier, seigneur du
Boismaqueau et de la Poëze, conseiller au parlement de Bretagne, et de Jeanne de Rogues, sa compagne. Parrain, messire
Pierre Cornulier, oncle du baptisé, grand-maître de l'oratoire
de Monsieur, frère unique du Roi, duc d'Orléans, de Vallois
et de Chartres; marraine, dame Marie des Houmeaux, aïeule
du baptisé, veuve de messire Pierre Cornulier, chevalier, sei-

gneur de la Touche, conseiller du Roi en ses conseils, et président à mortier au parlement de Bretagne.

ROGUES.

I. **François Rogues** obtint du Roi des lettres de sauvegarde, datées d'Angers, le 30 janvier 1570, portant défense de piller sa maison de la Poëze, en la paroisse du Loroux-Bottereau. Il fut père de :

II. **Jacques Rogues**, seigneur de la Poëze, marié avec Louise *de la Poëze*, dont il eut :

1º Jacques, qui suit :

2º Michel Rogues, qui partagea noblement avec son aîné les successions de leur père et de leur aïeul en 1613 et 1623;

3º Michelle Rogues, mariée en 1613 avec François *d'Espinay*, seigneur de Courléon, maréchal des logis de l'arrière-ban d'Anjou.

III. **Jacques Rogues**, écuyer, seigneur de la Poëze, des Montils-de-Bazoges et du Bois-Briand en 1634, épousa Gabrielle *de Channé*, dont :

IV. **Damien de Rogues**, écuyer, épousa le 16 avril 1645 Guillemette *Cosnier*, fille de Christophe Cosnier, seigneur de la Pannière, et de Jeanne *Reges*; lequel Christophe Cosnier était fils de Pierre Cosnier et de Gabrielle *de Silz*. De ce mariage vint Jeanne de Rogues, mariée en 1664 à Jean-Baptiste *de Cornulier*.

Cette Jeanne de Rogues recueillit la succession de Françoise *de Channé*, morte en 1682, veuve sans enfants d'écuyer François *Blanchard*, seigneur de la Laudière. Jeanne de Channé, dame de la Levraudière, en la Chapelle-Hullin, avait épousé N** *le Marié*, d'où vint : Marie le Marié, femme, en 1640, d'Emmanuel *le Roux*, chevalier, seigneur de la Roche-des-Aubiers.

Julie *de Cornulier*, mariée à Paul Jean-Baptiste *le Feuvre*, seigneur de la Brulaire, reçu conseiller au parlement de Bretagne en 1732 (d'une famille originaire de Touraine, qui porte : *d'azur au chevron d'or, surmonté d'une étoile d'argent et accompagné de trois quintefeuilles de même*), en eut un fils et une fille, qui suivent :

1º Jean-Baptiste Paul le Feuvre, seigneur de la Brulaire en Anjou, conseiller au parlement de Bretagne en 1742, épousa en 1727 Marie-Oziste *de Chevigné* du Boischollet, dont il eut deux fils, un seul desquels a laissé postérité :

Joseph-Marie le Feuvre de la Brulaire, marié, sans enfants, avec demoiselle *de la Houssaye* ;

2° Rosalie le Feuvre de la Brulaire, née en 1713, morte en 1777 aux Cordelières des Ponts-de-Cé, épousa en 1725 Joseph *de Gouvello,* dont elle eut trois fils et deux filles, qui suivent :

1° Paul-Joseph de Gouvello, né en 1734, mort en 1811, épousa Françoise *de Gouvello,* dame de Kerantrech, près d'Auray, dont deux fils :

Paul-François de Gouvello, né en 1757, capitaine de cavalerie, mort sans alliance en 1784 ;

Joseph-Pierre de Gouvello, né en 1758, épousa en 1788 Anne-Émilie *Picot de Dampierre,* chanoinesse d'Épinal, dont : 1° Arthur de Gouvello, officier des gardes du corps, mort en 1825, non marié ; 2° Marie-Josèphe-Henriette-Émilie de Gouvello, chanoinesse de Sainte-Anne de Munich ; 3° Élisabeth de Gouvello, mariée : 1° au comte Paul *de Robien,* 2° avec Charles *de Gouvello,* morte sans postérité en 1849.

2° Paul de Gouvello, né en 1748, mort en 1803, épousa : 1° en 1785, Suzanne *de la Motte-Fouqué,* massacrée dans la Vendée ; 2° Pauline-Adélaïde *de la Landelle.* Du 1er lit vinrent deux fils, morts sans alliance ; du 2° lit vint : Amélie de Gouvello, supérieure des Dames de l'Adoration perpétuelle à Nantes.

3° Louis-Paul de Gouvello, né en 1754, mort en 1830, épousa en 1801 Gasparine *de Bourbon-Busset,* dont :

François-Charles-Jules de Gouvello, né en 1811, page du roi Charles X, mort à Versailles en 1827; et deux filles non mariées, fixées en Nivernais.

4° Julie-Rosalie de Gouvello, morte en 1778, mariée en 1750 avec Louis-Hubert *Maillard,* seigneur du Bois-Saint-Lys en Carquefou, dont une fille mariée à M. *de Monti,* officier de la marine.

5° Perrine de Gouvello, née en 1742, religieuse Carmélite, morte à Nantes en 1826.

Pélagie *de Cornulier,* mariée le 9 juillet 1692 à Toussaint *Henry,* seigneur de la Plesse (d'une famille de l'évêché de Rennes qui porte : *d'azur à la fasce d'argent, accompagnée de six étoiles d'or, 3 en chef et 3 en pointe posées 2, 1,* et qui fut maintenue par ordonnance de l'intendant du 4 juin 1697), n'en eut qu'un fils unique :

Jean-Baptiste Henry, reçu conseiller au parlement de Bretagne le 23 septembre 1718, épousa Marie-Bertranne *le Fer*, dont une fille unique : Sainte-Marie Henry.

VIIe DEGRÉ.

Extrait des registres de la paroisse de Teillé.

Le 11 mars 1720, furent mariés, dans la chapelle du Boismacquiau, messire Jean-Pierre *Charbonneau*, seigneur de l'Étang en Mouzeil, fils de défunt messire Pierre Charbonneau, vivant chevalier, seigneur de l'Étang, et de dame Yvonne Baudouin, dame de Mouzeil ; et demoiselle Jeanne de Cornulier, fille de messire Claude de Cornulier, chevalier, seigneur du Boismacquiau et autres lieux, conseiller du Roi et président en sa chambre des Comptes de Bretagne, et de dame Marie Douard, ses père et mère. En présence de Charles-Borromée de Pontual, cousin germain du marié ; de demoiselle Yvonne Charbonneau, sa sœur; de Louis le Grand, auditeur des Comptes, etc. La bénédiction nuptiale donnée par messire René de Pontual, ancien recteur de Saint-Hilaire-du-Bois.

Anne-Marie *Douard*, mariée en 1697 avec Claude *de Cornulier*, était fille de Jean-Baptiste Douard et de Marie *Gouyon*.

Jean-Baptiste Douard était fils de Louis Douard et de Nicolle *Cillart*.

Louis Douard était fils de Pierre Douard et d'Artuze *Avril*.

Marie Gouyon était fille de Michel Gouyon et de Jeanne *de Complude*.

Michel Gouyon était fils d'autre Michel Gouyon et de Jeanne *Grignon*.

Jeanne de Complude était fille de Bonaventure de Complude et de Marie *Charette*.

DOUARD.

I. Guillaume Douard comparut en 1477 à la montre des nobles de Bretagne, en équipage d'hommes d'armes, devant les commissaires du duc François II. Il eut pour fils Edmond et Jean Douard, qui partagèrent noblement sa succession le 22 décembre 1495.

II. Edmond Douard épousa Hardouine *de Clermont*, dont il eut François Douard, seigneur de Rochefort, et Pierre Douard, seigneur de la Drouetière, qui partagèrent noblement le 12 mai 1574.

III. Pierre Douard épousa le 2 février 1580 Artuze *Avril*, fille de Julien Avril, seigneur de la Pannière, conseiller au parlement de Bretagne, et de Françoise *Bonnet*, dont il eut : Louis, Pierre et François Douard, qui partagèrent noblement le 12 janvier 1629.

IV. Louis Douard, seigneur de la Drouetière, né en 1581, épousa Nicolle *Cillart*, dont il eut Jean-Baptiste, qui suit, et une fille mariée à Louis-François *Ferron*, seigneur du Chesne.

V. Jean-Baptiste Douard, seigneur de Villeport, du Grado, de la Drouetière et du Bodel, maréchal de bataille des camps et armées du Roi, gouverneur de Belle-Isle-en-Mer et de Malestroit, premier chambellan d'affaires de la maison d'Orléans, maintenu d'ancienne extraction noble par arrêt du 23 décembre 1670 ; épousa le 1er avril 1674 Marie *Gouyon*, dame du Gué, dont il eut deux filles :

Anne-Marie Douard, femme de Claude *de Cornulier*, et Thérèse Douard, religieuse à l'abbaye des Couëts, près Nantes.

Du 26 mai 1685, avis des parents en l'estoc maternel des deux filles mineures de défunt messire Jean-Baptiste *Douard* et de dame Marie *Gouyon*, sr et dame de Villeport ; lesquels nomment un tuteur onéraire auxdites mineures ; les maintiennent en pension au couvent des Couëts, avec une fille pour les servir ; acceptent pour elles la succession de leur père sous bénéfice d'inventaire, et purement et simplement celles de leur mère et de Jeanne de Complude, leur aïeule, décédée depuis ladite Gouyon.

Ces parents sont : Louis Charette, seigneur de la Gâcherie, sénéchal de Nantes ; Sébastien de Bruc, seigneur de Vieillecour et de Livernière ; Julien Charette, seigneur de la Colinière ; Christophe de Coutance, seigneur de la Selle ; Jean-Baptiste Charette, seigneur du Boisbriand ; Jean Charette, seigneur de la Chapelle ; Julien Charette, seigneur de Kersou ; et Jean du Breil, seigneur de Champcartier.

La famille CILLART, d'ancienne extraction, porte : *de gueules au greslier d'argent enguiché de même, en sautoir.* Elle remonte à Eudon Cillart, écuyer de Charles de Blois, fait prisonnier avec lui à la bataille de la Roche-Derrien en 1346, et a donné un brigadier d'infanterie en 1780 et un chef d'escadre en 1786.

La famille AVRIL, originaire d'Anjou, a été maintenue dans cette province en 1669 ; elle porte : *d'argent au pin de sinople, au chef d'azur chargé de trois roses d'or.* Elle a donné un premier président à la chambre des Comptes et cinq conseillers au parlement de Bretagne.

GOUYON.

I. Noble homme Guillaume Gouyon, auditeur des Comptes de Bretagne, épousa Julienne *Pegu*; ils acquirent, en 1570, la terre et seigneurie du Plessis-Regnard en Haute-Goulaine, puis celle de la Houdinière. Tous les deux étaient morts en 1587, laissant pour fils unique :

II. Michel Gouyon, écuyer, seigneur du Plessis-Regnard, père de Claude Gouyon, seigneur de la Houdinière, conseiller et maître d'hôtel du Roi, et de :

III. Michel Gouyon, IIe du nom, seigneur du Plessis-Regnard, gentilhomme ordinaire de la maison du cardinal de Richelieu. Il acquit, en 1638, la terre de la Guillebaudière, en Haute-Goulaine, et était, en 1644, premier capitaine du régiment du Havre-de-Grâce. Il épousa Jeanne *Grignon*, dont il eut :

IV. Michel Gouyon, seigneur du Plessis-Regnard et de la Guillebaudière, lieutenant-colonel du régiment d'infanterie du cardinal de Richelieu, épousa le 25 juin 1643 Jeanne *de Complude*, dont il eut une fille unique :

Marie Gouyon, mariée : 1° avec Germain-François *Foucher*, baron du Gué, Sainte-Flaive, etc. ; 2° en 1674, avec Jean-Baptiste *Douard*, comme on vient de le dire.

Cette famille Gouyon, qui est une branche cadette de l'illustre maison de Gouyon-Matignon, en Bretagne, porte : *d'argent au lion de gueules, armé, lampassé et couronné d'or.*

La famille GRIGNON porte : *d'argent à trois roses de gueules boutonnées d'or.* Elle a donné un abbé de Boquin en 1430, un abbé de Geneston en 1598, et un conseiller au parlement de Bretagne en 1575. Mathelin Grignon, seigneur de Raine-fort, est mentionné parmi les nobles de la paroisse de Pierric, à la réformation de 1427.

Cette famille possédait encore les terres de Beauchesne, en Derval, en 1560 ; des Bouteilles, dans le Bignon, en 1543 ; de la Hurlais, en Fougeray, en 1513 ; du Pémion, en Château-Thébaud, en 1555 ; de la Salle, en Fresnay, et de la Gillière, en la Haye-Fouassière, en 1549.

La famille de COMPLUDE est originaire de Burgos, en Espagne; elle porte : *parti, au 1er de sinople à la fleur de lis florencée d'argent; au 2 d'azur au dextrochère d'argent, mouvant d'une nuée et soutenant un sautoir de même.* Jean de Complude et Françoise d'Astudilla-Lerma, sa femme, acquirent du seigneur de Saint-Aignan, en 1535, la terre et seigneurie de Livernière, dans la paroisse de la Chapelle-Hullin. Leur fils fut maire de Nantes en 1580.

Bonaventure de Complude, écuyer, seigneur de Livernière, fils d'autre Bonaventure de Complude et de Prudence *Chomart*, épousa, par contrat du 23 juin 1605, Marie *Charette*, fille d'écuyer Jean Charette, maître des Comptes de Bretagne, seigneur de Lornière, et de Marguerite *de Trégouet*. De ce mariage vinrent trois filles.

Marie, la dernière, dame de la Gautronnière, ne fut pas mariée; Jeanne, la seconde, épousa en 1643 Michel *Gouyon*, comme on vient de le dire; et Prudence, l'aînée, dame de Livernière, fut mariée en 1633 à François *de Bruc*, seigneur des Guilliers. De ce dernier mariage sont issus les de Bruc, seigneurs de Livernière, du Cléray, de Signy, etc., qui ont formé une très-nombreuse postérité.

La famille CHARETTE porte : *d'argent au lion de sable, armé et lampassé de gueules, accompagné de trois aiglettes de sable, 2, 1, membrées et becquées de gueules;* elle a été déclarée d'ancienne extraction, par arrêt du 7 décembre 1668. Cette famille semblait s'être consacrée spécialement à l'administration de la ville de Nantes; elle lui a donné sept maires, un plus grand nombre de sénéchaux et quelques prévôts. En reconnaissance de son dévouement aux intérêts de la cité, les bourgeois lui confièrent très-souvent le soin de les représenter dans l'assemblée des États de la province; de là vient qu'elle a fourni un si grand nombre de députés du Tiers; mais c'est à tort qu'on a voulu en conclure qu'elle appartenait à cet ordre : le Tiers-État se faisait très-fréquemment représenter par des gentilshommes de race, et la preuve que les Charette avaient droit à cette dernière qualité se trouve dans leurs mentions aux réformations de la Chapelle-sous-Ploërmel en 1426 et 1513, et de Fégréac en 1440, et dans leur comparution aux montres de 1467, 1472 et 1480.

La famille CHARBONNEAU, originaire du Poitou, remonte au XIIIe siècle, et porte : *d'azur à trois écussons d'argent, 2, 1, accompagnés de dix fleurs de lis d'or, 4, 3, 2, 1.* Devise : *Pro fide scuta, a rege lilia.*

Jeanne *de Cornulier*, mariée en 1720 avec Jean-Pierre Charbonneau, en eut :

1º Honoré-Godefroy Charbonneau, marié avec Jeanne *du Being*, dont :

Godefroy-Anne-Casimir-Pierre-Marie Charbonneau, reçu conseiller au parlement de Bretagne le 14 juin 1780, mort sans postérité.

2° N*** Charbonneau, officier de la marine royale, épousa demoiselle *Boscal de Réals*, dont :

Félix Charbonneau, inspecteur des postes, sans alliance.

3° Yvonne - Prudence Charbonneau, mariée en 1746 avec Louis-Gabriel *de Bruc*, seigneur des Dervalières.

VIIIᵉ DEGRÉ.

Le 28 juin 1745, a été baptisé en l'église de Saint-Jean à Rennes, Joseph-Élisabeth, né de ce jour, fils de H. et P. messire Toussaint *de Cornulier*, conseiller du Roi en ses Conseils et président à mortier au parlement de Bretagne, et de H. et P. dame Marie-Angélique-Sainte de Cornulier, son épouse. Parrain, H. et P. seigneur messire Joseph du Dresnay ; marraine, H. et P. dame Élisabeth de Cornulier, dame des Nétumières.

Du 20 novembre 1765, contrat de mariage de H. et P. messire Jacques-Célestin-Jean-François-Marie du Merdy, chevalier, seigneur, comte de Bouée, fils puîné de H. et P. seigneur messire Charles-Pierre-Félicien du Merdy, chevalier, seigneur, marquis de Catuélan, président aux enquêtes du parlement de Bretagne, et de feue H. et P. dame Marie-Jeanne-Jacquette Senant ; avec demoiselle Marie-Anne *de Cornulier*. Au rapport de Sohier et Jolys, notaires royaux à Rennes.

En 1770, Angélique-Marie-Sainte de Cornulier, héritière de la branche aînée, mariée à son cousin Toussaint de Cornulier, vendit à la communauté de ville de Rennes, moyennant le prix de 120,000 #, pour y loger l'intendant, M. d'Agay, l'hôtel de Cornulier, situé vis-à-vis de la Motte, et qui passait pour un des plus somptueux de la ville : c'est la préfecture actuelle.

Du 30 juillet 1789, acte de remise faite à la commune d'Ancenis, par la présidente de Cornulier, de quatre pierriers de bronze, longs de vingt pouces, du calibre de vingt lignes, armoriés des armes de Cornulier.

Joseph-Élisabeth vicomte *de Cornulier*, seigneur de la Touche de Nozay, épousa Louise-Reine-Jeanne de *Kervenozaël*, fille unique de Laurent-Guillaume de Kervenozaël, chevalier, seigneur de Kerambriz, et de Louise-Joséphine-Reine *de Boutouillic* ; il n'en eut pas d'enfants. Cette demoiselle de Kervenozaël était alors veuve de Jean-Louis *Baillon*, chevalier, seigneur de Servon, conseiller d'État, intendant de Lyon, qu'elle avait épousé avant 1764, et elle se remaria en troisièmes noces, en 1777, avec Joseph-Marie-Nicolas vicomte *du Dresnay* (voyez VIIIᵉ degré de la branche *aînée*). De son premier mariage, elle avait eu Anne-Louise-Reine-Jeanne-Lyon Baillon, mariée le 17 mars 1779 à Anne-Louis-François-de-Paule *le Fevre d'Ormesson,* président à mortier au parlement de Paris.

Marie-Angélique-Renée *de Cornulier,* mariée en 1756 au marquis *de Catuélan,* premier président au parlement de Bretagne, en eut un fils et une fille.

Marie-Charles-Célestin du Merdy de Catuélan, conseiller au parlement de Bretagne en 1781, marié avec demoiselle *Bareau de Girac,* dont deux fils mariés et une fille qui a épousé M. *de Páris;*

Et demoiselle de Catuélan mariée à François-Auguste *du Boispéan,* reçu conseiller au parlement de Bretagne en 1778, dont elle eut:

1° Jacques-Auguste du Boispéan, sous-préfet de Châteaubriant, marié avec demoiselle *Bousquet de Balainvilliers;*

2° Charles du Boispéan, conseiller à la cour royale de Rennes, non marié;

3° Ludovic du Boispéan, marié à Anna *de Scelles,* sans postérité;

4° Julie du Boispéan, mariée à Monique *Tranchant des Tullays,* sans postérité;

5° Angélique du Boispéan, mariée à Hyacinthe *du Hamel de la Botheliere,* ancien officier d'artillerie;

6° Adèle du Boispéan, non mariée;

7° Céleste du Boispéan, religieuse ursuline à Quintin.

Marie-Anne-Charlotte *de Cornulier,* mariée en 1775 avec Anne-Joseph *de Lanloup,* n'en eut qu'une fille: Marie-Anne-Josèphe de Lanloup, mariée en 1789 à Jean-Marie-Louis comte de *Bellingant,* colonel, aide de camp du prince de Condé, dont une fille unique: Jeanne Françoise de Bellingant, mariée à M. *Sterling.*

Pauline-Jeanne *de Cornulier,* mariée en 1771 à Daniel-Henri-Louis-Philippe-Auguste *le Mallier,* comte de Chassonville, en eut:

1° Adrien-Toussaint le Mallier de Chassonville, né en 1772, non marié;

2° Thérèse-Sainte-Pauline le Mallier, née aussi en 1772, mariée à M. *du Bot;* dont un fils marié à Mlle *de la Villébrune,* et deux filles, l'une desquelles a épousé M. *de la Volletais;*

3° Pauline le Mallier, mariée en 1809 à Charlemagne-

Alexandre-René-Augustin *de Cornulier* (voyez au IXe degré de la branche de *la Caraterie*);

4° Henriette le Mallier, mariée à M. *de Montfort;* dont Auguste-Paul de Montfort, officier de la marine royale, et demoiselle de Montfort, mariée à M. *de Lotz de Coatgourhant,* lieutenant de vaisseau;

5° Demoiselle le Mallier, mariée à M. *de la Boissière,* dont postérité.

Marie-Émilie *de Cornulier,* mariée en 1776 avec Charles-Jean-Baptiste *Morel,* marquis de la Motte, n'en eut qu'une fille: demoiselle Morel de la Motte, mariée à Charles-Adam *de Martel,* dont deux filles :

1° Émilie de Martel, mariée à Raoul, marquis *de Caradeuc* de la Chalottais, dont une fille unique, Marie de Caradeuc, femme du comte Alfred *de Falloux;*

2° Demoiselle de Martel, mariée à Emmanuel *Guérin de la Grasserie,* morte sans postérité.

La famille DU MERDY, d'ancienne extraction, originaire de l'évêché de Tréguier, porte : *écartelé d'argent et de gueules, à trois fleurs de lis de l'un en l'autre.*

La famille de LANLOUP, d'ancienne extraction, de l'évêché de Saint-Brieuc, porte : *d'azur à six annelets d'argent.*

La famille MOREL, originaire d'Anjou, seigneur de la Motte, paroisse de Gennes, maintenue en Bretagne en 1738, porte : *d'argent à une bande de gueules chargée de trois molettes d'or.*

RAMEAU DE LA SIONNIÈRE.

La famille du TRESSAY, d'ancienne extraction, de l'évêché de Vannes, porte : *d'argent à la fasce nouée de gueules, chargée de trois besants d'or.*

Gilles COSNIER, recteur de Saffré, avait pour frère Mathurin Cosnier, seigneur de la Grand'Haye, correcteur des Comptes de Bretagne, qui épousa Marie *le Meneust,* dont il eut trois fils :

1° Gilles Cosnier, seigneur de la Bothinière en Saffré, conseiller au parlement de Bretagne, épousa Marie-Marguerite *Jouault,* fille de Christophe Jouault, receveur de l'amirauté de Nantes, et de Marie *Rouillé,* de la même famille que Jacques Jouault, s^r du Mesnil, avocat général en la chambre des Comptes de Bretagne. Marie-Marguerite Jouault se maria en secondes noces avec Pierre *le Meneust*, cheva- lier, seigneur des Treilles et du Boisbriand, président en la chambre des Comptes de Bretagne. Du 1er lit, elle eut pour fils unique :

> Écuyer Gilles Cosnier, qui épousa en 1708, à l'âge de 20 ans, Marie-Marguerite Cosnier, sa cousine ger- maine, ci-après.

2° Mathurin Cosnier, écuyer, seigneur de la Grand'Haye, correcteur en la chambre des Comptes de Bretagne, épousa Marie-Anne *le Febure*, dont il eut pour fille unique :

> Marie-Marguerite Cosnier, mariée en 1708 à Gilles Cos- nier, son cousin germain, ci-dessus.

3° Nicolas Cosnier, seigneur de la Botbinière, chanoine de la Collégiale de Nantes, puis prévôt du chapitre de Guérande.

IXe DEGRÉ.

Marie-Félix-Pauline *Hay des Nétumières*, mariée en 1766 avec Toussaint-Charles-François *de Cornulier*, était fille de Charles-Marie-Félix Hay des Nétumières et de Jeanne-Margue- rite *Hay de Tizé*.

HAY.

La famille HAY, de Bretagne, paraît issue des anciens sei- gneurs de la Guerche; elle est connue depuis l'an 1094.

XII. Jean Hay, seigneur des Nétumières, près Vitré, con- seiller au parlement de Bretagne, épousa : 1°, en 1615, Mathurine *Bouan*, dame de Tizé; 2° en 1627, Françoise *Pinczon*. Du 1er lit vinrent : 1° Paul, qui suit; 2° Jean, auteur de la bran- che de Bonteville, qui suivra.

XIII. Paul Hay, seigneur des Nétumières, conseiller au par- lement de Bretagne, épousa en 1640 Renée *le Corvaisier de Pellaine*, fille de René le Corvaisier, conseiller au parlement de Bretagne, et de Perrine *de la Monneraye*; dont Paul, qui suit, et Renée Hay, mariée en 1663 à Claude *de Cornulier*. (VIe degré de la branche *aînée*.)

XIV. Paul Hay, seigneur des Nétumières, épousa Françoise *de Bréhan*, fille de Jean de Bréhan, baron de Mauron, et de Françoise *le Fer de la Motte*, dont :

1° Jean-Paul, qui suit;

2° François-Augustin Hay, chevalier, seigneur de Tizé, épousa Gillonne-Marie *Bidault*, dont :

Jeanne-Marguerite Hay de Tizé, née à Vitré le 11 octobre 1730, mariée le 2 mars 1751 à Charles-Marie-Félix *Hay des Nétumières,* son cousin germain.

3° Joseph-Joachim-Marie Hay de Tizé.

XV. Jean-Paul Hay, seigneur des Nétumières, reçu conseiller au parlement de Bretagne en 1690, épousa Elisabeth *de Cornulier* (VIIe degré de la branche *aînée*), dont il eut :

1° Charles-Paul, qui suit.

2° Charles-Marie-Félix Hay des Nétumières, seigneur de la Rivaudière, né en 1720, capitaine au régiment du Roi-infanterie, chevalier de Saint-Louis, épousa à Saint-Aubin de Rennes, le 2 mars 1751, Jeanne-Marguerite *Hay,* dame de Tizé et de Châteaugal, sa cousine germaine ci-dessus, dont il eut trois filles, savoir :

   1° Marie-Félix-Pauline Hay des Nétumières aînée, née en 1752, mariée en 1766 avec Toussaint-Charles-François *de Cornulier,* comme il vient d'être dit ;

   2° Demoiselle Hay des Nétumières, mariée à Louis-Pierre-Marie *de Lorgeril,* officier de la marine royale (voyez IXe degré de la branche de *Lucinière*) ;

   3° Félicité Hay des Nétumières, religieuse à la Visitation de Rennes.

XVI. Charles-Paul Hay, marquis des Nétumières, épousa en 1735 Marie-Françoise-Rose *de Larlan de Kercadio,* comtesse de Rochefort, dont :

XVII. Marie-Paul Hay, marquis des Nétumières, député des États de Bretagne auprès du Roi Louis XVI, épousa en 1779 Émilie-Olympe *Hay de Bonteville,* sa parente, dont :

XVIII. Marie-Charles-Paul Hay, marquis des Nétumières, marié en 1809 avec demoiselle *de Kergu.*

BRANCHE DE BONTEVILLE.

XIII. Jean-Paul Hay, seigneur de la montagne et de Bonteville, épousa en 1656 Christophette *du Hallay,* dont :

XIV. Jean-François Hay, seigneur de Bonteville et de la Montagne, mort en 1725, épousa Anne-Françoise *Huart,* fille de François Huart, conseiller au parlement de Bretagne, et de Marie-Anne *du Breil,* dont : 1° Joachim-Daniel, qui suit ; 2° Maurille-Pierre-Jean Hay, chanoine de Saint-Pierre de Rennes en 1740 ; 3° Gervais Hay, capitaine au régiment de Montmorency ; 4° Marguerite-Marie-Paule Hay, mariée en 1728 à Jean-Pierre-René *Pantin,* seigneur de la Rouaudière.

XV. Joachim–Daniel Hay, seigneur de Bonteville, conseiller au parlement de Bretagne en 1723, mort en 1765, épousa Marguerite-Anne *de Boiséon*, dont :

1° Hercule-François-Paul, qui suit.

2° Marie-Anne-Hippolyte Hay de Bonteville, évêque de Saint-Flour, puis de Grenoble, mort en 1788.

XVI. Hercule-François-Paul Hay, comte de Bonteville, capitaine au régiment du Roi, épousa : 1° Olympe-Marie *de Rosnyvinen ;* 2° demoiselle *du Baudiez*, petite-fille de Marie-Prudence *de Cornulier* (voyez VI⁰ degré de la branche de *Lucinière*). Il n'y eut pas d'enfants de ce second mariage. Du 1ᵉʳ lit vinrent : Guillaume-Gabriel-Paul Hay, comte de Bonteville, né en 1758 ; et Émilie-Olympe Hay, née en 1760, mariée en 1779 à Marie-Paul *Hay*, marquis des Nétumières.

Extrait des registres de la paroisse de Nozay.

Le 29 septembre 1771, ont été suppléées les cérémonies du baptême à une demoiselle ondoyée sur la paroisse de Saint-Jean de Rennes, à laquelle on a imposé les noms de Marie-Pauline-Sainte, fille de H. et P. S. messire Toussaint-Charles-François *de Cornulier*, chevalier, seigneur, marquis dudit nom, conseiller au parlement de Bretagne, et de H. et P. dame Marie-Pauline-Félix *Hay des Nétumières,* son épouse. Parrain, H. et P. S. messire Toussaint de Cornulier, chevalier, seigneur du Boismaqueau, conseiller du Roi en ses conseils, président à mortier au parlement de Bretagne, marquis de Châteaufremont, comte de Largouet ; marraine, H. et P. D. Marie-Françoise-Rose de Larlan de Kercadio, marquise des Nétumières, comtesse de Rochefort, veuve de H. et P. messire Paul-Charles Hay, marquis des Nétumières.

Marie-Pauline-Sainte *de Cornulier,* mariée en 1787 à Mathurin-Louis-Anne-Bertrand de Saint-Pern, seigneur de la Tour, conseiller au parlement de Bretagne, en eut Jean-Louis-Marie Bertrand et Joseph-Marie-Thérèse de Saint-Pern, dont on va parler.

1° Jean-Louis-Marie-Bertrand, comte de Saint-Pern, épousa, en 1815, Marie-Camille-Albertine *de Cornulier,* sa cousine germaine, dont il eut : 1° Raoul-Bertrand-Jean-Marie de Saint-Pern, né en 1817, marié en 1842 avec Henriette-Siméonne-Stylitte *de la Tullaye ;* 2° Bertrand de Saint-Pern, marié avec demoiselle *de Montagu ;* 3° Pauline de Saint-Pern, mariée en 1839 à Joseph *de Monti ;* 4° Berthe de Saint-Pern, non mariée ; 5° Armelle de Saint-Pern, mariée à M. Stéphan *de Boynet ;* 6° Valentine de Saint-Pern, mariée à M. *de Freslon.*

2° Joseph-Marie-Thérèse de Saint-Pern, lieutenant-colonel de cavalerie, chevalier de Saint-Louis, épousa Élisabeth *Magon de la Lande*, dame d'honneur de Madame, mère de Napoléon Ier, dont :

Adolphe-Joseph-Bertrand de Saint-Pern, page de l'Empereur, gentilhomme de la chambre du Roi, épousa en 1819 Augustine *Magon de la Gervesais*, dont : 1° Olivier de Saint-Pern, né en 1820 ; 2° Henri, né en 1825 ; 3° Arthur, né en 1829 ; 4° Roger, né en 1832 ; 5° Louise-Marie de Saint-Pern.

Xe DEGRÉ.

Amélie-Laurence-Marie-Céleste *de Saint-Pern*, mariée en 1788 avec Toussaint-François-Joseph *de Cornulier*, était fille de Bertrand-Auguste marquis de Saint-Pern et de Françoise-Marie-Jeanne *Magon de la Balue*.

Bertrand-Auguste de Saint-Pern était fils de René-Célestin-Bertrand de Saint-Pern et de Marie-Philippe *de l'Olivier de Saint-Maur*.

René-Célestin-Bertrand de Saint-Pern était fils de Pierre-Mathurin-Bertrand de Saint-Pern et de Marie-Françoise-Angélique-Émilie *de Derval*.

Marie-Philippe de l'Olivier de Saint-Maur était fille de Sébastien de l'Olivier de Saint-Maur et de Marguerite *de Volvire*, dame du Bois de la Roche.

Françoise-Marie-Jeanne Magon était fille de Jean Magon de la Balue et de Perrine *le Franc*.

Jean Magon était fils de Luc Magon de la Balue et de Pélagie *Porée*.

DE SAINT-PERN.

La maison de Saint-Pern, d'ancienne chevalerie, figure dans les chartes bretonnes dès le XIe siècle ; elle remonte, par filiation suivie, à Philippe de Saint-Pern, qui épousa Havoise *de Mauny*, tante du connétable du Guesclin ; Bertrand de Saint-Pern, leur petit-fils, fut parrain du célèbre connétable. Le nom de Saint-Pern est une contraction de celui de Saint-Paterne.

XIII. Joseph-Hyacinthe de Saint-Pern, seigneur de Ligouyer, de Champalaune, etc., capitaine de la Noblesse de l'évêché de Saint-Malo, épousa en 1683 Anne-Julienne-Sainte *de Botherel de Quintin*, dame de la Ville-Geffroy, dont il eut :

1° Pierre-Mathurin-Bertrand, qui suit :

2° Bonaventure-Hilarion de Saint-Pern, page du Roi en 1704, épousa en 1719 Louise-Hyacinthe *de Derval de Brondineuf*, dont il eut deux fils :

Judes-Gilles de Saint-Pern, marié en 1775 avec Adélaïde-Marie *de Saint-Pern*, mort sans postérité en 1796; et Hilarion de Saint-Pern, marié avec Françoise *Boschat*, dont deux filles :

Louise-Mathurine-Hyacinthe de Saint-Pern, mariée en 1783 à Paul-Henri, comte *de Saint-Pern;* et Adélaïde-Modeste-Sylvie de Saint-Pern, mariée en 1799 à Guillaume-Marie *de Carheil*, seigneur de Launay;

3° Judes-Vincent marquis de Saint-Pern, lieutenant général des armées du Roi, commandeur de Saint-Louis, mort en 1761.

XIV. Pierre-Mathurin-Bertrand de Saint-Pern, seigneur de Ligouyer, conseiller au parlement de Bretagne, épousa en 1715 Marie-Françoise-Angélique-Émilie *de Derval*, dame de Couellan, dont :

1° René-Célestin-Bertrand, qui suit :

2° Bonaventure de Saint-Pern, lieutenant général des armées du Roi en 1780, épousa en 1762 Reine-Marie-Josèphe *du Vergier*, dame de Kernot, dont il eut :

Bertrand-Marie-Hyacinthe de Saint-Pern-Ligouyer, tué en défendant Saint-Jean-d'Acre contre les armées républicaines, et Anne-Marie de Saint-Pern, morte en religion en 1819;

3° Emmanuel de Saint-Pern, chevalier de Malte;

4° Anne-Jeanne-Marie de Saint-Pern, mariée à Claude-Marie-Jean-Baptiste *du Plessis de Grenedan*, conseiller au parlement de Bretagne, dont postérité;

5° Françoise-Gillette-Émilie de Saint-Pern, mariée à René-Jean *Bonnin*, seigneur de la Villebouquay, conseiller au parlement de Bretagne, dont un fils et deux filles :

Bertrand-Jean-Marie Bonnin de la Villebouquay, reçu conseiller au parlement de Bretagne en 1763, épousa Marianne *du Plessis*, dont il eut quatre filles, deux desquelles seulement furent mariées : l'une, à M. *du Poulpiquet du Halgouet;* et l'autre, à M. *le Barbier de Lescouet;*

Aimée Bonnin, mariée avec M. *Josset du Quengo*, en eut deux filles non mariées;

Scholastique Bonnin, femme de Claude *Bernard de la Gatinais,* en eut trois fils : l'un officier de la marine, l'autre officier d'infanterie, et le troisième magistrat à Chandernagor.

XV. René-Célestin-Bertrand, marquis de Saint-Pern, épousa en 1741 Marie-Philippe *de l'Ollivier de Saint-Maur*, fille de Sébastien de l'Ollivier, comte de Saint-Maur, et de Marguerite *de Volvire*, dont il eut :

1° Bertrand-Auguste, qui suit :

2° Philippe-Vincent de Saint-Pern de Champalaune, capitaine de vaisseau, mort en 1834, épousa en 1784 Marie-Madeleine-Jeanne-Nicolle *de Poincy de Longvilliers*, dont :

> Bertrand-Joseph-Marie-Cécile de Saint-Pern, épousa : 1° en 1820, Marie-Julie *Magon de Saint-Élier;* 2° en 1827, Marie-Désirée *de Saint-Pern*, sa cousine germaine. Du 1ᵉʳ lit vint : Bertrand-Marie-Célestin de Saint-Pern, né en 1823. Du 2ᵉ lit vinrent : Arthur-Paul-Marie; Joseph-Marie; Henri; Alix-Marie, et Marie-Désirée de Saint-Pern;

3° Paul-Henri de Saint-Pern, lieutenant-colonel, chevalier de Saint-Louis, épousa en 1783 Louise-Mathurine-Hyacinthe *de Saint-Pern de Brondineuf*, sa cousine, dont :

> Alderik de Saint-Pern, capitaine d'infanterie, tué en 1814; Marie-Aimée-Judith de Saint-Pern, mariée en 1813 à Bernard *de Landais,* capitaine de gendarmerie, chevalier de Saint-Louis, sans postérité; et Amélie de Saint-Pern, mariée en 1813 à Alexandre *de la Lande de Calan,* dont postérité;

4° Jean-Louis-Marie-Bertrand, chevalier de Saint-Pern, page du Roi en 1774, tué dans l'armée royale du Morbihan en 1815, épousa en 1806 Charlotte-Félicité *du Han,* chanoinesse d'Épinal, dont :

> Félix de Saint-Pern, capitaine d'artillerie;

5° Athanase-Joseph de Saint-Pern de Launac, lieutenant de vaisseau, épousa à l'Ile de la Trinité, en 1792, Marie-Louise-Marguerite *de Poincy de Longvilliers*, dont :

> Joseph-Christophe-Marie-Philippe-Paterne de Saint-Pern, comte de Couellan, maire de Dinan, député des Côtes-du-Nord en 1835, mort en 1839, épousa en 1806 Adèle-Marie-Joséphine *Magon de la Balue,* sa cousine germaine, fille d'Adrien-Dominique Magon de la Balue et d'Anne-Félicité de Saint-Pern, dont :
>
>> Paul-Marie-Emmanuel-Bertrand de Saint-Pern, né en 1819; Anastasie-Marie-Pauline, et Hermine-Marie de Saint-Pern;

6° Anne-Félicité de Saint-Pern, mariée en 1784 à Adrien-

Dominique *Magon de la Balue*. (Leur postérité est rapportée à l'article *Magon*, ci-après.)

7º Émilie de Saint-Pern, mariée en 1777 à M. *de Caradeuc de la Chalottais*, dont :

Émilie de Caradeuc, femme de M. *de Traurou*, dont elle a eu deux filles.

XVI. Bertrand-Auguste marquis de Saint-Pern-Ligouyer, épousa : 1º en 1772, Françoise-Marie-Jeanne *Magon de la Balue*, sœur d'Adrien-Dominique ci-dessus ; 2º en 1793, Marie-Toussainte *Conier*.

Du 1ᵉʳ lit vint : Amélie-Laurence-Marie-Céleste de Saint-Pern, née en 1775, mariée en 1788 avec Toussaint-François-Joseph *de Cornulier*, marquis de Châteaufremont.

Du 2ᵉ lit vinrent : 1º Honoré-Marie-Bertrand de Saint-Pern, né en 1798; 2º Isidore-Marie-Bertrand de Saint-Pern, marié en 1835 avec Victoire-Claire *Brock de la Tuvellière;* 3º Augustine-Marie-Josèphe de Saint-Pern, mariée en 1832 à Frédéric *Lecourt de la Villethassetz*, ancien procureur du Roi; 4º Marie-Désirée de Saint-Pern, mariée en 1827 à Bertrand-Joseph-Marie-Cécile *de Saint-Pern*, son cousin germain, comme on l'a déjà dit.

La maison DE DERVAL actuelle a pour auteur Georges de Derval, seigneur de la Lanceulle, dans la paroisse de Janzé, et des Landelles en Normandie, capitaine de Fougeray et de Derval en 1476, qui épousa Marie *Bonenfant*. Selon le P. Augustin du Paz, ce Georges était fils naturel légitimé de Jean *de Châteaugiron*, dit de Derval. Depuis 1540, la maison de Derval porte, par substitution, les armes de Broons-Brondineuf, qui sont : *d'azur à la croix d'argent frettée de gueules.*

La famille DE L'OLIVIER ou DE LOLIVIER, originaire de l'évêché de Cornouaille, seigneur de Saint-Maur, de Tronjoly, etc., a donné un page du Roi en 1688, un chef d'escadre, un abbé de Rillé, etc.; elle porte : *d'argent à la fasce de gueules, grillée d'or, accompagnée de trois quintefeuilles de gueules.*

L'illustre maison DE VOLVIRE, originaire du Poitou, porte : *burelé de dix pièces d'or et de gueules.* Ses membres étaient comtes de Ruffec, par alliance, en 1336, avec Aliénor, dame *de Ruffec*, issue des anciens comtes d'Angoulême; comtes du Bois-de-la-Roche, en Bretagne, par érection de 1607; marquis de Saint-Brice, par érection de 1650; barons de Fresnay, par érection de 1440. Dès l'an 1250, cette maison avait obtenu de grandes possessions en Bretagne par le mariage d'Hervé de Volvire avec Anastasie *de Blain,* dite *du Pont.* Elle a donné Hugues, chevalier, croisé en 1248; Renaud, commandant un des corps d'armée à la bataille de Formigny en 1450, et plusieurs officiers généraux aux deux derniers siècles.

MAGON.

La famille Magon, qu'on a fait descendre du célèbre capitaine carthaginois de ce nom, est originaire d'Espagne; en venant en France, elle s'établit d'abord aux environs de Vitré, puis se fixa à Saint-Malo en 1569. Là elle fit une grande fortune dans le commerce de mer, et forma plusieurs branches qui ont produit des sujets distingués, tels que : Nicolas Magon, marquis de la Gervesais, par érection de 1768; René Magon de Saint-Elier, gouverneur des îles de France et de Bourbon, intendant général de Saint-Domingue, mort en 1773, père de Charles Magon de Médine, contre-amiral, commandeur de la Légion d'honneur, baron de l'Empire, mort glorieusement à la bataille de Trafalgar.

Cette famille a été maintenue à l'intendance de Bretagne en 1701 et par arrêt du Conseil d'État de la même année; enfin par arrêts du parlement de Bretagne des 23 décembre 1788 et 7 janvier 1789, pour avoir entrée aux États dans l'ordre de la Noblesse. Elle porte : *d'azur au chevron d'or accompagné en chef de deux étoiles et en pointe d'un lion de même couronné d'argent.*

Nicolas Magon, seigneur de la Chipaudière, connétable de Saint-Malo, né en 1670, anobli en 1695 pour cause de loyaux services et sans finance, épousa : 1° demoiselle *Gilbert;* 2° demoiselle *le Fer de la Saudre,* dont il eut six enfants, qui suivent :

1° Alain Magon, seigneur de Terlaye, lieutenant colonel des gardes françaises, puis lieutenant général des armées du Roi, commandeur de Saint-Louis, mort sans alliance en 1748;

2° François-Auguste Magon, qui suit;

3° Luc Magon de la Balue, sur lequel nous reviendrons;

4° Françoise Magon, mariée à Claude *de Loz de Beaulieu de Beaucours;*

5° Hélène-Céleste Magon, mariée en 1701 à Pierre-Joseph comte *de Lambilly,* seigneur du Broutay, page du Roi, gentilhomme ordinaire de la Chambre, puis conseiller au parlement de Bretagne, intendant général de la conjuration de Pontcallec, dont :

1° Pierre-Laurent de Lambilly, seigneur dudit lieu, épousa en 1734 Laurence-Thérèse *Magon de la Ballue*, comme on le dira plus loin; 2° Marie-Jean-Louis de Lambilly, seigneur du Broutay, page du Roi en 1720, puis lieutenant aux gardes françaises; 3° Charles-Hyacinthe de Lambilly, page du Roi en 1721, puis sous-lieutenant aux gardes françaises; tué, ainsi que son frère, l'autre page, à Deltlingen; 4° Jeanne-Céleste de Lambilly, femme de Jacques *le Pennec*, chevalier, seigneur de Bois-Jolan; 5° Hélène-Modeste de Lambilly, femme de Joseph-René *de Ruelan*, seigneur du Tiercent, conseiller au parlement de Bretagne.

6° Jeanne Magon, née en 1687, morte en 1724, mariée en 1709 à René-Alexis *le Sénéchal*, comte de Carcado, lieutenant général des armées du Roi, gouverneur de Quimper, dont :

1° René-Alexis le Sénéchal de Carcado, colonel du régiment de Berry-infanterie, tué au siége de Prague, à la tête des grenadiers de France; 2° Corentin-Joseph le Sénéchal de Carcado, marquis de Molac, colonel du régiment de Périgord, gouverneur de Quimper, épousa en 1751 Marie-Anne *le Sénéchal*, héritière principale de sa maison (voyez VII° degré de la branche *aînée*); 3° Louise-Marguerite le Sénéchal de Carcado, mariée en 1740 à Anne-Louis *de Beauveau*, marquis de Tigny.

François-Auguste Magon, seigneur de la Lande, épousa demoiselle *Magon de l'Épinay*, dont un fils et une fille :

1° Nicolas-Auguste Magon de la Lande, né en 1715, seigneur du Plessis-Bertrand, contrôleur en la Chancellerie de Bretagne en 1751, épousa demoiselle *Locquet de Grandville*, dont :

Érasme-Charles-Auguste Magon de la Lande, guillotiné en 1794, marié en 1772 à Jeanne *du Fresne de Pontbriand*, dont :

Arsène Magon, père de plusieurs fils, et cinq filles, l'une desquelles, Élisabeth, a épousé M. *de Saint-Pern de la Tour;*

Marie Magon de la Lande, mariée en 1758 à Jean-Baptiste-Martin *Hérault*, seigneur de Séchelles, colonel du régiment de Rouergue, tué à la bataille de Minden, en 1759, dont :

Jean-Marie Hérault de Séchelles, le trop fameux président de la Convention nationale;

Julie-Charlotte Magon, femme de Polycarpe marquis *de Saint-Gilles*.

2º Nicole-Marie-Françoise Magon de la Lande, mariée en 1724 à Louis-Georges-Érasme *de Contades*, maréchal de France, cordon bleu, mort en 1795, dont :

> Demoiselle de Contades, mariée au comte *de Plouer*, mestre de camp de dragons, et Georges-Gaspard, marquis de Contades, brigadier des armées du Roi, tué dans les armées royales en 1794, épousa Julie-Victoire *Constantin,* dont trois fils :
>
> > 1º Érasme-Gaspard comte de Contades, lieutenant général, pair de France, mort en 1834, a laissé deux fils ; 2º Louis-Gabriel-Marie de Contades, né en 1769, maréchal de camp, a laissé deux enfants de Perrine-Julie *Constantin ;* 3º François-Jules-Gaspard vicomte de Contades, marié en 1791 avec Éléonore *de Bouillé,* dont un fils et une fille.

Luc Magon de la Balue épousa Pélagie *Porée ,* dont :

1º Jean-Baptiste Magon de la Balue, qui suit ;

2º Luc Magon de la Belinais, né en 1715, non marié. Son frère, Jean-Baptiste, avec lequel il demeurait à Paris, était banquier de la Cour à l'époque de la Révolution ; tous les deux furent victimes de leur dévouement à la famille royale : ils furent condamnés à mort en 1794, comme *convaincus d'avoir prêté des fonds à l'infâme Capet, pour favoriser sa rentrée en France ;*

3º L'abbé Magon, mort en Amérique ;

4º Hélène Magon, mariée à Guillaume *Eon ;*

5º Laurence-Thérèse Magon de la Balue, mariée en 1734 à Pierre-Laurent marquis *de Lambilly,* dont : Pierre-Laurent-Marie marquis de Lambilly, né en 1735, épousa en 1753 Françoise-Jacquette *de la Forest d'Armaillé,* dont :

> 1º Pierre-Gabriel-François marquis de Lambilly, lieutenant aux gardes françaises, épousa en 1786 Anne-Françoise-Henriette *de Rosily,* dont : 1º Thomas-Hippolyte marquis de Lambilly, officier de la garde royale, épousa en 1832 Alphonsine-Modeste-Paule-Rogatienne *de Sesmaisons,* dont cinq enfants ; 2º Françoise-Victoire-Henriette-Isidore de Lambilly, mariée : 1º à René-Joseph-Marie *de Langle,* 2º au comte *de Ferron ;* 3º Marie-Anne-Hermine de Lambilly, mariée en 1810 à Jean-Marie *Robiou de Troguindy ;* 4º Julie-Adélaïde de Lambilly, mariée en 1814 à Adolphe-Aymon comte *de Roquefeuil ;* 5º Olympe-Marie de Lambilly, mariée en 1825 à Frédéric-Prosper *Harscouet,* vicomte de Saint-Georges ;

2° Laurent-Xavier-Martin, chevalier de Lambilly, auteur d'une branche cadette;

3° Robert-Joseph-Guillaume de Lambilly, dit le chevalier du Broutay, officier aux gardes françaises, père de Louise de Lambilly, mariée : 1° au comte *de Martel ;* 2° à Alexandre *de Rosnyvinen,* marquis de Piré;

4° Auguste-Pierre-François de Lambilly, dit le chevalier de Kervéno, officier au régiment du Roi-infanterie, tué dans la chouannerie;

5° Laurence-Thérèse-Gabrielle de Lambilly, mariée à Claude-Augustin-Marie *le Vallois,* comte de Séréac;

6° Félicité-Marie de Lambilly;

7° Marie-Victoire de Lambilly, mariée à Jean-Baptiste-Marie-Mathurin *Moysan,* comte de la Villerouet;

8° Marie-Euphrosine de Lambilly, mariée au comte de *la Vigne-Dampierre.*

Jean-Baptiste Magon de la Balue épousa Perrine *Lefranc,* fille unique, d'une famille flamande; il en eut :

1° Adrien-Dominique Magon de la Balue, né en 1741, marié en 1785 avec Anne-Félicité *de Saint-Pern,* dont :

1° Adrien Magon de la Balue, marié avec Nancy *Magon du Bos,* dont Adrien et Arthur Magon de la Balue;

2° Aimée-Félicité Magon de la Balue, mariée à Charles *Magon de la Villehuchet,* dont : Ernest Magon de la Villehuchet; Pauline Magon de la Villehuchet, mariée au comte *de Bizien;* Caroline et Léontine Magon de la Villehuchet;

3° Adèle-Marie-Joséphine Magon de la Balue, mariée en 1816 au comte *de Saint-Pern de Couëllan,* son cousin germain, comme on l'a déjà dit ci-dessus;

2° M. Magon de Terlaye, major de dragons;

3° Raphaël Magon de la Balue, capitaine de dragons, épousa Mlle *de Sécaty,* dont : Dorothée Magon de la Balue, mariée à M. *d'Housson,* sans postérité; et Alexandrine Magon de la Balue, non mariée;

4° Françoise-Marie-Jeanne Magon de la Balue, mariée en 1772 avec Bertrand-Auguste marquis *de Saint-Pern-Ligouyer,* comme on l'a déjà dit;

5° Laurence Magon de la Balue, mariée en 1771 à M. *Masson de Meslay,* président en la chambre des Comptes de Paris; sans postérité.

La famille Porée, originaire de Saint-Malo, anoblie en 1624, porte : *de gueules à la bande d'argent chargée de trois merlettes de sable.* Elle a produit de vaillants capitaines de corsaires, émules de Duguay-Trouin. Jean Porée, l'un d'eux, reçut, en 1608, pour prix de ses faits d'armes, un portrait de Henri IV enrichi de diamants. Alain Porée reçut deux épées d'honneur de Louis XIV. Elle a encore donnée un conseiller au parlement de Bretagne en 1670 et un avocat général au même parlement en 1787.

La famille de Monti est originaire du diocèse d'Arrezzo, en Italie, où elle se nommait autrefois *Crociani.* Elle a donné plusieurs gonfaloniers à Florence, et remonte à Jacobo Crociani-Monti, qui vivait au XIII° siècle. Le premier qui s'établit en France fut Bernard dei Monti, maître des Comptes de Bretagne en 1550. Elle porte : *d'azur à la bande d'or accostée de deux monts à six coupeaux de même.*

XI° DEGRÉ.

Toussaint-Jean-Hippolyte marquis *de Cornulier* fut nommé chef de la troisième cohorte de la légion de la garde nationale de la Loire-Inférieure, le 31 août 1813; chef d'escadron le 16 septembre 1814; chevau-léger de la garde du Roi le 23 du même mois; fut attaché à l'état-major du duc de Bourbon dans la Vendée au 20 mars 1815, puis suivit le Roi à Gand sous le commandement du duc de Berry; fut nommé chef d'escadron au régiment de dragons de la Manche le 22 novembre 1815; chevalier de la Légion d'honneur le 25 avril 1821; fit la campagne d'Espagne en 1823, et y fut nommé chevalier de Saint-Louis, sur le champ de bataille, le 23 juillet; chef d'escadron aux chasseurs de la garde le 14 octobre 1823; lieutenant-colonel au 16° régiment de chasseurs à cheval le 29 octobre 1828. Donna sa démission le 22 août 1830.

Marie-Charlotte-Hermine *de Sesmaisons*, mariée en 1824 avec Toussaint-Jean-Hippolyte marquis *de Cornulier*, est fille de Claude-Louis-Gabriel-Donatien comte de Sesmaisons, et d'Anne-Charlotte-Françoise *Dambray.*

Claude-Louis-Gabriel-Donatien de Sesmaisons était fils de Claude-François-Jean-Baptiste-Donatien de Sesmaisons et de Renée-Modeste *de Goyon de Vaudurant.*

Claude-François-Jean-Baptiste-Donatien de Sesmaisons était fils de Claude-François marquis de Sesmaisons, et de Marie-Gabrielle-Louise *de la Fontaine-Solare.*

Renée-Modeste de Goyon de Vaudurant était fille de Louis-

Claude. comte de Goyon de Vaudurant, et de Renée-Pélagie-Pauline *Saget de la Jonchère.*

Anne-Charlotte-Françoise-Dambray était fille de Charles-Henri marquis Dambray, chancelier de France, et de Marie-Charlotte-Antoinette *de Barentin.*

Marie-Charlotte-Antoinette de Barentin était fille de Charles-Louis-François-de-Paule de Barentin, garde des sceaux, commandeur du Saint-Esprit, et d'Albertine *Masson de Meslay.*

DE SESMAISONS.

La famille de Sesmaisons, une des plus anciennes et des plus illustres du comté Nantais, remonte par filiation suivie à Jean de Sesmaisons, croisé sous le duc Pierre Mauclerc, en 1250. David, son fils, fut grand bailli d'Anjou et du Maine. Jean de Sesmaisons fut ambassadeur à Rome pour le Duc en 1470; Claude présida la Noblesse de Bretagne aux États assemblés à Nantes en 1663, et à Dinan en 1675.

XV. Charles de Sesmaisons, seigneur de la Sauzinière, Malville, Portechèse, etc., épousa Julie *le Pennec,* dame de Lesnerac, Escoublac, Trévecar, etc., dont il eut :

XVI. Claude-François marquis de Sesmaisons, seigneur de la Sauzinière, Lesnerac, Escoublac, Trévecar, Ust, Saint-André-des-Eaux, etc., lieutenant général des armées du Roi, mort en 1779, épousa en 1743 Marie-Gabrielle-Louise *de la Fontaine-Solare,* dont il eut : 1° Claude-François-Jean-Baptiste-Donatien, qui suit; 2° Louis-Henri-Charles-Rogatien, qui suivra.

XVII. Claude-François-Jean-Baptiste-Donatien comte de Sesmaisons, colonel du régiment de Condé-infanterie en 1778, mort maréchal de camp en 1804, épousa en 1778 Renée-Modeste *de Goyon de Vaudurant,* dont :

1° Claude-Louis-Gabriel-Donatien, qui suit :

2° Marie-Camille-Adélaïde-Céleste de Sesmaisons, mariée en 1803 avec Marie-Antoine comte *de Giverville de Saint-Aubin,* lieutenant colonel de cavalerie, dont :

Marie-Octavie de Giverville, née en 1803, morte en 1849, mariée à M. *Grenier d'Ernemont.*

XVIII. Claude-Louis-Gabriel-Donatien comte de Sesmaisons, maréchal de camp, commandeur de la Légion d'honneur, pair de France, gentilhomme de la chambre du Roi, épousa en 1805 Anne-Charlotte-Françoise *Dambray,* dont :

1° Marie-Charles-Donatien-Yves marquis de Sesmaisons,

marié avec Louise *de Choiseul-Beaupré*, dont : Alain, François, Henri et Yvonne de Sesmaisons;

2° Marie-Charlotte-Hermine de Sesmaisons, née en 1806, mariée à Toussaint-Jean-Hippolyte marquis *de Cornulier*, comme on vient de le dire;

3° Marie-Armelle-Charlotte de Sesmaisons, née en 1814, mariée au vicomte *d'Osseville;*

4° Marie-Charlotte-Similienne de Sesmaisons, née en 1817, mariée en 1836 à Émeric *de Durfort*, marquis de Civrac;

5° Marie-Charlotte-Céleste-Maclovie de Sesmaisons, née en 1820, mariée à Gabriel marquis *de Goulaine*.

XVII. Louis-Henri-Charles-Rogatien vicomte de Sesmaisons, lieutenant général, grand'croix de Saint-Louis, épousa en 1776 Pauline-Mélanie *de Laverdy* (voyez X^e degré de la branche de *Lucinière*), dont :

1° Louis-Humbert comte de Sesmaisons, lieutenant colonel de cavalerie, député de la Loire-Inférieure, puis pair de France, mort en 1836, épousa : 1° demoiselle *de Trévellec;* 2° en 1803, Victorine *le Loup de Chasseloir;* sans postérité;

2° Claude-Gabriel-Clément-Rogatien, qui suit :

3° Alexandre-Pierre-Louis-Gabriel comte de Sesmaisons, lieutenant colonel de cavalerie, chevalier de Saint-Louis et de la Légion d'honneur, mort en 1846, non marié;

4° Élisabeth-Marie-Modeste de Sesmaisons, mariée en 1802 à Alexandre-Louis-Henri vicomte *de la Tour-du-Pin-Chambly de la Charce*. (Voyez X^e degré de la branche de *Lucinière*.)

XVIII. Claude-Gabriel-Clément-Rogatien comte de Sesmaisons, maréchal de camp, chevalier de Saint-Louis et de Malte, officier de la Légion d'honneur, épousa en 1806 Alphonsine *Savary de Lancosme*, dont :

1° Olivier comte de Sesmaisons, représentant de la Loire-Inférieure en 1849, épousa en 1833 Ernestine *Terray*, dont : Rogatien, Humbert, Jean, Jeanne et Donatienne de Sesmaisons;

2° Robert comte de Sesmaisons, marié en 1836 avec Cécile-Justine-Blanche *de Kergorlay*, dont :

Françoise de Sesmaisons, mariée en 1859 à Charles *de Faucigny-Lucinge*, prince de Cystria;

3° Rogatienne de Sesmaisons, mariée en 1832 à Thomas-Hippolyte marquis *de Lambilly*, comme on l'a dit au degré précédent;

4° Marie-Thérèse de Sesmaisons, mariée à Jean *Bernard de la Fosse*.

Les Goyon de Vaudurant sont une branche de la grande maison bretonne des Goyon-Matignon, qui porte : *d'argent au lion de gueules couronné d'or*, et pour devise : *Honneur à Goyon*. Louis-Claude comte de Goyon de Vaudurant commandait en Bretagne.

La famille SAGET, seigneurs de la Jonchère, dans la paroisse de Juigné, porte : *d'azur à trois flèches empennées d'argent posées en cœur, accompagnées de trois annelets d'or.*

Georges DE LA FONTAINE, fils de Perrot de la Fontaine et de Marie *de Villiers-l'Isle-Adam*, épousa en 1350 l'héritière de la maison *de Solaro*, souveraine du comté d'Ast, en Piémont, à la condition de joindre son nom et ses armes aux siens. Georges de la Fontaine portait : *losangé d'or et de gueules;* l'héritière de Solaro portait : *bandé d'or et d'azur de six pièces, les bandes d'or échiquetées de gueules de trois tires.* Le nouvel écusson composé de la Fontaine-Solaro fut : *losangé d'or et de gueules à trois bandes d'azur brochant.*

Jean de la Fontaine-Solare, fils de Nicolas, comte d'Ast en Piémont, vint au service de Charles VII contre les Anglais, et s'établit en France, où il fut gouverneur de Crespy en Valois.

François de la Fontaine-Solare, comte de la Boissière, gouverneur de Dieppe, épousa Marie-Anne-Henriette *de Boulainvilliers*, fille aînée et principale héritière du fameux comte de Boulainvilliers; il n'en eut que deux filles :

1° Marie-Gabrielle-Louise de la Fontaine-Solare, mariée en 1743 au marquis *de Sesmaisons*, comme on vient de le dire;

2° Louise-Sidonie-Victoire de la Fontaine-Solare, mariée en 1746 à François-Joseph *Jocerand-Malet*, comte de Vaudègre, baron de la Forêt.

La famille DAMBRAY a pour auteur Henri Dambray, général des finances à Rouen, anobli par Henri III en 1582. Elle porte : *d'azur à trois tours d'argent, au lionceau d'or en abîme.*

Charles-Henri marquis Dambray, chancelier de France en 1814, commandeur du Saint-Esprit et de la Légion d'honneur, épousa Marie-Charlotte-Antoinette *de Barentin*, dont il eut :

1° Charles-Emmanuel-Henri vicomte Dambray, pair de France, marié avec demoiselle *des Hays;* sans postérité;

2º Anne-Charlotte-Françoise Dambray, née en 1786, mariée au comte Donatien *de Sesmaisons,* comme on vient de le dire ;

3º Antoinette-Pélagie-Céleste Dambray, mariée en 1812 à Marie-Jean-Maurice *Goujon*, comte de Gasville, maître des requêtes, préfet du département de l'Eure, puis de celui de l'Yonne. Sans postérité.

La famille DE THÈRE, de Basse-Normandie, à laquelle appartenait la mère du chancelier Dambray, porte : *d'argent au franc quartier de gueules.*

La famille DE BARENTIN, originaire de Touraine, porte : *d'azur à trois fasces; la première d'or, surmontée de deux étoiles de même; les deux autres ondées d'argent.* Elle a donné douze conseillers au parlement de Paris ; un premier président du Grand Conseil en 1665 ; plusieurs maîtres des requêtes, conseillers d'État et intendants de provinces, notamment du Poitou en 1667.

Charles-Honoré de Barentin, seigneur d'Hardivilliers, conseiller au parlement de Paris, maître des requêtes, intendant de Dunkerque, mort en 1705, épousa en 1700 Marie-Reine *de Montchal,* dont :

Charles-Amable-Honoré de Barentin, conseiller au parlement de Paris, maître des requêtes, conseiller d'État, intendant de la Rochelle en 1737, puis intendant d'Orléans, mort en 1762, épousa en 1724 Marie-Catherine *le Fèvre d'Ormesson,* dont :

Charles-Louis-François-de-Paule de Barentin, conseiller au parlement de Paris en 1757, avocat général en 1764, premier président de la cour des Aides en 1775 ; garde des sceaux à la place de Lamoignon, avec la survivance de chancelier ; émigré en 1790 ; chancelier honoraire et commandeur du Saint-Esprit en 1814; mort en 1819 ; épousa en 1766 Albertine *Masson de Meslay,* dont :

Marie-Charlotte-Antoinette de Barentin, mariée au chancelier *Dambray,* comme on vient de le dire.

La famille MASSON, seigneurs de Meslay et de Plissé, porte : *d'azur au chevron accompagné en chef de trois étoiles mal ordonnées (1, 2) et en pointe d'un lion, le tout d'or.*

La famille DE MAULÉON est issue par mâles d'Haton, second fils d'Eudes, duc d'Aquitaine; elle porte : *de gueules au lion d'or, armé et lampassé de sable.* (Voyez article *de Bérulle,* au Xᵉ degré de la branche de *Lucinière.*)

La famille DE LONJON, originaire de Guienne, a été maintenue à l'intendance de Montauban en 1667 et en 1741 ; elle
porte : *d'or à une bande de gueules.* Depuis 1600, la branche
de la Prade a brisé ces armes *d'un chef de gueules chargé d'une
croix pattée et alaisée d'argent.*

Jean de Lonjon, seigneur de la Prade, conseiller à la cour
des Aides de Montauban, épousa en 1751 Catherine *d'Escorbiac
de Lustrac,* dont il eut deux fils, qui furent reçus tous les deux
pages de la petite écurie du Roi, en 1768.

XIIe DEGRÉ.

Esnestine-Élisabeth *le Doulcet,* mariée en 1847 à Charles-
Joseph-Gontran *de Cornulier,* est fille de Louis-Charles-Marie-
Edmond le Doulcet, vicomte de Méré, et de Henriette-Hedwige
Gillet de la Renommière.

LE DOULCET.

La famille le Doulcet, originaire de Normandie, porte : *d'argent à la croix fleurdelisée de sable.* Elle remonte, par filiation
suivie, à Jean le Doulcet, écuyer, seigneur de Pontescoulant,
dans l'élection de Vire, vivant en 1420, dont le fils fut maintenu
noble lors de la recherche de Montfaucq.

VIII. Jacques le Doulcet, fils d'autre Jacques, chevalier de
l'ordre, gentilhomme ordinaire de la chambre du Roi, et de
Charlotte *d'Oilliamson,* épousa en 1646 Françoise *de la Rivière,*
dont il eut :

1° Jacques le Doulcet, qui a continué la branche aînée des
seigneurs de Pontécoulant, qui subsiste encore.

IX. 2° Louis le Doulcet, seigneur de la Fresnaye, brigadier
des gentilshommes du bailliage de Vire et Mortain, épousa en
1683 Marie *Radulphe,* dont :

X. François-Louis le Doulcet, seigneur de Méré et de la
Fresnaye, épousa en 1728 Charlotte-Marie *Madeleine de la
Pescherie,* dont : 1° Edmond-Louis, qui suit ; 2° Marie-Anne
le Doulcet, mariée à M. *du Rosel de Monchamps.*

XI. Edmond-Louis le Doulcet, seigneur de Méré, capitaine
au régiment de Royal-Navarre, épousa en 1779 Louise-Madeleine-Claudine *de la Mouche,* dont :

1° Edmond-Pierre-Louis le Doulcet, marié en Angleterre
avec Marie-Thérèse-Françoise *Muller,* dont il a : Fran-
cisque, Edmond, Adèle et Honorine le Doulcet;

2º. Edmond-Louis-Charles-Marie le Doulcet, vicomte de Méré, marié à Henriette-Hedwige *Gillet de la Renommière*, dont Ernestine-Élisabeth le Doulcet, mariée à Gontran *de Cornulier*, comme on vient de le dire;

3º Madeleine-Louise-Françoise-Aglaé le Doulcet, mariée au baron *de Balsac*, morte sans postérité;

4º Louise-Madeleine-Nicolle-Adèle le Doulcet, mariée au marquis *de Carbonnel de Canisy*.

DE LA MOUCHE.

La famille *de la Mouche* porte : *de gueules à la bande d'argent chargée de trois mouches de sable dans le sens de la bande.*

Pierre de la Mouche, seigneur de Saint-Jean-de-Beauregard, auditeur en la chambre des Comptes de Paris, maître d'hôtel du Roi, conseiller d'État, mort en 1691, épousa Geneviève *Barbier*, morte en 1684, dont :

1º Antoine de la Mouche, seigneur de Beauregard, de la Châtaigneraye, etc., conseiller au parlement de Paris, mort en 1722, âgé de 69 ans;

2º Pierre de la Mouche, seigneur de Beauregard et conseiller au parlement de Paris après son frère aîné, épousa demoiselle *Pichon*, dont :

Antoine-Pierre de la Mouche, auditeur des Comptes, épousa Madeleine *Thoré*, dont il eut :

1º Louise-Madeleine-Claudine de la Mouche, mariée en 1779 avec Edmond-Louis *le Doulcet*, seigneur de Méré, comme on vient de le dire;

2º Anne-Madeleine-Juvénal de la Mouche, mariée à Pierre-Louis *de Crès*; dont Ernestine de Crès, mariée à M. *de Chambray*.

3º Anne-Élisabeth de la Mouche, mariée en 1692 à Pierre-Nicolas *Colin*, seigneur de la Biochaye, conseiller au parlement de Bretagne, dont :

1º François, qui suit :

2º Perrine-Colin, mariée à Henri-Albert *de Saezy*, chevalier, seigneur de Kerampuil, conseiller au parlement de Bretagne, qui, de demoiselle *de Rosmar*, a laissé une fille mariée au marquis *de Kersauson*.

François Colin, chevalier, seigneur de la Biochaye, président au parlement de Bretagne, épousa en 1720 Jeanne-Louise *Charpentier*, dont :

1º Louis-François Colin, seigneur de la Biochaye, président

au parlement de Bretagne, épousa Louise-Mauricette *Saget de la Jonchère*, dont postérité ;

2° Jean-Hyacinthe Colin de la Biochaye, abbé du Tronchet, vicaire général du diocèse de Dol;

3° Pierre-Marie-Auguste Colin de la Biochaye, capitaine de frégate, chevalier de Saint-Louis, épousa Marie *du Tertre de Montalais*, dont postérité.

La famille GILLET, originaire de Paris, porte : *d'azur à la palme d'or accompagnée en chef de deux étoiles et en pointe d'un croissant, le tout d'argent.*

François-Pierre Gillet de la Renommière, lieutenant colonel, capitaine des chasses de Louis XVI pour la capitainerie de Fontainebleau, épousa le 7 février 1768 Élisabeth *Marinier de Banassat*, d'une famille originaire du Bourbonnais, dont il eut :

Alexandre-Louis-Marie Gillet de la Renommière, chef de bataillon, chevalier de Saint-Louis et de la Légion d'honneur, épousa, le 25 fructidor an VIII, Flore *Daudin*, dont :

Henriette-Hedwige Gillet de la Renommière, mariée à Edmond-Louis-Charles-Marie *le Doulcet*, comme on vient de le dire.

BRANCHE DE LA CARATERIE.

Vᵉ DEGRÉ.

Du 30 avril 1651, contrat de mariage de messire Charles *Cornulier*, chevalier, seigneur des Croix, des Gravelles, etc., fils puîné de défunt messire Claude Cornulier, vivant seigneur de la Touche, la Haye, etc., trésorier de France et général des finances en Bretagne, et de dame Judith Fleuriot, majeur de plus de 25 ans; avec demoiselle Louise *de la Jou*, fille mineure et seule héritière de feu messire Jean de la Jou, seigneur de la Caraterie, et de demoiselle Élisabeth *Nepvouet*, son épouse. Ladite demoiselle de la Jou assistée et autorisée de nobles gens Julien Nepvouet, sʳ de la Burelle, sénéchal du duché de Retz, et de François Mocard, sʳ des Gressinières, ses tuteur et curateur; contractant en vertu du décret de mariage ordonné en la juridiction de Touvois le 28 du présent mois. Et ledit futur époux assisté de haut et puissant seigneur messire Pierre Cornulier, chevalier, seigneur de la Touche, la Haye, Château-fremont, le Rodourou, etc., conseiller du Roi en ses Conseils d'État et privé, et président en sa cour de parlement de Bretagne, son frère aîné, demeurant à Rennes, en son hôtel, rue de la Cordonnerie, représenté par son procureur fondé; lequel, audit nom, affirme que ledit seigneur président a donné audit futur époux la terre et seigneurie des Gravelles et des maisons sises à Nantes pour son partage, etc. Signé : Charles de Cornulier; Louise de la Jou, Gabriel de Goulaine, J. Huteau, René Charete, Louis de Goulaine, de Cornulier, Pierre Cornulier, Jean Gabart, Pierre de Tregouet, Jacques Charete, Claude Cornulier, Lucrèce Ménardeau, Renée Bonneau, Marie Nepvouet, Guionne Bouriau, Nepvouet, Charlotte Thevin, Françoise du Plessier, Jeanne Garnier, Judith Champion, etc. Au rapport de Coudret et Charrier, notaires royaux à Nantes.

Du 23 mai 1670, contrat d'acquêt par les religieuses Carmélites de Nantes, d'avec messire Charles *de Cornulier,* seigneur des Gravelles, et dame Louise de la Jou, son épouse, d'une maison sise à Nantes, haute rue du Château, paroisse Sainte-Radégonde, ainsi que le sr des Gravelles l'a eue en partage de feu M. le président de Cornulier, son frère aîné, moyennant le prix de 15,000#, au rapport de Lebreton, notaire royal à Nantes.

Du 7 avril 1681, acte de vente du lieu et métairie de la Blanchardière, consentie à messire René Bernard, seigneur du Préau, conseiller du Roi, maître en sa chambre des Comptes de Bretagne, par dame Louise de la Jou, veuve de messire Charles Cornulier, seigneur des Gravelles, stipulant par messire Charles-Yoland de Cornulier, leur fils, son fondé de procuration.

(Deux des actes qui précèdent et la plupart de ceux qui suivent ont été analysés dans la preuve faite devant Chérin fils, pour le grade de sous-lieutenant, le 5 juin 1787, par Charlemagne-Alexandre-René-Augustin de Cornulier, et qui est conservée au cabinet du Saint-Esprit de la bibliothèque du Roi.)

Du 22 mars 1687, acté de constitution d'une rente perpétuelle de 116# 13s 4d, au capital de 2,100#, créée par messire Claude de Cornulier, chevalier, demeurant à Nantes, Grande-Rue, paroisse Saint-Denis, faisant et garantissant pour dame Louise de la Jou, veuve de défunt messire Charles de Cornulier, vivant chevalier, seigneur des Gravelles, sa mère, demeurant à Machecoul, paroisse de la Trinité; au profit de messire Jacques-Louis Pâris, seigneur de la Haye. Au rapport de Gendron et Couynet, notaires royaux à Nantes.

DE LA JOU.

La famille de Lajou, de la Jou ou de la Joue, aujourd'hui éteinte, portait : *de sable au croissant d'argent accompagné de trois étoiles d'or,* selon un Armorial manuscrit de Bretagne de la Bibliothèque de l'Arsenal à Paris. Elle tirait son nom de la terre et seigneurie de la Jou, haute justice, dans la paroisse de Fay, au comté Nantais, possédée en 1362 par Jean de la Jou, en 1445 par Pierre de la Jou, et en 1514 par noble écuyer Jean de la Jou.

Divers membres de cette famille ont imposé leur nom à d'autres terres du comté Nantais : c'est pourquoi on trouve une terre de la Jou en Escoublac; une autre en Vigneux, qui n'était peut-être qu'un démembrement de la terre principale de Fay ; une troisième en Saint-Étienne-de-Mont-Luc, qui depuis a été réunie à la Rouillonnais ; enfin, dans les paroisses de Nivillac et de Saint-Dolay, une quatrième terre de la Jou, dite la Jou-de-Fay, pour mieux marquer son origine, qui appartenait à Jean de la Jou en 1427 et en 1451, et qui était passée en 1458 à Jacques de la Muce, et en 1463 à Gui de la Muce : à cette dernière terre était jointe une moyenne justice qu'on nommait aussi Fay-en-Saint-Dolay.

En 1389, Jean de la Jou était seigneur du Bois-Allaire en Pontchâteau. En 1401 et en 1429, Jean de la Jou, seigneur de Coeanx (terre en Saint-Étienne-de-Mont-Luc, qui depuis a été nommée le Chastelet), rendit aveu au Duc pour des héritages (non nommés) sis en Saint-Père et Sainte-Opportune-en-Retz, qu'il tenait, comme juveigneur d'aîné, de monseigneur de Sion et de Saffré. Ce Jean de la Jou, qui aurait épousé une fille de la maison *de Saffré,* paraît être l'auteur de la branche établie au pays de Retz, sur les terres de sa femme. Il eut pour fils aîné Jean de la Jou, chevalier, marié avec Jeanne *de Fontenay,* dont une fille, Catherine de la Jou, femme de Guillaume *de Maure,* frère puîné du sire de Maure. En 1451, noble homme Olivier de la Jou acquit plusieurs héritages dans la paroisse de Frossay.

Jacques de la Jou, homme d'armes en 1474 et 1481; Jean de la Jou, aussi homme d'armes en 1484, et autre Jean de la Jou, arquebusier à l'arrière-ban de Vannes en 1558, sont mentionnés par D. Morice, t. III, col. 270, 389, 459 et 1225.

Pierre de la Jou épousa Marguerite *Chauvin,* dame de la Rouillonnais, en Saint-Étienne-de-Mont-Luc, sœur de Guillaume Chauvin, seigneur de Saint-Thomas, en la même paroisse, et de l'Épronnière, en Saint-Donatien, de la famille du chancelier de Bretagne, qui depuis a pris le nom *de la Muce.* Ils eurent pour fils Gilles de la Jou, seigneur de la Rouillonnais, qui était mort en 1537 et avait pour héritier le sieur Morin, selon les titres des Chartreux de Nantes. En 1509, Pierre de la Jou et Marguerite Chauvin, sa femme, furent maintenus prééminenciers en l'église de Saint-Martin de Rouans. Les mêmes prééminences furent confirmées, en 1513, à N** de la Jou, seigneur de la Budorière. Jean de la Jou, seigneur de la Jou, fut maintenu dans les prééminences de l'église de Couëron en 1525. En 1678, écuyer Louis de la Jou était seigneur du Gué, en cette paroisse de Couëron.

Le 16 décembre 1696, écuyers René de la Jou et François de la Jou, frères, consentent une quittance ; nous pensons qu'ils ont été les derniers mâles de leur famille.

Le 30 avril 1625, François de la Jou, écuyer, seigneur de la Blanchardière, demeurant au lieu de la Caraterie, paroisse de Saint-Étienne-de-Mer-Morte, par aucun temps mari de défunte demoiselle Marie *Hilaire,* auparavant veuve de défunt écuyer Jacques du Bois, seigneur de la Jannière, transige avec messire Damien du Bois, chevalier, seigneur de la Ferronnière, Beauchesne, etc. ; par acte au rapport de Penifort et Charrier, notaires royaux à Nantes.

C'est probablement le même qu'écuyer François de la Jou, qui épousa Marie *Bruneau,* dont il eut :

Jean de la Jou, seigneur de la Caraterie, qui laissa d'Élisabeth *Nepvouet* une fille unique :

Louise de la Jou, dame de la Caraterie, de la Blanchardière, de Pinglou, du Fief-Bérard, du Vivier, etc., mariée en 1651 avec Charles *de Cornulier,* et qui, en 1678, se portait héritière principale et noble de défunte dame Jeanne de la Jou, veuve d'écuyer Pierre *Perrault,* seigneur de la Bertrandière, décédée récemment.

NEPVOUET porte : *de sable au chevron d'or, accompagné de trois molettes de même.*

Honoré Nepvouet, sr de la Breille, fils d'autre Honoré Nepvouet, sénéchal du duché de Retz, et de Marie Ernault, fut reçu maître des Comptes de Bretagne en 1699.

VIe DEGRÉ.

Du 31 janvier 1681, contrat de mariage de messire Charles-Yoland *de Cornulier,* chevalier, seigneur de la Caraterie, fils aîné, héritier principal et noble de feu messire Charles de Cornulier, chevalier, seigneur des Gravelles, et de dame Louise *de la Jou,* sa veuve, assisté de la dame sa mère, douairière des Gravelles, représentée par N. H. Michel Bizeul, avocat, son procureur fondé ; avec demoiselle Julienne *Hallouin,* dame de la Houssinière, fille de défunts écuyer Pierre Hallouin, seigneur de la Moronnière, sénéchal de Clisson, et de demoiselle Françoise *Monnier,* son épouse. Ladite future épouse, majeure de vingt-cinq ans, se marie avec tous les droits à elle échus. Au rapport de le Jay et Bourday, notaires royaux à Nantes.

Par exploit en date du 21 mars 1692, signé René de Beauvais, huissier, dame Louise de la Jou, veuve de messire

Charles de Cornulier, chevalier, seigneur des Gravelles, capitaine de la Noblesse du pays de Retz, et messire Charles-Yoland de Cornulier, chevalier, seigneur de la Caraterie, leur fils et héritier principal et noble, lieutenant de la Noblesse dudit pays de Retz au comté Nantais, firent signifier à Me Nicolas Simonnet, nommé pour le recouvrement des sommes ordonnées sur les officiers de l'hôtel de ville de Nantes, l'arrêt de la Chambre établie pour la réformation de la Noblesse par eux obtenu le 17 novembre 1668.

Les enfants de Charles de Cornulier et de Louise de la Jou avaient été indûment compris dans le rôle de taxation des familles anoblies par la mairie de Nantes; un arrêt du Conseil d'État, en date du 26 juin 1696, les décharge de ladite taxe, *attendu qu'ils sont d'ancienne extraction.* Cet arrêt leur est commun avec plusieurs autres familles indûment taxées comme eux et qui s'étaient réunies pour poursuivre leur radiation du rôle.

Du 20 août 1693, transaction devant Besson et Bourdeau, notaires de la batonnie de Luçon, entre messire Charles-Yoland *de Cornulier,* chevalier, seigneur de la Caraterie, y demeurant, paroisse de Paulx, fils et unique héritier sous bénéfice d'inventaire de feu messire Charles *de Cornulier,* seigneur des Gravelles, d'une part; et messire Jean de la Tribouille, écuyer, seigneur de la Potrie, et demoiselles Marie et Louise de la Tribouille, enfants, héritiers sous bénéfice d'inventaire de feu Jean de la Tribouille, écuyer, seigneur du Sensif, et de demoiselle Marie d'Olbereu, son épouse; sur un contrat de constitution de cinquante livres de rente, consentie au profit dudit feu sieur des Gravelles et des arrérages d'icelle. Par cette transaction, lesdits sr et demoiselles de la Tribouille s'obligent envers ledit sr de la Caraterie au paiement d'une rente de 60#, etc. Collationné le 29 novembre 1696 par Salligné et Fagaud, notaires du duché de Retz.

Du 10 janvier 1695, sentence rendue en la châtellenie de Retz, à Saint-Étienne-de-Mer-Morte et Thouvois, qui condamne messire Charles-Yoland de Cornulier, seigneur de la Caraterie, fils aîné, héritier principal et noble de feue dame Louise de la Jou, en son vivant veuve de feu messire Charles de Cornulier, chevalier, seigneur des Gravelles, à payer une somme de 1200# à Me Laurens Febvre, sieur de Laubretière, notaire, fermier de ladite châtellenie. Expédition signée Thomas.

Du 21 novembre 1695, sentence de la juridiction des regaires de Guérande, qui donne à messire Charles-Yoland de Cornulier, chevalier, seigneur de la Caraterie, capitaine de la compagnie de Noblesse du pays de Retz au comté Nantais, fils de feu messire Charles de Cornulier, chevalier, seigneur des Croix et des Gravelles, et de défunte dame Louise de la Jou (ledit sieur de la Caraterie, faisant pour lui et ses consorts, représentant écuyer François de la Jou et dame Renée Bruneau, sa femme), mainlevée des biens de la succession de feu noble et discret Philippe de la Louayrie, prêtre, chanoine de l'église collégiale de Saint-Aubin de Guérande, en l'estoc des Bruneau, représentant seul Renée Bruneau, leur bisaïeule commune. (Expédition en parchemin, signée Olivier, greffier.)

Charles-Yoland de Cornulier, né le 3 septembre 1683, avait pour curateur, en 1710, Claude de Cornulier, chevalier, seigneur du Boismaqueau, président en la chambre des Comptes de Bretagne.

Pierre HALLOUIN, seigneur de la Moronnière, en Saint-Similien, échevin de Nantes en 1667, sénéchal de Clisson, maintenu par arrêt du 2 juin 1770, épousa Françoise *Monnier*, dont il eut : 1° écuyer Pierre Hallouin, sr de la Paniotière, était marié en 1697 avec Françoise-Marguerite *Flustre*; 2° Jean, qui suit; 3° Julienne Hallouin, mariée en 1681 à Charles-Yoland *de Cornulier*.

Jean Hallouin, seigneur de la Moronnière, sénéchal de Clisson en 1680, eut pour fils :

César-Emmanuel Hallouin, capitaine de dragons au régiment de la Vrillière, père de :

1° Athanase Hallouin, seigneur de la Pénicière, qui eut pour fils Étienne Hallouin, capitaine au régiment de Bourgogne-infanterie en 1787;

2° César Hallouin, seigneur du Retail, capitaine au régiment de Bourgogne-infanterie;

3° Pierre Hallouin, seigneur du Mortier, capitaine au régiment de Penthièvre.

Du 3 novembre 1697, acte de dotation de la somme de 3000# fait aux religieuses Ursulines de Nantes pour demoiselle Louise *de Cornulier,* par messire Charles-Yoland de Cornulier, au rapport de Lebreton, notaire royal à Nantes.

Du 28 février 1709, contrat de mariage entre écuyer Simon *de Ruis,* capitaine de grenadiers au régiment de Navarre, et demoiselle Bonne-Yolande *de Cornulier,* fille de feu messire Charles-Yoland de Cornulier, seigneur de la Caraterie, et de dame Julienne Hallouin. Au rapport de Forget, notaire royal à Nantes.

La famille DE RHUIS ou DE RUIS a pour auteur en France André de Ruis-Embito, gentilhomme espagnol de grande entreprise, qui s'habitua à Nantes avec Isabelle de Santo-Domingo, sa femme, et obtint, en 1540, des lettres de naturalité, avec la permission de trafiquer en France et en Espagne sans déroger. Cette famille, qui a donné un intendant de la marine à Brest au dernier siècle, porte : *d'azur au croissant couronné d'argent, accompagné en chef de deux croix pattées d'or, et en pointe d'une étoile de même.*

VIIᵉ DEGRÉ.

Du 25 février 1729, partage noble donné devant des Boys et Coiquaud, notaires royaux à Nantes, par messire Charlemagne *de Cornulier*, chevalier, seigneur de la Caraterie en Saint-Étienne-de-Mer-Morte, comme fils aîné, héritier principal et noble de feu messire Charles-Yoland de Cornulier, chevalier, seigneur de la Caraterie, capitaine commandant une compagnie de Noblesse de l'évêché de Nantes, et de dame Julienne *Hallouin,* son épouse, à ses juveigneurs : messire Claude de Cornulier, chevalier de la Caraterie, et dame Bonne-Yolande de Cornulier, dans les biens des successions de leurs père et mère. Par lequel acte, il reconnaît qu'il revient à chacun d'eux une somme de 9000#. Dans cet acte sont rappelés : feu messire Jean-Baptiste de Cornulier, recteur de la paroisse de Saint-Étienne-de-Mont-Luc; messire Pierre de Cornulier et dame Louise de Cornulier, religieuse professe au couvent des Ursulines à Nantes.

Du 3 mars 1729, contrat de mariage entre messire Charlemagne *de Cornulier*, chevalier, seigneur de la Caraterie, et demoiselle Françoise *le Tourneulx,* fille de feu écuyer Christophe le Tourneulx, seigneur du Sens, auditeur des Comptes de Bretagne, et de Charlotte *de la Bourdonnaye.* Ladite demoiselle assistée de sa mère et de Charlotte le Tourneulx, dame de Cornulier de Montreuil, sa sœur aînée, Hʳ P. et N. du feu sʳ du Sens, leur père, au rapport de Forget, notaire royal à Nantes.

Du 20 avril 1732, contrat de mariage de messire Charlemagne *de Cornulier,* chevalier, seigneur de la Caraterie, fils aîné, héritier principal et noble de feus messire Charles-Yoland de Cornulier, chevalier, seigneur de la Caraterie, capitaine de la Noblesse au comté Nantais, et de dame Julienne *Hallouin,* son épouse; avec demoiselle Marie-Rosalie *Ménardeau de Maubreuil,* fille de feu messire Jean Ménardeau, chevalier, seigneur de Maubreuil, et de dame Jacquette *le Haste,* sa veuve. Ladite demoiselle assistée et autorisée de ladite dame, sa mère, de messire Jean-François Ménardeau, écuyer, seigneur de Maubreuil; de Jacques-René Ménardeau, chevalier de Maubreuil, et de demoiselle Jacquette Ménardeau, ses frères et sœur. Signé en la minute : Pélagie de Cornulier, Pierre de Cornulier, de Cornulier, Toussaint de Cornulier et autres.

Du 28 septembre 1739, acte de constitution, au rapport de des Boys et Thomas, notaires royaux à Nantes, de 250# de rente annuelle et hypothécaire, au profit de dame Marie-Françoise de Saint-Belin, veuve de messire Jean Martel, consentie moyennant la somme de 5000# payée par ladite dame, par messire Charlemagne de Cornulier, chevalier, seigneur de la Caraterie, et dame Jacquette le Haste, veuve d'écuyer Jean Ménardeau, seigneur de Maubreuil, faisant tant pour eux que pour dame Marie-Rosalie Ménardeau, épouse dudit sieur de la Caraterie. Dans lequel acte est rappelé feu Claude de Cornulier, chevalier de la Caraterie, avec Anne le Meignen, sa veuve. Par autre acte, du 10 novembre 1739, passé à la Caraterie, devant Taugeron et René du Goust, notaires du siége de Machecoul, en la châtellenie de Retz, Marie-Rosalie Ménardeau, dame de la Caraterie, autorisée de son mari, ratifie l'acte ci-dessus.

MÉNARDEAU.

Il existait au comté Nantais deux familles du nom de Ménardeau, celle des seigneurs de Maubreuil et celle des seigneurs du Perray : toutes les deux portaient les mêmes armes, ce qui peut faire présumer une origine commune, mais le point d'attache n'est pas connu ; il a même été nié par les seigneurs de Maubreuil, dont nous allons parler.

I. François Ménardeau, seigneur des Noes, en Goulaine, l'un des 96 gentilshommes retenus pour la garde des ville et château de Nantes en 1522, mort en 1529, épousa : 1º Gillette *Spadine;* 2º Marie *Arnauld.* Du second lit vinrent : Françoise Ménardeau, femme d'écuyer François *Coupegorge,* et :

II. Arthur Ménardeau, écuyer, seigneur de la Hulonnière, dans la paroisse de Thouaré, mort en 1580, épousa, avant 1559, Marguerite *Brossard,* dont un fils, qui suit, et deux filles : Jeanne Ménardeau, dame du Bois-Saint-Lys, et Yvonne Ménardeau, dame de la Forest.

III. Arthur Ménardeau, seigneur de la Hulonnière et de la Plesse, épousa en 1575 Marguerite *Coupegorge,* dame de Maubreuil, en Carquefou, dont il eut :

Jacques Ménardeau, mort sans alliance vers 1641;

IV. Et Noël Ménardeau, seigneur de Maubreuil, marié en 1628 avec Jeanne *Loriot,* dont : 1º Michel, qui suit; 2º François Ménardeau, mort sans hoirs en 1654, et Elisabéth Ménardeau, partagée en 1662, mariée à Charles *de Scepaux,* chevalier, seigneur de la Roche-Noyan.

V. Michel Ménardeau, écuyer, seigneur de Maubreuil, épousa en 1657 Anne *Belon,* dont il eut : 1º Jean, qui suit; 2º Michel

Ménardeau, abbé de Maubreuil, mort à Venise avant 1700;
3° Anne-François, non marié; 4° Catherine Ménardeau, mariée
à Bernard *de Lantivy*, seigneur de Frémur, dont Jérôme-Fran-
çois de Lantivy; 5° Anne-Marie Ménardeau, morte sans alliance
en 1713.

VI. Jean Ménardeau, écuyer, seigneur de Maubreuil, né en
1662, mort en 1712, épousa en 1697 Jacquette *le Haste de la
Combaudière*, dont :

1° Jean-François, qui suit :

2° Jacques-René Ménardeau, dit le chevalier de Maubreuil;

3° Marie-Rosalie Ménardeau, mariée en 1732 avec Charlemagne *de Cornulier*, seigneur de la Caraterie;

4° Jacquette Ménardeau, femme de M. *de Carheil*, seigneur
de Launay, dont postérité.

VII. Jean-François Ménardeau, seigneur de Maubreuil,
épousa en 1731 Bonne-Claire *Proust*, veuve d'écuyer Pierre
Cailleteau, seigneur de la Chasseloire, et fille d'écuyer Julien
Proust, seigneur du Port-Lavigne, maire perpétuel de Nantes,
et de Marie *le Tourneulx*, dont il eut :

VIII. Marie-Bonaventure Ménardeau, seigneur de Maubreuil,
capitaine de dragons, chevalier de Saint-Louis, épousa en
1764 Charlotte-Félicité-Marie-Michelle *de Bourigan du Pé d'Orvault*, dame de Naie en Sucé, dont il eut :

1° Bonaventure-Armand Ménardeau, page du Roi, sans
postérité;

2° Bonne-Marie-Félicité Ménardeau, dame de Maubreuil,
mariée à Jacques-Louis-Marie *Guerry de Beauregard*,
dont :

Marie-Armand de Guerry de Maubreuil, marquis d'Orvault, qui a beaucoup fait parler de lui sous le nom
de Maubreuil.

La famille DE BIRÉ, originaire du comté Nantais, maintenue
d'ancienne extraction par arrêt du parlement de 1748, porte :
*d'azur à la branche de grenadier d'or en fasce, chargée de trois
grenades de même, ouvertes de gueules, 2, 1.*

La famille LE MAIGNAN est une des plus anciennes du comté
Nantais; elle possède la terre de l'Écorse, en Vieillevigne,
depuis 1425 pour le moins.

LE HASTE porte : *d'argent à trois merlettes de gueules.*

Jean le Haste, écuyer, sʳ de la Combaudière, fils de défunt

N. H. Jean le Haste, s^r de Bray, receveur général des décimes de Bretagne, et de Marie *Rodais*, épousa par contrat du 22 février 1669 (Charrier et Lebreton, notaires à Nantes) Jacquette *des Champsneufs*, fille de défunt écuyer Jean des Champsneufs, seigneur dudit lieu et de la Jarrie, et de Jeanne *Viau*, dont il eut Jacquette le Haste, mariée par contrat du 25 janvier 1697 avec Jean *Ménardeau*, seigneur de Maubreuil. Jean le Haste se remaria lui-même, le 3 février 1697, avec Jeanne *Cady*.

VIIIe DEGRÉ.

Partage provisoire, sous signatures privées, donné le 18 mars 1768 par messire Charlemagne *de Cornulier*, fils aîné, héritier principal et noble de messire Charlemagne de Cornulier, seigneur de la Caraterie, et présomptif de dame Marie-Rosalie *Ménardeau*, sa mère, à ses frères et sœurs, savoir : Alexandre-Gaston de Cornulier, chevalier de la Caraterie ; demoiselle Marie-Rosalie de Cornulier, épouse de messire René *de Biré*, chevalier, seigneur de la Senaigerie, demoiselle Bonne-Jacquette de Cornulier et demoiselle Louise-Marie-Charlotte de Cornulier.

Du 29 mai 1770, contrat de mariage passé devant Moricet et Jalaber, notaires royaux à Nantes, entre messire Charlemagne *de Cornulier*, chevalier, seigneur de la Caraterie, fils de feu messire Charlemagne de Cornulier, chevalier, seigneur de la Caraterie, et de dame Marie-Rosalie *Ménardeau*, sa veuve ; avec demoiselle Rose-Charlotte *du Gouyon*, demoiselle de Brissac, fille de feu messire Arnaud-François du Gouyon, chevalier, seigneur des Hurlières, du Boiscornillé, la Motté-Roussel, Tallaye et autres lieux, et de dame Renée *de Luynes*, son épouse. Ledit futur assisté de la dame sa mère, représentée par messire Jean-Baptiste-Toussaint de Cornulier, chevalier de Saint-Louis, son fondé de procuration ; et ladite demoiselle future aussi assistée et autorisée de la dame sa mère, représentée par dame Marie-Thérèse de Luynes, sa sœur, veuve de messire Joseph-Martin du Gouyon, chevalier, seigneur de l'abbaye et autres lieux. La minute signée des parties et du Gouyon de la Chapelle, du Gouyon de Rochefort, Marie-Jacquette de Ménardeau de Maubreuil, Louise-Marie-Charlotte de Cornulier-Caraterie, Jean-Baptiste-Toussaint de Cornulier ; du Gouyon, lieutenant aux gardes françaises ; Foucault du Gouyon, de la Chapelle, du Gouyon de la Saulais, du Gouyon de Mallevre, Merger de Luynes, l'Épronnière de Cornulier, Marie de Cornulier, Brossard de Cornulier, le chevalier de Cornulier, etc.

DE GOYON.

La famille de Goyon, dont il s'agit ici, est originaire de Condom en Guyenne, et a formé plusieurs branches : 1° celle des seigneurs de Brichot; 2° celle des seigneurs d'Arzac, qui a donné un conseiller au parlement de Bordeaux en 1773; 3° celle des seigneurs de Verduzan ; 4° celle qui s'est transplantée en Bretagne, où elle fut dès son arrivée connue sous le nom *du Gouyon,* mais qui reprit plus tard son nom ancien *de Goyon.* Cette branche fut d'abord maintenue en Bretagne, en 1749, comme issue d'Alexandre du Gouyon, secrétaire du Roi près le parlement de Metz, avec un écusson *d'azur à trois goujons d'argent l'un sur l'autre ;* mais ce ne fut là qu'une ordonnance provisoire. En 1777, après avoir fait rechercher ses titres en Guyenne, elle obtint du parlement de Bretagne un arrêt d'extraction en remontant sa filiation à Alexandre, père de Jean de Goyon, marié en 1564 avec Marthe *de Caumont.*

Raymond de Goyon, fils de ces derniers, seigneur de Brichot, conseiller du Roi à l'élection de Condomois et Bazadois, épousa en 1590 Catherine *d'Athia,* dont il eut trois garçons, auteurs de toutes les branches de cette famille. Le troisième, Jean de Goyon, épousa en 1625 Françoise *de Caumont,* dont il eut entre autres Matthieu de Goyon, seigneur du Parc, en la paroisse de N.-D. de la Hitte, où il épousa, en 1653, Jeanne *Labat,* dont il eut huit enfants, qui partagèrent par portions égales, selon la coutume du lieu.

L'aîné d'entre eux, Arnaud du Gouyon, depuis seigneur de la Mellinière et de l'Abbaye, s'établit à Nantes, en 1683, par son mariage avec Madeleine *des Champs,* dont il n'eut pas d'enfants; il épousa en secondes noces, à Saint-Malo, en 1699, Émilie-Bernardine *Geffrard,* demoiselle de la Motte, fille de Joseph Geffrard, seigneur du Plessis, et de Renée *Billon,* d'une famille de Vitré. Il en eut trois fils, savoir :

1° Joseph-Martin, qui suit :

2° Pierre de Goyon, mousquetaire en 1727, puis lieutenant au régiment de Champagne-infanterie; tué au combat de Parme, en 1734;

3° Arnaud de Goyon, sur lequel on reviendra.

Joseph-Martin de Goyon, seigneur de l'Abbaye, en Chantenay, près Nantes, général des finances de Bretagne en 1739, épousa en 1729 Marie-Thérèse *de Luynes,* fille d'Augustin de Luynes et de Renée *Guillet de la Brosse,* dont il eut neuf enfants, savoir :

1° Augustin-Joseph de Goyon, seigneur de l'Abbaye, lieutenant aux gardes françaises en 1759, colonel d'infanterie en 1766, maréchal de camp en 1786, chevalier de Saint-Louis, épousa en 1764 Louise-Amable *Foucault,* d'une famille orléanaise transplantée à Nantes, dont il eut trois filles, mariées à MM. *de la Guémerais*, *de Becdelièvre* et *de Pimodan,* et un fils :

Michel-Augustin de Goyon, né en 1764, préfet, comte de l'Empire, marié avec Pauline *de la Roche-Aymon;* dont deux fils : Auguste comte de Goyon, général de division commandant à Rome, marié en 1836 avec Orianne-Henriette *de Montesquiou-Fesenzac,* dont postérité; et Charles-Adrien-Paul-Victoire baron de Goyon, marié en 1831 avec Catherine-Antoinette *Achard de la Haye;*

2° René-Pierre de Goyon, capitaine de dragons au régiment de colonel-général en 1775;

3° Charles-François de Goyon, lieutenant au régiment de Lorraine-infanterie en 1746;

4° Bernard-Jean de Goyon de l'Isle, capitaine au régiment d'Enghien-infanterie en 1758;

5° François-Fulgence de Goyon de Mallèvre, enseigne de vaisseau en 1770;

6° Victor-Benjamin de Goyon, né en 1745;

7° Arnaud-Marie de Goyon, capitaine au régiment d'Aunis, tué à l'affaire de Vandevachy en 1759;

8° Prosper-Prudent-François de Goyon, lieutenant au régiment d'Aunis, mort en 1757;

9° Thérèse-Adrienne de Goyon, mariée en 1774 à Jacques *Langlois,* chevalier, seigneur de la Roussière, ancien officier de la marine royale.

Arnaud-François de Goyon, seigneur des Hurlières, près Vitré, avocat général en la chambre des Comptes de Bretagne, épousa en 1736 Renée *de Luynes,* sœur de Marie-Thérèse, mariée à son frère aîné; il en eut onze enfants, qui suivent :

1° Arnaud-Bernard de Goyon, seigneur des Hurlières, enseigne de la compagnie colonelle des gardes françaises en 1771;

2° Louis-François de Goyon, né en 1750;

3° Benjamin-René de Goyon, né en 1754;

4° Louis-Augustin de Goyon, né en 1755, conseiller au parlement de Bretagne en 1783;

5° Marie-Thérèse de Goyon, née en 1746;

6° Victoire-Ursule de Goyon, née en 1755, jumelle de Louis-Augustin;

7° Renée-Thérèse de Goyon, dame des Hurlières, mariée en 1766 à Alexis-Louis-Gordien *du Bouays*, chevalier, seigneur de Couesbouc, dont postérité;

8° Augustine-Marie de Goyon, mariée en 1769 à Joseph René *de la Chapelle*, chevalier, seigneur du Broussay, Pontveix, etc.; sans postérité;

9° Rose-Charlotte de Goyon, demoiselle de Brissac, mariée en 1770 à Charlemagne *de Cornulier*, seigneur de la Caraterie;

10° Marie-Émilie de Goyon, dame de la Cour-Neuve, mariée en 1771 à René-François-Amable *Bernard*, seigneur de la Turmellière;

11° Angélique-Josèphe de Goyon, demoiselle de Beaufort, mariée en 1776 à Gabriel-François-Isaac *Freslon*, seigneur de Saint-Aubin; sans postérité.

(Voyez, pour la suite, la *Généalogie de Cornulier* imprimée en 1847, p. 161 et 162.)

La famille GEFFRARD, seigneurs du Boiscornillé, de la Motte et du Plessis de Torcé, porte : *losangé d'argent et de gueules.*

DE LUYNES.

La famille *de Loynes*, dite par corruption *de Luynes*, est originaire de Beaugency, et porte : *coupé; au 1ᵉʳ de gueules à la fasce gironnée d'or et d'azur de six pièces, accompagnée de deux vivres d'argent; au 2 d'azur à sept besants d'or, 4 et 3.*

Elle remonte à Guillaume de Loynes, écuyer, qui possédait, en 1335, des fiefs au lieu de Loynes, près Beaugency. La branche aînée, établie à Paris et en Brie, s'est toujours bien soutenue et a été maintenue en 1658. Elle a produit, entre autres : un bailli de Beaugency en 1460; deux conseillers au parlement de Paris en 1500 et 1556; deux substituts du procureur général près le même parlement en 1532 et 1582; un écuyer du Roi en 1610; et cinq maîtres en la chambre des Comptes de Paris de 1632 à 1766. La branche des seigneurs de Paras n'a pas été moins distinguée; elle a donné : deux présidents à mortier au parlement de Metz en 1651 et 1673; un conseiller d'État en 1657; deux secrétaires de la marine en 1632 et 1646; et un écuyer ordinaire de la reine de Pologne en 1707.

D'autres branches, établies à Orléans depuis 1451, s'y sont adonnées au commerce et y ont perdu leurs qualifications nobles, tout en occupant avec distinction les places municipales. Parmi celles-ci, la branche des sieurs d'*Auteroche* a ressaisi la noblesse en 1673, par la charge de trésorier de France. De cette branche sont issues les branches de *Gautray*, de *Moret*, d'*Estrées*, de *Villedard*, de *Mazères*, du *Houlley*, de *Milbert* et de *Parassis*, qui se sont maintenues par de bonnes alliances, et leurs représentants ont été appelés à voter dans l'ordre de la Noblesse lors des élections des députés aux États-généraux, en 1789.

M. de Courcelles a donné la généalogie de cette famille (t. VII, in-4°) ; mais ce généalogiste a omis plusieurs branches qui avaient dérogé, et qui descendent d'Euverte de Loynes, seigneur de la Bedinière, en 1508, qu'il dit à tort être mort sans postérité. C'est à l'une de ces dernières branches qu'appartenait :

Jacques de Loynes, marié à Orléans le 10 juillet 1667 avec Marie *de Guienne,* dont il eut trois fils, Joseph, Jacques et Augustin. Joseph se maria à la Martinique, où il a laissé postérité.

Jacques épousa à Orléans, en 1691, Marie-Madeleine *Jogues,* dont il eut : Jacques-Barthélemy de Loynes, marié avec Marie-Madeleine *Jacques.* Leur postérité s'est éteinte à la fin du XVIIIe siècle, en la personne de M. de Loynes de Champillou, chanoine de Saint-Aignan d'Orléans.

Augustin de Loynes, dit de Luynes, seigneur de la Bouvetière, en Ligné, juge-consul de la ville de Nantes, secrétaire du Roi en la chancellerie de Bretagne de 1739 à 1751, épousa à Nantes Renée *Guillet de la Brosse,* d'une famille qui subsiste encore dans le pays nantais, et qui a donné François-Louis Guillet de la Brosse, reçu secrétaire du Roi en 1786. De ce mariage vinrent : Marie-Thérèse et Renée de Luynes, mariées à MM. de Goyon de l'Abbaye et des Hurlières, comme on vient de le dire, et :

Augustin-Louis de Luynes, marié avec Marie-Anne Drouet. Leur postérité a fini en la personne d'Augustin de Luynes, mort officier aux Invalides de Paris, en 1835, et de ses sœurs non mariées.

IXe DEGRÉ.

1° CHARLEMAGNE DE CORNULIER DE LA CARATERIE.

Charlemagne-Alexandre-René-Augustin de Cornulier fit ses preuves pour le service militaire devant Chérin fils, le 5 juin 1787, et c'est de ses preuves que nous avons tiré les analyses de la plupart des actes ci-dessus relatifs à la branche de la Caraterie, comme nous l'avons déjà dit. Il épousa, en 1809, Pauline *le Mallier de Chassonville,* fille de Daniel-Henri-Louis-Philippe-Auguste le Mallier, comte de Chassonville, et de Pauline-Jeanne *de Cornulier.* (Voyez VIIIe degré de la branche du *Boismaqueau.*)

Daniel-Henri-Louis-Philippe-Auguste le Mallier était fils de Jean-Charles-Louis le Mallier, comte de Chassonville, et de Thérèse-Eugénie-Françoise-Geneviève *du Moulin,* fille elle-même de Pierre-Daniel du Moulin et d'Ursule-Honorée *Morin de Pontmartin.*

Jean-Charles-Louis le Mallier était fils de Louis-Marc le Mallier et de Marie-Adrienne *de Glimes de Brabant.*

LE MALLIER.

La famille le Mallier est originaire d'Orléans, et remonte par filiation suivie à l'an 1380; elle a été maintenue en Bretagne par arrêt du parlement du 14 juillet 1770.

IV. Sébastien le Mallier, seigneur du Houssay, près Chartres, trésorier de France à Orléans, fut père de :

V. Claude le Mallier, intendant de l'armée de Piémont en 1617, conseiller d'État, contrôleur général des finances de 1630 à 1636, épousa en 1600 Marie *de Melisan,* dont il eut :

1º Claude le Mallier, seigneur du Houssay, conseiller d'État, ambassadeur à Venise, puis évêque de Tarbes, avait été marié, avant d'entrer dans les ordres, avec Geneviève *d'Houdetot,* dont il eut :

    Louise le Mallier, mariée en 1691 à Louis-Joseph *de Maillé,* baron de Coulonce, dont : Marie-Anne-Geneviève de Maillé, mariée en 1711 à Philippe-Claude *de Montboissier - Canillac,* lieutenant général des armées du Roi.

2º Louis, qui suit;

3º François le Mallier, évêque de Troyes en 1636;

4º Isabelle le Mallier, femme de Nicolas *de Bailleul,* baron de Châteaugontier, surintendant des finances;

5º Marie le Mallier, femme de Louis *de Balzac d'Illiers.*

VI. Louis le Mallier, seigneur de Chassonville, maréchal de camp en 1652, épousa en 1665 Julienne *le Petit de Verno,* fille du marquis de la Chausserais, dont :

VII. Louis-Marc le Mallier, comte de Chassonville, lieutenant général des armées du Roi, épousa en 1707 Marie-Adrienne *de Glimes de Brabant,* issue des anciens souverains de Brabant, chanoinesse de Moustier-sur-Sambre, morte en 1774, dont :

1º Jean-Charles-Louis, qui suit;

2º Marie-Henriette Rebecca le Mallier, mariée en 1721 à Philippe-Auguste *de Volvire,* comte de Ruffec, lieutenant général commandant en Bretagne.

VIII. Jean-Charles-Louis le Mallier, comte de Chassonville, épousa en 1741 Thérèse-Eugénie-Françoise-Geneviève *du Moulin,* dame du Brossay, dont :

1º Daniel, etc., qui suit ;

2º Ursule-Augustine-Rebecca le Mallier, mariée en 1761 à Joachim-Fulgence *Robineau,* seigneur du Bois-Basset, près Saint-Méen, dont postérité ;

3º Louise-Célestine-Henriette le Mallier, née en 1748.

IX. Daniel-Henri-Louis-Philippe-Auguste le Mallier, comte de Chassonville, épousa en 1771 Pauline - Jeanne *de Cornulier ;* leur postérité a été rapportée ci-dessus au VIIIᵉ degré de la branche du *Boismaqueau.*

La maison de GLIMES, en Brabant, a pour auteur Jean, sire de Glimes, dit d'abord Gortygin, fils naturel de Jean II, duc *de Brabant,* et d'Isabeau *de Gortygin,* lequel fut légitimé par lettres de l'empereur Louis de Bavière, données à Francfort le 27 août 1344.

Son arrière petit-fils, Jean IV, sire de Glimes, mort en 1427, épousa Jeanne *de Bautersheim,* dame de Berg-op-Zoom, Grimberges, Walhain, Melin, Brecht, etc., dont il eut deux fils ; Jean et Philippe de Glimes. Les enfants de Jean V de Glimes prirent le nom et les armes de *Berghes,* en retenant un franc quartier de Brabant ; leur postérité s'étant éteinte en 1567, les descendants de Philippe de Glimes prirent à leur tour les nom et armes de Berghes jusqu'à l'extinction de leur lignée, qui a fini en la personne de Philippe-François, prince de Berghes, chevalier de la Toison d'or, gouverneur de Bruxelles, mort en 1704 ; et en celle de son frère, Georges-Louis de Berghes, évêque et prince de Liége.

Quant au nom de Glimes, il se continua dans la postérité de Baudouin de Glimes, sire de Bierbais, mort en 1451, frère puîné de Jean IV, sire de Glimes. De Glimes porte : *de sable au lion d'or,* qui est de Brabant, *à la bande de gueules brochante,* comme marque de bâtardise ; *sur le tout* l'écusson de Glimes, qui est *de sable semé de billettes d'or à la bande de gueules brochante.*

DU MOULIN.

La famille du Moulin, originaire de la Brie, remonte par filiation suivie à l'an 1339, et porte : *d'argent à la croix ancrée de sable, chargée en cœur d'une coquille d'or.* Elle a produit Pierre du Moulin, archevêque de Toulouse en 1415, et Denis du Moulin, aussi archevêque de Toulouse, cardinal et ambassadeur en Savoie en 1430. La branche aînée des seigneurs de Fontenay s'est fondue en 1580 dans *le Clerc de Fleurigny.*

XI. Daniel du Moulin, seigneur du Lavoir, fils puîné de Pierre du Moulin, célèbre ministre protestant, fut maintenu par arrêt du Conseil d'État du 21 janvier 1671. Il vint en Bretagne comme gouverneur de Josselin, y acquit la terre du Brossay, dans l'évêché de Vannes, et y épousa, en 1672, *Esther Ouzille*, fille de Jean Ouzille, seigneur de Kerviller, dont il eut :

1° Pierre-Daniel du Moulin, chevalier, seigneur du Brossay, du Plessis-Boudet, etc., capitaine au régiment de Kerouartz, épousa Ursule-Honorée *Morin de Pontmartin*, dont une fille unique :

> Thérèse-Eugénie-Françoise-Geneviève du Moulin, dame du Brossay, mariée en 1741 avec Jean-Charles-Louis *le Mallier de Chassonville*, comme on l'a dit plus haut ;

2° Étienne du Moulin, qui suit ;

3° Renée-Catherine du Moulin, mariée en 1694 à Annibal-Auguste *de Farcy*, seigneur de Cuillé, page du Roi, puis conseiller au parlement de Bretagne, dont elle eut onze enfants, savoir : 1° Jacques-Daniel-Annibal de Farcy, conseiller au parlement de Bretagne, marié en 1721 avec Pélagie-Agnès-Innocente *Gourio de Lanoster ;* 2° Ange-Armand-Annibal, enseigne de vaisseau, épousa en 1733 Marie-Claude *de Farcy*, sa parente; 3° Auguste-François-Annibal, évêque de Quimper en 1739 ; 4° Camille-Hippolyte-Annibal, reçu chevalier de Malte en 1726, enseigne de vaisseau ; 5° Théodore de Farcy ; 6° Madeleine-Marguerite-Émilie de Farcy, mariée en 1717 à Jean-Baptiste *du Breil*, seigneur de Pontbriand ; 7° Louise-Charlotte-Pélagie, mariée en 1736 à Hyacinthe *Marigo*, seigneur de Kerarmel ; 8° Marie-Mélanie, mariée en 1734 à Pierre-Hyacinthe *du Fournet ;* 9° trois autres filles, dont deux religieuses au Ronceray, à Angers.

XII. Étienne du Moulin, capitaine au régiment de Kerouartz, épousa en 1714 Antoinette *le Borgne du Vigneu*, dont :

1° Daniel-Pierre-Étienne, qui suit ;

2° Charles-Claude-Étienne du Moulin, dit le chevalier du Brossay, lieutenant-colonel du régiment de Royal-Pologne en 1773, chevalier de Saint-Louis, gouverneur de Josselin, épousa en 1767 la marquise *de la Salle ;*

3° Marie-Madeleine-Alexandrine du Moulin, mariée à Jacques *du Bot de Talhouet ;* sans postérité ;

4° Marcuise-Émilie-Judith du Moulin, mariée en 1743 à Alexis-François-Amador *du Bot*, chevalier, seigneur de la Rouardais, la Grée-Callac, Montauban, etc., dont trois fils et une fille, savoir : 1° Armand-Marie-Jean du Bot, premier page de la Reine, puis officier au régiment de Béarn, épousa en 1771 Adrienne-Marie-Hyacinthe *Henri de Bohal ;* 2° Charles-François-Marie, officier de la marine ; 3° René-Pierre, ecclésiastique ; 4° Angélique-Émilie-Perrine du Bot, dame de la Grignonnais, mariée en 1769 à Charles-Gaspard *de Toustain,* seigneur de Richebourg, dont postérité.

XIII. Daniel-Pierre-Étienne du Moulin, seigneur de la Briandière, du Bois-Basset, etc., épousa en 1746 Émilie-Jeanne-Marguerite *Doudart,* dont : Armand-Charles-Pierre-Daniel du Moulin, reçu page de la grande écurie en 1773, et trois filles.

La famille MORIN, seigneurs de Pontmartin, maintenue en 1717 et en 1728, porte : *d'azur au chevron d'argent accompagné de trois quintefeuilles de même bordées de sable.*

La famille D'ESCROTS, originaire de Bourgogne, portait anciennement le nom de PELLETIER, qu'elle quitta, en vertu de lettres patentes de 1584, pour prendre celui de la terre d'Escrots, dans la paroisse de Saint-Eugène, au diocèse d'Autun, qu'elle possédait de temps immémorial. Elle vint, par alliance, en possession de la baronnie d'Estrée en 1637. Elle a donné des officiers généraux, des chevaliers de Malte et des filles à Saint-Cyr, et porte : *d'azur à la bande d'or, chargée de trois écrevisses de gueules et accompagnée de trois molettes d'éperon d'or, 2, 1.*

La famille DE MONTSORBIER, originaire du Poitou, porte : *d'azur à trois pals d'or.*

2° ARNAUD DE CORNULIER DU BOISCORBEAU.

Marie-Françoise-Gabrielle *des Friches-Doria,* mariée en 1799 avec Arnaud-Désiré-René-Victor *de Cornulier,* était fille de Marie-Marguerite-François-Firmin des Friches, comte Doria, et de Catherine-Julie-Alexis *de Rougé.*

DES FRICHES.

La maison des Friches, originaire de Picardie, remonte par filiation suivie au milieu du XV° siècle.

III. Pierre des Friches, seigneur de Brasseuse, au bailliage de Senlis, épousa en 1577 Suzanne *de la Fayette,* petite-fille du maréchal de France, dont :

IV. Pierre des Friches, marié avec Catherine *Doria,* d'une branche de l'illustre maison de ce nom à Gênes, passée en

France à la suite de Catherine de Médicis. Pierre Doria, son oncle, capitaine de la galère de la Reine, acquit les terres de Cernoy et de Noël-Saint-Martin, près Clermont-sur-Oise; après la mort de Jean Doria, son neveu, qui ne laissa pas de postérité, elles passèrent, par son testament du 8 juin 1630, à Pierre des Friches, son beau-frère, à la condition qu'il porterait les nom et armes Doria. Pierre des Friches fut père d'Antoine des Friches, chevalier de Malte en 1638, et de :

V. François des Friches-Doria, page du Roi, puis l'un de ses écuyers ordinaires, épousa : 1° en 1646, Madeleine *de Moreuil*, dame de Cayeux en Picardie; 2° Anne *de Moreuil-Caumesnil*, dont il eut :

VI. François des Friches, comte Doria, épousa Anne *du Fos de Méry*, dont :

VII. André-Joseph des Friches, marquis Doria, seigneur de Cernoy, Cayeux, Bethencourt, Payens, etc., capitaine au régiment de Fienne-cavalerie, chevalier de Saint-Louis, épousa : 1° le 10 août 1722; Marie-Anne *Colbert de Villacerf*, morte en 1723, fille de Pierre-Gilbert Colbert, marquis de Villacerf, et d'Anne-Marie-Madeleine *de Senneterre*; 2° en 1746, Perrette-Françoise *de Lesquen de la Villemeneust*. Du 1er lit vint :

VIII. Marie-Marguerite-François-Firmin des Friches, comte Doria, marquis de Payens, etc., mousquetaire de la garde du Roi, marié avec Catherine-Julie-Alexis *de Rougé*, dont la postérité a été exposée dans la généalogie imprimée en 1847, p. 162 et 163.

La maison DU FOS, marquis de Méry, établie en Quercy et en Picardie, porte : *d'or à trois pals de gueules.*

La famille DE COLBERT, originaire de Champagne, porte : *d'or à une couleuvre d'azur en pal.* Elle a donné quatre grands ministres d'État; des archevêques de Toulouse et de Rouen; des évêques de Montpellier, de Luçon et d'Auxerre; cinq ambassadeurs et vingt-quatre officiers généraux. Elle a été titrée de marquis de Seignelay, de Croissy, de Torcy, de Chabannais, de Blainville; comtes de Maulévrier, etc.

Jean-Baptiste Colbert, seigneur de Saint-Pouange et de Villacerf, conseiller d'État, intendant de Lorraine, épousa en 1628 Claude *le Tellier*, sœur de Michel le Tellier, chancelier de France, dont il eut, entre autres :

Pierre-Gilbert Colbert, marquis de Villacerf, capitaine de vaisseau, premier maître d'hôtel de la Reine, épousa en 1696 Marie-Madeleine *de Senneterre*, dont il eut cinq filles, savoir :

1º Marguerite Colbert, mariée en 1714 à François-Emmanuel marquis *de Crussol,* colonel du régiment de Béarn ; 2º Marie-Geneviève Colbert, mariée en 1716 à Gilbert-Henri-Amable *de Veny d'Arbouze,* comte de Villemont, mestre de camp de cavalerie ; 3º Marie-Anne Colbert, mariée en 1722 à André-Joseph *des Friches,* marquis Doria, comme on vient de le dire ; 4º Marie-Charlotte-Colbert, mariée en 1725 à Henri *Coignet,* comte de Courson, grand bailli d'Auxerre ; 5º Gabrielle-Claude Colbert, mariée à Philippe *Grollier,* marquis de Tréffort.

La maison DE SAINT-NECTAIRE, dite par corruption DE SENNETERRE, tire son nom de la terre de Saint-Nectaire en Auvergne, et remonte à Louis de Saint-Nectaire, connétable d'Auvergne en 1231. Elle porte : *d'azur à cinq fusées d'argent.*

Cette maison a produit deux maréchaux de France : 1º Henri de Senneterre, mort en 1681, en faveur duquel la terre de la Ferté-Nabert, dite depuis la Ferté-Senneterre, en Orléanais, fut érigée en duché-pairie en 1665 ; 2º Jean-Charles de Senneterre, marquis de Brinon-sur-Saudre et de Pisani, baron de Didonne et de Saint-Germain, maréchal de France en 1757.

Jean-Charles de Senneterre, comte de Brinon, maréchal de camp, épousa en 1654 Marguerite *de Bauves,* fille de Timoléon de Bauves, baron de Contenant, dont il eut :

1º Henri de Senneterre, comte de Brinon, chevalier des ordres du Roi, lieutenant général, ambassadeur extraordinaire en Angleterre en 1719, père du second maréchal de France mentionné ci-dessus ;

2º Anne-Marie-Madeleine de Senneterre, mariée en 1696 à Pierre-Gilbert *Colbert de Villacerf,* comme on l'a déjà dit.

DE ROUGÉ.

La maison de Rougé tire son nom de la châtellenie de Rougé, près Châteaubriant ; elle est connue depuis l'an 1000, et porte : *de gueules à la croix pattée d'argent.* La branche aînée, illustre en Bretagne, s'est éteinte en 1400. La branche actuelle descend d'un puîné de Rougé, qui avait pris, selon l'usage du temps, le nom de la terre des Rues, qu'il avait eue en partage dans la paroisse de Chenillé en Anjou. Cette branche ne reprit le nom de Rougé qu'en 1477. Cette famille a produit plusieurs officiers généraux remarquables, notamment le marquis du Plessis-Bellière, mort de ses blessures à Castellamare, près de Naples, en 1654, au moment où il allait être élevé à la dignité de maréchal de France.

X. Pierre marquis de Rougé, fils d'autre Pierre et d'Avoie

de Chérité, épousa en 1700 Jeanne *Préseau,* fille unique de François-Julien Préseau, chevalier, seigneur de la Guilletière et du Tremblay, et de Marie *Petiteau,* dont il eut :

1° Pierre-François, qui suit :

2° Gabriel-César comte de Rougé, page du Roi en 1720, épousa en 1728 Marie-Gabrielle *du Bois de la Ferté,* dont :

> Gabriel-François comte de Rougé, marquis de Chollet, baron de May, de Montfaucon et de Vienne-le-Châtel, comte de Chemillé, lieutenant général des armées du Roi en 1784, épousa en 1760 Marie-Anne-Christine *de Croy d'Havré,* princesse du Saint-Empire; sans postérité.

XI. Pierre-François marquis de Rougé, seigneur de la Bellière, lieutenant général des armées du Roi en 1759, gouverneur de Givet et de Charlemont, tué au combat de Filinghausen en 1761, épousa en 1749 Marie-Claude-Jeanne-Julie *de Coëtmen,* fille d'Alexis-René de Coëtmen et de Julie *de Goyon de Vaudurant,* famille dont nous avons déjà parlé au XIe degré de la branche du *Boismaqueau.* La postérité de Pierre-François de Rougé a été exposée dans la Généalogie imprimée en 1847, p. 163 et 164.

La famille PRÉSEAU, originaire d'Anjou, porte : *de sable au sautoir engreslé d'argent cantonné de quatre coquilles de même.*

La maison DE COËTMEN, qui portait : *de gueules à neuf annelets d'argent, 3, 3, 3,* était issue des anciens souverains de Bretagne. Elle a pour auteur Gestin, fils puîné de Henri Ier, comte de Penthièvre, et de Mathilde *de Vendôme,* qui eut en partage la terre de Coëtmen, dont il prit le nom, suivant l'usage de l'époque. Ce Gestin, vicomte de Coëtmen, épousa vers l'an 1200 la vicomtesse *de Tonquedec.*

Gillette, vicomtesse de Coëtmen et de Tonquedec, héritière de la branche aînée, épousa en 1487 Jean VI, sire *d'Acigné,* auquel elle porta ces terres. En 1607, *Charles de Cossé,* héritier des marquis d'Acigné, était seigneur de Coëtmen. Marie-Marguerite de Cossé, fille du duc de Brissac, porta, en 1678, cette terre en mariage au duc *de Villeroy,* depuis maréchal de France.

Une branche cadette des vicomtes de Coëtmen, seigneurs du Boisguezennec, paroisse de Louannec, évêché de Tréguier, a longtemps survécu à la branche aîné. Séparée vers 1350, elle avait pour auteur Geoffroy, fils de Rolland, vicomte de Coëtmen, et de Jeanne *de Quintin;* elle fut maintenue en 1669.

Son représentant, en 1739, était Alexis-René de Coëtmen, maréchal de camp, gouverneur de Brest et des quatre évêchés de basse Bretagne, qui racheta alors l'ancienne baronnie de Coëtmen, que sa fille, héritière, porta dans la maison de Rougé.

3º LOUIS DE CORNULIER DE LA LANDE.

Adélaïde-Bonne-Marie *de Lespinay*, mariée en 1810 avec Louis-Auguste *de Cornulier*, était fille de Charles-Alexis de Lespinay et de Gabrielle-Félicité *de Buor*, fille elle-même de Gabriel-Isaac de Buor, seigneur de la Lande, et de Gabrielle-Honorée *de Badereau*.

Charles-Alexis de Lespinay était fils de Charles-Samuel de Lespinay, seigneur de Soulandeau, et de Françoise-Perrine *de la Rochefoucauld*.

DE LESPINAY.

La maison de Lespinay tire son nom de la terre de Lespinay, dans la paroisse de Plessé, au comté Nantais. Jean de Lespinay, seigneur de Lespinay, de Bodouan et de Tremar, fut trésorier général de Bretagne de 1499 à 1524. Guillaume de Lespinay épousa, en 1516, l'héritière de la maison *du Chaffault*. Cette maison de Lespinay a formé plusieurs branches, dont les principales sont : 1º la branche aînée des seigneurs du Chaffault, de Monceaux, de Briort, etc., qui s'est fondue vers 1710 dans Charette; 2º la branche des seigneurs de la Ruffelière et rameaux en dépendants, dont nous allons parler; 3º la branche des seigneurs de Lespinay, fondue en 1691 dans Goyon de Beaufort.

IX. Samuel de Lespinay, seigneur de la Ruffelière, fils de Jacob de Lespinay et d'Henriette *de Goulaine*, fut maintenu à l'intendance de Poitiers en 1715. Il avait épousé, en 1696, Louise *de la Bussière*, fille de Pierre de la Bussière, seigneur de la Vrignonnière, et de Jeanne *de Goulaine*, dont il eut :

1º Louis-Jacob, qui suit;

2º Charles-Samuel, qui suivra;

3º Marc de Lespinay, seigneur de la Flotterie, né en 1700, marié avec Louise *de Rorthays*;

4º Alexis de Lespinay, né en 1704;

5º Louise-Aimée de Lespinay, née en 1701, mariée avec Jean-Baptiste *le Bœuf*, seigneur de la Noue.

X. Louis-Jacob de Lespinay, seigneur de la Ruffelière et de

14

la Vrignonnière, épousa en 1726 Marie-Élisabeth *des Nouhes*, dont :

1° Samuel-Alexis, qui suit ;

2° Louis-Gabriel, qui suivra ;

XI. Samuel-Alexis de Lespinay, seigneur de Sigournay, baron de Chantonnay, page de la grande écurie en 1744, épousa en 1750 Marie-Louise-Félicité *Cicoteau*, dont il eut : 1° Alexis-Louis-Marie, qui suit ; 2° Armand-François de Lespinay, marié avec Marie-Louise-Henriette *de Lespinay*, sa cousine germaine, sans postérité ; 3° Henriette-Suzanne de Lespinay, mariée en 1777 à Pierre-Marie *Irland*, seigneur de Bazoges, député de la Noblesse du Poitou aux États-généraux de 1789, mort président de la cour de Poitiers, sans postérité.

XII. Alexis-Louis-Marie de Lespinay, baron des Essarts, capitaine au régiment du Roi, épousa en 1783 Anne-Pauline-Armande-Éléonore *de Montault*, dont :

1° Marie-Charles de Lespinay, marié avec Delphine *de Relly*, dont deux fils : Paul et Alexis de Lespinay ; et deux filles : Louise de Lespinay, mariée à Henri *de Puyberneau*, et Émilie de Lespinay, mariée en 1846 à Victorin *Chebrou de la Roullière ;*

2° Louis-Armand de Lespinay, page de l'Empereur, maréchal de camp, épousa : 1° Henriette *de Montguyon*, fille du comte de Montguyon, pair de France ; 2° Esther *le Tissier*. Du 1er lit vint : Henriette de Lespinay, mariée en 1841 avec Élie *de Gontaut-Biron ;* du 2° lit : Louise et Cécile de Lespinay ;

3° Agnès-Henriette de Lespinay, mariée en 1807 avec François-Boleslas-Casimir *du Val*, vicomte de Curzay, conseiller d'État, gentilhomme de la Chambre, successivement préfet des Deux-Sèvres, de la Vendée, de l'Ille-et-Vilaine et de la Gironde, dont : Octave du Val de Curzay, marié avec demoiselle *Carayon de Latour*.

XI. Louis-Gabriel de Lespinay, seigneur de Beaumont et de la Vrignonnière, page de la grande écurie en 1724, épousa Suzanne *d'Appelvoisin*, dont :

1° Jacques-Louis de Lespinay, officier au régiment du Roi-infanterie, marié en 1785 avec Anne *Walsh*, dame de Chassenon ;

2° Charles de Lespinay, officier au même régiment ;

3° Marie-Louise-Henriette de Lespinay, mariée en 1791 à Armand-François *de Lespinay*, son cousin germain, sans postérité ;

4° Henriette de Lespinay, mariée en 1788 à Louis-Alexandre *de Buor de Lavoy*, chevalier de Saint-Louis, dont : Théodore de Buor, massacré à Laval pendant la guerre de la Vendée.

X. Charles-Samuel de Lespinay, seigneur de Soulandeau, épousa en 1742 Françoise-Perrine *de la Rochefoucauld*, dont :

1° Charles-Alexis, qui suit ;

2° Françoise-Louise de Lespinay, mariée à M. *de Lespinay*, seigneur de la Rocheboulogne, son cousin, dont elle eut :

Louis-Jacob de Lespinay, qui va être rappelé.

XI. Charles-Alexis de Lespinay, seigneur du Clouzeau, épousa : 1° Gabrielle-Félicité *de Buor* ; 2° Angélique *Josnet de la Doussetière*, veuve du célèbre général vendéen Charette, dont il n'eut pas d'enfants. Du 1er lit vinrent :

1° Alexis-Gabriel, qui suit ;

2° Adélaïde-Bonne-Marie de Lespinay, mariée : 1° avec Louis-Jacob *de Lespinay de la Rocheboulogne*, son cousin germain ; 2° avec Louis-Auguste *de Cornulier*, comme il a été dit ci-dessus. Du 1er lit vint :

Louis de Lespinay de la Rocheboulogne, officier de la marine royale, mort sans alliance en 1842.

XII. Alexis-Gabriel de Lespinay épousa en 1806 Armande-Victoire-Cécile-Joséphine *le Bœuf des Moulinets*, dont il eut :

1° Charles-Alexis de Lespinay, page des rois Louis XVIII et Charles X, épousa en 1834 Suzanne-Thaïs *Burot de Carcouet*, fille de Pierre, chevalier de Saint-Louis, et de Marie-Suzanne-Jacquette *de Boissy-Gouffier* ; dont postérité ;

2° Henri-Victor de Lespinay épousa en 1833 Adèle-Rosalie-Gabrielle-Marie *de Cornulier*, sa cousine germaine. Veuf sans enfants peu après son mariage, il est entré dans les ordres sacrés, a été grand vicaire de l'évêque de Luçon et représentant de la Vendée en 1849 ;

3° Armand-Marie de Lespinay a épousé, en 1842, Mathilde-Blanche-Joachime *de Melun*.

La famille DE LA BUSSIÈRE, originaire d'Angles en Poitou, où elle était possessionnée dès l'an 1300, porte : *d'azur à la bande d'argent accompagnée de deux vols d'épervier de même et de deux molettes d'éperon d'or.*

DE LA ROCHEFOUCAULD.

La maison de la Rochefoucauld tire son nom de la baronnie de la Rochefoucauld, près d'Angoulême, qu'elle possédait dès l'an 1019. Elle paraît issue d'un puîné de la maison de Lusignan, et porte : *burelé d'argent et d'azur de dix pièces, à trois chevrons de gueules brochant sur le tout.*

Elle a donné deux cardinaux grands aumôniers de France ; quatre grands maîtres de la garde-robe ; deux grands veneurs ; deux lieutenants généraux des armées navales ; un grand maréchal de Danemarck, pair d'Irlande, etc., et a été titrée ducs de la Rochefoucauld en 1622, de la Rocheguyon, d'Estissac, de Liancourt, d'Anville et de Doudeauville, et de quantité de titres inférieurs à ces duchés-pairies. Aucune famille n'a peut-être produit un aussi grand nombre de branches.

XXVII. Pierre-Joseph de la Rochefoucauld-Bayers, seigneur de la Ferronnière, épousa en 1713 Françoise-Julienne *de Rivaudeau*, dont il eut :

1° Pierre-François, qui suit :

2° Françoise-Perrine de la Rochefoucauld, mariée en 1742 à Charles-Samuel *de Lespinay*, comme il vient d'être dit ci-dessus.

XXVIII. Pierre-François de la Rochefoucauld-Bayers, seigneur du Puy-Rousseau, épousa en 1745 Marie-Louise-Gabrielle *de Rivaudeau*, sa cousine germaine, dont il eut :

1° Pierre-Louis-Marie, qui suit ;

2° Marie-François de la Rochefoucauld-Bayers, lieutenant colonel, chevalier de Saint-Louis, marié avec Marie-Louise *de la Roche-Saint-André*, dont trois enfants.

XXIX. Pierre-Louis-Marie de la Rochefoucauld-Bayers, capitaine de vaisseau, épousa : 1° en 1778, Marie-Adélaïde *de la Touche-Limousinière* ; 2° demoiselle *du Tertre* ; 3° Marie-Anne *de Cantelou*. Du 1er lit vint :

XXX. Louis-Marie-François de la Rochefoucauld-Bayers, inspecteur général de la maison du Roi, marié en 1809 avec Aimée-Cécile *des Melliers de la Gallerie*, sa cousine germaine, dont une fille chanoinesse de Munich.

La famille DE RIVAUDEAU, originaire du Poitou, remonte à Robert, maire de Fontenay-le-Comte en 1567, anobli par le roi Henri II, et père d'André, poète d'assez de réputation au XVIᵉ siècle. Cette famille, qui est éteinte, portait : *d'argent à la croix pattée et alaisée de gueules.*

DE BUOR.

La famille Buor, qui a formé quantité de branches en Poitou, remonte par filiation suivie à Guillaume Buor, chevalier, seigneur de la Lande, près Montaigu, croisé sous saint Louis en 1270. Elle porte : *d'argent à trois coquilles de gueules, au franc canton d'azur.*

Jacques-Honoré Buor, chevalier, seigneur de la Lande et de la Négrie, en Saint-Hilaire-de-Loulay, épousa Marie-Rose *Buor*, sa parente, dont :

1º Gabriel Buor, seigneur de la Lande, épousa Gabrielle-Honorée *Badereau*, laquelle, étant devenue veuve presque immédiatement et sans enfants, se remaria en secondes noces avec Charles *de la Roche-Saint-André*, seigneur des Ganuchères ;

2º Jacques-Honoré Buor, chevalier, seigneur de la Lande après son frère, épousa à Montaigu, en 1746, Charlotte-Augustine *Badereau*, sœur de la femme de son frère, dont deux fils et une fille, qui suivent :

    1º Augustin-César-Honoré Buor, seigneur de la Lande, épousa à Nantes, en 1787, Anne-Marguerite *Angevin,* fille de René Angevin, seigneur de la Maillardière, auditeur des Comptes de Bretagne, et d'Anne-Louise *Macé.* Tous deux moururent dans la Vendée en 1793; deux enfants issus de leur mariage moururent en 1794 et 1795.

    2º Henri-Philippe Buor de la Lande, mort à Nantes en 1821, sans postérité ;

    3º Gabrielle-Félicité Buor, mariée à Charles-Alexis *de Lespinay,* comme on l'a déjà dit ci-dessus.

BADEREAU.

La famille Badereau, originaire de Montaigu, et aujourd'hui transplantée en Auxerrois, porte : de..... *à deux épées passées en sautoir, les pointes en haut; accompagnées en chef et en flancs de trois étoiles, et en pointe d'un croissant.*

Jean-Judes Badereau, s^r de la Caufinière, auditeur des Comptes de Bretagne, épousa Catherine-Marguerite *de Courcelles,* fille du chevalier de Courcelles, officier de la maison du Roi, mort à Villeneuve-Saint-Georges, près Paris, dont :

1º Armand, qui suit ;

2º Demoiselle de Badereau, mariée à M. *de la Sauldraye,* conseiller au parlement de Bretagne ;

3º Demoiselle de Badereau qui fut la seconde femme de Julien-Gabriel *du Chaffault*, seigneur de la Senardière, conseiller au parlement de Bretagne, et mère de Marie-Françoise-Félicité du Chaffault, mariée à M. *Juchault de la Móricière ;*

4º Gabrielle-Honorée Badereau, morte en 1745, mariée : 1º à Gabriel-Isaac *Buor*, seigneur de la Lande; 2º à Charles *de la Roche-Saint-André,* comme on l'a déjà dit. Du 2e lit vint : demoiselle de la Roche-Saint-André, née en 1737, mariée en 1756 à Gabriel-Georges-Joachim *Robineau*, seigneur de la Chauvinière, la Vergne, Beaufou, etc. ;

5º Charlotte-Augustine Badereau, mariée en 1746 à Jacques-Honoré *Buor*, comme on l'a déjà dit ;

6º Demoiselle Badereau, religieuse à Montaigu.

Armand de Badereau, seigneur du Boiscorbeau, épousa demoiselle *Lucas de la Championnière*, dont :

1º Armand de Badereau ;

2º Louis-Joseph de Badereau, officier aux mousquetaires noirs, chevalier de Saint-Louis, seigneur de Vincelles, près Coulanges-la-Vineuse, en Auxerrois, émigré en 1789; ne laissa qu'un fils unique :

Louis-Joseph de Badereau, page du roi de Prusse, chevalier de la Légion d'honneur, marié avec demoiselle *Berthier du Vivier,* dont :

Gustave-Louis-Eugène de Badereau de Saint-Martin, né en 1809, capitaine d'état-major, mort en 1857, épousa Jeanne-Alexandrine-Marie comtesse *d'Erard,* dont deux fils et une fille.

La famille DE ROMAIN, originaire d'Anjou, porte : *d'argent à l'aigle de sable à deux têtes, becquée, membrée et allumée de gueules.*

Xe DEGRÉ.

1º VICTOR DE CORNULIER DU BOISCORBEAU.

Marie-Émilie *de Blocquel de Wismes*, mariée en 1823 avec Arnaud-René-Victor *de Cornulier,* est fille de Stanislas-Catherine-Alexis de Blocquel, baron de Wismes, et d'Émilie-Joséphine-Jeanne *Ramire de la Ramière,* fille elle-même de Louis-Gabriel Ramire, comte de la Ramière, et d'Anne-Louise *Pichon de la Rivoire.*

Stanislas-Catherine-Alexis de Blocquel était fils de Eugène-

Armand de Blocquel de Croix, baron de Wismes, et de Marie-Jeanne-Françoise *de Rougé*, dont il a déjà été fait mention au degré précédent.

DE BLOCQUEL.

La famille de Blocquel a été autorisée, par lettres spéciales, à timbrer son écusson d'une couronne à cinq fleurons et à lui donner deux griffons pour supports. La terre et seigneurie de Wismes, près Saint-Omer, a été érigée en baronnie en sa faveur en 1759.

Robert Blocquel, seigneur de Lambi, assista, dans l'ordre de la Noblesse, aux États d'Artois assemblés à Cambray en 1597. Il était le trisaïeul d'Adrien-Antoine de Blocquel de Croix, seigneur de Wismes, de Lambi et de Liévin, député général ordinaire de la Noblesse d'Artois en cour, marié en 1746 avec Anne-Marguerite *de Pracomtal*, et dont la postérité a été exposée dans la Généalogie imprimée en 1847, p. 164.

DE PRACOMTAL.

La maison de Pracomtal tire son nom de la terre de Pracomtal en Dauphiné; elle remonte à l'an 1258, et porte : *d'or au chef d'azur chargé de trois fleurs de lis d'or.*

XII. Armand de Pracomtal, lieutenant général, gouverneur de Menin, tué à la bataille de Spire en 1703, épousa en 1693 Catherine-Françoise *de Mornay de Montchevreuil*, dont :

XIII. Léonor-Armand de Pracomtal, sire de Châtillon, baron de Bernière en Bazois, marquis du Breuil, mestre de camp de cavalerie, chevalier de Saint-Louis, lieutenant de Roi en Nivernais, épousa en 1723 Catherine *Boucher d'Orsay*, fille de Charles Boucher, seigneur d'Orsay, maître des requêtes, intendant du Dauphiné, et de Catherine *le Grain* (voyez VIe degré de la branche *aînée*). Il en eut :

1° Charles-Jean de Pracomtal, bénédictin en 1746;

2° Arnoul, qui suit;

3° Antoine-Charles de Pracomtal, page de la petite écurie en 1747, enseigne des gendarmes de la garde du Roi en 1752;

4° Anne-Marguerite de Pracomtal, mariée en 1746 à Adrien-Antoine *de Blocquel de Croix*, comme il vient d'être dit.

XIV. Arnoul de Pracomtal, capitaine au régiment du Roi, puis guidon des gendarmes de la garde en 1748, épousa en 1753 Anne-Charlotte *Thiroux de Montregnard*, dont :

XV. Léonor-Claude marquis de Pracomtal, épousa en 1772 Claude-Gabrielle *de Pertuis*, dont :

XVI. Léonor marquis de Pracomtal, marié avec Amélie *de Grammont*, sœur du duc de Caderousse, dont Edmond de Pracomtal, marié à demoiselle *d'Hunolstein*, et Rostaing de Pracomtal, marié à Jeanne *de la Roue*.

RAMIRE.

La famille Ramire ou Ramirez est originaire du royaume de Léon, en Espagne, et s'est établie dans le Périgord. Elle porte : *d'azur au sautoir d'or, accompagné de quatre étoiles de même.*

Louis-Gabriel Ramire, comte de la Ramière, dernier de son nom, épousa Anne-Louise *Pichon de la Rivoire*, dont il eut une fille unique : Émilie-Joséphine-Jeanne Ramire de la Ramière, née à Paris, le 20 mai 1783, mariée à Stanislas-Catherine-Alexis *de Blocquel*, baron de Wismes, comme on l'a déjà dit.

PICHON DE LA RIVOIRE.

N** Pichon, baron de la Rivoire en Vivarais, écuyer caval-cadour de la Dauphine mère de Louis XVI, dernier de son nom, épousa demoiselle *Charon*, fille d'un président au parlement de Paris, dont il eut deux filles :

1° Demoiselle Pichon de la Rivoire, mariée à Marie-Joseph *de Gain*, comte de Montaignac, dont :

Demoiselle de Gain de Montaignac, mariée au comte *de la Majorie*, qui habite Lyon ;

2° Anne-Louise Pichon de la Rivoire, mariée à Louis-Gabriel *Ramire*, comte de la Ramière, comme on vient de le dire.

Il existe plusieurs familles Pichon ; l'une d'elles, qui a donné trois conseillers au parlement de Paris en 1436, 1454 et 1491, portait : *d'argent à trois merlettes de sable*, mais elle paraît éteinte depuis longtemps. Il semble plus probable que celle qui nous occupe était des Pichon originaires du Languedoc, transplantés à Paris au commencement du XVIIᵉ siècle, et qui portaient : *d'azur au chevron d'or accompagné en chef de deux étoiles de même et en pointe d'un agneau d'argent soutenu d'un croissant d'or.* De ces derniers étaient : Denis Pichon, trésorier de France à Paris en 1661, qui eut pour fils Denis-Claude Pichon, maître des Comptes à Paris en 1693. Nicolas-Robert Pichon, cousin germain de Denis-Claude, et aussi maître des Comptes en 1690, épousa Marie *de l'Estang de Ris*, dont il eut Charles Pichon, reçu conseiller au parlement de Paris en 1718.

Nos Pichon étant barons de la Rivoire en Vivarais et marquis du Palais en Dauphiné, il y a tout lieu de croire qu'un d'eux avait épousé l'héritière de la maison de Rivoire ou de la Rivoire, qui porte : *fascé d'argent et de gueules de huit pièces, à la bande d'azur chargée de trois fleurs de lis d'or;* ou, selon d'autres, *de gueules au lion d'argent armé et lampassé de sable.*

Les derniers mâles de cette famille, originaire d'Auvergne et transplantée en Forez, paraissent être :

François-Gilbert de Rivoire, marquis du Palais, mort en 1727, qui avait épousé Françoise *de la Tour d'Auvergne,* dont il eut :

1° N** de Rivoire, marquis du Palais, brigadier des armées du Roi, marié en 1704 avec Jeanne-Marie *Perrault,* veuve de Louis *de Beaupoil de Sainte-Aulaire,* grand échanson de France, et qui mourut sans postérité en 1727;

2° François de Rivoire, marquis du Palais après son frère, brigadier des armées du Roi; né en 1670, épousa en 1728 Marie-Catherine-Dorothée *de Roncherolles* de Pont-Saint-Pierre, et mourut sans postérité en 1737.

La famille CHARON a pour auteur Louis Charon, fameux avocat de Paris au XVIᵉ siècle, auteur d'un panégyrique de Charles IX. Elle a donné des maîtres des requêtes, des conseillers d'État, des intendants de provinces, des présidents à mortier au parlement de Paris, des brigadiers des armées, et a contracté de grandes alliances. Elle a été titrée marquis de Menars dans le Blaisois, de Conflans et de Saint-Ange; barons de Dencourt, vicomte d'Orval, etc. Elle porte : *de gueules au chevron d'argent accompagné de trois roues d'or.*

DE VILLEBOIS-MAREUIL, en Angoumois, porte : *de gueules au chef d'argent, au lion d'azur brochant sur le tout.*

2° AUGUSTE DE CORNULIER DE LA LANDE.

Pauline-Caroline *Grimouard de Saint-Laurent,* mariée en 1846 avec Auguste-Louis-Marie de Cornulier, est fille de Henri-Jacques Grimouard de Saint-Laurent et de Coricie *du Bois de la Verronnière,* fille elle-même de Julien du Bois, seigneur de la Verronnière, et de Julie-Charlotte *Green de Saint-Marsault.*

Henri-Jacques Grimouard était fils de Henri-Marie-Joseph Grimouard, seigneur de Saint-Laurent, et de Marie-Antoinette-Pauline *Aubert du Petit-Thouars.*

GRIMOUARD.

La famille Grimouard est originaire d'Anjou, où elle portait

autrefois le nom de *Chevalier;* elle s'est transplantée en Poitou.
François Chevalier, écuyer, seigneur de la Roullière, épousa
en 1526 Madeleine Grimouard, dont il eut Jean Chevalier, l'un
des cent gentilshommes de la maison du Roi en 1594. Philippe
Grimouard, seigneur du Perré, son oncle, voyant son nom
s'éteindre, l'institua son légataire universel, en 1587, à la condition qu'il prendrait les nom et armes de Grimouard, ce qui
fut confirmé par lettres patentes de l'an 1595. Geoffroy Chevalier, dit Grimouard, chevalier de l'Ordre et gentilhomme
ordinaire de la chambre du Roi, fut maintenu dans sa noblesse
par arrêt de la cour des Aides en 1629.

Cette famille a formé quatre branches : 1° l'aînée, des seigneurs du Perré, qui subsiste encore; 2° celle des seigneurs
de la Vaigne, à laquelle appartenaient : Henri-Barthélemy
Grimouard, colonel du régiment d'artillerie de Metz, exécuté
en 1793, et Philippe-Henri Grimouard, officier général, auteur
d'un grand nombre d'ouvrages sur l'art militaire, publiés de
1775 à 1809; 3° celle des seigneurs de Saint-Laurent, dont
nous allons nous occuper; 4° celle des seigneurs de Guine-
folle, qui subsiste encore, et à laquelle appartenait Nicolas-
Henri-René comte de Grimouard, vice-amiral, exécuté révo-
lutionnairement à Rochefort, où il commandait la marine.

X. Henri-Marie Grimouard, seigneur de Saint-Laurent, la
Loge, la Salle, etc., épousa en 1739 Marie-Louise *d'Espinose,*
fille de Jean-Baptiste-Joseph d'Espinose, seigneur de Frossay,
conseiller au parlement de Bretagne, et de Louise-Sainte *Bidé,*
dont :

XI. Henri-Marie-Joseph Grimouard, seigneur de Saint-Laurent, officier au régiment de dragons de Monteclair, épousa en
1775 Marie-Antoinette-Pauline *Aubert du Petit-Thouars,* dont :

XII. Henri-Jacques Grimouard de Saint-Laurent épousa en
1813 Coricie *du Bois de la Verronnière,* dont :

1° Henri-Julien Grimouard de Saint-Laurent, marié en
1842 avec Marie-Louise-Catherine-Renée-Yolande *de la
Haye-Montbault;*

2° Pauline-Caroline Grimouard, femme d'Auguste-Louis-
Marie *de Cornulier,* comme on vient de le dire.

La famille D'ESPINOSE est originaire de Burgos, et a produit
le cardinal Espinosa, grand inquisiteur d'Espagne et premier
ministre de Philippe II. Don Santiago-Fernando de Espinosa,
seigneur de Los-Monteros, s'établit le premier en France et y
fut naturalisé en 1598. Son fils, Bernardin d'Espinose, était
déjà échevin de Nantes en 1594; et son petit-fils, nommé
aussi Bernardin, fut conseiller au parlement de Bretagne en

1598. Sa postérité est exposée au IVe degré de la branche de *Lucinière.* D'Espinose porte : *tiercé en fasce; au 1er d'azur à la croix fleuronnée d'or; au 2 d'or au cœur de gueules; au 3 d'argent à l'arbre arraché de sinople, au griffon de gueules brochant sur le fût de l'arbre.*

AUBERT DU PETIT-THOUARS.

La famille Aubert, qui porte : *d'azur au haubert d'or,* est originaire du Poitou, et remonte par filiation suivie à l'an 1390. Elle s'est alliée directement aux grandes maisons de Surgères, de Chabot, etc.

Georges Aubert, dit le chevalier de Saint-Georges, servit avec distinction dans les troupes de l'Empire, et fut activement employé dans les négociations par Louis XIII et par le cardinal de Richelieu. C'est lui qui acquit, en 1636, la terre du Petit-Thouars. De retour en France, il fut nommé exempt des gardes du corps, et fut tué à la journée des Barricades en 1648.

Cette famille a formé différentes branches, et a donné : une chanoinesse de la Salle en Beaujolais; plusieurs maréchaux de camp; Louis-Marie du Petit-Thouars, célèbre botaniste, membre de l'Institut; Aristide, frère du précédent, capitaine de vaisseau, mort héroïquement sur *le Tonnant,* au combat d'Aboukir; et Abel, officier général de la marine de nos jours.

X. Louis-Henri-Georges Aubert du Petit-Thouars, maréchal de camp, lieutenant de Roi commandant le Saumurois et le haut Anjou, lieutenant des maréchaux de France, mort dans les prisons de Tours en 1794, épousa en 1753 Anne *Desmé du Buisson,* dont :

1° Yves-Suzanne-Georges, qui suit :

2° Marie-Claudine-Henriette Aubert, mariée en 1775 à Jacques-Claude-René *Grimouard,* seigneur du Perré, Villefort, etc., dont :

    1° Emmanuel-Henri-René Grimouard, mort en 1846, épousa Marie-Marthe-Alexandrine *Roulin de Boisseuil;* dont Eugène-Jacques Grimouard, capitaine de carabiniers, marié en 1831 avec Adèle *Savary de l'Épineray;*

    2° Achille-Jacques Grimouard épousa Hélène *Prévost de Touchimbert;*

    3° Pierre-Armand-Constant Grimouard épousa en 1800 Marie-Charlotte-Esther *Baudry d'Asson,* dont trois fils et une fille mariés;

3° Marie-Antoinette-Pauline Aubert, mariée en 1775 à Henri-Marie-Joseph *Grimouard,* seigneur de Saint-Laurent, comme on l'a déjà dit plus haut.

XI. Yves-Suzanne-Georges Aubert du Petit-Thouars, capitaine au régiment du Roi, chevalier de Saint-Louis, épousa Anne *Barthélemy de Lange*, dont :

XII. Georges–René–Barthélemy Aubert du Petit-Thouars, maire de Loudun, épousa en 1808 Marie-Thérèse *Bellegrand de Vaubois*, fille du lieutenant général comte de Vaubois, pair de France, dont :

XIII. Georges-Henri-Aubert du Petit-Thouars, marié en 1840 avec Marie-Cécile *le Conte de Nonant de Raray*.

DU BOIS.

La famille du Bois est originaire de Fontenay-le-Comte, où elle a occupé les premières places de la magistrature.

VI. André du Bois, s^r de la Groix, épousa en 1721 Catherine *du Bois*, fille de N. H. François du Bois, seigneur de la Bretaiche, dont :

VII. Julien-André du Bois, s^r de la Véronnière, épousa en 1759 Marie-Perside *de Hargues*, fille de René de Hargues, assesseur au siége de Vouvant, et de Marie-Marguerite *Pineau*, dont :

VIII. Julien du Bois, seigneur de la Véronnière, épousa : 1° Jeanne-Charlotte-Louise *Charonneau*, massacrée dans la déroute de Savenay ; 2° Julie-Charlotte *Green de Saint-Marsault.* Du 1er lit vint :

> Julien-Benjamin du Bois, marié en 1813 avec Marie-Pélagie-Zélie *du Porteau*, dont : Zélie-Anne du Bois, mariée en 1835 à Marie-Georges-Gabriel *Huchet*, comte de Cintré; et Aimée-Coricie du Bois.

> Du 2e lit vint :

> Coricie du Bois, mariée à Henri - Jacques *Grimouard de Saint-Laurent*, comme on l'a déjà dit plus haut.

GREEN DE SAINT-MARSAULT.

Bault *Green*, issu des lords de Vellye, au pays de Galles, passa en France à la suite du duc de Lancastre, en 1356, et s'y fixa en épousant Marie *de Saint-Marsault*, dame dudit lieu, en Périgord. Cette famille porte : *parti; au 1er de gueules à trois demi-vols d'or, 2, 1,* qui est Green ; *au 2 de gueules à trois M couronnés d'or à l'antique,* qui est de Saint-Marsault.

X. Pierre-Louis Green de Saint-Marsault, seigneur de l'Herbaudière, épousa en 1704 Henriette-Céleste *de Béjarry*, dont :

XI. Louis-Henri-Alexandre Green de Saint-Marsault, seigneur de l'Herbaudière, épousa en 1751 Suzánne *Compaing*, dont il eut sept enfants, qui suivent :

1° Louis-Henri-François Green de Saint-Marsault, seigneur de l'Herbaudière, capitaine de vaisseau, chevalier de Saint-Louis, épousa en 1765 Marie-Charlotte-Victoire *de Lestang*, fille d'Étienne-André de Lestang, seigneur de la Limandière, la Beraugeraye, etc., et de Charlotte *Coulet de Bussy*, dame de Beaucourt, dont trois filles :

    1° Alexandrine-Victoire-Émilie Green de Saint-Marsault, reçue à Saint-Cyr en 1782, mariée en 1790 à César comte *de Saint-Exupery*, capitaine au régiment de la Sarre ;

    2° Julie-Charlotte Green de Saint-Marsault, mariée en 1795 à Julien *du Bois de la Verronnière*, comme il a déjà été dit ;

    3° Henriette Green de Saint-Marsault, mariée en 1804 à M. *Conan d'Aucor*, lieutenant colonel de cavalerie ;

2° Charles-Philippe-Auguste Green de Saint-Marsault, capitaine de vaisseau, chevalier de Saint-Louis, mort à Saint-Domingue en 1780 ; non marié ;

3° Henri-Charles-Benjamin Green de Saint-Marsault de l'Herbaudière, capitaine au régiment de Bresse, chevalier de Saint-Louis, épousa en 1767 sa parente Françoise-Suzanne-Geneviève *Green de Saint-Marsault*, héritière de sa branche, fille de Louis-François Green de Saint-Marsault, marquis de Châtelaillon, conseiller d'État, grand sénéchal héréditaire de la Rochelle et du pays d'Aunis, et de Marie-Geneviève *de Culant*, dont trois fils :

    1° Louis-Alexandre-Benjamin Green de Saint-Marsault, marquis de Châtelaillon, maréchal de camp, marié en 1808 avec Antoinette-Catherine-Emmanuelle *de Crussol d'Uzès de Montausier*, dont un fils et une fille ;

    2° Alexandre Green de Saint-Marsault, capitaine de vaisseau, chevalier de Saint-Louis, non marié ;

    3° Auguste-Marie Green de Saint-Marsault, marié en 1808 avec Adélaïde *de Bonne-Carrère de Montlaur*, dont trois garçons et trois filles ;

4° Louis-Charles-Amable Green de Saint-Marsault, lieutenant de vaisseau, tué sur la Belle-Poule en 1778 ;

5° Félix-Étienne-Victor Green de Saint-Marsault, chanoine de la Rochelle ;

6° Henriette-Louise-Suzanne-Dorothée-Félicité-Gabrielle

Green de Saint-Marsault, mariée à Maximilien *Bouton*, seigneur de la Baugisière;

7° Suzanne-Pauline-Marie-Magloire Green de Saint-Marsault, mariée en 1770 à Pierre *de la Garrigue*, seigneur de Chartres, chef d'escadre des armées navales.

La maison DE LESTANG, en Poitou, remonte par filiation suivie à l'an 1448; elle a formé un grand nombre de branches, et a été maintenue par ordonnance de M. de Barentin du 9 juillet 1667. Elle porte : *d'argent à sept fusées de gueules.*

BRANCHE DE LUCINIÈRE.

IV° DEGRÉ.

Jean de Cornulier, seigneur de Lucinière, entra comme page au service du duc de Mercœur en 1588, et servait encore auprès de sa personne en 1593, ainsi que nous l'apprend l'enquête faite pour l'ordination de son frère. Entré dans la maison de ce prince à l'âge de quatorze ans; gratifié par lui, à 17 ans, d'une pension sur les États de Bretagne; plein de reconnaissance pour ses bontés et du souvenir de l'estime qu'il avait témoignée à son père, il n'est pas étonnant qu'il l'ait suivi dans le parti de la Ligue, alors même que son frère aîné prenait une direction opposée.

La Sainte-Union des catholiques n'était pas une faction ordinaire. La perspective d'un Roi protestant gouvernant la France alarmait toutes les consciences fidèles; on pouvait soutenir que, dans le royaume très-chrétien, la légitimité cessait là où la foi venait à défaillir; qu'il y avait incompatibilité entre la dénomination de huguenot et la qualité de fils aîné de l'Église.

La Ligue avait d'ailleurs à sa tête, en Bretagne, l'homme le plus capable de subjuguer tous les esprits. Philippe-Emmanuel de Lorraine, duc de Mercœur, beau-frère de Henri III, était doué personnellement de toutes les brillantes et solides qualités qui font les grands princes; c'était véritablement un héros. Chef d'un parti qui a été vaincu, l'histoire ne lui a pas rendu justice, comme il est ordinaire en pareil cas; le *væ victis* se retrouve aussi bien dans les livres que sur le champ de bataille. Mais un autre grand homme, bien élevé au-dessus de tous les préjugés vulgaires, saint François de Salles, n'a point hésité, en présence de Henri IV, à le peindre de couleurs admirables dans son oraison funèbre prononcée à Notre-Dame de Paris, le 27 avril 1602; et c'est là qu'on peut apprendre à le connaître.

Du 9 septembre 1607, acte d'acquêt de diverses parcelles de terre au village d'Allon, faites par écuyer Jan *Corniller*, grand-maître enquêteur et général réformateur des eaux et forêts pour le Roi en Bretagne et en Anjou, seigneur de Lucinière. Au rapport de Gautier, Lecomte et Dubreil, notaires à Joué.

Du 6 juillet 1613, vente par autorité de la juridiction de la Chauvellière, au bourg de Joué, de divers héritages au village d'Allon, adjugés à écuyer Jan *de Corniller*, conseiller du Roi, grand-maître enquêteur et général réformateur des eaux, bois et forêts de France au département de Bretagne, et grand veneur audit pays, seigneur de Lucinière. Signée du greffier.

Du 27 juin 1644, contrat d'échange, à titre héritel, de diverses parcelles de terre et de pré, sises en la paroisse de Joué, près la rivière d'Erdre, fait entre messire Jan *de Cornillé*, chevalier, seigneur de Lucinière, Montreul, la Motte, etc., demeurant audit château de Lucinière, paroisse de Nort, d'une part; et écuyer Bonaventure Lepetit, sieur de la Guillotière, demeurant au lieu de la Guinaudière, paroisse de Joué, d'autre part. Au rapport de Bellœil et Riallen, notaires à Joué.

Du 7 avril 1648, au parloir des religieuses Ursulines de Nantes, devant les révérendes mères professes dudit couvent, s'est présentée demoiselle Marie *de Cornulier*, fille de défunt messire Victor de Cornulier, seigneur de Montreuil, et de dame Jacqueline *de la Rivière*, à présent compagne et épouse en secondes noces de messire Rolland *Morin*, seigneur du Trest, conseiller du Roi en ses conseils, et président en sa chambre des Comptes de Bretagne. Laquelle demoiselle de Cornulier a remontré auxdites dames prieure et religieuses avoir eu et avoir à présent une particulière dévotion d'être, moyennant la grâce de Dieu, religieuse audit couvent, où elle est à présent pensionnaire, et d'y passer le reste de ses jours. De quoi elle aurait donné avis à messire Jan de Cornulier, chevalier, seigneur de Lucinière, Montreuil, la Motte, etc., conseiller du Roi en ses conseils d'État et privé, son aïeul et tuteur, et à ladite dame du Trest, sa mère, qui y auraient consenti. Suppliant lesdites dames prieure et religieuses de la vouloir recevoir en leurdite compagnie. A quoi inclinant et ayant égard à la grande et bonne volonté et dévote affection de ladite demoiselle Marie de Cornulier, ont icelle reçue et acceptée pour être et devenir religieuse sœur de chœur audit couvent, y vivre et passer le reste de ses jours en leur compagnie.

Et pour ce a été présent ledit seigneur de Lucinière, lequel, en faveur de l'acceptation que lesdites dames font de ladite demoiselle de Cornulier en leurdit couvent pour y être sœur de chœur, nourrie et entretenue le reste de ses jours, a promis de donner auxdites dames la somme de 5000# le jour qui précédera la profession de ladite demoiselle de Cornulier, sa petite-fille, et, durant les deux années de son noviciat, de leur payer la rente de ladite somme à raison du denier 20. Signé : Marie Cornulier, Jan de Cornulier, et, parmi les religieuses, sœur Catherine Cornulier. Quenille et Babin, notaires royaux à Nantes.

Du 14 mai 1650, accord sur procès entre messire Rolland *Morin*, seigneur du Trest, conseiller du Roi en ses conseils d'État et privé et président en la chambre des Comptes de Bretagne, et dame Jacqueline *de la Rivière*, à présent sa femme et compagne, auparavant épouse et depuis veuve de défunt Victor *Cornulier*, vivant seigneur de Montreuil, touchant la demande des arrérages du douaire de ladite dame depuis le décès dudit sr de Montreuil, à raison de 500# par an, d'une part; et messire Jan *Cornulier*, chevalier, seigneur de Lucinière, aussi conseiller du Roi en ses conseils d'État et privé, père dudit seigneur de Montreuil et obligé avec défunte dame Marguerite le Lou, sa compagne, demeurant à sa maison seigneuriale de Lucinière, paroisse de Nort. Lequel a composé à la somme de 8000#, tant pour les arrérages prétendus dudit douaire jusqu'à ce jour, que pour extinction et amortissement d'icelui à l'avenir; ensemble pour toutes les demandes et prétentions que lesdits sr et dame du Trest auraient et pourraient avoir en conséquence de la profession que demoiselle Marie Cornulier, fille unique du mariage dudit défunt sr de Montreuil avec ladite dame de la Rivière, est prête à faire au couvent des religieuses de Sainte-Ursule en cette ville, pour son hérédité mobilière et autres droits quelconques. Signé : Morin du Trest, Jan de Cornulier. Quenille et Garnier, notaires royaux à Nantes. Ratifié par Jacqueline de la Rivière.

Du même jour, 14 mai 1650, au rapport des mêmes notaires, actes par lesquels ledit Jan *de Cornulier*, seigneur de Lucinière; messire Claude Cornulier, seigneur, abbé de Blanche-Couronne; messire Pierre Cornulier, seigneur de Lorière, conseiller du Roi, grand-maître des eaux et forêts de Bretagne, et dame Josèphe du Plessier, sa compagne; et messire Philippe Cornulier, constituent 500# de rentes perpétuelles au capital de 8000#; lequel capital est retiré par Jan Cornulier seul, pour libérer sa maison vis-à-vis de M. du Trest, à cause de dame Jacqueline de la Rivière, sa femme, par aucun temps femme de messire Victor Cornulier, fils et frère des susnommés.

La famille DE LA RIVIÈRE dont il s'agit ici est originaire de l'Anjou. Par acte du 21 juillet 1620, nobles écuyers : Jacques de la Rivière, seigneur de la Ragotière en Vallet et de la Roche-Gautron en Anjou, et Louis de la Rivière, seigneur de la Berangerais en la paroisse de Cugan, transigèrent avec N. H. Rolland du Bot, seigneur de Launay, conseiller au parlement de Bretagne, acquéreur de la terre noble de la Barillière en la paroisse de Mouzillon, au sujet de leurs prétentions respectives

sur une chapelle sise en l'église paroissiale dudit Mouzillon.
Ils disaient que cette chapelle avait été fondée par Marguerite
Macé, aïeule desdits sʳˢ de la Rivière; laquelle, donnant partage
à écuyer Louis du Breil, seigneur du Doré et de la Barillière,
avait réservé ladite chapelle à Renée Garnier, leur mère; qu'ils
y avaient banc, vitre armoriée de leurs armes au plus haut point,
enfeu et tombes où étaient enterrées leurs aïeule et bisaïeule.
Mais, comme Marguerite Macé avait pris dans l'acte de fondation les qualités de dame de la Barillière et de la Berangerais,
dont elle jouissait pour ses droits de douaire et matrimoniaux,
les prééminences en ladite chapelle furent jugées devoir être
partagées entre les deux maisons.

La terre de la Barillière était fort ancienne dans la famille
Garnier, car le Plessis-Brouart, en cette même paroisse de Mouzillon, fut franchi, en 1460, en faveur d'Étienne Garnier,
écuyer, seigneur de la Barillière, premier pannetier de la Duchesse, et d'Isabau la Bigaude, sa femme, première demoiselle
de ladite Duchesse.

Jacques de la Rivière ne laissa pas d'enfants, et Jacqueline,
fille de Louis, demeura héritière de sa maison.

La famille DU PONCEAU, à laquelle appartenait la femme de
Louis de la Rivière, tirait son nom de la terre du Ponceau, en
Ligné, et possédait celles du Meix et de la Peccaudière, dans
les Touches. Elle portait : *de gueules à la bande dentelée d'argent, accompagnée de trois merlettes de même.*

Marguerite *le Lou* ou *le Loup*, mariée en 1603 avec Jean *de
Cornulier*, était fille de Michel le Lou et de Bonne *de Troyes*,
fille elle-même de Nicolas de Troyes et de Catherine *Testu.*

Michel le Lou était fils de Jean le Lou et de Jeanne *de
Mirande.*

La famille DE MIRANDE, ou DE MIRANDA, était une de ces
nombreuses familles espagnoles établies à Nantes. Jeanne de
Mirande épousa en secondes noces, par contrat du 26 décembre 1564, Pierre *Cheminard*, seigneur du Chalonge. Les
témoins furent : François de Sesmaisons, seigneur de la Sauzinière; Bernardin de Compludo; Alphonse d'Astudilla-Lerma
et Gonzalo de Compludo, chanoine de Nantes. Dans ce contrat,
Jeanne de Mirande est dite fille de Marie de Mirande; il paraît
que c'était alors l'usage en certaines provinces d'Espagne,
comme en d'autres pays, que les filles portassent le nom de
leur mère.

La famille TESTU, qui depuis a été plus connue sous le nom
de *Balincourt*, a donné un maréchal de France, et porte :
d'or à trois léopards de sable, celui du milieu contourné.

LE LOU.

Dès l'an 1411, Jean le Lou possédait la terre de la Haye, en la paroisse de Sucé.

I. Jean le Lou, seigneur de la Haye et du Breil, en la paroisse de la Haye-Fouassière, mort en 1564, épousa Jeanne *de Mirande*, dont :

II. Michel le Lou, seigneur du Breil et de la Haye, maître des Comptes de Bretagne en 1572, maire de Nantes, mort en 1586, épousa : 1° Françoise *de Rocas*; 2° Bonne *de Troyes*.

Du 1er lit vinrent :

1° Yves le Lou, qui suit;

2° Marie le Lou, née en 1561, mariée à Maurice *Boislève*, seigneur de la Brisardière, conseiller au parlement de Bretagne en 1577, dont deux fils : 1° Michel Boislève, seigneur de Tharon, conseiller au parlement de Bretagne en 1609, chevalier de l'ordre et gentilhomme de la chambre du Roi en 1624, marié avec Marie *Carion*; 2° Robert Boislève, seigneur du Rocher, maître des Comptes de Bretagne en 1622, marié avec Adrienne *Martineau*. Ces deux frères n'ont point laissé de postérité; mais ils avaient deux oncles, Marin et Charles Boislève, desquels descendent tous les Boislève d'Anjou et de Bretagne;

3° Jeanne le Lou, née en 1565, mariée à Bernardin *d'Espinose*, seigneur de Lestang, conseiller au parlement de Bretagne en 1598, dont Michel ci-dessous (1).

---

(1) V. Michel d'Espinose, seigneur des Renaudières, président au parlement de Bretagne en 1622, épousa Jeanne *Gazet*, dont :

1° Michel d'Espinose, seigneur de Portric, conseiller au parlement de Bretagne en 1654, épousa Bonne *Regnouard de Villayers*, dont : Bonne-Élisabeth-d'Espinose, mariée à Sébastien-Gabriel *de Rosmadec*, marquis de Goulaine et du Plessis-Josso (voyez IVe degré de la branche *aînée*);

2° Pierre d'Espinose, abbé de Rillé;

3° Renaud, qui suit;

4° Jeanne d'Espinose, femme de Renaud *de Poix*;

5° Marguerite d'Espinose, mariée : 1° à Jean *de Rosnyvinen*, seigneur de Piré; 2° à Jean *de Boisgeslin*, seigneur de Méneuf.

VI. Renaud d'Espinose, seigneur de la Tour, épousa en 1669 Michelle *Bureau de la Foresterie*, dont :

VII. Jean-Baptiste d'Espinose, seigneur de Frossay, conseiller au parlement de Bretagne en 1707, épousa en 1708 Louise-Sainte-Julie *Bidé*, fille de Charles Bidé, seigneur de la Grandville, et de Marie *des Cartes*, dont :

1° Charles-Paul-Auguste d'Espinose, marquis de Frossay en 1764;

2° Marie-Louise d'Espinose, mariée en 1759 à Henri-Marie *Grimouard*, seigneur de Saint-Laurent. (Voyez Xe degré de la branche de *la Caraterie*.)

Du 2e lit vinrent :

4° Michel le Lou, qui suivra ;

5° Pierre le Lou, sur lequel nous reviendrons ;

6° Gabrielle-Élisabeth le Lou, née en 1574, mariée en 1598 à Victor *Binet*, seigneur de Montifroy, grand maître des eaux et forêts de Bretagne, puis premier président de la chambre des Comptes de Nantes, duquel descendent, par Jeanne *du Pé*, sa seconde femme, les seigneurs de la Blottière et de Jasson, grands baillis d'épée du comté Nantais ;

7° Marguerite le Lou, née le 17 août 1582, mariée à Jean *de Cornulier*, seigneur de Lucinière, comme on l'a dit plus haut.

III. Yves le Lou, seigneur du Breil, maître des Comptes de Bretagne en 1586, épousa Catherine *Jallier*, fille d'un premier lit de Bonne *de Troyes*, dont :

1° Michel le Lou, maître des Comptes en 1615, sans postérité ;

IV. 2° Claude le Lou, seigneur de Boisbrault, épousa en 1622 Catherine-Geneviève *Richelot*, dont :

V. Claude le Lou, seigneur de la Renaudière, cornette d'une compagnie de noblesse au comté Nantais en 1675, épousa en 1663 Anne *Simon*, fille de Thomas Simon et de Marie *de la Rochefoucauld*, de la branche des seigneurs de Neuilly-le-Noble, en Touraine, dont :

1° Claude le Lou, cornette de la compagnie de gentils-hommes du comté Nantais dont le sieur de Montreuil-Cornulier était capitaine à l'arrière-ban de 1690 ; auteur des seigneurs de la Mercredière et de Chasseloir, dont le dernier mâle, Louis-Marie le Lou, maréchal de camp, commandant de la cavalerie de la légion de Mirabeau à l'armée de Condé, épousa en 1775 Thérèse-Félicité *Guérin*, marquise de Saint-Brice, et n'en eut qu'une fille unique, Victorine le Lou de Chasseloir, morte en 1859, mariée au comte Humbert *de Sesmaisons* (voyez XIe degré de la branche du *Boismaqueau*) ;

2° Louis le Lou, auteur des seigneurs de la Biliais, qui existent à présent.

III. Michel le Lou, seigneur de la Motte-Glain, conseiller au parlement de Bretagne, père d'autre :

IV. Michel le Lou, seigneur de la Motte-Glain, enseigne des

gardes du corps du Roi en 1643, capitaine d'une compagnie de Noblesse du comté Nantais en 1666, épousa en 1645 Marie-Claire *de Morant,* dame d'honneur de la reine Anne d'Autriche, dont : 1° Michel, qui suit; 2° Jean-Baptiste le Lou, seigneur de la Chapelle-Glain, épousa en 1686 Marcuise *Gabard.*

V. Michel le Lou, seigneur de la Motte-Glain, épousa en 1685 Louise-Renée *de Guischardy de Martigné,* dont une fille unique : Louise-Françoise-Pélagie le Lou, dame de la Motte-Glain, mariée en 1722 à Joachim *Robineau,* seigneur de la Rochequairie.

III. Pierre le Lou, seigneur de Beaulieu, né en 1583, mort en 1633, épousa en 1608 Louise *Hux,* dont il eut :

1° Michel, qui suit;

2° Louis le Lou, seigneur de Pasdejeu, major de l'armée navale en 1692; père de Charles-Henri le Lou, tué près de son père en 1692, et de Marie-Catherine le Lou, mariée à Henri-César *de Saint-André,* lieutenant de vaisseau;

3° Prudence-Marie le Lou, née en 1610, fut mariée trois fois : 1° avec René *Rousseau,* seigneur de Saint-Aignan, procureur général en la chambre des Comptes de Bretagne; 2° avec Maurille *des Landes,* conseiller au parlement de Bretagne; 3° en 1651, avec René *de Pontual,* chevalier, seigneur de Pontual, président en la chambre des Comptes de Bretagne (1);

---

(1) Du 1er lit de Marie-Prudence le Lou, avec René *Rousseau,* vinrent :

1° Joseph Rousseau, qui suit;

2° Marie Rousseau, mariée en 1666 avec Sébastien *de Pontual,* chevalier, seigneur de Trémerreuc, fils de René de Pontual et de sa première femme, Françoise *du Plessis de Grénédan,* dont :

René de Pontual, seigneur de Trémerreuc, baron du Guildo, épousa en 1685 Marie *Briand,* dame des Vallées, dont:

Sébastien-François de Pontual, conseiller au parlement de Bretagne, épousa : 1° en 1718, Marie-Thérèse *de la Pierre;* 2° en 1738, Marie *Rogon.* Du 1er lit vint: Toussaint-Marie de Pontual, grand veneur du duc de Parme, marié en 1770 avec Renée-Augustine *Boux,* fille de Martin Boux, seigneur de Saint-Mars, et de Marie *Richard du Ponceau,* et petite-fille de Marie-Renée-Euphrasie-Scholastique *de Cornulier de Montreuil,* comme on le dira plus loin.

Joseph *Rousseau,* seigneur de Saint-Aignan, président en la chambre des Comptes de Bretagne, épousa : 1° en 1661, Françoise *Boux,* fille de Mathurin Boux et de Françoise *Ménardeau;* 2° en 1672, Marie-Lucrèce *Charette,* fille de Jean Charette, seigneur de la Gâcherie, et de Madeleine *Ménardeau;* 3° en 1680, Catherine *Simon,* veuve de Jacques *Hutteau,* seigneur des Burons.

Du 2e lit vint: Louis Rousseau, seigneur de Saint-Aignan, épousa en 1717

4° Gabrielle le Lou, née en 1612, mariée en 1643 avec Bernardin *de Biré*, seigneur de la Senaigerie, dont :

Maurille *de Biré*, seigneur de la Senaigerie, épousa en 1666 Anne *Gazet*, dont :

René de Biré, seigneur de la Senaigerie, marié en 1692 avec Sainte *Baudouin*, père d'autre René de Biré, marié avec Marie *Baudouin*, dont il eut René de Biré, marié en 1753 avec Marie-Rosalie *de Cornulier*. (Voyez VII° degré de la branche de *la Caraterie*.)

IV. Michel le Lou, seigneur de Beaulieu, né en 1609, épousa en 1633 Claude *de la Fuye de la Nantaiserie*. Leur dernier descendant mâle, Hubert le Loup de Beaulieu, né en 1789, marié en 1817 avec Caroline *le Bret*, n'a laissé que des filles.

DE TROYES.

La famille de Troyes est originaire d'Orléans, où on la trouve établie dès l'an 1315 ; elle porte : *d'azur au chevron échiqueté d'or et de gueules, accompagné en chef de deux étoiles d'or, et en pointe d'un cerf couché de même.*

I. Le premier connu par filiation suivie est Jean de Troyes, secrétaire du roi Charles VII en 1418. Il épousa Marie *Durant*, dont il eut : Jean, qui suit, et Pierre de Troyes, échevin d'Or-

---

Marie *Bidé*, fille de Jean Bidé, seigneur de la Prévosté, et de Louise *Juchault*, dont :

Louis Rousseau, seigneur de Saint-Aignan, marié en 1765 avec Louise *de Pontual*, dont :

1° Louis-Marie Rousseau de Saint-Aignan, maire de Nantes, député, préfet et pair de France, épousa en 1802 Henriette *Juchault de la Moricière*, dont Amélie Rousseau de Saint-Aignan, femme d'Hippolyte de Saint-Céran ;

2° Auguste Rousseau de Saint-Aignan, ministre plénipotentiaire en Saxe et en Suisse, député et pair de France, marié avec Amicie *de Caulaincourt*, veuve de M. *de Théluçon*, dont un fils et deux filles : Edmond de Saint-Aignan, père d'Amicie de Saint-Aignan, mariée au comte Paul *de Périgord* ; Claire de Saint-Aignan, femme du comte Arthur *Beugnot* ; et Léonie de Saint-Aignan, femme du baron Léonce *de Villeneuve*.

Du 2° lit de Prudence-Marie le Lou, avec Maurille *des Landes*, vint :

Marie des Landes, femme de Jean *de Forsanz*, seigneur de Gardisseul, dont : Maurille de Forsanz, qui épousa en 1660 Marie *de Romelin*.

Du 3° lit de Marie Prudence le Lou, avec René *de Pontual*, veuf de Françoise du Plessis de Grénédan, vinrent :

1° Jean-Bernardin de Pontual, seigneur de la Haye, père d'une fille unique morte jeune ;

2° Jean-Gabriel de Pontual, chanoine de la cathédrale de Nantes.

léans en 1426, capitaine d'une compagnie des milices de la ville, mourut sans postérité des suites de la blessure d'une flèche des Anglais pendant le mémorable siége de 1429.

II. Jean de Troyes, échevin d'Orléans en 1431, 1437 et 1443, receveur des deniers de la ville en 1451, épousa : 1° Jeanne *du Puy ;* 2° Madeleine *de la Porte.* Du 2° lit vint :

III. Pierre de Troyes, marié avec Radégonde *de Cailly,* dont il eut trois fils :

1° François de Troyes, auteur de la branche des seigneurs de la Chesnaye et de Montifeau, qui s'établit à Blois en 1634, et y subsistait encore en 1750. De cette branche sont sortis les trois rameaux des sieurs des Vallées, éteints en 1710 ; de la Motte-Saint-Cyr, et de Boisroger, ces derniers tombés en quenouille en 1850 ;

2° Jean de Troyes, abbé de Gastine, chanoine régulier de Sainte-Geneviève de Paris, fut envoyé, en qualité d'ambassadeur, en Espagne, par le roi Charles IX, avec Jean-Baptiste Sapin, conseiller au parlement de Paris. Chemin faisant, ils furent arrêtés à Orléans par le prince de Condé, chef des huguenots, qui les fit pendre sur la place de l'Étape, en 1562 ;

IV. 3° Nicolas de Troyes, argentier du roi François Ier, épousa Marie *Besnard,* d'une famille qui a donné plusieurs maîtres de la chambre aux Deniers, des trésoriers de France, et, depuis, des conseillers au parlement de Normandie. Il en eut :

1° Nicolas, qui suit ;

2° Marie de Troyes, mariée à Jacques *Bourdineau,* s^r de Villeblein, dont, entre autres : Madeleine Bourdineau, qui épousa en 1560 François *de Beauharnais,* seigneur de Miramion et de la Gillière, duquel descendent les ducs de Leuchtemberg actuels, princes impériaux de Russie ; la reine de Suède, l'impératrice du Brésil, la comtesse de Wurtemberg et la mère de l'empereur Napoléon III.

V. Nicolas de Troyes, écuyer, seigneur de Bois-Renault en Touraine, trésorier des guerres en 1549, échevin de Tours en 1552, général des finances en Bretagne, épousa, avant 1548, Catherine *Testu,* de la maison des marquis de Balincourt, dont il eut six enfants, savoir :

1° Claude de Troyes, écuyer, seigneur de Boisrenault, trésorier de France à Paris en 1587 ;

2° Madeleine de Troyes, née en 1549, religieuse à Beaumont-lès-Tours en 1561 ;

3º Catherine de Troyes, mariée à Guillaume *Berziau*, seigneur des Hayes et de Champgrimont, conseiller au parlement de Bretagne en 1557, dont postérité;

4º Marie de Troyes, mariée, avant 1564, à Mathurin *Davenel*, seigneur de Bonrepos, maire de Tours en 1578 et 1579, dont : Catherine Davenel, mariée vers 1583 à Fabius *Chalopin*, écuyer, seigneur de la Ripaudière, auquel elle porta la seigneurie de Bonrepos, dont leurs descendants ont adopté le nom;

5º Bonne de Troyes, morte en 1627, épousa : 1º François *Jallier*, seigneur de la Regnautière; 2º Michel *le Lou*, seigneur du Breil et de la Haye, comme on l'a dit plus haut. Du 1er lit vint Catherine Jallier, née à Tours en 1571, après la mort de son père, et mariée à Yves le Lou;

> Nicolas de Troyes était seul général des finances en Bretagne; lorsqu'il maria sa fille à François Jallier, il obtint que sa charge fût divisée en deux, et donna l'autre moitié à son gendre. Depuis lors, il y eut toujours en Bretagne deux généraux des finances.

6º Geneviève de Troyes, mariée à Julien *Chalopin*, seigneur de la Borderie, maire de Tours en 1586, dont : Julien Chalopin, qui épousa, vers 1623, Charlotte *le Blanc de la Vallière*, grand'tante de la duchesse de la Vallière.

CLAUDE DE CORNULIER, ABBÉ DU HÉZO.

Du 5 février 1644. Claudius *Cornulier*, christianissimi Franciæ et Navarræ regis consiliarius et eleemosinarius et insigni monasterii de Alba Corona nuncupati ordinis sancti Benedicti Nannetensis diœcesis abbas seu perpetuus commendarius, etc. Suit un mandement adressé à Gilbert Chenu, prieur dudit monastère, pour y recevoir noble adolescent Mercure de Cheverue, fils aîné d'écuyer Jean de Cheverue, seigneur de Langle, et de défunte demoiselle Isabelle du Boullay, paroissien d'Herbignac, etc. Signé : C. Cornulier.

Du 20 janvier 1651, acte d'accord sur partage noble entre messire Claude *Cornulier*, abbé de Blanche-Couronne, Hr P. et N., sous bénéfice d'inventaire, de défunt messire Jan Cornulier, vivant chevalier, seigneur de Lucinière, grand maître des eaux et forêts de Bretagne, et dame Marguerite le Lou, ses père et mère, d'une part; et messire Pierre Cornulier, chevalier, seigneur de Lorière, grand maître des eaux et forêts de Bretagne, son frère puîné, des biens des successions desdits seigneur et dame de Lucinière.

L'abbé de Blanche-Couronne prétendait faire rapporter au sr de Lorière la valeur, sur estimation, de sa charge de grand maître, dont il avait été pourvu sur la résignation du feu seigneur de Lucinière, pour, sur ledit prix actuel, ledit s^r de Lorière y avoir telle part et portion qui lui pourrait compéter et appartenir comme puîné en succession noble, sans s'arrêter à l'estimation qui aurait été faite de ladite charge par le contrat de mariage dudit s^r de Lorière, auquel ledit seigneur abbé n'aurait prêté consentement que par le respect et révérence qu'il devait audit feu seigneur de Lucinière, son père, présent audit contrat; consentement contre lequel il entendait se pourvoir par les voies de droit.

Le seigneur de Lorière prétendait, au contraire, que le prix de sa charge ne pouvait être augmenté, ayant été limité et réglé lors de son contrat de mariage par ledit feu seigneur de Lucinière, son père, qui la lui pouvait donner au prix de l'achat qu'il avait fait dudit office, qui était beaucoup moindre que sa valeur actuelle. Que ledit office lui avait été donné en entier pour son partage, sans être sujet à aucun rapport ni dette d'icelle succession, à quoi ledit s^r abbé aurait consenti et s'y serait solidairement obligé avec ledit feu s^r de Lucinière, pour la facilité des conventions matrimoniales; laquelle obligation ne pouvait être détruite par aucun acte contraire étranger audit contrat.

Sur tout quoi pourraient naître grands procès et différends entre lesdites parties; pour à quoi obvier entre personnes si proches, a été convenu que ledit s^r de Lorière, pour demeurer quitte de rapport, demandes et prétentions du s^r abbé de Blanche-Couronne, son frère, paierait, en acquit des dettes des feus s^r et dame de Lucinière, la somme de 20,000[#]. Signé : C. Cornulier, Pierre Cornulier. Charier et Belon, notaires royaux à Nantes.

Claude de Cornulier, abbé de Blanche-Couronne et prieur du Hézo, près de Sarzeau, dans l'évêché de Vannes, fut un des commissaires nommés par les États de Bretagne pour arrêter divers articles avec la chambre des Comptes à Nantes, le 19 mai 1647. (*Arrêts de Noël Dufail*, t. II, p. 374.)

Du 7 février 1676, acte d'acquêt fait par Claude de Cornulier, seigneur de Lucinière, le Vernay, le Meix, la Gazoire, conseiller du roi, abbé commendataire de l'abbaye de Blanche-Couronne, d'une maison sise à Nantes, rue des Cordeliers et rue des Caves (elle a été depuis l'hôtel du *Bon-Tuteur*), vendue par Jeanne Macé, veuve de Julien Meneust, seigneur de Loisellière. Au rapport de Petit et Belon, notaires royaux à Nantes.

Du 15 janvier 1682, acte de franchissement de la rente constituée pour solde du prix de la maison ci-dessus, par Jean-Baptiste de Cornulier, chevalier, seigneur de Lorière, conseiller au parlement de Bretagne, héritier principal et noble dudit défunt abbé de Blanchecouronne, et par dame Françoise Dondel, épouse dudit s^r de Lorière. Au rapport des mêmes notaires.

Du 12 mars 1682, au rapport de Belon et Petit, notaires royaux à Nantes, partage noble de la succession de défunt messire Claude *de Cornulier*, seigneur de Lucinière, abbé commendataire des abbaye et prieuré de Blanchecouronne et du Hézo, entre : 1° messire Jean-Baptiste de Cornulier, chevalier, seigneur de Lorière, conseiller au parlement de Bretagne, Hʳ P. et N. dudit feu seigneur abbé du Hézo, demeurant à Nantes, rue du Château, paroisse Sainte-Radégonde ; autre messire Jean-Baptiste de Cornulier, seigneur du Pesle, et demoiselle Françoise-Élisabeth de Cornulier, frère et sœur puînés dudit seigneur de Lorière, enfants de feu messire Pierre de Cornulier, chevalier, seigneur de Lorière, frère puîné dudit feu seigneur abbé du Hézo, d'une part ; 2° messire Claude de Cornulier, chevalier, seigneur de Montreuil, et demoiselle Charlotte de Cornulier, sa sœur, enfants de défunt messire Philippe de Cornulier, chevalier, seigneur dudit lieu de Montreuil, frère cadet dudit feu seigneur de Lorière, demeurant à Nantes, paroisse Saint-Laurent ; 3° messire François-Bernard des Vaulx, chevalier, seigneur de la Motte, en la paroisse d'Ercé-en-la-Mée ; messire Jean-Baptiste des Vaulx, prieur du Hézo ; messire René des Vaulx, seigneur de la Durantais ; dame Marguerite des Vaulx, femme de messire Jean Picaud, chevalier, seigneur de la Morinais et de la Pommeraie, en la paroisse de Messac ; et dame Françoise des Vaulx, veuve de feu messire Julien Bradasne de Bugnons, seigneur du Moley. Lesdits sieurs et dames des Vaulx, enfants de feu messire René des Vaulx, chevalier, seigneur de Beauchesne, et de dame Isabelle de Cornulier, son épouse, qui sœur était dudit feu seigneur abbé du Hézo.

Par l'avis de messire Claude de Cornulier, chevalier, seigneur de la Haye, Vair, Châteaufremont, etc., conseiller du Roi en ses conseils d'État et privé, et président à mortier au parlement de Bretagne ; de messire Jean-Baptiste de Cornulier, chevalier, seigneur du Boismaqueau, conseiller du Roi en ses conseils, et président en la chambre des Comptes de Bretagne ; et de messire Gabriel de Saint-Pern, chevalier, seigneur dudit lieu, maître des Comptes de Bretagne ; leurs parents, priseurs nobles, désignés à cet effet par les parties.

Lesquels, après avoir fait le calcul et estimation de tous les biens meubles, crédits et effets dépendants de ladite succession, même de toutes les maisons, terres, appartenances et dépendances, tant nobles que roturières, sur le pied du revenu d'icelles, et avoir eu communication de tous les actes, titres et enseignements de ladite succession, ont trouvé que :

1° Les terres roturières montaient à la somme de 24,920#, qui doit se partager également, qui fera pour chacune testée la somme de 8,306# 13ˢ 4ᵈ ;

2° Les maisons, terres et appartenances du Vernay et de la Gazoire et autres terres, qui sont acquêts nobles de ladite succession, à la somme de 53,000# ; en laquelle somme ledit sʳ de

Lorière et ses frère et sœur puînés sont fondés pour les deux
tiers, qui reviennent à 35,333# 6ˢ 8ᵈ; et l'autre tiers, montant
à 17,666# 13ˢ 4ᵈ, fait à chacune testée desdits seigneurs de
Montreuil et des Vaulx 8,833# 6ˢ 8ᵈ;

3° Et les meubles meublants, obligations, contrats et autres
actes et crédits mentionnés en l'inventaire fait après le décès
dudit feu seigneur abbé du Hézo, montaient à la somme de
170,000#, sur laquelle, déduit et rabattu celle de 66,000#, à
laquelle montent les dettes de ladite succession, reste la somme
de 104,000# à partager, de laquelle lesdits sʳ de Lorière et ses
frère et sœur enlèvent les deux tiers, montant à 69,333# 6ˢ 8ᵈ;
et l'autre tiers, qui est 34,666# 13ˢ 4ᵈ, aux testées des sieurs
de Montreuil et desVaulx, ce qui fait à chacune 17,333# 6ˢ 8 ᵈ.

Revenant tout le bien au grand de ladite succession, à la
somme de 181,920#, dettes payées, sans y comprendre :

4° L'ancien propre noble, consistant en la maison principale
de Lucinière, bois taillis et de haute futaie, vignes, pourpris,
fiefs et juridictions, et les deux métairies de la Lande et du
Verger, le tout situé en la paroisse de Nort (c'est l'ancienne
terre, autrefois toute en Nort, ou la terre actuelle moins les
territoires de Laurière et d'Alon, qui ont toujours été de la
paroisse de Joué), qui appartiennent audit seigneur de Lorière
seul, sans que sesdits frère et sœur et les deux autres testées
y puissent avoir et prétendre aucune chose (1).

Et, calcul fait, il revient audit sʳ de Lorière, pour lui et ses
frère et sœur puînés, la somme de 112,973# 6ˢ 8ᵈ. De laquelle
il appartient 40,426# 13ˢ 4ᵈ auxdits sʳ du Pesle et Françoise—

(1) Cette portion hors part, donnée par la Coutume de Bretagne à l'aîné,
Hʳ P et N. en ligne collatérale, se composait de ce qui suit, d'après l'aveu
rendu, en 1610, par Jean de Cornulier au duc de Montmorency, comme seigneur de Nozay.
La maison noble de Lucinière, close de fossés et fermant à ponts-levis; le
domaine, seigneurie et juridiction dudit lieu. Le domaine situé en la paroisse
de Nort, composé d'étangs, terres labourables, prés, bois taillis et de haute
futaie, landes, pâtures, etc., d'une contenance de plus de 500 journaux
(250 hectares), borné, à l'occident, par la rivière d'Erdre; au nord, par la
mazure (tenue) de Laurière; au levant, par le grand chemin qui conduisait
alors du bourg de Joué au port de la Bellaye et par la Close-au-Clerc; au
midi, par les pièces de la Touche-de-Vaux. La juridiction s'étendant au delà
de la rivière sur les fiefs de la Maison-Neuve, Simon-Girard, Alain-du-
Coudray, de la Boustière, de la Haudelinière, des Bataillères, de la Censive-
du-Moulin, du Geffray, des Raguinies, de la Marchandrie, de la Close-au-Clerc,
Baulx, Marqué, la Rivière-aux-Simons. Droit de pêche prohibitif à tous autres,
dans la rivière tout le long du domaine. Droit aux deux tiers de la dîme de
tous les grains et fruits, tant sur le domaine que sur les fiefs. Droit de cour
et juridiction haute, basse et moyenne; connaissance de crimes; création
d'officiers, épaves, gallois, ventes et lods; déshérences et successions de
bâtards. Droit de chasse, de guet et de coutume. Droit de garenne et de
refuge à conils; de fuye et colombier. Droit de prééminences et bancs dans
les églises paroissiales de Nort et de Joué. Droit de moulin avec son défaut
(le Moulin-Blanc, à vent). Rentes par deniers, avoines, blés, poules, chapons,
corvées. Droit à un de ses sujets exempt de fouages pour faire la cueillette
et amas de ses rentes.

Élisabeth de Cornulier, frère et sœur puînés dudit s^r de Lorière, qui promet leur en faire à chacun le paiement par moitié, en terres, soit de ladite succession, soit de celle du feu seigneur de Lorière, leur père, dans un mois, sur le pied du prisage qui en sera fait.

Audit seigneur de Montreuil, il revient pour lui et sa sœur la somme de 34,473# 6^S 8^d, dont il en appartient 12,875# 11^S à ladite Charlotte de Cornulier pour sa part et portion comme cadette, et partant reste au s^r de Montreuil 21,597# 15^S 8^d; pour paiement de laquelle somme demeure audit s^r de Montreuil la maison, terres et appartenances de la Gazoire, en la paroisse de Nort, pour 15,000#, et la maison située en cette ville, paroisse de Saint-Léonard, pour 6,000#. Et le restant, qui est 597# 15^S 8^d lui sera payé par ledit s^r de Lorière. Et au regard de la somme de 12,875# 11^S due à demoiselle Charlotte de Cornulier, ledit s^r de Lorière la lui paiera dans quatre ans avec l'intérêt à raison du denier 20.

Quant audit s^r de la Motte des Vaulx et ses frères et sœurs puînés, il leur revient pareille somme de 34,473# 6^S 8^d, de laquelle en appartient audit s^r de la Motte aîné, la somme de 19,105# 15^S 7^d, et auxdits s^rs et dames des Vaulx, ses cadets, celle de 15,367# 11^S 5^d, qui est à chacun d'eux 3,841# 17^S 10^d. Auquel s^r de la Motte aîné ledit s^r de Lorière a présentement compté la somme de 9,105# 15^S 7^d; et le surplus, qui est 10,000#, le paiera dans trois mois (ce sont les métairies d'Alon qui furent données en paiement). Et au regard des 15,367# 11^S 5^d dus auxdits s^rs et dames des Vaulx cadets dudit s^r de la Motte, le s^r de Lorière les leur paiera dans quatre ans avec l'intérêt au denier 20.

L'épitaphe de Claude de Cornulier a été recueillie par l'ingénieur Fournier dans son manuscrit de l'*Histoire lapidaire de Nantes*; il la décrit ainsi :

Pierre calcaire aux Chartreux de Nantes. Armes des Cornulier, accompagnées en pointe de trois besants d'argent, 2 et 1, l'écu timbré d'une mitre; une crosse et une croix épiscopale passées en sautoir par derrière.

CY GIT
MESSIRE CLAUDE DE CORNULLIER
SEIGNEUR DE LUCINIÈRE
LE VERNÉ ET AUTRES LIEUX
ABBÉ COMMENDATAIRE
DE L'ABBAYE DE BLANCHECOURONNE
PRIEUR DU HÉZO
DÉCÉDÉ A L'AGE DE 76 ANS 8 MOIS
LE 6 JUILLET
L'AN 1681.

Ce tombeau reproduisait les trois besants d'argent que le

Livre doré des maires de Nantes attribuait déjà à Pierre et à Claude de Cornulier, successivement maires de cette ville. Nous avions pensé que ces besants pouvaient être une marque de l'office de ces maires, qui étaient en même temps trésoriers de France et généraux des finances en Bretagne; nous avons dû abandonner cette opinion, en les retrouvant ici. Il nous semblait encore que ces besants n'étaient autres que les *mailles* des armes de Comaille, lesquelles sont représentées sur l'arbre généalogique produit en 1668, comme des pièces de monnaie d'argent portant pour empreinte une croix pattée : divers exemples nous autorisaient à penser que Pierre de Cornulier avait pu réunir ainsi à ses armes celles de sa femme, héritière de sa maison, pour n'en former qu'un seul écusson.

Mais un examen plus attentif nous a fait juger que les besants n'avaient jamais figuré réellement dans l'écusson des Cornulier : le *Livre doré* de Nantes a fait une erreur, et cette erreur a été reproduite par le sculpteur sur le tombeau de l'abbé du Hézo. Les armes, telles qu'elles existent aujourd'hui, c'est-à-dire sans besants, sont représentées sur le moulin à vent monumental de Toulan, en Nozay, bâti par Pierre de Cornulier vers 1570 ; on les voit encore en différents endroits du château de la Touche ; dans la verrière de la chapelle du château de la Haye, en Sainte-Luce ; elles existaient sur le tombeau de l'évêque de Rennes, et se voient encore sur la reliure de plusieurs livres provenant de sa bibliothèque ; enfin l'abbé du Hézo les avait fait peindre lui-même sur la grande cheminée de son château de Lucinière, avec ses attributs d'abbé crossé et mitré, et elles y sont encore. Dans aucun de ces monuments authentiques il n'existe la moindre trace des besants. D'ailleurs, ce qui achève la démonstration, c'est que l'abbé du Hézo et Claude de Cornulier n'en parlent point dans leur induction de 1668 devant la chambre de la Réformation.

Isabelle *de Cornulier* épousa en premières noces René *des Vaulx*, qui mourut le 22 janvier 1655, et en secondes noces, en 1657, écuyer René *le Lardeux*, seigneur de la Gastière ; elle n'eut pas d'enfants de ce second lit.

Ce second mariage est établi par l'*Extrait* suivant *des registres de la paroisse d'Ercé-en-Lamée :* Le 25 octobre 1657, Bernard-François des Vaulx, fils d'écuyer René des Vaulx et de dame Isabelle de Cornulier, seigneur et dame de Beauchesne, à présent ladite dame femme d'écuyer René le Lardeux, seigneur de la Gastière, a été baptisé et nommé par messire Bernard du Poulpiquet, seigneur de Halgouet, chevalier, président en la chambre des Comptes de Bretagne, parrain, et par dame Françoise de la Robinaye, dame du Chesne-Blanc, marraine. Ledit Bernard-François des Vaulx, né le 5 avril 1644 et baptisé à la maison de la Motte.

La famille LE LARDEUX, de l'évêché de Rennes, maintenue au conseil en 1672 et à l'intendance en 1702, porte : *de sinople au poignard d'argent accompagné de trois trèfles de même.*

Quatre quittances de la pension de Mlle Pâris, religieuse ursuline à Nantes, des années 1649, 1650, 1651 et 1652, et signées : *Sœur Catherine de Cornulier, prieure,* ainsi que des actes de 1648, de 1681 et de 1690, prouvent l'existence de cette religieuse, qui devait être fille de Jean de Cornulier et de Marguerite le Lou, mariés en 1603; mais qui pourrait, à la rigueur, l'être de Claude de Cornulier et de Judith Fleuriot, mariés en 1601.

Du 17 février 1690, acte de constitution aux dames ursulines de Nantes, représentées par vénérable mère Catherine *de Cornulier,* prieure; sœur Marie Charette, sous-prieure; sœur Marie-Gabrielle de Goulaine et sœur Marie *de Cornulier,* procureuse, de 277# 5^s 6^d de rente, pour un capital de 5000# qu'elles prêtent au Roi. Enregistré aux Plumitifs de la chambre des Comptes.

La famille DU KERMENO, d'ancienne extraction, originaire de l'évêché de Vannes, porte : *de gueules à trois macles d'argent.*

Ve DEGRÉ.

Du 27 juin 1645, contrat de mariage entre Pierre *de Cornulier,* seigneur de Lorière, et Françoise-Josèphe *du Plessier,* par lequel le s^r de Genonville donne à sa fille 30,000# pour toute part. Au rapport de Carté et Bernard, notaires royaux à Nantes.

Du 9 mai 1666, acte en forme d'augmentation de dot, fait par messire Jean-Baptiste *du Plessier,* fils aîné, H^r P. et N. de défunt messire Louis du Plessier, seigneur de Genonville, par lequel il déclare qu'après avoir considéré l'état des affaires et biens de la succession de son père et les avantages que ledit s^r de Genonville a faits à Marie-Anne du Plessier, sa sœur cadette, et ce qu'il avait donné en mariage à Françoise-Josèphe du Plessier, dame de Lorière, sa sœur aînée, et à Élisabeth du Plessier, dame de la Vesquerie, sa sœur puînée, qui sont des sommes fort modiques et beaucoup moindres que ce qu'il a donné à ladite Marie-Anne du Plessier, fait don d'une somme de 20,000# auxdites dames de Lorière et de la Vesquerie. Au rapport de Lesbaupin et Belon, notaires royaux à Nantes.

Du 6 mars 1671, sentence du présidial de Nantes portant

émancipation de messire Louis *du Plessier*, chevalier, seigneur de Genonville et de la Blanchardaie, fils et Hᵉ P. et N. de Louis du Plessier, sᵣ de Genonville, et de Marie *Blanchard*, âgé de vingt ans, né à Nantes, paroisse Saint-Vincent, le 15 janvier 1651, sous l'autorité de messire César-Auffray Blanchard, chevalier, seigneur, marquis de la Musse, conseiller d'État et premier président de la chambre des Comptes de Bretagne, son curateur. De l'avis de Charles Hubert, seigneur de la Vesquerie, mari de dame Élisabeth du Plessier, sœur dudit seigneur de Genonville; dudit César-Auffray Blanchard, son oncle maternel; de Claude de Sesmaisons, chevalier, cousin par alliance au quatrième degré en l'estoc paternel; de Georges de Mouchy, chevalier, marquis d'Hocquincourt, lieutenant général des armées du Roi, gouverneur de Péronne, cousin paternel, à cause de Marie Molé, son épouse; de Jean Bochard, chevalier, seigneur de Champigny, Noroy, etc., maître des requêtes; de Jean Bochart fils, parents du côté paternel; d'Eugène du Plessier, chevalier, seigneur dudit lieu, cousin paternel; de Silvestre du Quengo, chevalier, baron de Pontgamp, époux de Marie-Anne du Plessier, sœur dudit seigneur de Genonville.

Françoise-Josèphe *du Plessier*, mariée en 1645 avec Pierre *de Cornulier*, était fille de René-Louis du Plessier et de Marie *Blanchard*, fille elle-même de Jean Blanchard et de Madeleine *Fouyneau*.

René-Louis du Plessier était fils de Louis du Plessier et de Judith *Bochart*.

DU PLESSIER.

Nous avons déjà parlé de la famille du Plessier dans la Généalogie imprimée en 1847, p. 181 et 182.

Françoise-Josèphe du Plessier avait un frère, Louis du Plessier, et deux sœurs, Élisabeth et Marie-Anne du Plessier, qui ont laissé une postérité dont il nous reste à parler.

Louis du Plessier, seigneur de Genonville et de la Blanchardais, né en 1651, épousa Anne *Rogier de Crévy*, qui se remaria en secondes noces, en 1687, avec Salomon-François *de la Tullaye*, procureur général en la chambre des Comptes de Bretagne. Elle eut du 1ᵉʳ lit une fille unique :

Louise-Renée du Plessier de Genonville, mariée à Antoine-René *le Febvre*, seigneur de la Falluère, président à mortier au parlement de Bretagne en 1695, dont :

1° René-Antoine le Febvre de la Falluère, né en 1694;

2° Françoise-Louise le Febvre de la Falluère, mariée en 1719 à Michel-Antoine-Ignace *Ferrand*, conseiller au parlement de Paris, dont :

Michel-Antoine-Germanique Ferrand, conseiller au parlement de Paris, épousa en 1748 Élisabeth-Catherine *Nouet*, dont :

1° Antoine-François-Claude, qui suit;

2° Élisabeth-Michelle-Charlotte Ferrand, mariée en 1775 à Louis-Christophe *Héricart*, vicomte de Thury, maître des Comptes à Paris.

Antoine-François-Claude comte Ferrand, né en 1751, conseiller au parlement de Paris à 18 ans, membre du Conseil de régence en 1793; ministre d'État et secrétaire des ordres du roi Louis XVIII, dont il était l'ami particulier; pair de France en 1815; membre de l'Académie française en 1816; directeur général des postes; ministre de la marine; mort en 1825. Il avait épousé en 1780 Marie-Denise *Rolland*, fille de Gabriel-Barthélemy Rolland, président au parlement de Paris, mort sur l'échafaud révolutionnaire (frère de Catherine-Marie Rolland, mariée en 1748 à Amable-Pierre-Thomas marquis de Bérulle, qui sera rappelée à l'article *de Bérulle*), et de Françoise *Blondeau*, d'une ancienne famille du parlement de Bourgogne, dernière de son nom. Il en eut trois filles, qui suivent :

1° Agathe-Jeanne-Marie Ferrand, femme de Jean-Antoine *de Palierne de Chassenay*, maître des Comptes;

2° Constance-Simonne-Marie-Claudine Ferrand, mariée : 1° en 1823, à Amable-Jérôme-Louis-Jean-Baptiste *Goujon*, comte de Thuisy; 2° à Alexandre-Antoine *de Ligneville*, comte du Saint-Empire;

3° Caroline-Eugénie-Marie Ferrand, mariée en 1819 à Élisabeth-Louis *Héricart de Thury*, autorisé par ordonnance royale à ajouter à son nom celui de vicomte Ferrand.

Élisabeth *du Plessier*, née en 1626, épousa Charles *Hubert*, seigneur de la Vesquerie, dont elle eut deux filles : Marie-Anne et Françoise Hubert, vivantes en 1681. La première, héritière de la Vesquerie, épousa René-François *de Bruc*, maître des Comptes de Bretagne, dont :

Joseph-Benoît de Bruc, seigneur de Bruc, conseiller au parlement de Bretagne, épousa, en 1712, Thérèse *le Prestre de Châteaugiron*, dont :

Louis-Claude-Jean-Baptiste-Benoît comte de Bruc, président de la Noblesse de Bretagne aux États de 1764, épousa en 1738 Anne-Sylvie-Claude *du Breil de Pontbriand*, dont il n'eut qu'une fille : madame *de Guéhenneuc de Boishue*.

Anne-Marie *du Plessier*, mariée à Sylvestre *du Quengo*, seigneur de Pontgamp, Crenolle, Penhoët, etc., en eut :

Julie du Quengo, dame desdites terres, épousa en 1697 Joseph *du Quengo*, seigneur du Rochay, son cousin germain, dont :

Joseph du Quengo, seigneur du Rochay, comte de Crenolle, capitaine au régiment du Roi, épousa en 1730 Charlotte-Dorothée *de Beauveau*, dont :

Anne-Louis du Quengo, seigneur du Rochay, dit le marquis de Crenolle, lieutenant général des armées du Roi, grand'croix de Saint-Louis, épousa en 1763 Françoise-Marguerite *Megret d'Étigny*, dont :

Anne-Marie-Louise du Quengo, mariée en 1782 à Édouard-Victurnien-Charles-René *Colbert*, comte de Maulévrier, maréchal de camp, chef de la maison de Colbert, dont :

1° Édouard-Auguste-Victurnien de Colbert, colonel de la légion de la Martinique, mort sans alliance en 1817;

2° Charles-Antoine-Victurnien marquis de Colbert-Maulévrier, épousa en 1829 Marie-Louise-Martienne-Guigues *Moreton de Chabrillan;* dont : Élisabeth de Colbert, mariée à Louis *le Pelletier*, comte d'Aulnay, et Juliette Colbert, mariée à Tancrède marquis *de Falette-Barole*, en Piémont.

BLANCHARD.

La famille Blanchard porte : *d'azur à la fasce d'or, accompagnée de cinq besants de même, 3 et 2.* Elle est originaire du pays de Retz, où elle possédait, dès 1429 et 1434, les terres et seigneuries de la Brosse, en Port-Saint-Père, et de la Blanchardais, en Vue. Gérard Blanchard était seigneur de la Pinelais, en Saint-Père-en-Retz, en 1436 et 1451, et de la Blanchardais, en 1460. La Pinelais était passée à Louis Blanchard en 1464. François Blanchard, seigneur de la Blanchardais, de Vue et de la Pinelais, de 1539 à 1549, épousa Claudine *Chauvin*, dont il eût : Charles Blanchard, seigneur de la Blanchardais et de Vue en 1560, lequel eut pour héritier, en 1577, Bonaventure Chauvin, dit de la Muce.

Cette terre de la Blanchardais fut acquise en 1636 par Louis du Plessier, gendre de Jean Blanchard, de François de Rousselet, marquis de Châteaurenault, qui la possédait alors.

Jean Blanchard, seigneur de Lessongère, maire de Nantes en 1611, conseiller d'État, super-intendant du duc de Vendôme, premier président de la chambre des Comptes de Bretagne en 1634, baron du Bois et Plessis de la Muce en 1644, épousa : 1° en 1601, Madeleine *Fouyneau;* 2° Marie de Sesmaisons, sans postérité. Du 1er lit vinrent :

1º César-Auffray, qui suit;

2º Marie Blanchard, mariée en 1624 à René-Louis *du Pleissier*, seigneur de Genonville, comme on vient de le dire;

3º Jeanne Blanchard, mariée en 1621 à François *de Becdelièvre*, seigneur de la Bunelaye, dont :

> Jean-Baptiste de Becdelièvre, seigneur de la Bunelaye, président à mortier au parlement de Bretagne, marié en 1647 avec Louise *de Harrouys*, héritière de la Seilleraye. Ils sont les auteurs des marquis de Becdelièvre, premiers présidents de la chambre des Comptes de Bretagne.

> Et Françoise de Becdelièvre, mariée en 1640 à Guy *du Pont*, seigneur d'Echuilly, conseiller au parlement de Bretagne.

César-Auffray Blanchard, marquis du Bois-de-la-Muce, conseiller d'État, premier président de la chambre des Comptes de Bretagne en 1636, épousa Catherine *de Bruc*, fille de Jean de Bruc, seigneur de la Grée, et de Marie *Veniero*, dont :

1º Charles Blanchard, marquis du Bois-de-la-Muce, vivant en 1679, auteur de Jean-Baptiste Blanchard, reçu conseiller au parlement de Bretagne en 1749, et de son frère puîné, François-Gabriel-Ursin Blanchard, reçu conseiller au même parlement en 1783, et marié avec Marie-Anne *Chotard*. (Voyez Généalogie imprimée en 1847, p. 197.)

2º Marie Blanchard, dame du Boisteillac, près le Pellerin, mariée à Louis *d'Aubigné*, seigneur de la Rocheferrière, en Anjou.

BOCHART.

La famille Bochart porte : *d'azur au croissant d'or, surmonté d'une étoile de même*. Elle remonte à Guillaume Bochart, seigneur de Noroy, gentilhomme servant du roi Charles VII, natif de Vézelay, en Bourgogne. Depuis Jean Bochart, conseiller au parlement de Paris en 1409, cette famille n'a cessé de lui donner des magistrats éminents, plus connus sous le nom de leurs seigneuries de Champigny et de Saron. Ses alliances ont été des plus considérables.

Parmi les personnages les plus remarquables, on peut citer : Jean Bochart, intendant de Provence et de Lyon, mort en 1665; autre Jean, intendant de Normandie, mort en 1691; Guillaume, évêque de Valence, mort en 1705; François, évêque de Clermont, mort en 1715; Antoine, lieutenant général des armées navales, mort en 1720. Jean, intendant du Canada en 1686, fut père de Charles, capitaine de vaisseau, gouverneur de la Martinique, et de Jean-Paul, marquis de Champigny, lieutenant général des armées du Roi, qui eut pour fils Conrad-Alexandre Bochart, rappelé ci-après à l'article *de Bérulle*.

IV. Jean Bochart, seigneur de Champigny et de Noroy, épousa Jeanne *Tronçon*, dont il eut :

1° Jean, qui suit ;

2° Robert Bochart, auteur des seigneurs de la Borde ;

3° Claude Bochart, seigneur de Cauroy, père de :

Samuel Bochart, seigneur de Cauroy, qui n'a pas laissé de postérité, et de Judith Bochart, mariée en 1594 à Louis *du Plessier*, seigneur de Lesterpigneul.

V. Jean Bochart, seigneur de Champigny et de Noroy, conseiller au parlement de Paris, maître des requêtes, conseiller d'État, épousa Isabeau *Allegrain*, dont :

VI. Jean Bochart, seigneur de Champigny, maître des requêtes des rois Henri III et Henri IV, président des enquêtes, conseiller d'État, ambassadeur à Venise, intendant du Poitou, contrôleur général, surintendant des finances, premier président au parlement de Paris, mort en 1630.

VIᵉ DEGRÉ.

Du 1ᵉʳ décembre 1669, écuyer Jean-Baptiste *de Cornulier*, seigneur de Lorière, fils aîné, Hʳ P. et N. de défunt messire Pierre de Cornulier, chevalier, seigneur de Lorière, Brains, etc., et de dame Françoise-Josèphe *du Plessier*, à présent sa veuve, aurait demandé à MM. ses parents le moyen de continuer ses études et faire ses exercices à Paris et autres lieux ; pourquoi ils auraient voulu connaître le grand du bien du feu seigneur de Lorière, et, en ayant fait le calcul sur l'inventaire fait après son décès par le greffier de la juridiction des regaires de Nantes, le revenu se serait trouvé monter à 3,935ⁿ entièrement dues audit sʳ de Lorière aîné et à ses frères et sœur puînés ; sur laquelle somme, déduction faite de 375ⁿ pour intérêts de 6000ⁿ de principal dues par le feu sʳ de Lorière à Mᵐᵉ de Montreuil-Cornulier, il ne reste auxdits enfants que 3560ⁿ de revenu net, sur lesquelles ledit sʳ de Lorière est fondé pour les deux tierces parties revenant à 2373ⁿ 6ˢ 8ᵈ. En conséquence, messire Claude de Cornulier, conseiller du Roi en ses conseils, abbé de Blanchecouronne et du Hézo, oncle et curateur particulier dudit sʳ de Lorière ; H. et P. messire Claude de Cornulier, seigneur de la Haye, la Touche, Châteaufremont, etc., conseiller du Roi en ses conseils et président à mortier au parlement de Bretagne ; messire Philippe de Cornulier, seigneur de Montreuil ; messire Pierre de Cornulier, conseiller du Roi en ses conseils,

grand-maître de l'oratoire de Monsieur, frère unique du Roi,
duc d'Orléans, de Valois et de Chartres, et noble et discret
messire Jean Blanchard, ancien chanoine de Nantes et prieur
du prieuré d'Indre, sur ce présents, proches parents desdits
enfants dudit défunt seigneur de Lorière, sont d'avis et ont
arrêté que sadite veuve paye et fournisse audit sr de Lorière,
son fils aîné, par quartiers, à commencer de Noël prochain,
jusqu'à sa majorité de 25 ans, la somme qui lui appartient.
Signé : C. de Cornulier, le président de Cornulier, Philippe de
Cornulier, l'abbé de Cornulier, J.-B. de Cornulier. Blanchard,
Lebreton et Delalande, notaires royaux à Nantes.

Du 12 février 1679, au rapport de Bourges, notaire royal à
Hennebont, contrat de mariage entre messire Jean-Baptiste
de Cornulier, chevalier, seigneur de Lorière, conseiller au
parlement de Bretagne, fils aîné, héritier principal et noble de
défunt messire Pierre de Cornulier, chevalier, seigneur de
Lorière, et de dame Françoise-Josèphe du Plessier, sa veuve ;
avec demoiselle Françoise *Dondel*, fille d'écuyer Thomas Dondel, seigneur de Brangolo, et de défunte dame Marie Touzé.
Par lequel ledit sr de Cornulier déclare que sadite mère lui a
fait don, en faveur de ce mariage et par avance, sur la succession échue de son père et sur la sienne à échoir, de la somme
de 60,000# employée à payer à valoir sur la charge de conseiller
originaire breton, et qu'elle lui a de plus promis de lui donner
la terre du Pesle. Et ledit sr de Brangolo donne à sa fille, en
faveur dudit mariage, tant pour ce qui peut lui appartenir dans
la succession échue de sa mère, que par avance sur la sienne à
échoir, 80,000#, dont 72,000# immobilisées, propres et inalié-
nables à ladite future et à ses héritiers.

Du 13 février 1679, acte de mariage de Jean-Baptiste de
Cornulier, chevalier, seigneur de Lorière, conseiller au parlement de Bretagne, avec demoiselle Françoise Dondel, fille
d'écuyer Thomas Dondel et de Marie Touzé, sr et dame de
Brangolo. (*Extrait des registres de l'église de N.-D. du Paradis
de la ville d'Hennebont.*)

Du 30 décembre 1681. Franchissement d'une rente de 200#
constituée au capital de 3200#, en 1668, par le feu seigneur
abbé du Hézo et feu Pierre Cornulier, seigneur de Lorière, fait
des deniers de Françoise *Dondel* par son mari, messire Jean-
Baptiste *de Cornulier*, chevalier, seigneur de Lorière, le Pesle,
Brains, etc., conseiller au parlement de Bretagne, Hr P. et N.
dudit défunt messire Claude de Cornulier, seigneur de Lucinière, abbé de Blanchecouronne et du Hézo, son oncle.

Du même jour, autre remboursement fait par le même d'une
rente de 100# constituée au denier 16 par feu messire Jan de
Cornulier, seigneur de Lucinière, en 1623.

Encore du même jour, remboursement fait par le même de
la somme de 2500# restant à payer de celle de 5000# pour la

dot de sœur Marie de Cornulier, l'une des religieuses ursulines de Nantes, que feu messire Jan de Cornulier, seigneur de Lucinière, Montreuil, etc. Son aïeul paternel, s'était obligé de payer suivant contrat de 1648. Parmi les religieuses, signe Catherine de Cornulier.

Ces trois actes au rapport de Petit et Lebreton, notaires royaux à Nantes.

Du 12 mars 1682, partage noble donné par Jean-Baptiste de Cornulier, chevalier, seigneur de Lorière, H^r P. et N. de défunt Claude de Cornulier, abbé commendataire des abbaye et prieuré de Blanchecouronne et du Hézo, son oncle, à Claude de Cornulier, chevalier, seigneur de Montreuil, et à demoiselle Charlotte de Cornulier, sa sœur, cousin et cousine dudit s^r de Lorière.

Du 11 septembre 1682, acte de partage noble fait entre Jean-Baptiste de Cornulier, chevalier, seigneur de Lorière, H^r P. et N. de Pierre de Cornulier et de Françoise-Josèphe du Plessier, ses père et mère, d'une part; et Jean-Baptiste de Cornulier, seigneur du Pesle, et demoiselle Françoise-Élisabeth de Cornulier, ses frère et sœur, d'autre part; enfants puînés desdits défunts s^r et dame de Cornulier, des biens de la succession de leursdits père et mère.

Du 21 novembre 1682, procuration donnée par messire Jean-Baptiste *de Cornulier,* chevalier, seigneur de Lorière, conseiller au parlement de Bretagne, de présent à Vannes, pour son semestre, rue Latine, paroisse Sainte-Croix, comme membre du conseil de famille de Louise-Renée du Plessier, fille unique de feu messire Louis du Plessier, chevalier, seigneur de Genonville, et de dame Anne Rogier, à présent sa veuve. Guillo et Leclerc, notaires royaux à Vannes.

Du 27 mars 1686, acte de constitution de 1000# de rente, pour 18,000# de capital, consenti par messire Jean-Baptiste de Cornulier, chevalier, seigneur de Lorière, Lucinière, etc., conseiller au parlement de Bretagne, demeurant hors son semestre à son château de Lucinière, et par dame Françoise Dondel, son épouse; au profit de dame Anne Ménardeau, veuve de défunt messire René le Feuvre, chevalier, seigneur de la Ferronnière, conseiller au parlement de Bretagne. Au rapport de Ducoin et Petit, notaires royaux à Nantes.

BARONNIE DE LA ROCHE-EN-NORT.

A l'article *Lucinière* (IIIe degré de la branche *aînée*), nous avons déjà parlé de l'origine de cette baronnie; il est fort difficile aujourd'hui de décider si, dans le principe, le siége de la Roche à Nort était une baronnie indépendante, comme le reconnaissent les lettres patentes de 1640, qui ne sont pas motivées, ou bien si ce n'était qu'un membre de la baronnie de la Roche-Bernard. Un aveu de l'an 1305 prouve que dès lors ces deux seigneuries étaient réunies dans la même main; leur existence isolée devrait donc remonter, dans tous les cas, au delà du XIV° siècle.

En 1462, Guy, comte de Laval, sire de Vitré, de Châteaubriant, de Montfort et de la Roche, rendit aveu au Duc pour *sa baronnie et seigneurie de la Roche-Bernard et de la Roche-en-Nort, ô leurs appartenances et dépendances;* ces expressions impliquent la réunion de deux seigneuries distinctes, pour n'en former qu'une seule.

En 1488, le Duc, étant garde et tuteur du sieur de la Roche-en-Nort, nomme maître Guillaume de Belouan à l'office de sénéchal de la Roche-en-Nort, vacant par le décès de feu maître Guillaume du Cellier; et Yvon de Kermellec à l'office de procureur dudit lieu, vacant par le décès de Jean Malabœuf, avec garde et greffier des papiers et sceaux d'icelle cour, aux gages accoutumés (*Registres de la chancellerie de Bretagne*). Les noms de ces officiers sont une preuve de l'importance de cette juridiction, et elle ne ressort pas moins de l'attention que les princes de Condé, depuis qu'ils en étaient devenus possesseurs, mettaient à se qualifier barons de la Roche-en-Nort dans tous les actes émanant de Châteaubriant.

La baronnie de la Roche-en-Nort fut acquise en 1686 par Jean-Baptiste de Cornulier, des deniers de Françoise Dondel, sa femme. Celle-ci étant morte en 1704, la baronnie devint la propriété de son fils, Claude-Jean-Baptiste de Cornulier, qui la fit ériger en sa faveur en comté, en 1712, par lettres qui n'ont pas été enregistrées. Depuis lors il ne fut plus connu que sous le nom de comte ou comte-baron de la Roche-en-Nort; la seconde dénomination provenant du titre d'ancienne baronnie, préféré souvent à une érection récente en supériorité, que la seigneurie portait avec elle *ipso facto*. Quant à son père, il n'en continua pas moins à garder le titre de baron de la Roche-en-Nort jusqu'à sa mort, arrivée en 1720.

DONDEL.

La famille Dondel est originaire du Maine, où la branche aînée, des seigneurs de Montigné, s'est fondue dans la maison du Hardaz, vers 1620. Une branche cadette est venue se fixer dans l'évêché de Vannes à la fin du XVI° siècle; mais cette famille avait eu déjà des alliances en Bretagne, notamment avec les *Bellouan,* en 1482, et Geoffroy Dondel était qualifié écuyer par le duc François en 1467. La branche établie en Bretagne se livra d'abord au commerce, ce qui fut cause que sa noblesse dormit pendant quelque temps et que les enfants de Thomas Dondel, sʳ de Brangolo, et de Marie *Touzé* parta-

gèrent par portions égales les successions de leurs père et mère
en 1679. Depuis lors, ils reprirent, en vivant noblement, le rang
qui leur appartenait par leur naissance.

VI. Guillaume Dondel, écuyer, seigneur de Pendreff, en la
paroisse de Caudan, évêché de Vannes, né en 1567, fut marié
trois fois : 1° avec Françoise *de Castaigne;* 2° avec Marie *le
Brizoual;* 3° avec Catherine *Tuault.* Du 1er lit vinrent :

   1° François Dondel, seigneur de Pendreff, marié en 1629
   avec Constance *Pigache,* dont il eut :

      Guillaume Dondel, né en 1636, maître des Comptes en
      1661, conseiller au parlement de Bretagne en 1666;
      épousa : 1° Marie *Leduc du Petitbois;* 2° Claude-
      Lucrèce *d'Andigné,* et mourut sans postérité;

   2° Jeanne Dondel, mariée en 1612 à noble homme Jean *Le
   Flo,* seigneur de Kerlogoden;

      Du 2e lit vint :

   3° Guillaume Dondel, seigneur de Keruzael et de Kerusever,
   marié avec Vincente *Beaujouan,* dont :

      Marie-Anne Dondel, femme de François *le Sénéchal,*
      seigneur de Saint-Meudan;

      Du 3e lit vinrent :

   4° Thomas Dondel, qui suit;

   5° Thomasse Dondel, mariée à François *de la Pierre,* seigneur des Salles, dont :

      1° Jean de la Pierre, baron de la Forest, grand maître
      des eaux et forêts et grand veneur de Bretagne en
      1706; auteur des marquis de Frémeur, dont deux
      officiers généraux au XVIIIe siècle;

      2° Guillaume de la Pierre, seigneur de Henan, sénéchal
      de Pontivy;

      3° Thomas de la Pierre, seigneur de Frémeur, marié
      avec Louise *Eudo,* dont postérité;

      4° François de la Pierre, seigneur de Talhouet, maître
      des Comptes de Bretagne;

      5° Julienne de la Pierre, mariée à Yves *de Coniac,* sei-
      gneur de Tulment, conseiller au parlement de Bre-
      tagne, dont postérité.

VII. Thomas Dondel, seigneur de Brangolo, receveur des
fouages de l'évêché de Cornouaille en 1659, mort en 1679,
épousa en 1641 Marie *Touzé,* dont :

   1° Pierre, qui suit;

2° Marc Dondel, seigneur de Trevoizec, lieutenant au régiment des gardes françaises, puis général des finances en Bretagne, mort en 1726; non marié;

3° Jean Dondel, aumônier de S. A. R. belle-sœur de Louis XIV;

4° Charles Dondel, seigneur du Parc, sénéchal de Quimper, épousa demoiselle *de Kerever*, dont N*** Dondel, garde de la marine, père de Guy-Augustin Dondel, sénéchal de Quimper, mort célibataire, et de trois filles, mariées à MM. *de Kermellec, de Keraval* et *du Marallach;*

5° Françoise Dondel, mariée en 1679 à Jean-Baptiste *de Cornulier.*

VIII. Pierre Dondel, seigneur de Keranguen, mousquetaire à cheval de la garde du Roi, se distingua dans l'expédition envoyée dans l'île de Candie, en 1669, sous les ordres du duc de Navailles; puis, en 1672, fut pourvu de l'office de sénéchal et lieutenant général de l'amirauté et de la police de Vannes. Il épousa, en 1675, Marie-Hyacinthe *de Loënan*, dame de Kergouano, dont il eut:

1° François-Hyacinthe, qui suit:

2° François-Pierre, qui suivra;

3° Jean-François Dondel, évêque, comte de Dol en 1748, mort en 1767.

IX. François-Hyacinthe Dondel, seigneur de Keranguen et de Kerguano, lieutenant de Roi au gouvernement de Vannes, sénéchal, premier président du présidial et lieutenant général de police de ladite ville, maintenu noble en 1707, épousa, en 1710, Jeanne-Françoise *Charpentier*, dame de Calleon, dont:

1° Pierre-Louis, qui suit;

2° Jean-François-Ignace Dondel, capitaine au régiment de Berry, chevalier de Saint-Louis.

X. Pierre-Louis Dondel, capitaine de cavalerie, chevalier de Saint-Louis, fut père de Jean-François-Ignace Dondel, aussi capitaine de cavalerie, chevalier de Saint-Louis, marié avec demoiselle *de Kerlo*, dont il eut:

1° M. Dondel de Kergouano, marié avec demoiselle *de Talhouet de Bonamour*, dont deux filles mariées, l'une à M. *Soyé*, et l'autre à M. *Bin de la Coquerie;*

2° Fanchette Dondel, mariée avec M. *de Kerhoënt*, dont deux filles mariées, l'une à M. *le Mintier*, et l'autre à M. *de Kermoisan.*

IX. François-Pierre Dondel, seigneur du Faouëdic, capitaine

d'infanterie, chevalier de Saint-Louis, admis à siéger aux
États en 1746, avait épousé en 1726 Anne-Jeanne *de Lourme*,
fille d'Olivier de Lourme, seigneur du Grador, dont :

X. Jean-François-Stanislas Dondel, seigneur du Faouëdic,
capitaine au régiment du Roi, chevalier de Saint-Louis, assista
aux États de 1766, et épousa en 1767 Marie-Françoise *le
Gouvello de Keraval*, dont il eut huit enfants :

1º Armand-Jean-Marie Dondel, né en 1768, sans postérité ;

2º Hyacinthe-Pierre-Vincent Dondel, né en 1769, officier
d'infanterie, chevalier de Saint-Louis, marié avec Eulalie
de Gibon, dont postérité ;

3º Jean-Marie Dondel, né en 1774, épousa : 1º demoiselle
Fourché, sans postérité ; 2º demoiselle *de Becdelièvre ;*

4º Aimé Dondel, marié avec demoiselle *de la Haye-Jousse-
lin*, dont postérité ;

5º Marie-Gabriel Dondel, marié avec Agathe *Mosnier de
Thouaré*, dont postérité ;

6º Marie-Geneviève Dondel, mariée à Charles *de Tanouarn ;*

7º Marie Dondel, mariée à Charles *Turcot de Puitesson ;*

8º Fanchette Dondel.

Marie TOUZÉ, femme de Thomas Dondel en 1641, paraît
fille de François Touzé, receveur du domaine de Ploërmel en
1625, lequel eut pour fils écuyer Jean Touzé, sr de Lomaria,
marié avec Perrine Guillermo, dont : Jean Touzé, écuyer, seigneur de Botloré, auditeur des Comptes de Bretagne, marié :
1º en 1682, avec Jeanne *Huré ;* 2º avec Anne *Danguy*, dont il
eut Françoise Touzé, mariée en 1716 à écuyer Jean *Legrand*,
seigneur de la Coutais, auditeur des Comptes de Bretagne. La
famille Touzé, maintenue à l'intendance en 1702, porte : *de
sinople à trois têtes de lévrier d'or, colletées de gueules, bordées
et bouclées d'argent.*

La famille LOUAIL, d'ancienne extraction, de l'évêché de
Rennes, porte : *écartelé, au 1er et 4 d'azur à trois channes ou
marmites d'or*, qui est de la Sauldraye ; *au 2 et 3 d'argent à
trois rencontres de louails ou taureaux de sable*, qui est Louail.

CASSARD porte : *d'argent au lion de sable surmonté de deux
abeilles de même.*

Du 11 juin 1740, sentence arbitrale entre dame Anne-Marie
de Gennes, épouse démissionnaire (suivant acte du 28 août
1737, au rapport de Tuemoine et Soyer, notaires royaux à

Rennes) de messire Claude–Jean–Baptiste de Cornulier, chevalier, seigneur de Lorière, conseiller au parlement de Bretagne, fils aîné, H⁽ʳ⁾ P. et N. de feu messire Jean-Baptiste de Cornulier, vivant aussi conseiller au parlement de Bretagne, époux en secondes noces de feue dame Jeanne Libault. Ladite dame de Gennes stipulant tant en qualité de démissionnaire que de bienveillante de MM. ses enfants et en son privé nom, et faisant encore l'effet valable pour les cadets de M. son mari ; ladite dame garantie en outre par Benjamin de Gennes, son frère, avocat au parlement de Bretagne, d'une part ;

Et les héritiers de ladite feue dame Jeanne Libault, savoir : demoiselle Marie Rozée, veuve de feu N. H. Nicolas Libault, s⁽ʳ⁾ de Beaulieu, faisant pour les deux enfants de leur mariage ; N. H. Jean Guerry, s⁽ʳ⁾ du Plessis, époux de dame Louise Libault, et faisant aussi pour les sieurs Antoine Libault, lieutenant au régiment de Lorraine-infanterie, et pour N. H. N** Moreau, s⁽ʳ⁾ de Comberges, tuteur de Jacques Pesnot, fils de feu Jacques Pesnot, s⁽ʳ⁾ de la Gravelais, et de feue demoiselle Marguerite Libault ; et encore pour messire Pierre de la Bouexière, sénéchal de Guérande ; écuyer Charles Valleton, ancien capitaine de dragons, et Pierre Libault. Les tous seuls héritiers en l'estoc paternel de ladite feue dame Jeanne Libault, dame de Lorière. Et messire Joseph du Pertuis, maître des Comptes de Bretagne, fondé pour un quart dans l'estoc maternel ; d'autre part ;

Pour mettre fin à l'instance pendante entre eux aux requêtes du palais du parlement de Bretagne, pour raison de la succession de ladite feue dame Jeanne Libault.

Vu l'inventaire fait au château de Lucinière par le greffier de la juridiction de Nozay, après le décès de ladite dame Libault, le 26 juin 1722 ; vu, etc.

Ladite sentence mise au rang des minutes de Moricet, notaire royal à Nantes, et y contrôlée le 13 juin 1740.

———

Nous avons réuni ici tout ce qui concerne les trois rameaux de *Montreuil*, du *Pesle* et du *Vernay*, comprenant, en ligne collatérale, du V⁽e⁾ au VII⁽e⁾ degré de la branche principale de *Lucinière*.

1° RAMEAU DE MONTREUIL.

Du 22 juin 1645, au rapport de Gabard et Belon, notaires royaux à Nantes, contrat de mariage entre messire Philippe

Cornulier, fils de messire Jan Cornulier, chevalier, seigneur de Lucinière, et de défunte dame Marguerite le Lou, d'une part; et demoiselle Jeanne *Garnier*, fille mineure de défunts N. G. René Garnier et Françoise *le Din*, seigneur et dame de la Repenelaye, sous l'autorité de N. H. François Garnier, ci-devant receveur en chef des décimes du diocèse de Nantes, son oncle paternel et curateur, et de N. V. et D. messire Pierre le Din, recteur de Belligné, son oncle maternel. En présence de N. et D. messire Claude Cornulier, seigneur abbé de Blanche-Couronne et prieur du Hézo, fils aîné, Hr P., et de messire Pierre Cornulier, seigneur de Lorière, conseiller du Roi, grand maître des eaux, bois et forêts de Bretagne, frères dudit futur époux, qui est doté de 30,000# et qui constitue à sa femme un douaire de 650#.

Jeanne Garnier apporte ses droits aux successions de ses père et mère, aïeul et aïeule, consistant en héritages situés au pays d'Anjou, mentionnés au partage fait en la châtellenie de Noyseau, avec Sébastien Cohon, chanoine scholastique en l'église de Nantes, son grand oncle en l'estoc maternel, et Jeanne Cohon, femme de N. H. René Hamon, seigneur de la Raudière, ci-devant sa curatrice. Lesdits Garnier et le Din, oncles de la future épouse, lui donnent les maisons et biens nobles de la Mahière, de Lousil et de la Touche, situés en la paroisse de Congrier en Anjou, et estimés 15,000# tournois de rente annuelle. Signé : Philippe Cornulier; Jeanne Garnier; F. Garnier; Le Din; C. Cornulier, abbé de Blanchecouronne; Pierre Cornulier; Françoise du Plessier; Françoise de Brenesay, etc.

Du 19 janvier 1651, en exécution du précédent contrat, messire Claude *de Cornulier*, seigneur abbé de Blanchecouronne, demeurant à Nantes, hôtel de Briord, paroisse Saint-Vincent, pour remplir sondit frère, Philippe Cornulier, de tous droits en la succession de défunt messire Jan Cornulier, seigneur de Lucinière, leur père, et en celle de leur mère, lui délaisse la maison noble de Montreuil, arrentements des Chaffauts en dépendants, avec les métairies de la Haye, de la Menantière et de la Brezardière, situées en la paroisse de Nort; lesdites terres estimées 18,000#. Le surplus en obligations. Signé : Claude Cornulier, Philippe Cornulier. Charier et Belon, notaires royaux à Nantes.

Du 2 décembre 1669, accord entre messire Claude *de Cornulier*, conseiller du Roi en ses conseils, abbé de Blanchecouronne et du Hézo, seigneur de Lucinière, et messire Philippe de Cornulier, seigneur de Montreuil, son frère, au sujet de cinq années d'arrérages d'une rente de 375#, au capital de 6,000#, que feu N. H. Jean Garnier, sr de la Repenlais, aurait donnée audit sr de Montreuil, en faveur de son mariage avec Jeanne Garnier, sa nièce, lesquels arrérages lui seraient dus par ledit sr abbé.

MONTREUIL.

Le plus ancien acte que l'on connaisse relatif à la terre de Montreuil, est un aveu du 4 août 1564, rendu par messire Jean de Godelin, seigneur de Montreuil. Cette terre fut vendue judiciairement dans la succession bénéficiaire de Jean Guymier et d'Esther de Godelin, sa femme, par contrat du 30 avril 1612. L'acquéreur la céda à Jean de Cornulier, par acte du 14 juillet de la même année.

Dans l'origine, elle était peu considérable : sa contenance primitive n'était que de 75 journaux. En 1564 et en 1641, elle est portée à cent journaux, puis à trois cents journaux en 1704. Elle était estimée valoir 4000# à 5000# de revenu en 1762. La terre de Fayau, qui lui était contiguë, et celle de Longlée, peu éloignée, y avaient été annexées. Il y avait un très-beau et vaste château, dominant le bourg de Nort, où les Cornulier de Montreuil faisaient leur résidence ordinaire.

Montreuil relevait des seigneuries de Villeneuve et du Moulin en Nort, mais il avait, sous leur autorité, une juridiction particulière étendue, ainsi qu'on le voit par une transaction relative à certains droits féodaux passée, le 16 février 1656, par Philippe de Cornulier, seigneur de Montreuil.

Des Cornulier, cette terre est passée successivement par héritage aux Boux et aux de Monti, qui la possèdent actuellement.

Marguerite LE MENEUST, mariée en 1684 à Claude de Cornulier, seigneur de Montreuil, était fille de Julien le Meneust, écuyer, seigneur des Islettes, et de Perrine *Bureau*, unique héritière de Jean Bureau, seigneur des Nouelles. Julien le Meneust avait pour sœur Marie le Meneust, dame de la Grand'Haye, mariée à Mathurin *Cosnier*, écuyer. (Voyez *Rameau de la Sionnière*, au VIIIe degré de la branche du *Boismaqueau*.)

Du 4 août 1723, transaction sur procès entre messire René *Boux*, seigneur de Saint-Mars-de-Coutais, conseiller au parlement de Bretagne, et Marie-Renée-Eufrasie *de Cornulier*, son épouse, d'une part ; et Charlotte *le Tourneulx*, veuve renonçante à la communauté de messire Claude *de Cornulier*, vivant chevalier, seigneur de Montreuil, capitaine d'une compagnie de gentilshommes du comté Nantais, tutrice de ses enfants, héritiers sous bénéfice de leur père, d'autre part. Ledit procès mû au sujet de la succession des défunts sieur et dame de Cornulier, père et mère communs, qui avait d'abord été partagée en 1711. Par cette transaction, M. et Mme de Saint-Mars eurent définitivement en partage la terre de la Gazoire avec ses dépendances, droit de chapelle en l'église de Nort, et les métairies de la Foresterie, du Houssay, de la Menantière et de la Bresardière.

Fournier, dans son recueil ms. des *Inscriptions funéraires de Nantes*, a donné la suivante. Table de marbre blanc, à la collégiale de Notre-Dame. Deux écussons accolés restés en blanc, timbrés d'une couronne de marquis, au-dessous desquels est écrit :

A LA MÉMOIRE

DE DAME MARIE-EUPHRASIE-SCHOLASTIQUE

DE CORNULLIER

ÉPOUSE DE MESSIRE RENÉ BOUX

CHEV^R SEIG^R DE S^T MARS, CASSON

ET AUTRES LIEUX

CONSEILLER AU PARLEMENT DE BRETAGNE,

DÉCÉDÉE LE 4 OCTOBRE 1726

A L'AGE DE 37 ANS,

EN DONNANT LE JOUR A DEUX FILLES.

Son époux inconsolable, après avoir fait déposer les dépouilles mortelles de son épouse et de ses deux enfants en sa terre de Casson, lui a élevé ce monument de sa tendresse.

Mémoire publié en 1762 pour messire Amaury *Boux*, chevalier, seigneur de la Gazoire, messire Raoul Boux, chevalier, seigneur de Lespinay, et messire François *de l'Ecu*, chevalier, seigneur de Beauvais, mari de Renée-Eufrasie-Augustine Boux; contre messire Martin Boux, chevalier, seigneur de Saint-Mars, conseiller au parlement de Bretagne, héritier P. et N. sous bénéfice d'inventaire de dame Charlotte *de Cornulier*, vivante épouse de messire Antoine *de Becdelièvre*, chevalier, seigneur du Bouexic, conseiller au parlement de Bretagne. Laquelle dame du Bouexic, décédée sans hoirs en 1756, était fille de Claude de Cornulier, qui avait pour sœur Eufrasie-Scholastique de Cornulier, mère commune des parties, de son mariage avec René Boux de Saint-Mars.

La famille DE BECDELIÈVRE, qui a été revêtue de grandes charges de judicature, porte : *de sable à deux croix d'argent, au pied fiché et tréflé, accompagnées d'une coquille de même en pointe.*

BOUX.

La famille Boux porte : *d'or au sautoir de gueules, accompagné de quatre merlettes de sable.*

René Boux, seigneur de Saint-Mars-de-Coutais, marié en 1707 avec Marie-Renée-Eufrasie-Scholastique *de Cornulier*, en eut cinq garçons et quatre filles, trois desquels seulement ont laissé postérité, savoir :

1° Martin Boux, qui suit ;

2° Charles-Amaury Boux, qui suivra ;

3° Renée-Eufrasie-Augustine Boux, mariée à François *de l'Ecu*, chevalier, seigneur de Beauvais, dont elle eut trois filles :

    1° Demoiselle de l'Écu, mariée à M. *Bouin de Cassé*, sans postérité ;

    2° Gabrielle de l'Écu, mariée à M. *Boucault de Mélient;* d'où demoiselle Boucault de Mélient, femme de Zacharie *du Reau;* dont Paul du Reau, marié en 1837 avec demoiselle *de Caqueray*, et Zacharie du Reau ;

    3° Demoiselle de l'Écu, mariée à M. *de Jacquelot*, dont : M. de Jacquelot, mort célibataire ; Adèle-Euphrasie de Jacquelot, mariée au vicomte *du Couëdic de Kergoualer*, colonel de cavalerie, dont : Raoul du Couëdic, marié en 1837 avec demoiselle *de Montholon;* Charles du Couëdic, marié avec demoiselle *Galdemar*, et demoiselle du Couëdic, sans alliance ; — demoiselle de Jacquelot, mariée à M. *Pépin de Belleisle;* — enfin Marie-Agathe de Jacquelot, mariée en 1813 à Augustin-Charles-Alexis *le Maignan de l'Écorce*, dont un fils.

Martin Boux, chevalier, seigneur de Saint-Mars-de-Coutais, Casson, les Huguetières, l'Enfernière, etc., conseiller au parlement de Bretagne, épousa Marie-Françoise *Richard du Pontceau*, dame de Lessongère, la Haute-Forêt, etc., dont il eut six filles, trois desquelles seulement ont été mariées, et un garçon mort en bas âge, savoir :

1° Demoiselle Boux, dame de Casson, mariée à M. *Urvoy;* dont Jacques-Olivier-Marie Urvoy de Saint-Bedan, député, épousa demoiselle *de Chevigné*, dont un fils non marié, et Pélagie Urvoy, femme de Ferdinand–Louis–Marie-Claude comte *de Bouillé;*

2° Renée-Augustine Boux, mariée en 1770 à Toussaint-Marie comte *de Pontual*, capitaine de cavalerie, chevalier de Saint-Louis, père de demoiselle de Pontual, mariée à M. *de Cheffontaines;* d'où sont venues trois demoiselles de Cheffontaines, mariées au marquis *de la Moussaye de la Mauglaie*, à M. *de l'Estourbillon*, et à M. *du Guillier;*

3° Demoiselle Boux, dame de Saint-Mars et de Montreuil, morte en 1815, épousa Claude-Louis *de Monti*, seigneur de Bréafort, mort en 1820, laissant deux fils et une fille ; savoir : Joseph de Monti, né en 1786, marié avec demoiselle *de Goyon de la Mustière*, dont Joseph de Monti, marié

en 1839 avec Pauline *de Saint-Pern ;* François de Monti,
né en 1788, marié en 1812 avec demoiselle *le Roux des
Ridellières de Commequiers,* dont deux filles mariées,
l'une à M. *du Bois de Maquillé,* et l'autre à M. *du Ménil-
dot ;* Sophie de Monti, mariée en 1810 à M. *de Mélient.*

Charles-Amaury Boux, chevalier, seigneur de la Gazoire,
chevalier de Saint-Louis, épousa Angélique-Renée-Jacquette-
Françoise *Rabaud du Bois de la Motte,* dont il eut :

1º Charles-François-Louis, qui suit ;

2º Renée-Charlotte-Marie Boux, née en 1757, mariée à
   M. *du Fresne de Renac,* dont Amaury du Fresne, non
   marié, mort fou en 1837.

Charles-François-Louis Boux épousa Marie-Anne-Félicité
de Guillermo de la Grée, dont il eut : M. Boux, marié à Rose
de Guéry de la Vergne, dont Ludovic Boux, marié avec demoiselle *de la Grossetière.*

2º RAMEAU DU PESLE.

Du 10 septembre 1678, aveu rendu au Roi pour le prieuré
du Tertre, en la paroisse de Lavau, par messire Jean-Baptiste
de Cornulier, prieur commendataire dudit prieuré, où il dit
l'avoir eu par la résignation de messire Jean-Baptiste de Cornulier, dernier possesseur. Signé : *Jean-Baptiste de Cornulier.*
   Claude de Cornulier, abbé du Hézo, avait résigné le prieuré
du Tertre à son neveu, Jean-Baptiste de Cornulier, abbé de
Lorière, après le décès duquel il passa à son frère, Jean-
Baptiste de Cornulier, auteur du rameau du Pesle, qui, dans
sa jeunesse, avait aussi été destiné à l'état ecclésiastique, et
qui fut reçu chevalier de Saint-Lazare en 1681, selon la quittance de 670# de frais payés à cet effet au sieur de Turmeny.

Du 26 novembre 1692, enquête faite pour la réception de
Jean-Baptiste de Cornulier, seigneur du Pesle, en l'office de
président en la chambre des Comptes de Bretagne.
   Les témoins entendus déposent unanimement que ledit sieur
du Pesle est homme d'honneur et de qualité, duquel toute la
Noblesse fait grande estime ; qu'il a beaucoup de mérite, possède de belles sciences et est fort savant ; qu'il est des gens les
plus considérables ; de bonnes vie et mœurs, bon catholique,
apostolique et romain.
   Le sr du Pesle déclare qu'il est fils de messire Pierre *de Cornulier* et de dame Françoise *du Plessier.* Que ledit Pierre était
fils de Jean de Cornulier et de Marguerite *le Lou.* Que ledit
Jean était fils de Pierre de Cornulier et de Claude *de Comaille.*

Que ladite Françoise du Plessier était fille de Louis et de demoiselle *Blanchard*. Que ledit Louis du Plessier était fils d'autre Louis et de demoiselle *Bochart de Champigny*.

Ledit sr du Pesle déclare encore qu'il avait épousé en premières noces Louise *Raguideau*, fille de François Raguideau, seigneur du Rocher, président en ladite chambre, et de Philiberte *Morel*. Que ledit François Raguideau était fils de Gilles Raguideau et de Madeleine *Rousseau*.

Le sr du Pesle déclare encore qu'il a épousé en secondes noces Louise *Trotereau*, fille de Louis Trotereau et de Jeanne *Chrestien*. Que ledit Louis était fils de François Trotereau et d'Anne *d'Harouis*. Que ledit François était fils d'autre Trotereau et de demoiselle *d'Andigny*. Que ladite Jeanne Chrestien était fille de Mathurin Chrestien et de Françoise *de Luen*. Que ledit Mathurin était fils d'autre Chrestien et de Yolande *de Rubert*.

Ledit jour 26 novembre 1692, a comparu au greffe de la chambre des Comptes messire Jean-Baptiste *de Cornulier*, chevalier, seigneur du Pesle, poursuivant sa réception en une charge de conseiller-président en ladite chambre; lequel, en conséquence d'arrêt de ce jour, a déclaré renoncer, au profit de Sa Majesté, aux successions de Me Jean le Lou et consorts; Michel le Lou; Jeanne de Mirande, veuve de Jean le Lou; François Raguideau; François Trotereau; Vincent Chrestien; Jacquette Chrestien, veuve de Jacques le Rat; et d'écuyer Guillaume de Harouis; trouvés redevables à S. M. par procès-verbal de perquisitions faites le 21 du présent mois; dont acte. (*Extrait des registres dits Plumitifs de la chambre des Comptes.*)

Les enquêtes faites pour la réception en la chambre des Comptes portaient, comme on le voit, non-seulement sur la personne du récipiendaire, mais encore sur tous ses auteurs et sur ceux de sa femme, qu'il était tenu de déclarer, afin que perquisition fût faite pour savoir si aucun d'eux était resté redevable envers l'État. Dans le cas où le procès-verbal de recherche établissait cette imputation, le récipiendaire, avant son installation dans son office, devait solder la dette ou renoncer à la succession de l'estoc qui redevait, de manière à se trouver désintéressé dans la question.

Philiberte *Morel*, fille de Julien Morel, écuyer, seigneur de Gremil en Saffré et du Vauguillaume en Puceul, et de Jeanne *Chattier*, mourut le 6 février 1672. Elle avait épousé, le 15 février 1648, François *Raguideau*, seigneur du Rocher en Monnières, mort en 1693, dont elle eut trois filles, savoir :

1º Marie Raguideau, mariée le 16 janvier 1668 à Jean *Hutteau*, seigneur de Querencé; dont François Hutteau, seigneur des Burons, et Charlotte Hutteau, femme de M. *Rabault*, seigneur du Bois-de-la-Motte;

2° Angélique Raguideau, mariée en 1655 à François *Bour-gogne*, seigneur de Vieillecour en Mauves, morte reli-gieuse aux Couëts ;

3° Louise Raguideau, née le 23 juin 1652, mariée en 1683 à Jean-Baptiste *de Cornulier*, seigneur du Pesle.

La famille TROTEREAU habitait Châteaubriant au XVIᵉ siècle, et possédait plusieurs terres sous cette baronnie. Elle a produit François Trotereau, député de Châteaubriant aux États de 1570, et portait : *d'argent à la fasce écotée de sinople, surmontée d'une tourterelle de sable perchée sur le milieu.* (*Armorial* de 1696.)

Du 7 août 1626, au rapport de Penifort et Charier, notaires royaux à Nantes, transaction entre T. H. et T. P. seigneur messire Henri duc *de Montmorency*, pair et amiral de France, gouverneur du Languedoc, seigneur baron de Châteaubriant, Candé, Derval, Vioreau, etc., d'une part ; et Jean *Trotereau*, écuyer, seigneur du Palierne, d'autre part.

Jean Trotereau prétendait être inféodé, par les aveux du Palierne de 1536, 1552, 1561 et 1604 du droit de haute, moyenne et basse justice sur la masure de Boufferé et sur la maison noble de la Ferrière, en la paroisse de Moisdon, avec droit de chasse, attache de retz, etc., ès bois et forêts de Rochaiz ; droit d'usage à prendre ès forêts dudit seigneur le bois nécessaire pour bâtir en sa maison du Palierne ; droits de chauffage, pasnage et glandées, etc. Lesquels droits lui furent contestés par les officiers de Châteaubriant en 1621, lui laissant seulement la basse justice et le droit de chauffage. Sur le procès qui était entamé à ce sujet, Jean Trotereau déclare s'en rapporter à la décision du duc de Montmorency lui-même, alors présent à Nantes, à la suite du Roi.

Le Duc, mettant en considération le désistement des droits prétendus par ledit Trotereau et les services que son père a rendus à ses prédécesseurs, consent que ledit sʳ du Palierne jouisse du droit de moyenne justice et des droits de chauffage, pacage et glandée. Lui refuse les droits de haute justice, de chasse et d'usage à bois de charpente, et toute féodalité ou juri-diction sur la masure de Boufferé et sur la Ferrière. Pour l'in-demniser de cette réserve, délaisse audit sʳ du Palierne, à titre de pur féage noble, les prés des hautes et basses Fresnaies, situés près la chaussée de Moisdon et joignant la rivière, avec les servitudes dues audit seigneur pour leurs récoltes. Lequel transport est fait franc de lods et ventes pour cette fois seule-ment, pour les tenir noblement, à foi, hommage et rachat, à la charge de payer audit seigneur un gant de fauconnerie par chacun an, et cette fois à Mᵉ Louis Chotard, procureur et rece-veur général dudit seigneur Duc aux pays de Bretagne et d'Anjou, la somme de 500#. Maintient au surplus ledit seigneur Duc tous les droits dudit sr du Palierne au regard de ses maisons nobles de la Clérissaye, de la Chaussée, de la Hacheraye et de la Rigaudière, qui relèvent pareillement de sa baronnie de Vioreau, tels qu'ils sont détaillés dans l'aveu qu'il en a rendu en 1622. Signé : H. de Montmorency, Chotard, Trotereau.

Louise Trotereau, fille du doyen des maîtres des Comptes de Bretagne, épousa Michel de la Vallée, seigneur dudit lieu, lieutenant de l'artillerie de Bretagne, gouverneur des ville et château de Sainte-Suzanne au Maine, fils de Guyon Luette, sr de la Vallée et de Blandouet au Maine, dit la Vallée-Piquemouche, grand voyer de Bretagne, chevalier de Saint-Michel, qui fut anobli en 1609 et changea son nom de Luette en celui de la Vallée. De ce mariage vinrent :

1° Louis ou Lancelot de la Vallée, marié avec Françoise de Beaucé, fille du sieur de la Forest, doyen du parlement de Bretagne, sans postérité;

2° Jeanne de la Vallée, mariée à Nantes, le 3 juillet 1629, à Louis de Launay, seigneur de la Brosse.

Du 24 octobre 1701, transaction entre dame Louise Trotereau, demeurant à sa maison seigneuriale du Palierne, paroisse de Moisdon, épouse de messire Jean-Baptiste de Cornulier, chevalier, seigneur du Pesle, président en la chambre des Comptes de Bretagne, auparavant veuve de messire Jean Morin, chevalier, seigneur du Trest; et écuyer Christophe Juchault, seigneur de Lorme, ci-devant époux de Louise Morin, fille de ladite dame Trotereau, décédée sans enfants.

Louise Trotereau, fille unique d'écuyer Louis Trotereau et de Jeanne *Chrestien*, seigneur et dame du Palierne, de la Clérissais, du Boisvert, etc., épousa en premières noces, le 17 janvier 1670, messire Jean *Morin*, seigneur de la Roche-Gautron en Anjou, fils puîné de défunt Roland Morin, seigneur du Trest, président en la chambre des Comptes de Bretagne, et de Jacqueline *de la Rivière*. De ce premier lit étaient nées deux filles : 1° Marie-Anne Morin, mariée à Achille *Barrin*, chevalier, seigneur de la Galissonnière et du Pallet, qui donna partage, en 1698, à sa sœur cadette ; 2° Louise Morin, femme d'écuyer Christophe *Juchault*, seigneur de Lorme, laquelle mourut sans enfants en 1701.

Jacqueline de la Rivière, mariée en secondes noces à Roland Morin, mort le 18 mai 1654, en avait eu trois enfants : 1° Pierre Morin, seigneur du Trest, aîné ; 2° Jean Morin, page du Roi en 1654, marié à Louise Trotereau; 3° Thérèse Morin. Quand elle épousa Roland Morin, Jacqueline de la Rivière était veuve en premières noces de Victor *de Cornulier,* seigneur de Montreuil.

Françoise *de Luen,* mariée en secondes noces à N. H. Mathurin Chrestien, était veuve en premières noces de N. H. Jean *Chauvin.* Du 1er lit elle avait :

1° N. H. Jean Chauvin, sr de la Touche, père d'autre Chauvin, conseiller au présidial de Nantes, dont le fils, dernier de sa lignée, mourut au Port-Saint-Père ;

2° Marie Chauvin, mariée à N. H. René *Legrand,* sr de la Coutais, auteur d'écuyer Jean Legrand, sr de la Coutais, auditeur des Comptes de Bretagne, marié en 1716 avec Françoise *Touzé de Botloré,* comme on l'a déjà dit plus haut.

Du 2e lit vinrent :

1° Jeanne Chrestien, femme d'écuyer Louis Trotereau ;

2° Perrine Chrestien, mariée à N. H. Jean *Langlé,* sr de la Briais en Fercé, dont un fils, qui a laissé postérité, et trois filles mariées à MM. *de Mareil, de la Chevière* et *le Pigeon de la Violais.*

La famille DE LUEN, seigneur du Clos, du Pas-Durand, en la paroisse de Nort, etc., appartenait à l'échevinage de Nantes, et était alliée avec les meilleures familles du pays.

Du 20 décembre 1709, lief des scellés apposés sur les papiers du président du Pesle, décédé à Nantes, rue du Château.

3° RAMEAU DU VERNAY.

Du 12 avril 1743, aveu de la terre et seigneurie du Vernay, en la paroisse des Touches, rendu à François de Béthune, tuteur d'Armand-Joseph de Béthune, baron d'Ancenis, par Marguerite-Jacquette *Brossard,* veuve de messire Pierre *de Cornulier,* chevalier, seigneur du Vernay, en qualité de mère, tutrice et garde-noble des enfants de son mariage avec ledit feu sr de Cornulier ; demeurant à sa maison noble du Plessis, paroisse du Pont-Saint-Martin, et de présent à sa maison noble du Vernay, paroisse des Touches.

VII° DEGRÉ.

Sentences et arrêts intervenus entre Jean-Baptiste de Cornulier, baron de la Roche-en-Nort; Claude-Jean-Baptiste de Cornulier, comte de la Roche-en-Nort; et divers individus.

1° *Arrêts du parlement de Bretagne*, des 12 mars 1687; 25 et 17 octobre, et 7 juin 1714; 28 mars 1716; 5 juillet, 6 octobre, 26 et 29 novembre 1717; 27 juin 1719.

2° *Arrêt du parlement de Normandie*, du 9 août 1713.

3° *Arrêt du grand Conseil*, du 27 août 1723.

4° *Sentences des Requêtes du palais de Rennes*, des 3 janvier, 18 et 25 février, 3 et 14 mai 1715; 14 mai et 14 juillet 1717; 9 janvier, 15 mai et 28 avril 1719.

5° *Sentences du présidial de Rennes*, des 17 novembre et 1er décembre 1714; 10 septembre 1717; 19 septembre 1720; 12 mai 1731.

6° *Sentences du présidial de Nantes*, des 22 juin 1712; 7 et 20 décembre 1713; 9 janvier, 5, 18 et 30 mai, et 15 juin 1714; 7 juin, 12 et 27 juillet 1715; 3 avril, 12 mars et 12 mai 1716.

7° *Sentences des Regaires de Nantes*, des 18 juin 1708; 12 et 19 décembre 1709; 22 juin et 9 septembre 1712; 13 mai, 22 juin et 24 novembre 1713; 24 novembre 1714; 7 mars, 27 mai, 4 et 18 juillet, et 22 août 1715.

8° Du 9 août 1713, arrêt du parlement de Rouen, rendu entre messire Jean-Baptiste de Cornulier, chevalier, seigneur de Lorière, conseiller au parlement de Bretagne, et messire Claude-Jean-Baptiste de Cornulier, comte de la Roche-en-Nort, fils aîné dudit sieur de Lorière, héritier principal et noble de défunte dame Françoise Dondel, et autres.

9° Du 29 novembre 1713, assignation au présidial de Nantes, donnée à messire Jean Binet, sr de la Blottière, à la requête de messire Claude-Jean-Baptiste de Cornulier, chevalier, comte-baron de la Roche-en-Nort, demeurant au château de Lucinière, à l'effet de voir adjuger au demandeur le retrait lignager de la terre et seigneurie du Pesle et des fiefs de la Grande-Haye et du Branday.

10° Du mercredi 20 décembre 1713, sentence du présidial de Nantes, qui adjuge à Claude-Jean-Baptiste de Cornulier, chevalier, seigneur, comte-baron de la Roche-en-Nort, la prémesse lignagère de la terre et seigneurie du Pesle et des fiefs de la Grande-Haye et du Branday, vendus à M. de la Blottière par son père. Signé Morel, greffier.

11° Du mardi 23 janvier 1714, sentence du présidial de

Nantes rendue entre Claude-Jean-Baptiste de Cornulier, chevalier, seigneur, comte-baron de la Roche-en-Nort, et autres.
Signée Morel, greffier.

12° Du 6 février 1714, sommation faite à M. de la Blottière
par Claude-Jean-Baptiste de Cornulier, chevalier, comte-baron
de la Roche-en-Nort. Signée Le Febure, huissier audiencier au
siége présidial de Nantes.

13° Du 25 mars 1714, désistement des héritiers de Mme de
la Ferronnière en faveur de Claude-Jean-Baptiste de Cornulier,
comte de la Roche-en-Nort.

14° Du 19 mai 1714, acte de dépôt de la somme de 10,000#
fait à la Caisse des Consignations de Nantes par messire Claude-
Jean-Baptiste de Cornulier, chevalier, seigneur, comte-baron
de la Roche-en-Nort. Signé Delachaise, directeur des Consignations.

Du 12 mars 1715, contrat d'arrentement d'une portion de
marais dépendants de la terre du Pesle, consenti au profit de
Jean Charpentier, par messire Claude-Jean-Baptiste de Cornulier, chevalier, baron de la Roche-en-Nort, seigneur du Pesle,
la Grande-Haye, le Branday et la Moricière, demeurant au
château de Lucinière, paroisse de Nort, et de présent en sa
maison du Pesle, paroisse de Brains. Au rapport de Poignaud
et Lesné, notaires au Pellerin.

Le comte de la Roche-en-Nort dut épouser Anne-Marie de
Gennes par contrat sous signatures privées, car les registres
du Contrôle (depuis nommé l'Enregistrement) de Rennes et
de Vitré, pour l'an 1720, ne renferment aucune trace de son
contrat.

Le 21 décembre 1722, a été baptisé Jean-Baptiste-Ange-
Benjamin-Toussaint *de Cornulier*, fils de messire Claude-Jean-
Baptiste de Cornulier, chevalier, seigneur de Lorière, Lucinière,
le Pesle et autres lieux, conseiller au parlement de Bretagne,
et de dame Anne-Marie de Gennes, son épouse. Parrain,
N. H. Benjamin de Gennes, fermier général des deniers de
cette province; marraine, haute et puissante dame Angélique
du Quengo, épouse de H. et P. seigneur messire Nicolas du
Fresnay, en son vivant marquis du Faouët. L'enfant né le 18 du
présent mois. Signé Montalambert, curé. (*Extrait des registres
de la paroisse de Saint-Germain de la ville de Rennes.*)

Du 14 juillet 1739, transaction sous signatures privées entre
Anne-Marie de Gennes, épouse démissionnaire de messire
Claude-Jean-Baptiste de Cornulier, chevalier, seigneur de
Lorière, et messire Salomon-Marie-Victor Binet, chevalier,
seigneur de Jasson, grand bailli d'épée du comté Nantais, pour

mettre fin aux procès existant entre eux et leurs auteurs depuis l'an 1709 au sujet de la terre du Pesle.

Claude-Jean-Baptiste de Cornulier mourut à l'abbaye de Saint-Gildas-des-Bois en 1750, sans qu'on ait jamais pu se procurer son acte de décès; des recherches récentes n'ont pas été plus heureuses. La date de 1750 résulte de la comparaison des deux actes suivants. Le premier, du 10 avril 1749, dans lequel comparaît dame Anne-Marie de Gennes, *épouse* de messire Claude-Jean-Baptiste de Cornulier, etc., faisant pour ses enfants *démissionnaires* de leur père; le second, du 17 mai 1751, dans lequel comparaît la même Anne-Marie de Gennes, épouse de *feu* messire Claude-Jean-Baptiste de Cornulier, etc., en qualité de mère et tutrice de ses enfants.

Il a été également impossible de trouver l'acte de décès de Claude-Toussaint-Henri de Cornulier, fils du précédent, qui aurait eu lieu à Angers ou peut-être à Saumur, où il était en garnison, vers 1750. Une recherche très-exacte faite dans les registres des vingt paroisses qui existaient à Angers avant la Révolution, dans une période de 14 ans, de 1744 à 1760, et dans les registres des trois anciennes paroisses de Saumur, de 1740 à 1760, n'a produit aucun résultat.

DE GENNES.

La famille de Gennes tire son nom de la terre et seigneurie de la Motte-de-Gennes, en la paroisse de Gennes, près de Vitré, qu'elle possédait dans le XIe siècle; et c'est depuis cette époque que ses Mémoires de famille établissent sa généalogie par filiation suivie.

Étienne de Gennes, chevalier, seigneur de la Motte-de-Gennes, épousa en 1226 Marie *de Saint-Gilles*, et fut ambassadeur du roi saint Louis vers le duc de Bourgogne. Il reçut, pour récompense de ses services, la permission d'ajouter à ses armes *une fleur de lis d'or en abîme,* honneur que les de Gennes du Mée ont seuls retenu.

Marie de Gennes, fille de Claude et de Perrine *Geffrard,* mariés en 1372, fut héritière principale de la branche aînée, dont elle porta les biens dans la maison *de Coisnon,* par son mariage avec Guy, seigneur de Coisnon.
A la même époque, c'est-à-dire vers la fin du XIVe siècle ou dans les premières années du XVe, Étienne de Gennes, puîné de la seconde branche, passa en Anjou et y fit souche. Cette branche d'Anjou est celle qui s'est soutenue avec le plus d'éclat; elle a donné deux chevaliers de Malte en 1579 et 1660. Elle paraît avoir pris les armes de la maison angevine *de Lau-*

nay-Baffer, dont elle a hérité, et s'est fondue, en 1704, dans celle *du Pont d'Aubevoye*, par le mariage de Marie-Marguerite de Gennes, fille aînée et principale héritière de défunt Hector de Gennes, chevalier, seigneur de Launay-Baffer, Chavaignes, etc., et de Marguerite *de Chambes de Montsoreau*, avec René du Pont d'Aubevoye, seigneur de la Roussière, père du marquis d'Oysonville.

Au milieu du xvᵉ siècle, René, *alias* Pierre de Gennes, sʳ du Rocher, laissa trente enfants de deux lits différents, ce qui acheva la ruine de cette famille, déjà appauvrie soixante ans auparavant par une fille principale héritière. A dater de cette époque, elle n'eut plus en Bretagne qu'une existence précaire, et plusieurs de ses membres durent s'expatrier, pour aller chercher fortune au loin.

Christophe, un de ces trente enfants, alla s'établir à Lyon, où il a fait branche; Claude, son frère, se maria à Marseille, mais n'a pas laissé de postérité. Un autre, Guy, se maria à Thouars et est l'auteur de la branche du Poitou, qui a donné deux maires à Poitiers, un grand nombre de magistrats au présidial de cette ville, plusieurs officiers à l'armée, et qui subsiste encore. C'est vraisemblablement de cette branche que sont sortis les de Gennes établis à Orléans au commencement du xviᵉ siècle, seigneurs de Montaran et du Portail, maintenus en 1699 et aujourd'hui éteints; ainsi que ceux de Chartres, auxquels appartenait Pierre de Gennes, célèbre avocat au parlement de Paris au dernier siècle. Enfin, il existe encore des de Gennes à Paris, d'autres à Londres depuis la révocation de l'édit de Nantes, et à Toulouse où ils sont établis seulement depuis la fin du xviiiᵉ siècle.

La puissante et généreuse maison de Laval vint en aide à ceux qui restèrent sur ses domaines : les uns furent ses secrétaires, ses argentiers, ses officiers de judicature; d'autres furent pourvus de cures et de bénéfices qui étaient à sa présentation ou que sa protection leur fit obtenir. Ils se perpétuèrent ainsi dans de petits emplois, et commençaient à se relever de la gêne extrême dans laquelle ils étaient tombés lorsque les persécutions qu'ils éprouvèrent, à l'occasion de la Réforme qu'ils avaient embrassée avec ardeur, vinrent de nouveau les plonger dans la misère.

Les de Gennes portaient originairement : *d'argent à trois renards de sable passants,* mais quelques branches ont changé ces émaux pour se distinguer; les unes portent : *d'azur* ou *de gueules à trois renards d'or;* les autres : *de sable à trois renards d'argent;* d'autres : *écartelé; au 1ᵉʳ et 4 d'azur à trois renards d'or, une fleur de lis d'or en abîme,* qui est de Gennes; *au 2 et 3 d'argent à trois feuilles de chou de sinople,* qui est de Cholet. Les de Gennes qui ont fait branche hors de la Bretagne ont tous abandonné leurs armes primitives; ceux d'Anjou portaient : *d'hermine à la fasce de gueules;* ceux du Poitou :

d'azur au chevron d'argent accompagné de deux roses d'or en chef, d'une étoile d'argent en cœur, et d'une coquille d'or en pointe; ceux d'Orléans : *d'argent au cœur de carnation chargé d'un soleil d'or et accompagné de trois couronnes à l'antique de gueules, 2 et 1;* ceux de Chartres : *d'or au cœur d'azur;* enfin ceux d'Angleterre : *d'azur au chevron d'or, accompagné en chef d'un soleil de même et en pointe d'une foi d'argent.* Les de Gennes récemment établis à Toulouse ont seuls conservé : *d'azur à trois renards rampants d'or, 2, 1, à la fleur de lis de même en abîme.*

Les terres des bords de la rivière d'Oulx, dans l'île de Cayenne, furent données à Jean-Baptiste de Gennes, écuyer, seigneur du bourg de Chédreuil, et érigées en sa faveur en comté par lettres du mois de juillet 1698, enregistrées le 27 août suivant. C'est le chef d'escadre dont nous avons parlé dans la Généalogie imprimée en 1847, p. 202, lequel publia, dans les *Philosophical Transactions* du mois d'août 1678, la description d'une machine de son invention pour tisser les étoffes de laine sans l'aide d'aucun ouvrier.

XVIII. Gilles de Gennes, né en 1528, connu sous le nom des Hayers, qui est une petite terre située dans la paroisse de Saint-Martin-de-Vitré, suivit longtemps le parti des armes et épousa en 1569 Perrine *Tirel,* dame de la Gaulairie, dont il eut neuf enfants, l'un desquels fut :

XIX. Jean de Gennes, sr de la Baste, dans la paroisse d'Estrelles, épousa en secondes noces Charlotte *Conseil,* d'une famille de Châteaugontier, dont il eut, entre autres :

XX. Daniel de Gennes, né en 1620, sr de la Baste et des Hayers, épousa Jeanne *Pesdron,* fille de Tobie Pesdron, sr de la Portepradel, près Guérande, et de Jeanne *Jollan,* dont :

XXI. Benjamin de Gennes, seigneur de Vauduë, fermier général des deniers de Bretagne, épousa Anne-Marie *Pommeret de la Villeguerry,* dont :

1º Julien-René-Benjamin de Gennes, né à Vitré en 1687, oratorien et janséniste célèbre ;

2º Dom de Gennes, bénédictin, bibliothécaire de la célèbre abbaye de Saint-Vincent du Mans, où la congrégation de Saint-Maur avait établi son académie littéraire (1);

(1) D'après les traditions conservées au Mans, D. de Gennes n'aurait jamais été prêtre; M. Cauvain, qui l'avait connu, l'assurait. Selon M. Renouard, ancien conservateur de la bibliothèque du Mans, D. de Gennes, dont il avait été l'ami, aurait été noyé dans la Loire, à Nantes, par l'ordre de Carrier, en 1793, ce qui lui suppose une bien longue existence.
Quoi qu'il en soit, c'était un très-savant homme; il travailla pendant quarante ans au Catalogue raisonné de la bibliothèque de l'abbaye de Saint-Vincent, et penchait, à ce qu'il paraît, vers les doctrines jansénistes.

3° Henri-Anne de Gennes, jésuite ;

4° N*** de Gennes, aussi jésuite ;

5° Benjamin de Gennes, né à Vitré en 1700, receveur des impôts de l'évêché de Rennes, marié avec demoiselle *Pincson du Sel;* sans postérité ;

6° Anne-Marie de Gennes, née en 1701, mariée en 1720 avec Claude-Jean-Baptiste *de Cornulier;*

7° Rose-Françoise de Gennes, mariée en 1723 à Louis-Ange *de la Motte,* chevalier, seigneur d'Aubigné, conseiller au parlement de Bretagne, dont un fils et deux filles :

    1° Louis-Benjamin de la Motte, seigneur d'Aubigné, conseiller au parlement de Bretagne, marié en 1758 avec Marguerite *Fresneau,* dont il eut un fils unique, tué en duel à Saumur, étant encore jeune ;

    2° Demoiselle de la Motte d'Aubigné, mariée à M. *de Martel,* dont elle eut : Alexis de Martel, marié à demoiselle *de Freslon de Saint-Aubin,* mort sans postérité ; et Aimée de Martel, mariée à M. *Denis du Portzou,* président à la cour royale de Rennes, dont Aimé Denis du Portzou, né en 1813, sous-préfet de Thionville, puis de Mantes, autorisé en 1853 à ajouter à son nom celui de *Martel;*

    3° Élisabeth-Rose-Renée-Madeleine de la Motte d'Aubigné, mariée en 1747 à Guillaume-Louis *Fabrony,* seigneur de la Robinaye.

Le père de Gennes, jésuite, professeur de philosophie au collége du Mont, à Caën, ne fut guère moins célèbre que son frère l'oratorien : fougueux antagoniste des Jansénistes, l'ardeur de son zèle lui avait fait décerner par sa compagnie le titre de *Défenseur de la foi;* il mit en feu tout le diocèse de Bayeux. En 1721, il écrivait : « Je ne cherche que la vérité, et je dois avoir pour elle plus de zèle que beaucoup d'autres : une partie considérable de ma famille est encore enveloppée dans les horreurs du Calvinisme : je suis, dans un sens, le premier qui ait eu le bonheur d'être baptisé dans l'Église catholique ; plusieurs de mes parents ont préféré et préfèrent encore aux douceurs de la patrie un exil volontaire, afin de mourir dans le libre exercice de leur religion. Je rougirais, et que dirais-je à J.-C., si j'avais pour sa cause moins d'ardeurs que mes proches n'en ont pour celles de Calvin et de Quesnel. » Ce fut contre les doctrines de son frère l'oratorien qu'il publia, en 1736, *Le Jansénisme dévoilé, ou Jansénius convaincu d'athéisme.*

VIIIe DEGRÉ.

THESES PHILOSOPHICÆ. *Has theses, Deo duce, et auspice Dei-parâ, præside Joanne-Baptista Arnauld, oratorii domini Jesu, philosophiæ professore, nec non artium doctore, tueri conabitur Benjaminus Cornulier de Lucinière, Nannetæus, die mercurii 26ª mensis julii, anno domini 1758. In aula collegii Nanne-tensis præsbiterorum oratorii domini Jesu.*

Jean-Baptiste-Benjamin de Cornulier épousa Mlle du Bour-blanc par contrat sous signatures privées, comme c'était alors l'usage général parmi les familles nobles de la basse Nor-mandie. C'est aussi sous signatures privées que fut passé, le 20 avril 1765, le contrat de mariage de son beau-frère, messire Pierre-François-Marie *du Bourblanc,* chevalier, seigneur, comte de Poilley, avec noble demoiselle Antoinette-Henriette-Théo-dore *Jouenne d'Houlbec.*

M. de Thiard ayant fait enregistrer militairement au par-lement de Bretagne les édits de février 1788, et cette compagnie ayant siégé malgré ces édits, elle fut exilée. Au mois de juillet, la Noblesse envoya une députation au Roi, pour lui faire des remontrances; elle fut jetée à la Bastille. C'est à cette occasion que, le 24 juillet 1788, le parlement envoya au Roi une nou-velle députation composée de douze de ses membres, au nombre desquels était M. de Lucinière, députation qui fut arrêtée à Oudan.

DU BOURBLANC.

Nous avons déjà parlé de cette famille dans la Généalogie imprimée en 1847, p. 206.

VIII. Pierre du Bourblanc, seigneur de Kergaro et de Grand-pré, épousa en 1630 Guillemette *de Launay,* dame du Cos-quer, dont :

IX. Pierre du Bourblanc, marquis d'Apreville, capitaine au régiment de chevau-légers de Beaufort, marié : en premières noces, en 1660, avec Jeanne *d'Avaugour,* fille de François d'Avaugour, baron de la Lohierre, seigneur de Guer, et de Jeanne *Frain;* et en secondes noces, en 1666, avec Renée *de Châteaubriant,* comme nous l'avons déjà dit.

La famille DE LAUNAY porte : *d'argent à l'aigle éployée d'a-zur, membrée et becquée de gueules.*

François D'AVAUGOUR descendait de Blanche d'Avaugour,

dame de Kergrois, issue de la maison souveraine de Bretagne, qui épousa en 1536 Jean *de Bellouan*, à la condition que leurs enfants prendraient les nom et armes d'Avaugour, qui sont : *d'argent au chef de gueules.*

Ce François d'Avaugour épousa : 1° en 1638, Jeanne *Frain*, qui mourut en 1641 ; 2° Jeanne *de Clisson*. Du 1ᵉʳ lit vinrent : Henri d'Avaugour, seigneur de Guer, marié avec demoiselle *de Porcaro*, et Jeanne d'Avaugour, femme de Pierre *du Bourblanc.*

La famille FRAIN, anoblie en 1624, porte : *d'azur au chevron d'argent, accompagné en chef de deux têtes de bœuf d'or et en pointe d'un croissant de même.* Le comte de *la Villegontier*, pair de France de nos jours, lui appartient.

Marie-Anne-Calliope *du Bourblanc*, mariée à Jean-Pierre-Henri *de Gouyon-Miniac*, capitaine de vaisseau, en eut :

Marie-Jeanne-Louise de Gouyon-Miniac, mariée avec Jean-François *de Gouyon*, seigneur des Briands, dont :

1° Félix-Laurent de Gouyon des Briands, père d'Eugène de Gouyon des Briands ;

2° Charles-Louis de Gouyon, sʳ de la Villemaupetit et de Garnouet, a laissé postérité ;

3° Toussaint-Marc de Gouyon de Boisrolland, officier au régiment de Béarn en 1785, sans postérité ;

4° M. de Gouyon du Fief, sans postérité ;

5° Marie-Reine de Goyon, mariée à François-Malachie *de Coattarel* de la Soraye, dont postérité.

DE POILLEY.

La maison de Poilley, aujourd'hui éteinte, était une des plus anciennes et des plus distinguées de Bretagne ; elle portait : *parti d'argent et d'azur, au lion léopardé de gueules, armé, lampassé et couronné d'or, brochant sur le tout.* Elle tirait son nom de la terre et seigneurie de Poilley, située paroisse du même nom, près de Fougères. Main et Nicolas de Poilley assistaient à la fondation de l'abbaye de Savigné en 1112. Pierre, prisonnier en Angleterre, en 1390, paya pour sa rançon 700 florins et 500 écus d'or. Jean, fut chambellan du duc François Iᵉʳ. Arthur, gouverneur de Fougères et de Vitré, était colonel de deux mille arbalétriers en 1465. Geoffroy, échanson de la reine Anne de Bretagne en 1480, fit ériger sa terre de Poilley en titre de châtellenie en 1498.

XX. Jean de Poilley, colonel de trois mille hommes de pied et des Enfants perdus, épousa Françoise *de la Chapelle*, dont :

XXI. Jean de Poilley, mestre de camp, gouverneur du comté de Mortain, chevalier de l'ordre du Roi et gentilhomme de sa chambre, ambassadeur en Angleterre, en faveur duquel Henri IV érigea Poilley en baronnie, épousa : 1º Anne *de Sourdeval;* 2º Renée *de la Motte-Vauclair*. Du 1ᵉʳ lit vint :

XXII. Henri de Poilley, gentilhomme de la chambre et chevalier de l'ordre du Roi, se distingua dans les guerres contre les huguenots ; Louis XIII érigea en comté sa terre de Poilley par lettres datées du camp devant la Rochelle. Il épousa Jeanne-Louise *de Péricard*, remariée en secondes noces avec M. *de Molac*. Il en eut :

1º François, qui suit ;

2º Charlotte de Poilley, mariée en 1637 à François *de Romillé*, comte de Mausson, marquis de la Chesnelaye, maréchal de camp, dont : 1º Louis de Romillé, marquis de la Chesnelaye, gouverneur de Fougères, qui a continué la postérité ; 2º François de Romillé, capitaine de vaisseau, sans postérité ; 3º Françoise de Romillé, mariée en 1671 à Claude *de Vassy*, marquis de Bressey et de Piriou.

XXIII. François comte de Poilley épousa en 1638 Geneviève *de Juyé*, dont il eut :

1º Louis Henri, qui suit :

2º Louise de Poilley, mariée subrepticement à Charles *de Princey*, sʳ de la Nocherie ; dont François-Louis de Princey, qui, d'Anne-Élisabeth *de Burtault*, a laissé une nombreuse postérité ;

3º Marie de Poilley, non mariée.

XXIV. Louis-Henri comte de Poilley, marquis de Saint-Hilaire-du-Harcouët, épousa : 1º Jeanne *de Bellouan;* 2º Françoise *Lesné de Torchamps*. Du 1ᵉʳ lit vint :

Jeanne-Marcuise de Poilley, mariée à Pierre-Guy *du Bourblanc*, marquis d'Apreville.

Du 2ᵉ lit vint : Henri-Louis de Poilley, marquis de Saint-Hilaire, mort sans postérité, en 1739, en la personne duquel le nom de Poilley s'est éteint.

La famille DE JUYÉ porte : *d'azur à la montagne d'or, surmontée d'une épée d'argent à la poignée d'or*. Isaac de Juyé, seigneur de Moric, près la Rochelle, conseiller au grand conseil en 1607, maître des requêtes en 1616, successivement intendant de Touraine, du Poitou, du Berry et de Guyenne, conseiller d'État en 1632, mort en 1651, épousa Madeleine *de Champrond*, fille de Jacques de Champrond, président aux enquêtes du parlement de Paris, d'une noble famille du pays Chartrain, et de Madeleine *de Montmirail*. Il en eut deux filles : Geneviève de Juyé, mariée en 1638 à François comte *de Poilley;* et Catherine de Juyé, femme de René *de Carbonnel,* marquis de Canisy, gouverneur d'Avranches en 1643, dont autre René, aussi gouverneur d'Avranches, qui ne laissa qu'une fille héritière, Marie-Hervée de Carbonnel, mariée en 1709 à Antoine *de Faudoas,* comte de Sérillac.

Jeanne DE BELLOUAN était fille de Gilles de Bellouan, seigneur de Montorin, dans la paroisse de Louvigné-du-Désert, et de Geneviève *le Gouz*. La maison de Bellouan, une des plus anciennes de Bretagne, remonte à Olivier de Bellouan, croisé en 1248; elle porte : *de sable à l'aigle éployée d'argent*.

La famille LE GOUZ, d'ancienne extraction, porte : *fascé d'or et de sable, au franc canton d'azur chargé de trois quintefeuilles d'argent*.

LESNÉ ou LAISNÉ, seigneur de Torchamps, dans l'élection de Domfront, porte : *d'azur au chevron d'argent, accompagné en chef de deux étoiles d'or et en pointe d'un croissant de même*.

POULAIN.

La famille Poulain, seigneurs du Val, de Boshea, de la Hazais, de la Chaussière, de Boisgourd, etc., a été maintenue d'ancienne extraction en Bretagne par arrêt du 28 janvier 1669; elle porte : *d'argent à un houx de sinople, au franc canton de gueules chargé d'une croix engreslée d'argent*.

IV. Jean Poulain, seigneur de la Chaussière, épousa Bertranne *de Lesquen,* de la maison de la Villemeneust. Leur troisième fils fut :

V. René Poulain, seigneur de Boisgourd, né dans la paroisse de Plouguenoal le 27 janvier 1637, marié à Nantes, le 26 novembre 1656, avec Jeanne *Guillet,* dont il eut :

1º François, qui suit ;

2º René Poulain, né à Nantes le 14 décembre 1673, contrôleur général des fermes du Roi.

VI. François Poulain, seigneur de Boisgourd, commissaire provincial de l'artillerie de France, né à Nantes le 15 janvier 1673, épousa le 16 février 1708 Marie *Moreau,* fille de Louis Moreau, seigneur de la Roche-Musset, dans la paroisse de Cinq-Mars-la-Pile, près Langeais, en Touraine, et de Marguerite-Henriette *Renou* des Marais. Il en eut :

1º Le père Poulain de Boisgourd, religieux cordelier, provincial de son ordre, vivant en 1773;

2º Marie-Geneviève-Olympe Poulain de Boisgourd, mariée en 1737 à Charles-Adolphe *du Bourblanc*, marquis d'Apreville.

Louis MOREAU appartenait à une ancienne famille de la bourgeoisie de Paris, seigneurs de Raviers, et qui portait : *écartelé; au 1er et 4 d'argent à une tête de Maure de sable tortillée d'or*, qui doit être Moreau; *au 2 et 3 de gueules à trois fasces ondées d'argent*, qui provient sans doute de quelque alliance. De cette famille étaient : René Moreau, docteur régent de la Faculté de médecine de Paris, père de Jean-Baptiste Moreau, régent de la même Faculté, premier médecin de la Dauphine et des Enfants de France, qui eut pour fils François Moreau, chanoine de Paris et abbé de Farmoutier, mort en 1695. Catherine Moreau, sœur de Jean-Baptiste, épousa Claude *le Laboureur*, seigneur de Vertepierre, avocat général au parlement de Metz, conseiller d'État et premier président du conseil souverain d'Alsace en 1681, de la famille du célèbre historien Jean le Laboureur.

Louis Moreau, sr de la Roche-Musset, avait pour sœur Marie Moreau, mariée à Christophe *Chicoisneau*, seigneur du Plessis, dont : Nicolle-Renée Chicoisneau, mariée en 1703 à Jacques *Sain de Bois-le-Comte*, seigneur des Arpentis, dont : 1º Christophe Sain de Bois-le-Comte, lieutenant de Roi des ville et château d'Amboise, mort en 1767; 2º Claude Sain de Bois-le-Comte, marié en 1754 avec Françoise-Marie *Pelgrain de Lestang*, d'où descend M. de Bois-le-Comte, diplomate distingué de nos jours.

La famille DE BAHUNO, maintenue d'ancienne extraction chevaleresque en 1668, a donné un chevalier croisé en 1248, et porte : *de sable au loup passant d'argent, surmonté d'un croissant de même*.

IXᵉ DEGRÉ.

Du 29 mai 1802, contrat de mariage sous seings privés passé à Londres, paroisse Saint-Pancrace, entre messire Jean-Baptiste-Benjamin-Théodore *de Cornulier*, chevalier, lieutenant d'artillerie, fils majeur, Hʳ P. et N. de messire Jean-Baptiste-Benjamin de Cornulier, chevalier, seigneur de Lucinière, conseiller au parlement de Bretagne, et de dame Jeanne-Marcuise-Pétronille de Bourblanc, d'une part; et demoiselle Anne-Henriette *d'Oilliamson*, fille mineure de messire Marie-Gabriel-

Éléonor comte d'Oilliamson, chevalier de Saint-Louis, maréchal des camps et armées du Roi, et de dame Françoise-Marie comtesse d'Oilliamson, d'autre part. Messire Thomas-Hardouin d'Oilliamson, archidiacre et vicaire général de Rouen, abbé commendataire d'Hermières, stipulant pour ladite demoiselle sa nièce, au nom de ses père et mère absents. Auquel contrat signèrent, en outre : Félicité de Cornulier du Liscouet; Anne-Charlotte-Marie de Cornulier-Lucinière; du Bourblanc, premier avocat général au parlement de Bretagne; de la Laurencie, évêque de Nantes; le cardinal du Bourblanc; Antoinette du Bourblanc; Archibald Campbeld; Nouail Ferron; Agathe de Méros; du Coëtlosquet, marquise du Dresnay; de Quelen, comtesse du Dresnay; Marie-Anne du Dresnay; Bonabes du Dresnay; le baron de Blaisel; du Bois de la Ferronnière; Meslé, comtesse de la Bourdonnaye; de la Bourdonnaye; Henriette du Bois de la Ferronnière; Félicité de la Bourdonnaye; Thérèse de Chardonnay; Albert d'Oilliamson; le marquis de Bonneval; Camille de Pont-Carré; Guillaume de Pierrepont, le colonel de Rotalier; la comtesse de Derval; la comtesse Françoise de Derval; Amélie du Bourblanc; Félicité de Derval; le comte François de Derval; Alexis du Bourblanc; le chevalier du Blaisel; l'abbé de Châteaugiron; Jérôme de Chardonnay; Robert de Chardonnay; le comte de la Fresnaye; Drouillard de la Fresnaye; Libault du Fief; de Monti, chevalier de Rezé; le président de la Houssaye; Sophie de la Houssaye de la Noue; Gouin du Fief; de Normanville; de la Noue Saint-Léon; l'abbé Vimon ; l'abbé des Ursins.

Ledit contrat déposé pour minute, le 16 janvier 1817, en l'étude de M⁣ᵣ Demieux de Morchène, notaire royal à Falaise, et enregistré le même jour à la requête de Jean-Baptiste-Benjamin-Théodore de Cornulier, comte de Lucinière, chevalier de Saint-Louis, et d'Anne-Henriette d'Oilliamson, son épouse.

Du 23 novembre 1807, arrêté du préfet de la Loire-Inférieure qui nomme Jean-Baptiste-Théodore-Benjamin de Cornulier de Lucinière maire de la commune de Nort, et procès-verbal de son installation dans lesdites fonctions en date du 31 mai 1808. Nouvelle nomination en 1812, et réinstallation le 3 janvier 1813.

Du 26 août 1816, arrêté du préfet de la Loire-Inférieure qui nomme M. de Cornulier de Lucinière père, maire de la commune de Nort, en remplacement de M. le comte de Cornulier de Lucinière, son fils, nommé officier de la garde nationale.

Du 25 février 1817, procuration donnée par Anne-Henriette d'Oilliamson à messire Jean-Baptiste-Théodore-Benjamin de Cornulier, comte de Lucinière, son mari, chevalier de Saint-Louis, demeurant ensemble à leur château de Lucinière, commune de Nort. De Bussy, notaire royal à Nantes.

Du 28 avril 1818, acte d'acquêt des fermes d'Argence et du Hameau, sises commune d'Ommoy, arrondissement d'Argentan, département de l'Orne, par Jean-Baptiste-Théodore-Benjamin comte de Cornulier-Lucinière, chevalier de Saint-Louis, au nom d'Anne-Henriette d'Oilliamson, son épouse. Lesdites fermes vendues par François-René-Hervé Charbonnel, marquis de Canisy. Deprépetit, notaire à Condé-sur-Noireau.

Du 16 juillet 1823, acte de partage entre Jean-Baptiste-Théodore-Benjamin comte de Cornulier-Lucinière, chevalier de Saint-Louis, et Anne-Charlotte-Marie de Cornulier Lucinière, sa sœur, des biens de leurs père et mère. Tourin, notaire royal à Paris.

Du 26 avril 1824, acte de décès aux registres de la mairie de Nantes, de Jean-Baptiste-Benjamin-Théodore comte de Cornulier-Lucinière, ancien capitaine d'artillerie, chevalier de Saint-Louis, âgé de 53 ans, né à Rennes, Ille-et-Vilaine, époux de dame Anne-Henriette d'Oilliamson.

Les témoins déclarent ici que la naissance a eu lieu à *Rennes;* plus tard, quand on eut besoin de l'acte même de naissance, on le chercha inutilement dans cette ville : on prit de nouvelles informations, et l'on fit déclarer par un jugement du tribunal civil de Nantes du 11 novembre 1825, que Jean-Baptiste-Benjamin-Théodore de Cornulier était né à *Nantes, sur la paroisse Saint-Vincent, en avril 1774;* tandis qu'il était né à *Nantes, sur la paroisse de Notre-Dame, le 3 mars 1773.* C'est à l'occasion de l'embarras où l'on se trouva alors que furent entreprises les premières recherches généalogiques sur la famille de Cornulier, l'utilité de renseignements précis s'étant ainsi manifestée.

D'OILLIAMSON.

Nous avons déjà parlé de cette famille dans la Généalogie imprimée en 1847, p. 220, 221 et 222. Parmi ses alliances, on peut remarquer que ses deux branches principales se sont alliées à la maison *d'Harcourt*, la première de la Normandie : 1° François d'Oilliamson, seigneur de Lonlay, l'un des vingt-cinq archers de la garde écossaise, épousa en 1532 Jeanne *de Saint-Germain*, fille aînée de Michel de Saint-Germain, seigneur de Saint-Germain-Langot, dont la fille puînée, Marie de Saint-Germain, épousa en 1546 Gui de Harcourt, baron de Beuvron; 2° Julien d'Oilliamson, vicomte de Coulibœuf, de la branche de Courcy, épousa en 1593 Marie *Grente*, fille de Robert Grente, seigneur de Villerville, et de Stevenotte de Harcourt, fille de Gui de Harcourt ci-dessus et de Marie de Saint-Germain.

Jeanne-Gui d'Oilliamson, chevalier de l'ordre du Roi, marquis de Saint-Germain, épousa en 1616 Renée *de Pellevé*, fille de Nicolas de Pellevé, comte de Flers, châtelain de Condé-sur-Noireau, et d'Isabeau *de Rohan*, fille de Louis de Rohan, prince de Guémené, comte de Montbazon, et d'Éléonore de Rohan, comtesse de Rochefort ; alliance qui le mit en relations de proche parenté avec les plus grandes maisons de France.

Anne-Françoise *d'Oilliamson*, mariée le 15 novembre 1770 à François-Charles *de Labbey*, chevau-léger de la garde du Roi, mourut sans postérité.

Charlotte-Gabrielle-Camille *d'Oilliamson*, mariée le 10 août 1764 à Louis-Narcisse-Marc-Antoine *de Beaurepaire*, seigneur de Damblainville, Perrières, etc., en eut :

Louis-Gabriel-Théodore comte de Beaurepaire, capitaine au régiment de hussards d'Hompesch, chevalier de Saint-Louis, épousa le 15 avril 1795 Marie-Josèphe-Charlotte *de Béthune*, dame grand'croix de l'ordre chapitral de Limbourg, fille d'Eugène-François-Léon prince de Béthune, marquis d'Hesdigneul, lieutenant général des armées du Roi, et d'Albertine-Josèphe-Eulalie *le Vaillant*, baronne de Wattripont et de Bousbecque, dont :

Alfred-François-Joseph comte de Beaurepaire, né en 1806, marié avec Léonie-Charlotte-Hubertine *le Clément de Taintegnies*, fille d'Auguste-Hubert-Marie le Clément, chevalier, baron de Taintegnies, seigneur de Nodranges, Barges, etc., et de Joséphine-Félicité-Adélaïde-Julie-Eugénie-Clotilde-Sophie de Béthune, sœur cadette de Marie-Josèphe-Charlotte, mariée en 1795 au comte de Beaurepaire ; comme sa sœur, dame grand'croix de l'ordre chapitral de Limbourg, chanoinesse de Neuville. De ce mariage sont nés Henri et Eugène de Beaurepaire. Le premier a épousé en Belgique, en 1858, Jenny *de Sprimont*.

Charlotte DU VAL, mariée en 1703 avec Hardouin-François d'Oilliamson, marquis de Courcy, était fille unique de François du Val, chevalier, seigneur de Lonchal, Néauphe, Corday, Occagne, etc., premier maréchal des logis du duc d'Orléans, et de Catherine *Brulé*. Cette famille Duval a pour auteur Étienne Duval, originaire de Caen, anobli en 1548 ; elle porte : *d'azur au sautoir d'or, accompagné en chef d'une croisette d'argent ; en flancs et en pointe, de trois coquilles d'or.*

ROUXEL.

La famille Rouxel, originaire de Bretagne et transplantée

en Normandie en 1436 , porte : *d'argent à trois coqs de gueules, membrés, becqués et crêtés d'or.*

VI. Pierre Rouxel, baron de Médavy, lieutenant général, conseiller d'État, frère de François Rouxel, évêque de Lisieux, et de Jacques Rouxel, chevalier de Malte, grand prieur d'Aquitaine, épousa en 1586 Charlotte *d'Hautemer,* comtesse de Grancey, fille du maréchal de ce nom, dont il eut treize enfants : 1° Jacques, qui suit ; 2° François, conseiller d'État, archevêque de Rouen en 1671 ; 3° Guillaume, auteur des comtes *de Marcy;* 4° Renée, mariée à François *de Bigars,* marquis de la Londe; 5° Charlotte, mariée à Jacques *de Castelnau,* et mère du maréchal de France de ce nom; 6° huit autres filles religieuses, cinq desquelles furent abbesses d'Almenesches, de Gomerfontaine, de Vignats et de Saint-Nicolas-de-Verneuil.

VII. Jacques Rouxel, comte de Grancey et de Médavy, maréchal de France en 1651, épousa en 1624 Catherine *de Monchi,* sœur du maréchal d'Hocquincourt, dont : 1° Pierre, qui suit ; 2° François-Benedict, lieutenant général des armées navales; 3° trois filles, abbesses d'Almenesches, de Vignats et de Saint-Nicolas-de-Verneuil.

VIII. Pierre Rouxel, comte de Grancey, maréchal de camp en 1651, épousa : 1° Henriette *de la Pallu,* fille de Jean, seigneur de Bouligneux, et de Gabrielle *de Damas-Thianges;* 2° Marie *de Besançon.* Du 1er lit vinrent :

1° Jacques-Léonor Rouxel, comte de Grancey et de Médavy, maréchal de France en 1724, épousa Marie–Thérèse *Colbert,* fille du comte de Maulévrier, dont : Victoire Rouxel, mariée en 1713 au marquis de Grancey, son oncle, rapporté ci-après ;

2° Louise-Catherine Rouxel, mariée en 1681 à René *d'Oilliamson,* marquis de Courcy ;

3° Henriette-Éléonore Rouxel, mariée à Antoine–Achille *Morel,* marquis de Putanges, morte en 1706, laissant : Thérèse-Hardouin de Morel, marquis de Putanges, colonel du régiment de cavalerie de son nom, depuis appelé Royal-Pologne, lieutenant général en 1743, gouverneur de Péronne; épousa Catherine-Louise *de Vassan,* sans postérité.

Du 2° lit vinrent :

4° François Rouxel, marquis de Grancey, lieutenant général, sur lequel les soldats firent la chanson si populaire de *Cadet-Roussel;* épousa : 1° en 1713, Élisabeth-Victoire Rouxel, sa nièce; 2° en 1727 Marie-Casimire-Thérèse-

Geneviève-Emmanuelle *de Béthune;* mort sans postérité en 1728 ;

5° Louis-François Rouxel, chevalier de Grancey, capitaine de vaisseau , puis chef d'escadre, mort en 1728.

DE PIERREPONT.

La maison de Pierrepont, à laquelle appartiennent les ducs de Kingstown en Angleterre, est une des plus anciennes de la basse Normandie ; elle fut maintenue aux élections de Coutances et de Carentan en 1463 ; l'ancienne baronnie des Biards, au comté de Mortain, fut érigée en marquisat en sa faveur en 1690. Cette maison, éteinte en France aujourd'hui, portait : *de gueules au chef dentelé d'or.* Cependant *la Chesnaye* lui donne : *d'argent au chevron de gueules, accompagné de trois lions de même, les deux du chef affrontés.* Cela nous paraît une erreur.

Jacques-François de Pierrepont, marquis des Biards, épousa Anne-Suzanne de Héricy, dont il eut :

1° Jean-Louis de Pierrepont, marquis des Biards, épousa Charlotte-Coline *de Géraldin,* qui se remaria en secondes noces avec Jacques de Pierrepont, son cousin, dont elle n'eut pas d'enfants. Du 1er lit vint une fille unique :

Marguerite-Anne-Louise de Pierrepont, mariée le 8 janvier 1759 à Jacques-Gabriel-Robert marquis d'Oilliamson, maréchal de camp, lieutenant des gardes du corps ;

2° Marie-Anne-Suzanne-Henriette de Pierrepont, mariée à Gabriel-Augustin marquis *de Roncherolles,* dont un fils né en 1743.

Jacques-François de Pierrepont avait un frère puîné, qui a formé une branche cadette, éteinte avant la Révolution, et à laquelle appartenait le second mari de Mlle de Géraldin ; la marquise d'Oilliamson resta ainsi la dernière de son nom en France.

DE GÉRALDIN.

La famille de Géraldin, originaire de Florence et passée en Angleterre avec Guillaume le Conquérant, porte : *d'hermines au sautoir de gueules, chargé en cœur d'une étoile d'or, surchargée d'une étoile de sable.*

Othon Géraldin et Gautier, son fils, furent successivement connétables du château royal de Windsor, immédiatement après la conquête. Gérard , connétable de Pembrok et gouverneur du

Cumberland en 1150, eut pour fils aîné Guillaume Géraldin, duquel descendent les lords barons *de Kerrigh.* Gérard Géraldin, lord d'Offal, vice-roi d'Irlande, mourut en 1205. Thomas, aussi vice-roi d'Irlande, mourut en 1260. Jean Géraldin fut le premier des comtes *de Kildarie;* il avait pour frère Thomas, baron *d'Idée,* dans le comté de Kilkenny, en Irlande, en 1300, duquel descend la branche établie en France.

XXIII. Nicolas Géraldin, chevalier des ordres du roi d'Angleterre, petit-fils de Raymond, émigré en France à la suite des Stuarts, épousa à Saint-Malo, en 1684, *Anne Mallebranke,* de Londres, dont il eut trois fils et trois filles, qui suivent :

1º Pierre-Nicolas-Raymond, qui suit ;

2º Jean-François Géraldin, chanoine de Saint-Malo ;

3º Nicolas Géraldin, grand'croix de l'ordre de Malte, grand prieur d'Angleterre, commandeur du Petit-Saint-Jean de Metz en 1729 ;

4º Marie-Madeleine-Marthe de Géraldin, mariée en 1705 à Louis-François *de Lorgeril,* sur la postérité desquels nous reviendrons ;

5º Élisabeth-Anne-Thérèse de Géraldin, mariée en 1706 à N** *Huchet,* vicomte de la Bédoyère, seigneur de la Besnerais, dont :

   1º Joseph-Célestin Huchet, chevalier, seigneur de la Besnerais, vicomte de la Bédoyère, enseigne de vaisseau en 1747, gouverneur de Montfort, mort en 1773, épousa Marie-Gabrielle *de la Bourdonnaye de Blossac;* dont : Charles-Joseph-Victoire-Marie Huchet, né en 1755 ; Louis-René-Marie-Anne, né en 1756 ; Louise-Hyacinthe-Marie, née en 1753; et Marie-Anne-Louise Huchet, née en 1759 ;

   2º Charles-Nicolas Huchet, chevalier de la Bédoyère, capitaine au régiment du Roi, chevalier de Saint-Louis en 1745.

6º Hélène-Pélagie de Géraldin, mariée en 1708 à François-Marie *de Vassy,* marquis de Bressey et de Piriou; dont : Bruno-Emmanuel-Marie-Esprit, marquis de Vassy, épousa en 1738 Suzanne-Françoise-Jeanne *de Vassy,* sa cousine, héritière de la branche de la Forest; dont : 1º Louis-Marie, marquis de Vassy, mestre de camp de cavalerie, lieutenant de la compagnie des gendarmes anglais, épousa en 1770 Louise-Henriette *de Lesdain de la Chalerie,* dont deux filles, l'une desquelles a été mariée à M. *de Chazot ;* 2º Claude-Marie-Alexandre, chevalier de Vassy, né en 1755, officier aux dragons de Monsieur ; 3º Marie-Nicolle de Vassy, mariée en 1758 à Marie-Eugène *de Beuves d'Auray*, marquis de Saint-Poix ; 4° Hélène-Henriette de Vassy, mariée en 1763 à Éléonor-Claude *de Carbonnel*, comte de Canisy, mestre de camp. de cavalerie, sous-lieutenant des gardes du corps.

XXIV. Pierre-Nicolas-Raymond de Géraldin, chevalier des ordres du roi d'Angleterre, comte de la Penty, chambellan ordinaire du Roi, grand bailli d'épée du comté de Mortain, épousa en 1712 Françoise-Michelle *de la Luzerne*, dont il eut :

1° Antoine-Anne-Nicolas, qui suit ;

2° François-Marie-Thérèse Géraldin, chevalier de Malte ;

3° Léonard-Raymond de Géraldin, chanoine de la cathédrale de Chartres ;

4° Charlotte-Coline de Géraldin, mariée à Jacques, marquis *de Pierrepont*, dont : Marguerite-Anne-Louise de Pierrepont, mariée en 1759 à Jacques-Gabriel-Robert, marquis *d'Oilliamson*.

XXV. Antoine-Anne-Nicolas de Géraldin, marquis de la Penty, maréchal de camp, mort en 1793, épousa : 1° Louise-Gabrielle *de Malherbe*, sans postérité ; 2° en 1767, Catherine-Charlotte *Blouet de Chagnolles*, dont il eut deux filles :

1° Antoinette-Charlotte de Géraldin, mariée en 1790 à Charles-Marie-Henri *du Bourblanc*, marquis d'Apreville ; morte en 1833, sans postérité ;

2° Anne-Marie-Perrine-Catherine de Géraldin, mariée à François-Alexandre-Léonor *le Jolis de Villiers*, dont postérité.

Marie-Madeleine-Marthe de Géraldin, mariée en 1705 à Louis-François *de Lorgeril*, en eut six enfants, savoir :

1° Louis-François-Nicolas de Lorgeril, seigneur dudit lieu, du Chalonge, etc., page du Roi en 1721, puis capitaine de vaisseau, chevalier de Saint-Louis, épousa : 1° en 1737, Jeanne-Élisabeth-Françoise *Begon*, dont il n'eut qu'une fille religieuse ; 2° en 1740, Louise-Julienne *de Saint-Germain*, dont :

1° Louis-Pierre-Marie de Lorgeril, garde de la marine en 1757, épousa demoiselle *Hay des Nétumières*, sœur de la dame de Cornulier (voyez IX° degré de la branche du *Boismaqueau*), dont il eut six enfants, savoir : 1° Hippolyte de Lorgeril, marié à demoiselle *de Thomas de la Reigneraie*, dont six enfants ; 2° Amédée de Lorgeril, non marié ; 3° Armand de Lorgeril, marié avec demoiselle *de la Moussaye* ; 4° Julie de Lorgeril, mariée au chevalier *de Tesson* ; 5° Césarine de Lorgeril, mariée à M. *Tesson de la Mancellière*; 6° demoiselle de Lorgeril, non mariée ;

2° Jean-François-Toussaint de Lorgeril, contre-amiral, marié avec demoiselle *le Royer de Forges*, dont : 1° Toussaint de Lorgeril, capitaine de cuirassiers, non marié; 2° Auguste; 3° Édouard ; 4° Émile de Lorgeril ;

3° Demoiselle de Lorgeril, mariée à M. *Tesson de la Mancellière*, dont deux MM. Tesson, mariés avec Mlles de Lorgeril, leurs cousines germaines , comme on vient de le dire ;

4° Demoiselle de Lorgeril, mariée à M. *d'Anjou du Longuay*, dont : demoiselle d'Anjou, mariée à M. *Avenel de Nantrail*, dont deux garçons et quatre filles ;

5° Demoiselle de Lorgeril, mariée à M. *Verdun de la Crenne*, en eut : 1° Alexandre de Verdun de la Crenne, marié avec demoiselle *Tardif de Vauclair*, dont postérité ; 2° Samson ; 3° Félix ; 4° Charles ; 5° Zoé de Verdun ;

2° Jean-Thomas-Baptiste de Lorgeril, seigneur du Verger, capitaine de vaisseau comme son frère, père de Louis de Lorgeril, maire de Rennes, député, officier de la Légion d'honneur, qui épousa Julie *de la Forest d'Armaillé*, dont : Léon, Charles et Paul de Lorgeril; Julie de Lorgeril, mariée en 1831 à Édouard-Louis-Laurent *le Mintier*, et trois autres filles ;

3° Florent-Louis-Toussaint de Lorgeril, lieutenant au régiment de cavalerie de Colonel-général, en 1747 ;

4° Simon-Joseph de Lorgeril, lieutenant au régiment du Roi en 1747, tué à la bataille de Lawfeldt ;

5° Marie-Anne de Lorgeril ;

6° Marie-Angélique-Barbe de Lorgeril, mariée en 1742 à François-René *de Trémerreuc*, chevalier, seigneur du Meurtel.

La famille MALBRANKE, originaire d'Angleterre, et émigrée à la suite des Stuarts, porte : *fascé ondé d'argent et de gueules, au sautoir d'or chargé en cœur d'un croissant de sable, brochant sur les fasces.*

La maison DE LA LUZERNE remonte par filiation suivie au milieu du XIIIe siècle, et a donné un cardinal à l'Église au siècle dernier. Elle porte : *d'azur à la croix ancrée d'or, chargée de cinq coquilles de gueules.* Antoine de la Luzerne, marquis de Brévant, bailli du Cotentin, épousa : 1° Madeleine *Senot*; 2° en 1685 Charlotte *de Rihoye*. Du 1er lit vinrent : 1° Pierre-Antoine, marquis de la Luzerne, né en 1667, mort en 1725, non marié; 2° Bon-René; 3° Jacques; 4° Louis-Gabriel, mort en 1744; 5° Marie-Madeleine de la Luzerne, mariée à M. *le Prévost de Coupesarte*. Du 2e lit vint : Françoise-Michelle de la Luzerne, femme de Pierre-Nicolas-Raymond *de Géraldin*, comte de la Penty.

Charlotte DE RIHOYE était fille de Jacques de Rihoye, seigneur de Séran, et de Michelle *de la Belinaye*, d'une ancienne maison du pays de Fougères, qu'il avait épousée en 1635. Elle avait trois frères : Pierre, Michel et Charles de Rihoye, nés en 1636, 1639 et 1647. Jacques était fils de Julien de Rihoye, Rihouet ou Rihoney, anobli en 1629, en faveur du commerce de la nouvelle France, et qui portait : *de gueules au chevron d'or, accompagné en chef de deux étoiles d'argent et en pointe d'une rose de même.*

La famille ROBERT DE GRANDVILLE porte : *de sable à trois coquilles d'or;* elle a été maintenue noble d'ancienne extraction par arrêt du 2 mars 1669, sur preuves de filiation remontant à Mathurin Robert, seigneur du Moulin-Henriet, dans la paroisse de Sainte-Pazanne, près Machecoul, cinquième aïeul de Charles Robert, aussi seigneur du Moulin-Henriet, qui fit ses preuves en 1669. Cette famille avait déjà passé à la réformation de 1429 dans les paroisses de Cordemais et de Couëron, près Nantes.

« Nous, Marie-Amélie, comtesse Palatine du Rhin, duchesse douairière de Deux-Ponts, née duchesse de Saxe, etc., Abbesse de l'illustre chapitre des Dames Chanoinesses de Sainte-Anne à Munich;

« Faisons savoir par les présentes qu'empressée de nous conformer aux désirs que nous a témoignés S. M. le roi de Bavière, notre très-cher beau-frère, nous avons nommé et nommons avec plaisir madame Antoinette *de Cornulier* dame chanoinesse honoraire de l'illustre chapitre royal de Sainte-Anne à Munich, et lui accordons tous les honneurs et toutes les distinctions attachés à cette dignité, dont nous lui avons fait remettre les décorations ; voulons, en conséquence, qu'en vertu du présent diplôme et des décorations y jointes, ladite madame Antoinette de Cornulier soit généralement reconnue en qualité actuelle de dame chanoinesse honoraire dudit chapitre.

« En foi de quoi nous avons signé de notre propre seing et fait apposer notre grand sceau. Fait à Neubourg, le 8 janvier 1825. — *Signé :* MARIE-AMÉLIE. »

Du 9 avril 1825, lettre du ministre de Bavière à Paris annonçant qu'il a reçu de sa Cour le diplôme ci-dessus et les décorations y jointes. *Signée :* Le Ch^{er} DE BRAY.

Du 23 mai 1825, lettre du maréchal Macdonald, grand chancelier de la Légion d'honneur, annonçant à Mlle Antoinette de Cornulier, que le Roi, par décision de ce jour, l'a autorisée à accepter et à porter la décoration de dame chanoinesse honoraire du chapitre royal de Sainte-Anne de Munich, et que son brevet original a été inscrit au registre matricule des Ordres étrangers sous le n° 3872.

Xe DEGRÉ.

1° ERNEST DE CORNULIER.

Ernest-François-Paulin-Théodore de Cornulier-Lucinière, né à Nantes le 13 nivôse an XII (4 janvier 1804), fut admis comme élève de troisième classe au collége royal de la marine à Angoulême, le 1er janvier 1818. Nommé élève de 2e classe, attaché au port de Brest, le 1er septembre 1819. Promu élève de 1re classe le 1er décembre 1821 ; enseigne de vaisseau le 4 août 1824 ; lieutenant de vaisseau le 26 avril 1831 ; chevalier de la Légion d'honneur le 14 août 1842 ; admis à la retraite, sur sa demande, le 30 septembre 1843.

Embarqué sur le vaisseau *le Colosse,* du 20 mars 1820 au 17 septembre 1821. Ce vaisseau, monté par le contre-amiral Jurien de la Gravière et commandé par M. du Campe de Rosamel, fit une campagne en Portugal, au Brésil, dans la Plata, à la côte occidentale d'Amérique, aux Antilles et aux États-Unis.

Embarqué sur la corvette *la Diane,* en rade de Brest, du 1er novembre au 5 décembre 1821.

Embarqué sur la frégate *la Néréide,* capitaines Cocault et du Val d'Ailly, du 27 janvier 1822 au 20 décembre 1823 ; fit une campagne sur les côtes occidentales d'Afrique, dans les Antilles et à la côte occidentale d'Espagne, pendant la guerre d'invasion pour la restauration de Ferdinand VII.

Embarqué sur la frégate *la Cybèle,* capitaine Botherel de la Bretonnière, du 21 décembre 1823 au 12 juillet 1824 ; fit une campagne sur les côtes de Barbarie et dans le Levant.

Embarqué sur la goëlette *l'Amaranthe,* capitaine Bézard, du 13 juillet 1824 au 10 janvier 1825 ; fit une campagne dans l'archipel du Levant.

Embarqué sur la corvette *l'Isis,* capitaine Villeneuve de Bargemont, du 11 janvier au 28 février 1825 ; campagne du Levant et des côtes d'Italie.

Embarqué sur la gabare *l'Infatigable,* capitaines Febvrier

des Pointes et de Puyferré, du 25 octobre 1825 au 30 avril 1827 ;
plusieurs campagnes consécutives aux Antilles, aux États-Unis
et en Espagne.

Embarqué sur la corvette de charge *l'Arriége*, capitaine
Costé, du 1er août 1827 au 22 février 1829 ; campagnes aux
Antilles, en Portugal et au Brésil.

Embarqué sur la corvette de charge *l'Allier*, capitaines de
Fréminville et Penhoat, du 23 février 1829 au 15 mai 1831;
campagnes au Brésil et aux côtes occidentales d'Amérique.
Sur *l'Arriége* et sur *l'Allier*, chargé du détail du 1er août 1827
au 6 novembre 1829.

Embarqué sur la corvette *l'Héroïne*, capitaines Roy et Crespel,
du 1er février au 30 mai 1833 ; croisière sur les côtes de Hol-
lande.

Embarqué sur la frégate *l'Hermione*, capitaine Roy, du
16 juin 1835 au 30 juin 1836 ; station sur les côtes septen-
trionales d'Espagne.

Sous-aide-major de la marine à Lorient le 4 avril 1837,
chargé de l'armement de *l'Isère* le 23 avril 1838.

Directeur de l'observatoire de la marine à Lorient, du 10 septembre 1838 au 1er octobre 1843.

Résumé des services à la mer : en paix, 131 mois 22 jours;
en guerre, 5 mois 24 jours.

Lettre du ministre de la marine.

« Paris, le 23 juillet 1831. — Monsieur, le rapport que vous
avez remis au directeur de l'observatoire de Brest sur la
marche de la montre n° 98 de Motel, et la note qui l'accompagnait sur la longitude de Cobija, ont été transmis à M. le
directeur général du Dépôt de la marine, qui m'a rendu de ces
travaux un compte fort avantageux.

« Le soin que vous avez mis à suivre la marche de votre
montre et la régularité qu'elle a présenté portent cet officier
général à ajouter une grande confiance aux remarques que
vous avez faites sur la longitude de Cobija; mais, quoique
votre rapport soit très-circonstancié, on aurait désiré qu'il con-
tînt à ce sujet quelques détails qui ne s'y trouvent pas.....
Enfin, persuadé que vos observations peuvent ajouter quelque
chose aux documents hydrographiques que possède le Dépôt,
M. le vice-amiral Gourdon désirerait en avoir une entière connaissance. — *Signé :* Cte DE RIGNY. »

Lettre de M. Daussy, ingénieur hydrographe en chef du Dépôt des cartes et plans de la marine.

« Paris, le 9 juin 1837. — Monsieur, j'ai lu avec beaucoup
d'intérêt le mémoire que vous m'avez adressé sur la disposition
à donner aux cartes : j'ai même tracé sur une mappemonde
toutes celles que vous proposez de faire, afin de pouvoir les
consulter au besoin. Vous avez eu l'avantage d'embrasser en

même temps tout ce qui serait à désirer, sans avoir à vous préoccuper de ce qui existe déjà ni des moyens d'exécution, ce qui malheureusement gêne souvent beaucoup. Les principes que vous énoncez sont parfaitement justes, et si je ne m'y suis pas entièrement astreint dans le petit nombre de cartes que j'ai fait graver jusqu'à ce jour, cela vient de ce que j'ai pensé que la première chose à faire était de remplacer les cartes anciennes, dont on a l'habitude de se servir, par de nouvelles plus au courant des connaissances actuelles..... Je vous remercie beaucoup, Monsieur, des communications que vous avez bien voulu me faire, et vous prie de croire que je tâcherai toujours de profiter de toutes celles que vous pourriez me faire par la suite. — *Signé :* P. DAUSSY. »

Dépêche du ministre au préfet maritime de Lorient.

« Paris, 6 mai 1840. — Monsieur le Préfet, vous avez adressé à mon prédécesseur, le 19 novembre dernier, un mémoire accompagné de dessins, dans lequel M. de Cornulier, lieutenant de vaisseau, indique les moyens qui lui paraissent propres à pouvoir appliquer les hausses aux mortiers destinés à l'armement des bombardes.

« Ce projet a été l'objet d'un examen attentif; mais il résulte du rapport qui a été mis sous mes yeux que si la hausse que cet officier propose d'adapter aux mortiers, ainsi que la théorie qu'il donne sur l'usage de cet instrument, semblent au premier abord ne laisser rien à désirer, cependant ces moyens de pointage, considérés sous le point de vue de leur application dans le service, présentent des difficultés dont quelques-unes paraissent insurmontables. (Suit ici le détail des objections.)

« Au surplus, bien qu'il ne soit pas possible de donner suite, quant à présent, à ces propositions, je ne m'en plais pas moins à donner à M. de Cornulier les éloges que méritent le zèle et les connaissances dont il a fait preuve en cette circonstance, et je vous prie de lui en exprimer ma satisfaction. — *Signé :* Bon ROUSSIN. »

Dépêche du ministre au préfet maritime de Lorient.

« Paris, 25 juillet 1840. — Monsieur le Préfet, j'ai fait examiner par M. le directeur du Dépôt des cartes et plans de la marine le projet que vous avait présenté M. de Cornulier, lieutenant de vaisseau, pour l'établissement d'un observatoire des marées au port de Lorient.

« M. le vice-amiral Halgan n'a pas pensé qu'il y eût nécessité, dans l'intérêt de l'observation des marées, d'établir pour le moment un observatoire à Lorient; il est d'avis, d'ailleurs, que le système proposé par M. de Cornulier entraînerait à faire une dépense trop considérable pour cet objet.

« Toutefois, cet officier général s'est plu à rendre justice au mérite et au zèle de l'auteur du projet, dont le travail sera conservé au Dépôt, pour être consulté lors de l'installation des observatoires de marées. Je vous prie de témoigner ma satisfaction à cet officier en lui faisant connaître l'avis de M. le vice-amiral Halgan sur son travail. — *Signé :* Bon ROUSSIN. »

Dépêche du ministre au préfet maritime de Lorient.

« Paris, 23 août 1840. — Monsieur le Préfet, j'ai reçu avec votre lettre du 16 juin dernier, un mémoire de M. de Cornulier, lieutenant de vaisseau, dans lequel cet officier propose des moyens d'obvier aux inconvénients que présente son système de pointage des mortiers à bord des bâtiments.

« J'ai chargé une commission d'examiner ce mémoire, et il résulte du rapport qui m'a été fait à ce sujet, que le système de pendule que M. de Cornulier propose de substituer à la hausse qu'il avait d'abord imaginée, ne présente pas les avantages annoncés par l'auteur. (Suit le détail des objections de la commission d'artillerie de Paris, qui avait le premier tort de dire que le pendule était une modification de la proposition primitive; le pendule servant de hausse, ou la hausse mobile, ayant été proposé dès l'origine, et le second mémoire n'ayant pour objet que de réfuter les objections élevées par la première commission.)

« Dans cet état de choses, le système proposé par M. de Cornulier ne présente pas de chances suffisantes de succès pour que l'on puisse entreprendre des essais aussi dispendieux que ceux que nécessiterait l'installation d'un mortier à plaque à bord d'un bâtiment. Toutefois, afin de donner à cet officier les moyens d'étudier l'intéressante question dont il s'occupe avec tant de zèle, je vous autorise à faire exécuter à la direction d'artillerie, d'après les tracés et les indications qu'il fournira, un modèle de son pendule. Ce modèle sera essayé par l'auteur dans une embarcation ou à bord d'un bâtiment, et, après avoir reçu les modifications que M. de Cornulier jugera de nature à atteindre le but qu'il s'est proposé, il sera soumis à l'examen d'une commission qui l'essaiera de nouveau et constatera, dans un rapport qui me sera adressé, le résultat de ses observations et donnera son avis sur les avantages que lui paraîtra présenter l'application de cet instrument pour le pointage des mortiers à la mer.

« Au surplus, je ne puis que renouveler ici les éloges que j'ai déjà donnés au zèle et à la persévérance avec lesquels M. de Cornulier poursuit la recherche des moyens de perfectionner le tir des mortiers à la mer, et je vous prie de l'en remercier de ma part. — *Signé :* Bon ROUSSIN. »

Dépêche du ministre au préfet maritime de Lorient.

« Paris, 29 mai 1841. — Monsieur le Préfet, j'ai reçu avec votre lettre du 1er mars dernier le rapport de la commission

qui a été chargée à Lorient d'examiner les moyens de régulari-
ser le tir des mortiers à la mer proposés par M. le lieutenant de
vaisseau de Cornulier, et j'ai donné ordre qu'il m'en fût rendu
compte..... La commission en présence de laquelle ce système de pointage a été essayé, a été unanime pour reconnaître
qu'il présentait une supériorité incontestable sur ceux en usage
jusqu'à ce jour, et elle a demandé, en conséquence, qu'une
bombarde fût envoyée à Lorient, afin de procéder, sur la plage
de Gâvre, à des expériences comparatives entre l'ancien système de pointage et celui qu'a proposé M. de Cornulier.

« Je reconnais également que les résultats obtenus par la
commission de Lorient, avec un pendule placé sur un bateau
qui présentait une très-grande mobilité, comparativement aux
mouvements plus lents et plus réguliers d'une bombarde, doivent faire préjuger favorablement du système de pointage de
M. de Cornulier..... Quoi qu'il en soit, l'armement d'une
bombarde, effectué dans le seul but de compléter ces expériences, occasionnerait des dépenses considérables, auxquelles
il faudrait ajouter celles qu'exigerait le tir d'un grand nombre
de coups, et cette considération de dépenses est un obstacle à
ce que je puisse accéder à la proposition de la commission de
Lorient. Mais dès qu'on aura occasion d'armer un bâtiment de
cette espèce pour une expédition, je donnerai l'ordre d'installer
un pendule du système de M. de Cornulier sur chacun des
mortiers de ce bâtiment; l'on pourra ainsi, pendant qu'on fera
usage de ces instruments de pointage, reconnaître, en obser-
vant la chute des bombes, si ce nouveau mode de pointage est
effectivement supérieur à l'ancien.

« Je vous prie de communiquer cette décision à M. de Cornulier, et de lui exprimer de nouveau ma satisfaction du zèle
et de la persévérance dont il a fait preuve dans la recherche à
laquelle il s'est livré. — *Signé :* Amiral DUPERRÉ. »

Dépêche du ministre au préfet maritime de Lorient.

« Paris, le 30 juin 1841. — Monsieur le Préfet, je vous
autorise, conformément à la proposition que vous en avez faite le
3 de ce mois, à achever l'installation qui avait été commencée
à Lorient en 1838 pour placer à bord d'un ponton un mortier
destiné à l'instruction des troupes d'artillerie de la marine.
Afin de rendre les dépenses qu'occasionnera l'installation de ce
ponton aussi profitables que possible pour cet objet, il con-
viendra de compléter les dispositions que l'on a déjà faites de
manière à ce qu'on puisse y établir, outre le mortier dont il
s'agit, trois autres bouches à feu qui serviront aussi à exécuter
les expériences qui pourraient être ordonnées par la suite à
Lorient; savoir : un canon-obusier de 22$^{c. m.}$; un canon-
obusier de 30; et un canon de 30 long. Je vous prie de donner
des ordres en ce sens.

« Par suite de cette mesure, rien ne s'opposera à ce que

l'on procède à l'essai du système de pointage des mortiers à
la mer proposé par M. le lieutenant de vaisseau de Cornulier.
J'invite en conséquence M. l'inspecteur général de l'artillerie à
me soumettre un programme pour servir à ces expériences,
et je vous l'adresserai dès que je l'aurai approuvé. (Ce programme fut envoyé le 29 janvier 1842.) — *Signé :* Amiral
DUPERRÉ. »

Dépêche du ministre au préfet maritime de Lorient.

« Paris, le 19 janvier 1842. — Monsieur le Préfet, l'examen
qui a été fait du système de pointage proposé par M. le lieutenant de vaisseau de Cornulier pour les canons-obusiers, a
fait reconnaître qu'il était fondé sur la théorie. En conséquence, et bien que l'installation imaginée par cet officier
n'ait pas paru aussi satisfaisante qu'elle pourra le devenir par
la suite, lorsque l'expérience aura indiqué les améliorations
dont elle est susceptible, j'ai décidé que le système de pointage
proposé par M. de Cornulier serait mis en essai par les soins
d'une commission que vous voudrez bien désigner.

« Cette commission se concertera préalablement avec cet
officier pour rédiger un projet de programme des expériences
qu'elle croira utiles de faire, et ce programme sera soumis à
mon approbation. (Ce programme, revêtu de l'approbation
du ministre, avec quelques légères modifications, fut renvoyé
à Lorient le 12 mars 1842.) — *Signé :* Amiral DUPERRÉ. »

Lettre du directeur des ports au ministère de la marine.

« Paris, le 4 juin 1842. — Monsieur, ayant été plus que
personne à même d'apprécier le zèle et les connaissances dont
vous avez fait preuve dans vos recherches sur l'amélioration
du tir des mortiers et des canons-obusiers à la mer, je ne pou-
vais que désirer qu'il vous en fût tenu compte. Aussi je n'avais
pas manqué de tenir la direction du personnel informée des
éloges que le ministre s'est plu à donner à vos travaux.

« Il n'a donc pas dépendu de moi, Monsieur, que vous n'en
reçussiez la juste récompense, et afin que vos titres ne soient
pas perdus de vue, à la première occasion favorable, je m'empresse de les rappeler aujourd'hui dans une nouvelle note
spéciale que je remets à mon collègue, M. le Directeur du
personnel. Je désire vivement que cette démarche vous soit
utile et que vous y voyiez une preuve de l'intérêt que m'ont
inspiré vos travaux. — *Signé :* Le conseiller d'État, membre
du Conseil d'Amirauté, Directeur des Ports, B⁰ⁿ TUPINIER. »

Lettres du vice-amiral Lalande.

1ʳᵉ. — « Paris, le 25 août 1842. — Monsieur, j'ai lu avec le
plus grand intérêt le mémoire que vous avez bien voulu m'en-
voyer. Je pense que ce que vous proposez pour la manœuvre

et le pointage des mortiers est un véritable progrès, et, comme de toutes les bonnes choses, on sera étonné qu'on y ait pensé si tard.

« Quoique le tir rasant soit le meilleur, et je crois le seul bon pour les combats rapprochés, je pense comme vous que, pour les cas de chasse et de retraite, les mires actuelles sont insuffisantes, et qu'il convient de les perfectionner. Je crois que le perfectionnement que vous proposez pour la hausse de culasse est praticable et avantageux..... Malgré les progrès sensibles que nous avons faits depuis quelques années dans le matériel et la manœuvre de l'artillerie navale, cette partie a été si longtemps négligée que je crois qu'il nous reste encore beaucoup à faire ; continuez, Monsieur, à vous occuper de cette partie intéressante, vitale de notre métier, et vous aurez bien mérité de tous ceux qui s'intéressent aux progrès et à la gloire de la marine. Veuillez agréer de nouveau tous mes remerciements, etc. — *Signé :* Vice-Amiral LALANDE. »

2ᵉ. — « Paris, 12 février 1844. — Monsieur, je suis bien reconnaissant de l'envoi que vous m'avez fait de votre dernier ouvrage. Je l'ai lu avec le plus grand intérêt, et certes il portera ses fruits. Le moyen que vous proposez me semble de beaucoup le meilleur de tous ceux auxquels on avait pensé pour donner toute l'extension désirable au pointage de nos obusiers..... J'ai été fort malade : je vais beaucoup mieux ; cependant on m'interdit encore tout travail sérieux. Quelquefois je transgresse les prescriptions de la Faculté, et votre travail est tellement dans mes goûts que je n'ai pu remettre le plaisir de m'en occuper et de vous en remercier. — *Signé :* Vice-Amiral LALANDE. »

Nota. — L'amiral Lalande passait alors pour le meilleur officier de la marine ; dans l'escadre de la Méditerranée, qu'il commandait en 1840, il avait surtout porté l'artillerie à un point de perfection inconnu jusqu'alors ; sa supériorité sur les Anglais était incontestée.

Dépêche du ministre au préfet maritime de Lorient.

« Paris, le 1ᵉʳ octobre 1842. — Monsieur le Préfet, je me suis fait rendre compte du résultat des expériences auxquelles a été soumis à Lorient un nouveau système proposé par M. le lieutenant de vaisseau de Cornulier pour le pointage à la mer des canons-obusiers de gros calibre tirant sous de grandes élévations, et, par suite, pour employer ces bouches à feu dans les bombardements maritimes. Vous verrez par le rapport qui m'a été fait à ce sujet par le Conseil des travaux de la marine, le 28 juillet dernier, et dont je joins ici une copie, que, d'après le résultat obtenu, rien ne s'oppose à ce qu'ainsi que l'a proposé M. de Cornulier, on puisse employer les canons-obusiers de 22ᶜ·ᵐ· comme auxiliaires des mortiers dans les bombardements maritimes, mais qu'avant de généraliser ce mode de pointage il serait convenable de le soumettre à de nouvelles expériences exécutées sur une plus grande échelle..... En conséquence du vœu formulé dans le rapport dont il s'agit, et dont j'ai adopté les conclusions, je vous prie de faire établir à Lorient quatre appareils de pointage que vous ferez passer ensuite à Toulon, où ils seront installés à bord de quatre bâtiments à vapeur en service dans la Méditerranée. Vous m'enverrez également, pour que j'en fasse faire la remise aux capitaines de ces bâtiments, un dessin et une description de cet appareil. Je vous prie de communiquer ces dispositions à M. de Cornulier, afin qu'il concoure, en ce qui le concerne, à leur exécution. — *Signé :* Amiral DUPERRÉ. »

Dépêche du ministre au préfet maritime de Lorient.

« Paris, le 30 novembre 1842. — Monsieur le Préfet, j'ai reçu le rapport que vous avait remis M. de Cornulier, lieutenant de vaisseau, et dont l'objet était de proposer de faire des expériences pour déterminer la limite extrême en hauteur de l'usage des hausses fixes dans la marine..... Sur l'avis favorable du Conseil des travaux de la marine, que j'avais chargé d'examiner le rapport de M. de Cornulier, j'ai accueilli les propositions de cet officier, et j'ai décidé que les expériences qu'il demande auront lieu à Lorient, au printemps prochain ; elles seront exécutées par les soins de la commission de Gâvre qui a déjà fait les épreuves balistiques desquelles sont déduites les tables de tir de la marine, et qui exécutera ces nouvelles expériences comme complément des premières. Elles s'effectueront à bord d'un ponton..... Je vous prie de donner connaissance de ces dispositions à M. de Cornulier, qui devra assister aux expériences, s'il est présent au port de Lorient quand elles auront lieu, et à qui, dans tous les cas, vous voudrez bien témoigner ma satisfaction pour le zèle intelligent avec lequel il s'est occupé de ce travail. — *Signé :* Amiral DUPERRÉ. »

Dépêche du ministre au préfet maritime de Lorient.

« Paris, le 17 juillet 1843. — Monsieur le Préfet, un nouveau système de pointage des mortiers à la mer a été proposé par M. Roche, professeur de l'artillerie de la marine, et ce système a été jugé simple et ingénieux ; toutefois, avant de le soumettre à des expériences de tir, il m'a paru convenable de le faire essayer comme l'a été d'abord le pendule proposé par M. le lieutenant de vaisseau de Cornulier et comparativement avec ce pendule..... La commission qui sera chargée de procéder à ces expériences, devra être composée, autant que possible, des membres qui ont examiné le système de M. de Cornulier. — *Signé :* Bᵒⁿ ROUSSIN. »

Nota. — Cette commission déclara que, sous tous les rapports, le système de M. de Cornulier était supérieur à celui de M. Roche; en conséquence, qu'il n'y avait pas lieu de donner suite à cette dernière proposition.

Lettre du lieutenant général d'artillerie vicomte du Cos de la Hitte, président du Comité de l'artillerie au ministère de la guerre.

« Paris, le 10 juin 1844. — Mon cher Monsieur de Cornulier, j'ai à m'excuser auprès de vous de ne vous avoir pas remercié plus tôt du mémoire que vous avez bien voulu m'adresser. J'avais espéré pouvoir le faire de vive voix; mais aujourd'hui que j'apprends que mon inspection générale ne m'appelle pas sur vos côtes, je m'empresse de vous assurer du vif intérêt avec lequel j'ai lu votre mémoire. Je pense que votre proposition d'employer les canons-obusiers de gros calibre dans les bombardements maritimes peut offrir dans plusieurs cas de guerre une application très-utile. Recevez la nouvelle assurance de tous mes sentiments d'estime et d'attachement. — *Signé :* Vᵗᵒ DE LA HITTE. »

Nota. — Dans une de ses précédentes inspections générales, en 1840, le général de la Hitte avait pris connaissance à Lorient du système de pointage pour les mortiers, et y avait donné son approbation verbalement.

Lettre du contre-amiral Laguerre.

« Toulon, le 28 août 1843. — Mon cher Monsieur de Cornulier, je m'empresse de répondre aux détails que renfermait votre dernière lettre et qui intéressent à un si haut point le tir des bouches à feu de la marine. Enfin les idées routinières de nos incrédules ont été démolies par le canon de votre bombarde, et, de la manière dont sont construits les forts détachés qui nous environnent, il ne fallait rien moins que du canon pour les réduire en poussière; heureux encore quand il atteint l'ennemi dans ses réduits : vous l'y avez attaqué; il a été forcé de mettre bas les armes, et je vous félicite d'un succès dont l'honneur vous appartient tout entier.

« Reste à savoir maintenant si les souverains ratifieront le traité de paix obtenu par vos raisons de fer; car si ces puissances ne sont pas sourdes, elles sont muettes quand il leur convient de l'être, ce qui revient au même pour les résultats : aussi je crains fort que vos propositions ne soient enterrées, comme le sont en général toutes celles qui viennent du côté de la mer. Les hommes de bureau n'aiment pas à voir porter la lumière scientifique par une main étrangère dans les matières qu'ils s'étaient réservées; ils voudraient faire croire qu'ils sont seuls habiles à les traiter; un intrus qui vient rompre le prestige doit s'attendre à ce qu'on lui suscite toutes sortes d'obstacles; vous en savez déjà beaucoup sur ce sujet, et vous n'êtes pas arrivé à la fin.

« Je suis parfaitement de l'avis de M. Kerviler : personne ne
se figurera, en lisant les rapports, qu'on ait obtenu des résultats aussi remarquables en tirant avec des mouvements aussi
brusques et aussi difficiles à prévoir ; certains membres de votre
commission auront même, j'imagine, de la peine à ne pas croire
que c'était une illusion.

« J'ai demandé et je désirerais bien, dans l'intérêt de l'école
des canonniers-marins, que la frégate *la Vénus* pût aller à
Lorient pour y exercer ses chefs de pièce au tir du mortier à la
mer au moyen de votre système de pointage, mais je ne l'es-
père guère ; on aura beau frapper à la porte de notre artillerie,
elle ne s'ouvrira jamais complétement pour nous. — *Signé :*
A. LAGUERRE, »

*Dépêche du directeur du personnel au préfet maritime de
Lorient.*

« Paris, le 12 août 1843. — Monsieur le Préfet, vous avez
annoncé au ministre, par votre lettre du 26 juillet, que M. de
Cornulier, lieutenant de vaisseau, vous a exprimé l'intention
d'être admis à faire valoir ses droits à la retraite ; mais Son
Excellence a remarqué que la demande de cet officier ne se
trouvait pas jointe à la lettre précitée. Avant de donner suite à
cette affaire, le ministre désire avoir quelques renseignements
sur les motifs qui ont amené la démarche de M. de Cornulier,
et Son Excellence me charge de vous prier de lui transmettre
la demande motivée de cet officier dans le cas où il persisterait
dans la résolution de quitter le service de la marine. Il serait
regrettable que M. de Cornulier, qui jusqu'ici a servi avec beaucoup de distinction, eût pris une semblable détermination sans
en peser toutes les conséquences. — *Signé :* Le Directeur du
Personnel, FLEURIAU. »

Lettre du ministre de la marine.

« Paris, le 30 septembre 1843. — Le Roi, Monsieur, par
ordonnance du 27 de ce mois, rendue sur mon rapport, vous
a admis à faire valoir vos droits à la retraite, sur votre demande
et pour ancienneté de services. En vous notifiant cette disposition, je me plais à reconnaître que vous avez constamment
servi avec zèle et dévouement. — *Signé :* Bᵒⁿ DE MACKAU. »

Les travaux de M. de Cornulier sur les chronomètres n'é-
taient pas moins importants que ses travaux sur l'artillerie ;
mais, par leur nature, ils devaient avoir moins de retentissement : ils n'étaient pas à la portée d'un aussi grand nombre de
lecteurs, et ils ne requéraient aucune sanction officielle ; ce
n'était donc que fortuitement que leur appréciation pouvait se
produire au grand jour, et toujours sans bruit.

Dès l'époque de leur publication, ils furent cependant l'objet d'un témoignage remarquable que leur rendait M. Daussy, ingénieur hydrographe en chef du Dépôt de la marine, membre de l'Académie des Sciences et du Bureau des longitudes. Dans une lettre datée du 12 novembre 1843 et insérée dans les *Annales maritimes* de février 1844, il s'exprimait ainsi : « J'ai lu avec beaucoup d'intérêt le mémoire de M. de Cornulier sur les chronomètres, et je dirai même avec plaisir, quoiqu'il combatte les méthodes que j'ai données pour le calcul de la marche de ces instruments; car c'est toujours avec plaisir que je vois tout ce qui peut faire avancer la science et perfectionner les méthodes de calcul. »

Après cet éclair, les travaux chronométriques de M. de Cornulier semblent être tombés dans un profond oubli; les idées de la marine n'étaient pas alors portées vers ce genre de recherches : ses quatre mémoires, enfouis dans la vaste nécropole des *Annales maritimes*, y étaient si bien enterrés qu'ils n'y furent découverts qu'après coup par les premiers auteurs qui réveillèrent cette question si intéressante pour la sécurité de la navigation et pour les progrès de l'hydrographie; question oubliée déjà depuis plus d'un demi-siècle quand M. de Cornulier la reprit après les Fleurieu et les Borda.

M. Lieussou, ingénieur hydrographe, publiant en 1854 ses *Recherches sur les variations de la marche des pendules et des chronomètres*, disait dans une note : « Un officier de marine, M. de Cornulier, avait, bien avant nous, entrepris cette recherche au moyen d'observations faites à bord et dans les observatoires des ports. Ce travail remarquable, dont nous n'avons eu connaissance que par le rapport fait au Comité consultatif du Dépôt sur le présent mémoire, est publié dans les *Annales maritimes* de 1831, 1832, 1842 et 1844. »

Plus tard encore, M. Mouchez, lieutenant de vaisseau, publiant en 1855 ses *Observations chronométriques faites pendant la campagne de circumnavigation de la Capricieuse*, et croyant avoir découvert le premier que l'action de la température, pour faire varier les chronomètres, augmente avec le temps, ajoutait en note : « Ce fait que je croyais nouveau, et qui ne me paraissait pas, à cause de cela, suffisamment démontré, avait déjà été établi d'une manière positive par M. de Cornulier, lieutenant de vaisseau, comme je viens de l'apprendre par la lecture de son troisième mémoire. Du reste, si j'avais connu plus tôt ce travail très-intéressant, j'aurais pu me dispenser d'entrer dans autant de détails, tant est grande la similitude d'opinions à laquelle nous conduisent nos observations réciproques. Les officiers chargés des montres ne sauraient trouver de meilleur guide pour l'étude et l'emploi de leurs chronomètres, que les travaux de M. de Cornulier; les recherches nombreuses qu'il a faites et les exemples qu'il cite, donnent

19

à ses résultats une autorité beaucoup plus grande que celle qui peut provenir des observations d'une seule personne. »

On le voit, tout publié qu'il était, le travail de M. de Cornulier se trouvait néanmoins, par le fait, dans le cas de ces paquets cachetés qu'on dépose à l'Académie pour prendre date : il ne servait qu'à constater sa priorité. La connaissance de sa méthode, pour être répandue, exigeait une nouvelle publication, et c'est à quoi le Dépôt de la marine fut conduit, entraîné lui-même par le mouvement de recherches chronométriques qui se manifesta parmi les officiers de la flotte ; mouvement constaté par M. Ansart-Deusy, lieutenant de vaisseau, dans son *Étude sur les causes perturbatrices de la marche des chronomètres* publiée en 1858.

Lettre de M. Delamarche, ingénieur hydrographe, chargé du service des chronomètres au Dépôt de la marine.

« Paris, le 19 janvier 1859. — Monsieur, le Dépôt de la marine est dans l'intention de provoquer de la part des officiers de la flotte des recherches sur les meilleurs moyens à adopter pour la détermination de la marche des chronomètres. Son premier soin doit être de faire connaître les travaux qui ont déjà été publiés sur ce sujet. J'ai pensé, en ce qui concerne vos articles des *Annales maritimes,* que vous accepteriez avec plaisir de vous charger vous-même de les coordonner, de les condenser et de les préparer pour une nouvelle impression. Ces travaux vous font trop d'honneur pour que vous en abandonniez le remaniement, même aux personnes les plus bienveillantes et les plus consciencieuses. En outre, vous trouverez peut-être utile de mettre en note quelques réflexions dont nous ferons notre profit.

« Je vous transmets ci-incluse une note de M. Ploix, indiquant le sens dans lequel devrait être rédigé le nouvel article, qui devrait être environ moitié en étendue de ceux des *Annales.* — *Signé :* DELAMARCHE. »

Rapport de M. Charles Ploix, ingénieur hydrographe, adressé à M. Delamarche.

« Les travaux de M. de Cornulier sur les chronomètres ne comprennent pas seulement la recherche des lois suivant lesquelles varient ces instruments avec le temps et la température, mais aussi la manière dont on doit corriger et évaluer leurs marches, afin d'arriver à déterminer aussi exactement que possible les longitudes.

« Il faudrait dégager de ces articles tous les tableaux des observations et les calculs intermédiaires, et ne conserver que les résultats qui établissent la loi des marches des différents chronomètres que M. de Cornulier a étudiés ; ainsi que sa méthode générale de détermination des coefficients de ces instruments.

« Il serait utile de reproduire intégralement les aperçus généraux et les réflexions judicieuses qui précèdent quelques-uns de ses mémoires; notamment lorsqu'il rappelle avec ordre et méthode, pour les discuter, les opinions de MM. de Fleurieu, de Borda, de Rossel, etc. »

Lettre du ministre de la marine.

« Paris, le 28 avril 1859. — Monsieur, M. le contre-amiral Mathieu a signalé à mon attention l'empressement que vous avez mis, sur la demande de M. l'ingénieur hydrographe Delamarche, à coordonner vos anciens travaux sur les chronomètres, de manière à ce qu'ils puissent être insérés dans les *Cahiers de Recherches chronométriques* publiés par le Dépôt de la marine.

« Il m'est agréable d'avoir à vous exprimer ici l'expression de ma gratitude pour le soin que vous avez apporté dans l'accomplissement d'un travail utile à la marine.

« J'ai l'honneur de vous informer que j'ai donné des ordres pour faire opérer un tirage à part de trente exemplaires de ce document, qui vous seront délivrés par le Dépôt des cartes et plans de la marine. — L'amiral, ministre de la marine, *signé :* HAMELIN. »

M. de Cornulier se livrait aux recherches généalogiques par délassement et par goût, et plus particulièrement à celles qui concernaient sa maison, par esprit de famille. Quand cette inclination existe, elle doit être bien forte, car le ministre de la guerre du premier empire, le duc de Feltre, qui devait être l'homme le plus impérieusement occupé de son époque, ne laissait pas, au milieu des soins incessants des armées, que de s'occuper activement de la généalogie des Clarke. Sur ce sujet, M. de Cornulier s'exprime ainsi dans un de ses manuscrits :

« J'ai toujours pensé que si l'histoire générale renferme des enseignements utiles à l'homme d'Etat, les leçons qui résultent d'une histoire particulière sont à la portée d'un bien plus grand nombre d'individus, et que ces leçons doivent être plus efficaces encore quand on se renferme dans le cercle d'une même famille, car tous les faits qu'elle rapporte touchent immédiatement les membres qui lui appartiennent, et aucun d'eux ne saurait leur être indifférent.

« Dans ce genre d'histoire, on se borne ordinairement à la vie publique et extérieure; mais c'est manquer la moitié de son but que de rejeter les détails intimes, dont l'influence est si considérable sur la destinée des familles et sur celle des individus. Plutarque, pour donner la vie à ses hommes illustres, recherche curieusement toutes les particularités de leur existence domestique; les hagiographes nous entretiennent même des plus secrètes pensées des saints, pour mieux nous identifier avec eux. Comment ne suivrait-on pas ces exemples quand on écrit pour les descendants mêmes des personnes dont on parle ?

« Ces idées sont celles de Michel de Montaigne, quand il dit : « Quel contentement me seroit-ce d'ouïr ainsi quelqu'un qui « me récitast les mœurs, le visage, la contenance, les plus « communes paroles et les fortunes de mes ancestres ! Combien « j'y serois attentif ! Vrayement cela partiroit d'une mauvaise « nature d'avoir à mespris les pourtroicts mesmes de nos amis « et prédécesseurs.... *Paterna vestis et annulus, tantò carior est* « *posteris quanto erga parentes maior affectus.* » (*Essais*, liv. II, chap. XVIII.) Ailleurs encore (liv. Ier, chap. XXXIV), Montaigne traite le même sujet, et il ne saurait y avoir ni puérilité ni ridicule à s'engager dans une voie où un aussi grand génie regrettait de ne pas être entré. « Usaige ancien, dit-il, que ie « trouve bon à refeschir chacun en sa chascunière; et me « trouve un sot d'y avoir failly. »

Quant à la manière dont a été traitée la Généalogie imprimée en 1847, nous nous bornerons à un seul témoignage; celui de feu M. Laîné, homme fort compétent en cette matière. Il en parle de la manière qui suit dans plusieurs lettres :

« Vous avez maintenant le travail complet sous les yeux; c'est un document de famille des plus complets et d'un intérêt très-attachant. Il intéresse tant de familles, qu'il aurait dû, je crois, être tiré à un plus grand nombre d'exemplaires.

« Depuis que je m'occupe de la publication des *Archives,* je n'ai rien vu de semblable au Mémoire que vous m'avez envoyé. Il faut un talent distingué pour faire comprendre combien les recherches les plus arides peuvent emprunter d'attrait d'une diction facile, abondante d'idées et d'images, et qui sait reproduire la même pensée sous mille formes diverses, en ménageant toujours au lecteur un plaisir imprévu. Ce Mémoire est à la fois un tableau complet de famille et une esquisse de mœurs touchée avec autant de bonheur que de fidélité. Tous ces détails sur l'émigration, sur les dévouements de la Vendée, quoique connus, ne seront pas lus d'un œil sec. Il y en a d'autres qui sont une charmante diversion. Croyez que tous les gens de cœur et d'esprit vous sauront un gré infini d'avoir dérobé quelques instants à vos études abstraites, pour leur procurer cette intéressante lecture. C'est un travail parfait; le sentiment le plus exquis de l'honneur et du devoir a dicté ces pages; on ressent une vive sympathie à cette lecture.

« Votre travail est immense et vous a coûté bien des recherches; celles que vous avez faites sur les anciens *Cornillé* sont très-curieuses. Une notice de quelques pages sur la maison de Cornulier n'aurait pu avoir le même degré d'utilité pour ses membres actuels et futurs, pour les familles alliées; pour les historiens à venir des localités où elle a été possessionnée, que le grand travail que vous lui avez consacré et qui, avec les pièces justificatives que vous y avez jointes, est un monument retraçant toutes les phases de l'existence de la famille d'une manière plus complète et plus durable que n'aurait pu le faire un monument de pierre. »

Charlotte-Germaine-Néalie *de la Barre*, mariée le 16 juillet 1833 à Ernest-François-Paulin-Théodore *de Cornulier-Lucinière*, est fille de Jean-Baptiste de la Barre, chevalier, et de Modeste-Eugénie-Edmée-Élise *du Faur de Pibrac*, fille elle-même de Daniel-Prix-Germain du Faur de Pibrac et d'Angélique-Anne *d'Hallot*.

Jean-Baptiste de la Barre est fils d'Augustin-Bernard de la Barre et de Charlotte-Marie *de Burdelot*.

DE LA BARRE.

La famille de la Barre, originaire de Paris, porte : *d'azur à trois chevrons d'or, accompagnés de trois étoiles de même.*

I. Noble homme Jean de la Barre, conseiller du Roi, commissaire aux montres ou revues militaires, épousa à Paris, le 17 avril 1612, Elisabeth *du Val*, fille de Jean du Val, receveur général des monnaies de France, dont il eut, entre autres :

II. Jean de la Barre, trésorier de France, général des finances, président au bureau de Paris, et grand voyer de ladite généralité ; épousa, le 19 juillet 1661, Catherine *Piètre de Coursan*, fille de défunt Germain Piètre, conseiller au Châtelet, et de Marie *de Saint-Genys*, dont il eut, entre autres :

III. Jean-Abel de la Barre, écuyer du duc d'Orléans, frère unique du Roi, en 1693 ; puis, en 1696, trésorier de France, général des finances et grand voyer de la généralité de Paris ; épousa, le 22 juillet 1699, Élisabeth-Geneviève *Bouzitat de Chanay*, fille de feu Vincent Bouzitat, seigneur de Chanay en Nivernais, de Caroy près de Nangis en Brie, etc., conseiller du Roi, secrétaire des commandements de S. A. S. le prince de Conty, et d'Élisabeth *Valentin de Wicardel*, dont un fils unique :

IV. Charles-Jean-Abel de la Barre, seigneur de Caroy, conseiller en la Cour des Aides de Paris en 1726, charge dont il obtint des lettres d'honneur en 1744 ; épousa, le 13 mai 1726, Marie-Laurence *Barce de Vaubertin*, dame de l'Allemande en Nivernais, fille de Claude Barce de Vaubertin, conseiller du Roi, receveur des tailles de l'élection de Vézelay, et de Claude *Colon*, dont il eut, outre trois filles non mariées :

1° Charles-Joseph-Abel de la Barre, chevalier, seigneur de Caroy, chef de brigade d'artillerie, commandant cette arme aux îles de la Guadeloupe, de Saint-Eustache et de

Saint-Christophe en 1782, chevalier de Saint-Louis; fut convoqué à l'assemblée de la Noblesse des bailliages de Melun et de Moret pour l'élection des députés aux États-généraux de 1789; fut marié deux fois, et n'a pas laissé de postérité.

V. 2° **Augustin-Bernard de la Barre**, chevalier, seigneur de l'Allemande, capitaine d'artillerie, reçu chevalier de Saint-Louis en 1779, au cap Français, île de Saint-Domingue, lieutenant-colonel du régiment de Metz en 1792; épousa à Paris, le 8 novembre 1770, Charlotte-Marie *de Burdelot*, fille de Gabriel de Burdelot, chevalier, seigneur de Malfontaine près de Vézelay, capitaine au régiment de Rouergue, et de Marie-Anne *Morin de Barcourt*, dont il eut deux fils :

1° Charles-Augustin-Abel, qui suit;

2° Jean-Baptiste de la Barre, né à Vézelay le 16 janvier 1783, marié à Auxerre le 22 février 1808, avec Eugénie-Edmée-Elise *du Faur de Pibrac*, dont il a deux filles :

> 1° Charlotte-Germaine-Néalie de la Barre, né à Auxerre le 15 août 1809, femme d'Ernest-François-Paulin-Théodore *de Cornulier-Lucinière*.

> 2° Clémentine de la Barre, née à Auxerre le 22 février 1812, mariée à Orléans le 26 janvier 1836, avec Marie-Charles-Ludovic *du Breuil du Bost*, vicomte *de Gargillesse*, ancien officier de dragons; dont une fille unique : Emmeline du Breuil du Bost de Gargillesse, née à Orléans le 31 mai 1837.

VI. **Charles-Augustin-Abel de la Barre**, né à Vézelay le 19 octobre 1773; fit ses preuves pour le service militaire au cabinet du Saint-Esprit en 1787; capitaine d'artillerie, officier d'ordonnance du général, depuis maréchal, Davoust, pendant la campagne d'Égypte; épousa en 1804 Adélaïde-Marie-Célestine *de Saint-Chamans*, dont un fils unique :

VII. **Abel-Marie-Ernest de la Barre**, épousa à Avallon, en 1828, Anne-Marie-Cécile-Charlotte *Monfoy de Bertrix*, dont un fils unique :

VIII. **Abel-Louis de la Barre**, marié en 1852 avec Marie *de Salvert de Montrognon*, dont postérité.

Catherine PIÈTRE, mariée à Jean de la Barre, avait pour sœur Geneviève Piètre, mariée à Jean *du Tellier*, écuyer, seigneur de Hauterocque, et pour frère Simon Piètre, marié avec Louise *d'Antal*, dont il eut une fille unique : Geneviève-Philippe Piètre, mariée en 1678 à Charles *d'Aubigné*, chevalier des ordres du Roi, gouverneur du Berry, frère de la célèbre marquise de

Maintenon. De ce mariage ne vint encore qu'une fille unique : Françoise-Charlotte-Amable d'Aubigné, mariée en 1698 à Adrien-Maurice comte d'Ayen, depuis maréchal *de Noailles*.

Piètre porte : *d'azur à une gerbe d'or, au chef de même, chargé de trois glands de sinople.*

Élisabeth-Geneviève BOUZITAT, mariée à Jean-Abel de la Barre, avait deux frères : Claude Bouzitat, seigneur de Chanay, avocat général au parlement de Metz, mort en 1698, non marié ; et Henri-Auguste Bouzitat, garde de la marine, mort jeune. Leur père, Vincent Bouzitat, était fils de Pierre Bouzitat, seigneur de Chanay, maître d'hôtel ordinaire du Roi, trésorier de S. A. S. le prince de Conty en Bourbonnais, Berry et Nivernais, et de Françoise *Gascoing*. De ce dernier mariage étaient venus, outre Vincent Bouzitat, deux autres fils et une fille, savoir : Pierre Bouzitat, seigneur de Courcelles, contrôleur de la maison du Roi ; François Bouzitat, chanoine de Nevers, aumônier du Roi en 1658, prieur de Sainte-Marie d'Herbreville et de Saint-Martin-du-Boscq, conseiller clerc au présidial de Saint-Pierre-le-Moustier ; et Jeanne Bouzitat, mariée à Claude *de Beze*, seigneur de Pignolle, Lys, Tallon, etc. Ces Bouzitat descendaient de Philippe Bouzitat, chevalier, qui fonda, dans l'église de Saint-Étienne de Nevers, une chapelle dont la fondation est rappelée dans un acte du 29 janvier 1487. Bouzitat porte : *de gueules au chevron d'argent, accompagné de trois tours de même maçonnées de sable.*

La famille VALENTIN, transplantée de Picardie en Lorraine, porte : *d'or à trois quintefeuilles de gueules.* Elle a donné, à la fin du XVIIIᵉ siècle, un lieutenant général d'artillerie célèbre, M. de la Roche-Valentin. Élisabeth Valentin de Wicardel, mariée en 1653 à Vincent Bouzitat, était fille de Claude Valentin, seigneur de la Roche-Valentin, Vitray, Lorme, etc., et de sa seconde femme, Marie *de Wicardel*, fille de Christophe de Wicardel, écuyer, seigneur des Bordes, d'une ancienne noblesse de Picardie transplantée en Beauce. Leurs enfants obtinrent l'autorisation de joindre le nom de Wicardel à celui de Valentin. La famille Valentin a été maintenue d'ancienne extraction par arrêt du parlement de Metz du 17 décembre 1666, sur preuves de filiation noble remontant à l'an 1344.

Claude BARCE de Vaubertin était fils d'autre Claude Barce et de Laurence *Anthoine*. Ce dernier Claude avait acquis, en 1674, la terre de l'Allemande de Gui d'Estut.

DE BURDELOT.

La famille de Burdelot, aujourd'hui éteinte, portait : *d'azur à une bande d'or, chargée de trois fers de dards de gueules et accompagnée de deux besants d'argent, un en chef et l'autre en pointe.* Elle reconnaissait pour auteur Guy de Burdelot, originaire de Saumur, conseiller au parlement de Paris en 1428.

I. Le premier qui s'établit en Bourgogne fut Jean de Burdelot, qui épousa Perrette *d'Écarlatte*, fille d'Alexandre d'Écarlatte, écuyer, seigneur de Fontenille-les-Forêts près de Vézelay, et d'Ilan près d'Avallon. Ils eurent pour fils :

II. Étienne de Burdelot, écuyer, seigneur de Fontenille et de la Borde près le Châtel-Censoy, était, en 1542, gentilhomme servant de Marguerite de France, reine de Navarre ; il épousa Anne *Berthier,* dont il eut :

III. Alexandre de Burdelot, seigneur des mêmes terres, enseigne de la compagnie d'hommes d'armes du sr de Torcy, épousa Marie *de Blosset*, fille de Louis de Blosset, seigneur de Villiers et de Fleury, près Auxerre, dont :

IV. Philippe de Burdelot, seigneur des mêmes terres, homme d'armes de la compagnie de Gaston, duc d'Orléans, épousa en 1597 Edmée *de Giverlay,* fille de Jean de Giverlay (fils luimême de Marthe *de Courtenay*) et de Jeanne *de Chastellux*. De ce mariage vinrent : Olivier, qui suit ; Edmée, femme de Jacques *de la Barre,* seigneur des Fourneaux ; Adrienne, femme de Claude *de Vataire,* seigneur du Boistâché, d'où descendent MM. de Vathaire actuels ; Amicie et Charlotte, non mariées.

V. Olivier de Burdelot, seigneur des mêmes terres, premier capitaine au régiment de Rambures en 1636, maître d'hôtel du Roi en 1654, épousa en 1645 Françoise *de la Coudre,* fille de Jacques de la Coudre, seigneur de Vincelles près Auxerre, et de Couzemain près Troyes, chevalier du Saint-Esprit, et d'Anne *de Palluau,* dont : François, qui suit ; Élisabeth, femme de Dieudonné *de la Borde,* seigneur du Fey ; et Marie, femme de Henri *de Cure,* seigneur de Champ.

VI. François de Burdelot, seigneur de Fontenille, Malfontaine, Boistâché, etc., né en 1655, capitaine au régiment de Condé en 1674, épousa en 1677 Marie *de la Bussière,* fille d'Edme de la Bussière, chevalier, seigneur de Guerchy, Angeliers, Guédelong, etc., et de Bénigne *de Corvol.* Marie de la Bussière avait deux frères, Louis et François, qui ont continué la postérité, et plusieurs sœurs, entre autres Louise, mariée en 1688 à Antoine *d'Assigny*, sᵣ de Chesnoy, capitaine au régiment de Toulouse, et Madeleine de la Bussière, femme d'Antoine *de Moncorps*, seigneur de Chéry, dont Anne-Antoinette de Moncorps, femme de Chrétien-Pierre *d'Armand*, marquis de Châteauvieux. François de Burdelot eut, de Marie de la Bussière :

1° Louis-Edme de Burdelot, né en 1680, capitaine au régiment de Marloud, puis à celui de Rouergue, mort en 1759; il avait épousé en 1712, étant en garnison à Luxembourg, Catherine-Antoinette *d'Alouisse* de Beauregard, morte sans postérité en 1735, sœur d'Anne-Marie d'Alouisse, mariée à M. *de Pourcelle*, capitaine de cavalerie au service de l'Électeur de Bavière, et de Pierre d'Alouisse, seigneur d'Houdigny, colonel du régiment de Zéelande au service d'Espagne, et lieutenant de Roi à Sarragosse;

2° Gabriel, qui suit;

3° Madeleine-Françoise de Burdelot, née en 1682, mariée : 1° à Nicolas *de la Barre*, chevalier, seigneur de la Vernière; 2° à François *de Sauvage*, chevalier, seigneur de Saint-Thibaut, Mont-Louis, Nuars;

4° Élisabeth de Burdelot, née en 1685, mariée à François *de Savelly*, seigneur de Maupertuis; dont : Marie-Louise de Savelly, femme de Bon *de la Borde* de Linger, dont trois demoiselles de la Borde, et Jeanne de Savelly, femme de Nicolas *du Mulot*, écuyer, seigneur de Vilnau, dont : Louis-Nicolas-Marie du Mulot de Vilnau, capitaine de grenadiers au régiment de Dijon, chevalier de Saint-Louis, et le chevalier de Vilnau, qui a eu une haute position en Russie et un grand crédit près de l'impératrice Catherine.

VII. Gabriel de Burdelot, seigneur de Fontenille, Malfontaine, etc., né en 1690, capitaine au régiment de Rouergue, chevalier de Saint-Louis, épousa : 1° en 1738, Louise-Marie-Jeanne *du Wicquet de Saint-Martin*, fille d'Antoine du Wicquel, seigneur de Saint-Martin, chevalier de Saint-Louis, gouverneur de la citadelle de Calais, et de Louise-Marie-Françoise *le Roy du Quesnel*; 2° en 1742, Marguerite *le Roy de la Forest*, fille de Charles le Roy, chevalier, seigneur de Cuy, et de Jeanne *de Beauquaire*; 3° en 1748, Marie-Anne *Morin de Barrecourt*, fille de Jean-Baptiste Morin, maître des eaux et forêts de l'Auxerrois, puis subdélégué de l'intendance de Paris à Vézelay, et d'Anne-Françoise *Anthoine*. Gabriel de Burdelot n'eut pas d'enfants de ses deux premières femmes; du 3ᵉ lit vinrent :

1° Jean-Alexandre de Burdelot, né en 1750, reçu à l'École militaire en 1761, officier au régiment d'Auvergne, mort sans alliance;

2° Charlotte-Marie de Burdelot, dernière de son nom, mariée

en 1770 à Augustin-Bernard *de la Barre*, alors capitaine d'artillerie au régiment de Metz, puis lieutenant-colonel dudit régiment, comme on l'a déjà dit.

Marie-Anne MORIN, mariée à Gabriel de Burdelot, avait pour frère M. Morin de Sainte-Colombe, grand maître des eaux et forêts de l'Auxerrois, qui épousa demoiselle *Tapin*, dont il eut : André-Marie-Julien Morin, qui suit; et demoiselle Morin de Sainte-Colombe, mariée à Paul *Binquiers de Monclat*, capitaine d'infanterie, dont elle eut deux filles : 1° demoiselle de Monclat, mariée à Louis *Parent*, dont il ne reste pas de postérité; 2° demoiselle de Monclat, mariée à Alfred *Turgot*, dont : Amédée Turgot, officier de cavalerie; Lucile Turgot, mariée à Louis-Charles *le Tors de Crécy*, capitaine adjudant-major au 3e régiment de zouaves, mort de ses blessures à Sébastopol, sans postérité; et Sophie Turgot, morte sans alliance.

André-Marie-Julien Morin de Sainte-Colombe épousa Lucie-Élisabeth *Nourri de la Folleville*, dont il eut deux filles : 1° Virginie de Sainte-Colombe, mariée à M. *de Failly*, dont Georges et Adèle de Failly; 2° Clémentine-Sophie de Sainte-Colombe, mariée en 1813 à Alexis *de Bonardi*, baron du Ménil, chevalier de Malte, dont : Jean-Ernest de Bonardi du Ménil, marié en 1840 à Élise *Chapplin de Séreville*, et Marie-Claire de Bonardi, femme de Paul Chapplin de Séreville.

DU FAUR DE PIBRAC.

La maison du Faur, originaire de l'Armagnac, porte : *d'azur à deux fasces d'or, accompagnées de six besants d'argent, 3, 2, 1.* Elle a pour devises : *Fortunæ sibi quisque faber*, et *Multa renascentur.* Elle remonte par filiation suivie à Jean du Faur, sénéchal d'Armagnac en 1372, et a formé six branches principales, qui sont celles *de Pibrac, de Saint-Jorry, de Pujols, de la Serre, de Cormont* et *de Courcelles.* La branche *de Cormont* est la seule qui ait survécu.

Les branches *de Cormont* et *de Courcelles*, en Orléanais, ont pour auteur commun Michel du Faur, dont le fils, Jean, chambellan de Henri IV et mestre de camp d'infanterie, suivit ce prince quand il marcha sur le nord de la France, et fut pourvu du gouvernement de Jargeau, où il épousa, en 1575, Catherine *Mesnager*, dame de Cormont et de Courcelles.

Parmi le grand nombre d'hommes remarquables que cette maison a produits, nous citerons : Jean du Faur, seigneur de Pujols en Fézensac, commandant de l'armée du comte d'Armagnac en 1440; dont la postérité a fini en la personne de Bernard du Faur, prieur de Saint-Orens d'Auch et évêque de Cahors. Gratien du Faur, seigneur de Saint-Jorry, près

Toulouse, chancelier du comte d'Armagnac, tiers président
au parlement de Toulouse en 1483, ambassadeur de Louis XI
vers l'Empereur, en Espagne et à Berne, dont deux fils furent
évêques de Lectoure. Jean, commandant la cavalerie du comte
de Dunois, tué près de Lisieux en 1469. Arnaud, procureur
général au parlement de Toulouse. Jacquette du Faur épousa
en 1502 Amanieu, baron de Montesquiou. Michel du Faur,
juge-mage de Toulouse en 1547, conseiller au Grand Conseil
en 1556, président à mortier au parlement de Toulouse en 1557,
chancelier de Catherine, infante de Portugal. Louis, conseiller
au parlement de Paris en 1555, chancelier de Henri IV, alors
roi de Navarre, et son ambassadeur près les princes protestants.
Pierre, président à mortier au parlement de Toulouse, maître
des requêtes, épousa Gausine *Douce*, de la maison d'Ondea,
dame de Pibrac, près Toulouse. Jacques, abbé de la Chaise-
Dieu, conseiller d'État en 1565. Arnaud, premier gentilhomme
de la chambre du roi de Navarre, gouverneur de Montpellier,
ambassadeur en Angleterre. Pierre, évêque de Lavaur, un
des pères du concile de Trente. Gui, seigneur de Pibrac,
conseiller au Grand Conseil en 1563, juge-mage de Toulouse,
député aux États-généraux d'Orléans en 1559, avocat général
au parlement de Paris, ambassadeur près le concile de Trente,
accompagna le duc d'Anjou en Pologne lorsqu'il fut élu roi;
puis président à mortier au parlement de Paris en 1577, conseiller d'État, chancelier des ducs d'Anjou et d'Alençon, et
de la reine Marguerite de Navarre; auteur des *Quatrains* célèbres
qui portent son nom et qui ont été traduits en plus de dix
langues. Henri, fils du précédent, premier président au parlement de Pau. Michel, aussi fils de Gui, gentilhomme de la
chambre du Roi et mestre de camp de cavalerie. Charles, président à mortier au parlement de Toulouse en 1572. Jacques,
conseiller au même parlement et chancelier de Henri IV. Autre
Jacques, conseiller au même parlement en 1599, auquel succéda dans sa charge Jean-François. Pierre, premier président
audit parlement, mort en 1600. Jean, conseiller d'État. Jacques,
abbé de Muret. Jean, capitaine de cinquante hommes d'armes
des Ordonnances, maréchal de camp, gouverneur de Jargeau
en 1597. François, page du cardinal de Richelieu. Charles,
gouverneur de Lunel. Jacques, chevalier de Malte, aide de
camp du grand Condé, ambassadeur de la Religion près du
Pape. Jérôme, abbé de Saint-Benoît-sur-Loire. Tristan du
Faur, baron de Saint-Jorry, comte de Bioulle, capitoul de Toulouse. Jacques-Louis, conseiller au parlement de Toulouse en
1708. Tristan, mestre de camp en 1717. Gui, maréchal de
bataille et capitoul de Toulouse en 1646. Jérôme du Faur,
baron de Marsa, conseiller au parlement de Toulouse en 1743.

XI. Jean-François-Pierre du Faur, seigneur de Cormont,
près Gien en Gâtinais, né en 1711, élevé aux Cadets de Metz,

lieutenant au régiment de Limousin, épousa à Auxerre, le 30 janvier 1745, Anne-Marie-Jeanne-Modeste *de Jodon*, fille d'Edme de Jodon, écuyer, maréchal des logis des gardes du corps du duc de Berry, et d'Anne-Jeanne *de Rancourt*, dont il eut, outre plusieurs filles non mariées, deux fils, pages du duc d'Orléans, qui n'ont pas laissé de postérité, et :

XII. Daniel-Prix-Germain du Faur, seigneur de Cormont, né en 1750, mousquetaire noir, chevalier de Saint-Louis, fut institué légataire de la terre de *Pibrac*, par la dernière héritière de cette branche, comme le plus proche mâle du nom du Faur. Il mourut à Orléans en 1826, où il avait épousé, le 24 novembre 1784, Angélique-Anne *d'Hallot*, dont il eut :

1° Édouard-Gui-François-Pierre, qui suit ;

2° Eugénie-Edmée-Élise du Faur de Pibrac, née le 12 juin 1787, mariée le 22 février 1808 à Jean-Baptiste *de la Barre*, comme on l'a dit plus haut ;

3° Anne-Marie-Louise-Alexandrine du Faur de Pibrac, née le 27 septembre 1788, mariée le 9 février 1813 avec Armand-Joseph vicomte *de Sailly*, dont une fille unique :

Marie-Germaine-Caroline de Sailly, mariée le 27 avril 1840 à Théodore-Gabriel-Benjamin-Charles *de Cornulier-Lucinière*, mentionné plus loin ;

4° Éléonore-Clémentine-Clotilde-Sidonie du Faur de Pibrac, née le 5 octobre 1791, mariée le 28 mai 1817 à Jean-François *de Toustain de Fortemaison*, ancien officier de l'armée de Condé, chevalier de Saint-Louis, dont deux filles :

1° Henriette de Toustain, mariée en 1841 à Alexandre *Fresnais de Lévin*, sans postérité ;

2° Marie de Toustain, mariée en 1839 à Alphonse *Baudenet d'Annoux*, dont postérité.

XIII. Édouard-Gui-François-Pierre du Faur, comte de Pibrac, né le 10 décembre 1785, chevalier de la Légion d'honneur, épousa en 1811 Adélaïde *Crignon des Montées*, dont :

1° Germain-Philippe-Anatole du Faur de Pibrac, marié en 1842 avec Claire *de Pont de Rennepont;* dont postérité ;

2° Gui-Théobald-Prix-Léopold du Faur de Pibrac, marié en 1842 avec Léontine *de Prat;* sans postérité ;

3° Louis-Étienne-Alexandre-François-Guillaume du Faur de Pibrac, officier de cavalerie, marié en 1844 avec Natalie *de la Mérie*.

D'HALLOT.

Cette famille tire son nom de la terre d'Hallot, dans la paroisse de Villiers en Beauce, et remonte à Gui d'Hallot, écuyer, mort en 1229. Elle a été maintenue par arrêt du conseil du 13 octobre 1667, et porte : *d'argent à deux fasces de sable surmontées de trois annelets de même en chef.* De cette maison était Charles-Philippe-Louis marquis d'Hallot, lieutenant général en 1784.

XV. Louis d'Hallot, chevalier, seigneur d'Honville, en Beauce, épousa Catherine *Lévêque de Grandmaison,* dame de Mezières, dont :

XVI. Louis-Charles d'Hallot, seigneur d'Honville, page de la Reine, épousa à Chartres, en 1746, Anne-Marie-Madeleine *Brouilhet de la Carrière,* morte à Orléans en 1821. De ce mariage vinrent :

1º Louis-Joseph d'Hallot, qui suit ;

2º Angélique-Anne d'Hallot, mariée en 1784 à Daniel-Prix-Germain *du Faur de Pibrac;* leur postérité a été rapportée ci-dessus ;

3º Marie-Catherine d'Hallot, mariée à André-Gaspard-Parfait comte *de Bizemont-Prunelé de Tignonville.* Leur postérité sera déduite ci-après.

XVII. Louis-Joseph marquis d'Hallot, seigneur d'Honville, épousa Marie-Thérèse *Égrot du Lude,* morte à Orléans en 1838, dont il eut quatre filles, savoir :

1º Honorine d'Hallot, mariée au comte Camille *de Vélard,* dont : 1º Ludovic de Vélard, marié en 1838 avec Marie *de Montbel,* dont postérité; 2º Louise-Madeleine de Vélard, mariée en 1829 avec Jules-Benoît-Pierre *de la Ville-Baugé,* dont deux fils : Théodore-Marie-Camille de la Ville-Baugé, marié en 1856 avec Louise-Marie-Alexandrine *Clément de Blavette,* et Marie-Gabriel de la Ville-Baugé, marié en 1859 avec Louise-Aldegonde *de Lépine;*

2º Aspasie d'Hallot, mariée en 1811 avec Pierre *de Bengy de Puyvallée,* en eut : 1º Marie-Louis-Camille de Bengy, né en 1814, marié, 1º à demoiselle *Loury du Pin,* 2º à Marie *Baguenault de Viéville;* 2º Henri-Pierre-Marie de Bengy, né en 1820, marié à Caroline *Rocheron d'Amoy;* 3º Jean-Charles-Ferdinand de Bengy, né en 1822, marié à Stéphanie *de Bengy,* sa cousine; 4º Charles-François-Marie de Bengy, né en 1825, marié à demoiselle *de Thoury;* 5º Alfred de Bengy, marié à Alix *Seurrat de Moret;* 6º Albert de Bengy, marié en 1858 à Édith *Ber-*

thier de Grandry; 7° Marie-Delphine de Bengy, née en 1812, mariée en 1841 à Armand-Henri-Louis *d'Argence;* 8° Marie-Amélie de Bengy, née en 1827, mariée à Gustave *Rocheron,* vicomte d'Amoy; 9° Joséphine, Octavie et Caroline de Bengy de Puyvallée, sans alliances;

3° Eulalie d'Hallot, mariée à Alexandre *Crespin,* comte de Billy, en a : 1° Gonzalve Crespin de Billy, mort en 1859, marié avec Élisabeth *de Chastenet de Puységur,* dont postérité; 2° Louise Crespin de Billy, mariée en 1843 à Jean baron *de Witte,* chevalier du Lion néerlandais, dont postérité;

4° Coralie-Julie d'Hallot, mariée en 1826 à Auguste-Louis-Jean *Pantin,* comte de Landemont, capitaine dans la garde royale, dont un fils unique : Alfred-Louis-Théobald Pantin, comte de Landemont, marié en 1855 avec Marie-Augustine-Marthe *de Riencourt.*

André-Gaspard-Parfait comte *de Bizemont,* né en 1752, eut, de Marie-Catherine *d'Hallot,* deux enfants qui suivent :

1° Adrien comte de Bizemont, épousa en 1809 Thérèse-Aglaé *Duteil de Noriou,* dont : 1° André de Bizemont, marié en 1837 avec Louise-Félicité-Alexandrine *de Monspey,* dont postérité; 2° Athénaïs de Bizemont, mariée à Antoine-Marie-Ferdinand *Maussion de Candé,* capitaine de vaisseau, sans enfants; 3° Aurélie de Bizemont, mariée à Théodore *de Sailly,* sans enfants;

2° Angélique-Marie-Cécile de Bizemont, mariée avec Louis-Sixte-Gabriel comte *de Bizemont,* son cousin germain, en eut : 1° Alfred de Bizemont, marié avec demoiselle *du Houx de Gorrhey,* de la maison du maréchal de Vioménil, dont postérité; 2° Caroline de Bizemont, mariée avec Antoni *Louet de Terrouenne,* dont postérité; 3° Adrienne de Bizemont, mariée au vicomte Charles *de Gourcy,* écuyer cavalcadour de Madame, duchesse de Berry, dont postérité.

La famille BROUILHET DE LA CARRIÈRE, ancienne dans le pays Chartrain, porte : *d'or à la fasce d'azur chargée d'une croix de Saint-André d'argent et accompagnée de trois roses de gueules.*

Anne-Marie-Madeleine Brouilhet de la Carrière, mariée en 1746 à Louis d'Hallot, avait deux sœurs, qui furent mariées, l'une à M. *Nicolle,* et l'autre à M. *de Montaigu;* elles n'ont point laissé de postérité. Elle avait aussi deux frères : l'un, Élie-Mille-Robert, capitaine de dragons, chevalier de Saint-Louis, ne s'est pas marié; l'autre, Élie-Charles Brouilhet de la Carrière de Léville, né en 1767, gentilhomme de la chambre du Roi, chevau-léger de sa garde, mort en 1851, épousa Marie *Guéau de Reverseaux*, dont il eut :

1° Charles Brouilhet de la Carrière, père d'Herminie de la Carrière, mariée à M. *de Favernay*, officier aux dragons de la garde royale, dont demoiselle de Favernay, femme d'Édouard *de Monti*, comte de Rezé.

2° Anne-Marie-Antoinette Brouilhet de la Carrière, mariée en 1787 à Nicolas-Denis vicomte *de Cacqueray de Saint-Quentin*, dont : 1° Édouard-Pierre de Cacqueray, épousa en 1816 Louise *Charles de Malmin*; 2° Antoinette-Caroline de Cacqueray, mariée en 1812 à Gui *Portier*, comte de Rubelles; 3° Henriette-Théodore-Joséphine de Cacqueray, mariée en 1813 à Antoine-Amédée comte *d'Espinay de Saint-Luc*, capitaine aux grenadiers à cheval de la garde royale, dont cinq garçons.

2° HIPPOLYTE DE CORNULIER.

Albert-Hippolyte-Henri de Cornulier-Lucinière fut admis comme élève de 3e classe, au collége royal de la marine à Angoulême, le 20 octobre 1825. Élève de 2e classe, sur le vaisseau école *l'Orion*, en rade de Brest, le 7 octobre 1827. Embarqué sur la frégate *la Vénus*, pour une traversée de Brest à Toulon, du 14 septembre au 22 octobre 1828. Fit, sur la corvette d'instruction *la Bayadère*, une campagne sur les côtes d'Italie et d'Espagne, du 7 novembre 1828 au 15 septembre 1829.

Nommé garde du corps du Roi, compagnie de Grammont, au mois de juillet 1830. Entra dans l'organisation formée par madame la duchesse de Berry pour la prise d'armes de 1832. Partit, en 1833, avec un brevet de lieutenant, pour être incorporé dans l'armée du roi don Miguel, que le maréchal de Bourmont commandait en Portugal. Arrivé à Madrid, il lui fut interdit de passer outre, la mort du roi Ferdinand VII ayant changé la politique de l'Espagne. Revint en France par le royaume de Valence, où il porta l'ordre de la junte centrale pour l'insurrection en faveur de don Carlos.

Le 20 août 1848, élu membre du conseil général de la Loire-Inférieure par le canton de Saint-Philbert; réélu par le même canton, le 1er août 1852, il donna sa démission pour refus d'adhésion à la proclamation de l'Empire; fut un des 22 membres, formant la majorité du conseil général de la Loire-Inférieure, qui, dans la séance du 1er septembre 1851, déclarèrent que la monarchie héréditaire et légitime pouvait seule faire le bonheur du pays. Fut élu, par le conseil général, le 28 août 1850, membre du Conseil académique de la Loire-Inférieure. Lieutenant de la 5e compagnie de la garde nationale de Nantes, le 27 février 1849.

Céleste-Claire *de Couëtus*, mariée le 12 mai 1835 avec Albert-Hippolyte-Henri *de Cornulier-Lucinière*, est fille de Jean-Baptiste de Couëtus et d'Anne-Marie-Jacqueline *de Galard de Béarn de Brassac*, fille elle-même d'Alexandre-Guillaume de Béarn de Brassac, comte de Galard, et d'Anne-Marie-Gabrielle *Potier de Novion*.

Jean-Baptiste de Couëtus était fils de Jean-Baptiste-René de Couëtus et de Madeleine-Monique *Charet*.

DE COUËTUS.

La famille de Couëtus porte : *d'argent au rencontre de cerf de gueules;* elle remonte à Pierre de Couëtus, seigneur de la Vallée, l'un des nobles de la paroisse de Campénéac près Ploërmel, mentionné dans la réformation de 1432; elle a été maintenue d'ancienne extraction par arrêt du 21 mars 1669.

VI. Louis de Couëtus, écuyer, seigneur de la Vallée, épousa en 1645 Renée *Pioger*, dame du Domaine, dont il eut :

VII. Pierre de Couëtus, écuyer, lieutenant au régiment de Bourbonnais en 1676, épousa le 3 novembre 1685 Jeanne *Davy*, veuve de Mathurin *Bernard*, et fille de N. H. Pierre Davy, seigneur de la Touche, et de Perrine *Richardeau*, dont :

VIII. Jean-Baptiste de Couëtus de la Vallée, seigneur des Bretaudières et de la Marouzerie, en Saint-Philbert-de-Grand-Lieu, épousa le 29 novembre 1742 Marie-Anne *de Chardonnay*, dame de Bicherel, fille de feu Claude de Chardonnay, chevalier, seigneur de Bicherel, et de Michelle *Bernard*, dont :

IX. Jean-Baptiste-René de Couëtus de la Vallée, seigneur des Bretaudières et de la Marouzerie, page de la Reine de 1757 à 1760, puis officier de cavalerie au régiment de Royal-étranger, chevalier de Saint-Louis en 1784; commandant en second le corps d'armée du général Charette; fusillé à Challans en 1795; l'un des héros les plus purs de la grande épopée vendéenne. Épousa : 1° le 20 avril 1770, Madeleine-Monique *Charet;* 2° le 12 juillet 1775, Marie-Gabrielle *du Chillau du Défant*, de l'une des meilleures maisons du Poitou. Du 1er lit vint :

Jean-Baptiste de Couëtus, qui suit.

Du 2e lit vinrent deux filles : Sophie et Céleste de Couëtus.

Sophie de Couëtus épousa en 1804 Charles-Auguste *de Belcastel d'Escayrac,* d'une famille originaire du Rouergue, établie en Périgord; elle en eut deux fils et deux filles : Jean-Baptiste-Désiré, Baptiste-Rodolphe, Charlotte-Lydie, et Céleste de Belcastel.

Céleste de Couëtus épousa Michel *Gazet du Châtellier,* dont elle eut deux fils et une fille : Marie-Michel Gazet du Châtellier, marié avec Nelly *Pourceau de Mondoret*; Marie-Auguste Gazet du Châtellier, marié en 1856 avec demoiselle *de Liniers*; et Marie-Céleste Gazet du Châtellier, mariée avec M. *Ferron du Chesne*.

X. Jean-Baptiste de Couëtus, né le 31 juillet 1772, officier au régiment de la Reine-cavalerie, puis à l'armée de Condé, chevalier de Saint-Louis, épousa le 18 juin 1803 Anne-Marie-Jacqueline *de Galard de Brassac de Béarn*, dont il eut :

1° Louis-Albert, qui suit;

2° Céleste-Claire de Couëtus, mariée à Albert-Hippolyte-Henri *de Cornulier-Lucinière*.

XI. Louis-Albert de Couëtus, page du Roi, officier au 11ᵉ régiment de dragons, démissionnaire en 1830, épousa le 18 avril 1831 Léontine-Charlotte *de la Roche-Saint-André*, fille de Charles-Henri comte de la Roche-Saint-André, lieutenant-colonel, aide de camp du général de Suzannet, chevalier de Saint-Louis, et de Caroline-Marguerite *de Terves*, dont il a :

1° Charles-Marie-Alfred de Couëtus, né en 1832, entré dans les ordres sacrés;

2° Charles-Marie-Adrien de Couëtus, né en 1834;

3° Anne-Marie-Adrienne de Couëtus, née en 1837, morte en 1859.

La famille DAVY s'est nommée DU BOIS-DAVID, depuis que Pierre Davy, seigneur du Chesne-Moreau et de la Botardière, maître des comptes de Bretagne, obtint, en 1672, des lettres du Roi pour ce changement de nom.

La famille de CHARDONNAY, originaire de Montfort-l'Amaury, puis établie dans le pays de Retz, au comté Nantais, a été maintenue d'ancienne extraction par arrêt de 1669; elle porte : *de gueules au lion d'argent*.

CHARET.

Joseph *Charey*, natif de Savoie, fut naturalisé en France par lettres du mois de mai 1683, sous le nom de *Charet*, écrit par erreur au lieu de Charey. Par autres lettres du mois d'août 1731, Nicolas, Julien, Louis et André Charey, fils de Joseph, furent autorisés à conserver le nom de Charet, qui leur avait été donné en 1683, et sous lequel ils étaient généralement connus.

Nicolas Charet, écuyer, secrétaire du Roi en la grande chancellerie, échevin et juge-consul de Nantes, épousa Anne *van Wittembergh*, petite-fille de Jacques van Wittemberghe, natif de la ville de Bruges, en Flandre, qui fut naturalisé en France par lettres du mois de juin 1667. De ce mariage vinrent sept enfants :

1° Augustin Charet, épousa demoiselle *le Ray*, dont plusieurs enfants qui n'ont pas laissé de postérité ;

2° Prosper Charet, marié avec demoiselle *Picot de la Pommeraie*, sans postérité ;

3° N** Charet, épousa demoiselle *Robiou*, dont deux fils et une fille : Prudent Charet, marié avec demoiselle *Bergevin*; Henri Charet, qui a aussi été marié ; et Désirée Charet, mariée à M. *Flameng*;

4° Madeleine-Monique Charet, mariée en 1770 à Jean-Baptiste-René *de Couëtus*, comme on vient de le dire ;

5° Demoiselle Charet, mariée à M. *de Lavau de la Roche-Giffard*, dont deux filles : l'une mariée à M. *Freslon du Boishamon*, l'autre à M. *Guérin de Marsilly*;

6° Jeanne-Marie Charet, mariée à Hilarion-Charles *Proust de la Gironnière*, dont un fils et une fille :

M. Proust de la Gironnière, marié avec demoiselle *Bonamy*; dont un fils établi aux îles Philippines, et deux filles mariées : l'une à M. *de Malvilain*, et l'autre à M. *Brossais*;

Demoiselle Proust de la Gironnière, mariée à M. *Billeheust de Saint-Georges*; dont deux fils : Charles, capitaine de corvette, et Henri Billeheust de Saint-Georges, qui ont épousé deux sœurs, Mlles *le Goff du Plessis*;

7° Demoiselle Charet, mariée à Antoine *Ménard*; dont Louis Ménard épousa demoiselle *d'Ormann*, et Anna Ménard, mariée au baron *de Chasteigner*; dont deux filles : Nelly de Chasteigner, mariée à Jean-Baptiste-René *Hourceau de Mondoret*, colonel de gendarmerie, et Anna de Chasteigner, mariée à Alexandre *de Castel*, chef d'escadron d'artillerie.

DE GALARD

La maison de Galard tire son nom de la terre de Galard, près Condom ; elle prétend descendre des comtes de Condomois, éteints en 1011, qui étaient issus eux-mêmes des ducs de Gascogne. Sa filiation est établie depuis Guillaume, sire de Galard, qui vivait en 1200. Elle a formé deux branches principales : celle de *Terraube*, qui est l'aînée, et celle de *Brassac*, qui a pour auteur Géraud de Galard, marié en 1270 avec Éléonore *d'Armagnac*, dame de Brassac en Querci. François de Galard, seigneur de Brassac, épousa en 1508 Jeanne *de Béarn*, à la condition de joindre les nom et armes de Béarn aux siens. Depuis cette alliance, cette branche porte : *écartelé, au 1er et 4 d'or à trois corneilles de sable, becquées et membrées de gueules, 2 et 1*, qui est de Galard ; *au 2 et 3 d'or à deux vaches passantes de gueules, accornées, accolées et clarinées d'azur*, qui est de Béarn.

Cette maison a donné : Raymond et Pierre-Raymond de Galard, qui furent les deux premiers évêques de Condom, lors de l'érection de ce siége, et qui l'occupèrent de 1317 à 1371. Pierre, grand maître des arbalétriers de France en 1310. Assieu, grand sénéchal de Gascogne et gouverneur d'Auch en 1314. Bertrand, gouverneur de Verdun en 1434. Pierre, grand sénéchal de Querci en 1461. Hector, chambellan de Louis XI, commandant des gentilshommes à Bec-à-Corbin. Jean, ambassadeur à Rome, maréchal de camp, chevalier des ordres du Roi, gouverneur d'Angoumois, de Saintonge et de Lorraine, sur-intendant de la maison de la reine mère de Louis XIV. René, lieutenant général, commandeur de Saint-Louis, commandant en Basse-Normandie.

XVII. Guillaume-Alexandre de Galard de Béarn, comte de Brassac, mestre de camp du régiment de Bretagne, premier gentilhomme de la chambre de Stanislas, roi de Pologne, épousa en 1714 Lucrèce-Françoise *de Cotentin de Tourville*, fille d'Anne-Hilarion de Cotentin de Tourville, maréchal et vice-amiral de France, lieutenant général en Bretagne, dont :

XVIII. Anne-Hilarion de Galard de Brassac, comte de Béarn, épousa le 11 janvier 1739 Olympe *de Caumont-la-Force*, fille d'Armand-Nompar de Caumont, duc de la Force, pair de France, et d'Élisabeth *de Gruel de la Frette*, dont il eut un fils et deux filles :

1º Alexandre-Guillaume de Galard, qui suit ;

2º Adélaïde, etc., mariée en 1757 au marquis *de Caumont*, qui suit ;

3º Demoiselle de Galard de Béarn, mariée en 1775 au marquis *d'Estourmel*, dont : 1º Raimbaud, marquis d'Estourmel, épousa : 1º Eulalie *de Grammont-Caderousse*, sans postérité ; 2º demoiselle *de Castellane*, dont un fils, marié à demoiselle *de Saint-Simon*, et une fille mariée : 1º à M. *de Loïs*, 2º à M. *de Sainte-Aulaire* ; 2º Joseph, comte d'Estourmel, épousa Clémentine *de Rohan-Chabot*, morte en 1853 ; 3º Olympe d'Estourmel, mariée à M. Constant *de Moras*.

Adélaïde-Luce-Madeleine de Galard de Béarn, mariée en

1757 à Bertrand-Nompar *de Caumont de Beauville,* marquis de Caumont, en eut six enfants, qui suivent :

1° Louis-Joseph-Nompar de Caumont, duc de la Force en 1787, épousa Sophie *d'Ossuna,* et mourut sans postérité en 1838 ;

2° Philippe-Bertrand-Nompar de Caumont, marquis de Caumont, puis duc de la Force et pair de France, épousa Marie-Constance *de Lamoignon,* dont :

1° Edmond de Caumont, duc de la Force, marié avec la princesse Catherine *Galitzin,* dont : Edmond-Michel-Philibert-Nompar de Caumont, duc de la Force, épousa en 1844 Charlotte-Géorgine-Henriette *Smyth;* et Marie de Caumont la Force, mariée à Alexis marquis *de Terzy;*

2° Auguste-Nompar comte de Caumont la Force, né en 1803, sénateur, épousa Antonine *Vischer de Celles;*

3° Constance-Madeleine-Louise-Nompar de Caumont la Force, mariée : 1° à Joseph-Marie *de Guilhem,* comte de Clermont-Lodève, maréchal de camp ; 2° en 1827, à Édouard *le Lièvre,* marquis de la Grange ;

3° Antoinette-Françoise-Marie-Nompar de Caumont la Force, mariée en 1784 à Hippolyte-César-Guigues *de Moreton,* marquis *de Chabrillan;* dont :

1° Alfred-Philibert-Victor-Guigues de Moreton, marquis de Chabrillan, pair de France, épousa en 1823 Marie-Madeleine-Charlotte-Pauline *de la Croix de Chevrières de Saint-Vallier,* dont postérité ;

2° Joséphine-Marie-Zoé de Chabrillan, mariée en 1818 à Antoine-Joseph *Godart,* comte de Belbeuf ;

3° Fortunée-Louise-Innocente-Malvina de Chabrillan, mariée en 1821 à Auguste-Victor comte *de Masin de Bouy;*

4° Demoiselle de Caumont, mariée au comte *de Balby;*

5° Marie de Caumont, mariée en 1781 à François-Anne-Louis marquis *de Lordat,* mestre de camp de cavalerie, dont :

1° Hilarion-Gabriel-Amédée-Louis marquis de Lordat, épousa en 1807 Zénobie-Joséphine-Alexandrine *de Mesnard,* sa cousine germaine ; sans postérité ;

2° Louis-Philippe-Victor comte de Lordat, reçu chevalier de Malte en 1785 ;

3° Anne-Alexandre-Louis-Auguste vicomte de Lordat,

épousa en 1828 Louise-Joséphine-Mathilde *de Ville-neuve-Hauterive ;*

4° Marie-Joséphine de Lordat, mariée à Louis comte *d'Hautpoul la Terrasse ;*

6° Louise-Joséphine de Caumont, mariée à Marc-Antoine-Alexandre-Dieudonné-Edmond comte *de Mesnard,* dont :

Zénobie-Joséphine-Alexandrine de Mesnard, mariée au marquis *de Lordat,* son cousin germain, comme on vient de le dire.

XIX. Alexandre-Guillaume de Galard de Brassac, comte de Béarn, épousa le 15 février 1768 Anne-Marie-Gabrielle *Potier de Novion,* dont il eut sept enfants, qui suivent.

1° Alexandre-Léon-Luce, qui suit ;

2° Alexandre-Louis-René-Toussaint de Galard, comte de Béarn, épousa Catherine-Victoire *de la Chapelle de Jumilhac,* veuve du comte d'Hervilly, dont :

1° Alexandrine-Françoise-Victoire de Galard, mariée en 1821 à Charles-François-Emmanuel-Louis *de Goujon,* marquis de Thuisy ;

2° Césarine de Galard, mariée à Victor *Riquet,* marquis de Caraman, maréchal de camp, tué dans l'expédition de Constantine, sans postérité ;

3° Célestine de Galard, mariée au comte *O'Mahony ;*

4° Léontine-Alexandrine-Claire de Galard, mariée à Vincent-Marie-Joseph *Manca-Amat,* duc de Vallombrosa, dont : Richard-Marie-Jean-Étienne Manca-Amat, marquis de More et de Monte-Maggiore, duc de Vallombrosa, marié en 1857 avec Pauline-Geneviève *Perusse des Cars.*

3° André-Hector de Galard, comte de Béarn, épousa demoiselle *de Durfort,* dont :

Étienne de Galard, marié à demoiselle *d'Uls ;*

4° Louis de Galard, chevalier de Béarn, chevalier de Malte et de Saint-Louis, lieutenant des gardes du corps, mort sans alliance le 29 octobre 1857.

5° Anne-Marie de Galard de Béarn, mariée à Alphonse *Droullin,* marquis du Ménilglaise, maréchal de camp, mort en 1814, dont :

1° Edmond Droullin, marquis du Ménilglaise, épousa Angélique-Marie Louise *de la Bourdonnaye de Blossac,* dont il eut deux filles : Anne-Alphonsine Droullin du Ménilglaise, mariée en 1835 à Denis-Charles *de Godefroy,* qui a été autorisé à ajouter le nom *du*

Ménilglaise au sien; et Philiberte-Charlotte Droullin du Ménilglaise, mariée en 1836 à Pierre-Henri marquis *de Pleurre;*

2° Alfred Droullin du Ménilglaise, mort sans alliance en 1846, dernier de son nom;

6° Demoiselle de Galard, mariée au comte *de Montfleury*, dont : Edgard et Stephen de Montfleury;

7° Anne-Marie-Jacqueline de Galard de Béarn, mariée en 1803 à Jean-Baptiste *de Couëtus*, comme on l'a dit plus haut.

XX. Alexandre-Léon-Luce de Galard de Brassac, comte de Béarn, ambassadeur, mort en 1845, épousa Marie-Charlotte-Pauline-Joséphine *du Bouchet de Sourches de Tourzel*, dont :

1° Louis-Hector de Galard de Brassac, comte de Béarn, sénateur, marié avec Constance-Éléonore *Lemarois*, dont :

1° Hector de Galard de Béarn, épousa en 1839 Marguerite *de Choiseul-Praslin;*

2° Charles-Léonce-Henri de Galard, épousa en 1856 Marie-Amélie-Louise *Gaultier de Rigny;*

3° Pauline-Éléonore de Galard de Béarn, mariée en 1845 avec Albert prince *de Broglie;*

2° Alix-Renée-Joséphine de Galard de Béarn, mariée en 1820 à Adrien-Eugène-Gaspard *de Tulle*, comte de Villefranche, dont postérité.

La maison de CAUMONT tire son nom de la terre de Caumont, près Marmande. Calo de Caumont se croisa en 1096. Sa filiation est établie depuis l'an 1200. Elle a donné deux maréchaux de France; l'un en 1652, et l'autre en 1675. Ses membres ont été *ducs de la Force* en 1637, et *de Lauzun* en 1692; grands d'Espagne par succession des comtes *d'Ossuna;* et pairs de France en 1814. Elle porte : *d'azur à trois léopards d'or l'un sur l'autre, lampassés, armés et couronnés de gueules.*

POTIER.

La famille Potier, originaire de Paris, remonte à Nicolas Potier, général des monnaies sous les rois Charles VIII et Louis XII. Elle porte : *d'azur à deux mains dextres d'or, au franc quartier échiqueté d'argent et d'azur.* Elle a formé trois branches principales : celle des seigneurs de *Blancmesnil*, éteinte dès 1704; celle des seigneurs de *Novion*, qui a fini en 1768; et celle des ducs *de Tresmes et de Gesvres*, dont le dernier mâle, mort sur l'échafaud en 1794, avait épousé la der-

nière du Guesclin. Les branches de Blancmesnil et de Novion
se sont surtout illustrées dans la magistrature; la seconde a
donné trois premiers présidents au parlement de Paris. Celle
des ducs et pairs a donné un cardinal, archevêque de Bourges,
un ministre de la guerre, et plus de dix lieutenants généraux,
six desquels ont été successivement gouverneurs de Paris.

X. André Potier, marquis de Novion et de Grignon, président
à mortier au parlement de Paris, épousa en 1747 Marie-Philippe
Taschereau de Baudry, fille de Gabriel Taschereau, seigneur
de Baudry, conseiller d'État, intendant des finances, et de Philippe *Taboureau des Réaux*, dont il eut deux filles :

1º Anne-Marie-Gabrielle Potier de Novion, mariée en 1768
à Alexandre-Guillaume *de Galard de Brassac*, comte de
Béarn, comme on l'a dit plus haut;

2º Philippe-Léontine Potier de Novion, mariée en 1768 à
Aymard-Charles-Marie marquis *de Nicolaï*, premier président de la chambre des Comptes de Paris, exécuté en 1793,
dont :

1º Christian de Nicolaï, marié avec demoiselle *Malon
de Bercy*, dont postérité;

2º Raymond de Nicolaï, marié avec demoiselle *de
Murat*, dont Christian de Nicolaï, marié avec demoiselle *de Fougières*;

3º Théodore marquis de Nicolaï, pair de France, marié
avec Augustine *de Lévis*, sœur du duc, dont cinq
enfants;

4º Aimardine-Aglaé-Louise-Gabrielle de Nicolaï, née en
1773, mariée au marquis *de Villeneuve*, morte en
1852, sans postérité;

5º Aimardine-Marie-Léontine de Nicolaï, née en 1772,
mariée à Victor-Bernard-Charles-Louis marquis *de
Lostanges-Béduer*, dont :

1º Charles-Louis-Joseph-Raoul marquis de Lostanges-Béduer, marié en 1824 avec Sidonie *de
Tauriac*, dont postérité;

2º Georges-Louis-Gaston comte de Lostanges-
Béduer, marié en 1829 avec Emerance-Henriette-
Victurnienne *de Rougé*. (Voyez IXe degré de la
branche de *la Caraterie*.)

La famille TASCHEREAU, originaire de Touraine, où elle
possédait les terres de Baudry et de Linières, portait : *écartelé ;
au 1er et 4 d'argent à un rosier de trois roses de gueules, 1, 2,
feuillé et tigé de sinople, sur une terrasse de même ; au 2 et 3*

d'argent à trois lézards montants de sinople. Elle a produit Gabriel Taschereau, grand maître des eaux et forêts d'Anjou et du Maine, père de Claude Taschereau, dit le père de Linières, jésuite, confesseur du Roi.

3° RENÉ DE CORNULIER.

État des services.

Alphonse-Jean-Claude-René-Théodore de Cornulier-Lucinière est entré au service comme élève de la marine de 2° classe, à bord du vaisseau école *l'Orion,* en rade de Brest, le 16 octobre 1827, et y est resté jusqu'au 13 septembre 1828.

Embarqué sur la frégate *la Vénus* du 14 septembre au 22 octobre 1828, pour une traversée de Brest à Toulon.

Embarqué sur la corvette *la Bayadère,* pour une campagne d'instruction sur les côtes d'Italie et d'Espagne, du 7 novembre 1828 au 5 septembre 1829.

Embarqué sur la frégate *la Nymphe,* en rade de Brest, du 15 septembre au 22 octobre 1829.

Embarqué sur la corvette de charge *l'Allier,* du 23 octobre 1829 au 8 juin 1831; campagne au Brésil et dans les mers du Sud.

Nommé élève de 1re classe le 16 juillet 1830.

Embarqué sur le vaisseau *le Suffren,* monté par l'amiral Roussin, du 9 juin au 19 juillet 1831, dans une campagne de guerre contre le Portugal, où l'escadre française, après avoir combattu le fort de Cascaës, entra de vive force dans le Tage, ce qui est considéré comme un des beaux faits d'armes de la marine. Il reçut comme récompense, le 20 juillet 1831, le commandement d'une prise portugaise, le brick de guerre *Infante don Sebastiao,* qu'il amena de Lisbonne à Brest, où il le remit à l'arsenal le 30 septembre 1831.

Embarqué sur la goëlette *la Béarnaise,* du 1er octobre 1831 au 19 novembre 1832; croisière devant Brest; puis station d'Alger, pendant laquelle eut lieu la prise de Bône par un détachement de ce bâtiment, fait d'armes pour lequel il fut nommé chevalier de la Légion d'honneur le 10 mai 1832.

Promu enseigne de vaisseau à l'ancienneté le 1er janvier 1833.

Embarqué sur la corvette de charge *la Caravane,* du 10 août 1833 au 9 juillet 1834; fit partie de l'expédition de Bougie, et commandait une section de marins débarqués pour la prise de cette ville, puis à la station d'Alger.

Embarqué sur la gabare *la Lionne,* du 6 août 1834 au 16 avril 1835; station très-active sur les côtes de l'Algérie. Rentré à Toulon le 28 avril 1835, sur le bâtiment à vapeur *le Ramier.*

Embarqué comme second sur la corvette *la Recherche,* capitaine Trébouart, du 3 novembre 1835 au 18 octobre 1836 ; campagne au Sénégal, à Cayenne et aux Antilles, puis en Islande et au Groënland, pour se procurer quelques nouvelles du brick *la Lilloise*, disparu dans les glaces polaires. *La Recherche* faillit y périr elle-même, ayant été abordée, dans la baie de Baffin, par une glace qui lui enleva son brion jusque dans la râblure.

Embarqué sur le brick *le Griffon*, du 15 avril 1837 au 9 novembre de la même année ; campagne sur les côtes d'Espagne. — Embarqué sur la corvette *la Dordogne*, du 1er avril 1838 au 9 décembre 1839 ; campagne au Brésil, à Monte-Video, à l'île Bourbon, à Madagascar, où elle passa cinq mois dans la baie de Diego-Soarez, à Pondichéry, à Madras, à Sumatra, à Calcutta et à Bourbon. Les Malais de Mouqué, dans l'île de Sumatra, ayant assassiné un capitaine au long cours français, *la Dordogne* brûla leur village et leur prit 19 canons. Rappelé en France de l'île Bourbon, il prit passage sur le trois-mâts *les Salazes*, le 10 décembre 1839, et débarqua à Nantes le 23 mars 1840.

Promu lieutenant de vaisseau à l'ancienneté le 21 décembre 1840.

Embarqué sur la corvette à vapeur *le Gassendi* du 1er janvier au 25 mars 1841. Service des côtes de Bretagne.

Embarqué sur la frégate *la Didon*, du 21 octobre 1841 au 3 mars 1842 ; campagne de la Méditerranée.

Embarqué sur le vaisseau *le Santi-Petri*, du 4 mars 1842 au 30 mai 1843. Escadre du Levant.

Aide de camp du contre-amiral de Hell, préfet maritime de Cherbourg, du 22 septembre 1843 au 5 avril 1844.

Commandant du brick *le Pourvoyeur*, à la station de Terre-Neuve, du 6 avril au 29 décembre 1844.

Commandant de l'aviso à vapeur *l'Anacréon*, du 22 novembre 1846 au 13 décembre 1849. D'abord en station à Lisbonne, il se trouva représenter la France à Sétuval lorsque l'armée portugaise insurgée consentit à mettre bas les armes et à accepter l'amnistie que lui proposaient le général en chef et l'amiral portugais, pourvu que cette amnistie lui fût garantie par les commandants des forces navales étrangères qui étaient présentes. En conséquence, il fut appelé à donner cette garantie conjointement avec les amiraux anglais et espagnol, et pour ce fait fut nommé officier de l'ordre portugais *de la Tour et de l'Épée*. Rentré en France, il se trouvait à Toulon lors de la révolution de 1848. Envoyé en station à Messine, pendant la guerre civile de ce pays, il réussit à arrêter des hostilités inutiles en mouillant *l'Anacréon* entre la ville insurgée et la citadelle restée au pouvoir des Napolitains ; il put aussi recueillir et faire évader un certain nombre de compromis napolitains qui auraient été massacrés dans la ville.

Rappelé en France peu après, il fut envoyé en station à

Cayenne, où il opéra le sauvetage des chaudières de *l'Éridan*, qu'une Commission avait déclaré impossible ; ce qui lui valut des remerciements du ministre et des récompenses pour tout son équipage. Répara ses machines à Démérari avec ses seules ressources, et vint prendre la station des Antilles.

Il obtint un congé à la Martinique, et fut embarqué sur la corvette de charge *la Caravane*, du 1er janvier au 3 mars 1850, pour opérer son retour en France.

Promu capitaine de frégate, au choix, le 2 décembre 1852.

Embarqué comme commandant en second, sur la frégate à vapeur *le Sané*, du 2 février 1853 au 7 juillet 1854 ; faisait partie de l'escadre de la Méditerranée qui partit pour Salamine, puis pour Bésica, où *le Sané* et les autres frégates parvinrent, après de grands travaux, à renflouer le vaisseau à trois ponts *le Friedland*, échoué sur des rochers. Remorqua la flotte à Gallipoli puis à Béicos. Prit le commandement du *Sané*, *ad intérim*, au moment de l'entrée des escadres dans la mer Noire, et fit en cette qualité une croisière d'hiver sur les côtes de la Crimée. Rentré à Toulon, pour réparer son bâtiment, il fut nommé *officier de la Légion d'honneur* le 12 août 1854.

Il demanda et obtint, le 4 novembre 1854, le commandement de *la Lave*, la première batterie flottante lancée en France. Le ministre, dans sa lettre de nomination, avait écrit de sa main : *Je vous préviens que je compte sur vous.* Il prit la mer le 6 août 1855, à Lorient, remorqué par *le Magellan*, qui le conduisit d'abord à Cadix, Gibraltar, Alger, puis Malte, Béicos, et enfin en Crimée. Là il reçut la remorque du vaisseau *le Wagram* jusque devant Kinburn, qui fut attaqué le 17 octobre et pris en quelques heures. *La Lave* fit ensuite partie de la division navale laissée pour passer l'hiver devant cette place ; bloquée d'abord par les glaces du Dniéper, elle fut, le 12 décembre, arrachée de son ancrage par une grande débâcle, entraînée hors du Liman, et rejetée dans les eaux libres de la mer Noire, où elle passa le reste de l'hiver.

Nommé capitaine de vaisseau, pour le combat de Kinburn, le 2 décembre 1855, il remit le commandement de *la Lave* à son successeur, le 1er février 1856, et rentra en France, comme passager, au mois de mars de la même année, après avoir fait ériger un tombeau à son noble frère Alfred. A la suite de cette campagne, il reçut la décoration d'officier de l'ordre turc du Medjidié.

Le 27 mars 1832, la goëlette *la Béarnaise*, commandée par M. Fréart, lieutenant de vaisseau, débarqua vingt-six marins sous les ordres de MM. d'Armandy, capitaine d'artillerie ; Jusuf, capitaine des chasseurs algériens ; du Couëdic de Kergoualer, lieutenant de frégate, et de Cornulier de Lucinière, élève de 1re classe. Cette petite troupe de trente hommes, armée de douze fusils seulement et de quelques sabres et pistolets, se dirigea vers la casbah ou citadelle de Bône, occupée par cent cinquante Turcs qui avaient massacré précédemment une garnison française.

Ces Turcs étaient abondamment pourvus de munitions de guerre; mais ils manquaient absolument de vivres, et étaient assiégés par cinq mille hommes du bey de Constantine qui allaient les réduire par la force ou les prendre par la famine. C'est dans cette extrémité que les marins de *la Béarñaise* furent introduits dans la citadelle un à un et par-dessus les murs. A peine entrés, Jusuf parla ainsi à la garnison : « Musulmans, dans le grand danger où vous vous trouvez, « vous avez appelé les Français à votre aide : ils sauront vous « tirer d'embarras, mais cette forteresse est désormais fran- « çaise; et si quelqu'un de vous n'est pas content, nous lui « couperons la tête. » Et bientôt, joignant l'exécution à la menace, Jusuf abattait de sa propre main les têtes de quelques récalcitrants qui avaient osé murmurer.

De son côté, le capitaine d'Armandy écrivait au duc de Rovigo, par une barque qu'il lui expédiait à Alger : « Général, « je suis entré à la tête de trente marins de *la Béarnaise* dans « la casbah de Bône; nous avons pour auxiliaires cent cinquante « Turcs, dont un grand nombre nous exècrent, et pour ennemis « les cinq mille hommes de Ben-Aïssa; mais nous n'en gar- « derons pas moins la citadelle à la France, ou nous y « mourrons. »

Après onze jours de mortelles anxiétés et d'événements dramatiques racontés par M. de la Gournerie (*La Béarnaise, épisode des guerres d'Afrique*, in-8°, 144 p., Nantes, 1834), le brick *la Surprise* parut enfin, le 8 avril, amenant d'Alger une compagnie de grenadiers. Le lendemain, 500 hommes de plus arrivaient sur d'autres navires, et les trente marins de *la Béarnaise* purent leur remettre la ville, la citadelle avec cent dix pièces de canon et dix milliers de poudre, et les actes de soumission des tribus arabes à dix lieues à la ronde.

Le 15 mai, le général d'Uzer, venant de France, débarquait à Bône avec 1,500 hommes pour prendre possession de la province que cette petite troupe avait conquise, et lançait cet ordre du jour : « Mes chers camarades, la plage où nous « abordons était il y a quelques jours inhospitalière; aujour- « d'hui nous y sommes reçus en amis, grâce à une poignée « de braves qui, par un fait d'armes des plus brillants, se sont « emparés de la casbah.

« Honneur! honneur aux braves capitaines d'Armandy, « Jusuf, Fréart, au lieutenant de frégate du Couëdic, à l'élève « de 1re classe de Cornulier et à leurs intrépides compagnons « de *la Béarnaise*. Que le drapeau français s'incline devant « ces braves, par reconnaissance pour le fleuron de gloire « qu'ils viennent d'y ajouter, etc. »

Et, par l'ordre du nouveau gouverneur, des rues de Bône reçurent les noms d'*Armandy*, *Jusuf*, *Fréart*, *du Couëdic*, de *Cornulier*, de *la Béarnaise*.

En quittant Bône, *la Béarnaise* fut saluée par toute l'artillerie de la citadelle; d'autres honneurs l'attendaient à son arrivée à Alger. Le 22 juillet : le général en chef, duc de Rovigo, avait, dès le 23 avril, prescrit par un ordre du jour qu'elle serait saluée de 15 coups de canon par les batteries de la place, et qu'une députation composée du chef de l'état-major général, d'un officier supérieur de l'état-major, d'un officier supérieur et de deux autres officiers par régiment, se rendrait à bord pour présenter au capitaine, ainsi qu'à ses officiers et à son équipage, les satisfactions de l'armée.

Le Moniteur Algérien du 17 avril 1832, après avoir raconté l'expédition des marins de *la Béarnaise*, terminait ainsi :
« Honneur donc à tous ces braves ; on ne peut trouver d'ex-
« pression capable de rendre un pareil fait : sans vivres, sans
« armes, sans munitions, ils ont pris possession de Bône ; et
« non-seulement ils s'y sont maintenus, mais ils ont, par ce
« trait d'audace extraordinaire, forcé l'ennemi à fuir et ont
« châtié une tribu de pillards. Maintenant le sort de cette ville
« est irrévocablement fixé, etc. »

L'amiral Bruat, dans son rapport du 18 octobre 1855, sur l'affaire de Kinburn, qui avait eu lieu la veille, s'exprime ainsi :
« En résumé, j'attribue le prompt succès que nous avons
« obtenu, en premier lieu, à l'investissement complet de la
« place par terre et par mer ; en second lieu, au feu des bat-
« teries flottantes, qui avaient déjà ouvert dans les remparts
« plusieurs brèches praticables et dont le tir, dirigé avec une
« remarquable précision, eût suffi pour renverser de plus so-
« lides murailles. On peut tout attendre de l'emploi de ces
« formidables machines de guerre, quand elles seront conduites
« au feu par des officiers aussi distingués que ceux auxquels
« l'Empereur avait confié le commandement de *la Dévastation*,
« de *la Lave* et de *la Tonnante*, etc..... — *Signé* : BRUAT. »

Louise-Élisabeth-Charlotte *de la Tour-du-Pin-Chambly de la Charce*, mariée le 3 janvier 1838 avec Alphonse-Jean-Claude-René-Théodore de Cornulier-Lucinière, est fille d'Alexandre-Louis-Henri vicomte de la Tour-du-Pin-Chambly de la Charce et d'Élisabeth-Marie-Modeste *de Sesmaisons*, fille elle-même de Louis-Henri-Charles-Rogatien vicomte de Sesmaisons (dont les auteurs ont été exposés au XI° degré de la branche du *Boismaqueau*) et de Paule-Mélanie *de Laverdy*.

Alexandre-Louis-Henri vicomte de la Tour-du-Pin est fils de René-Charles-François comte de la Tour-du-Pin-Chambly de la Charce et d'Angélique-Louise-Nicolle *de Bérulle*.

DE LA TOUR-DU-PIN.

La maison illustre et jadis souveraine de la Tour-du-Pin est une branche cadette de la maison de la Tour-d'Auvergne, issue elle-même des ducs d'Aquitaine. Elle a pour auteur Géraud de la Tour-d'Auvergne, vivant en 990, qui avait épousé Gausberge, fille et héritière de Berlion, vicomte de Vienne et baron de la Tour-du-Pin en Dauphiné.

Albert II, baron de la Tour-du-Pin, croisé en 1190, épousa Marie d'Auvergne, fille de Robert IV, comte d'Auvergne, et de Mahaud de Bourgogne. Leur petit-fils, Humbert Ier de la Tour-du-Pin, épousa en 1273 Anne, fille et héritière (en 1282) de Guigues VII, Dauphin du Viennois, de la maison de Bourgogne, dont il eut :

Jean II de la Tour-du-Pin, Dauphin en 1307, épousa Béatrix, fille de Charles Martel, roi de Hongrie, de la maison d'Anjou, dont :

Guigues VIII de la Tour-du-Pin, Dauphin de 1319 à 1355, épousa en 1323 Isabelle de France, fille du roi Philippe le Long, dont il n'eut pas d'enfants. Son successeur fut :

Humbert II de la Tour-du-Pin, son frère, chef de la croisade de 1345. Ce prince ayant perdu son fils, noyé dans l'Isère, et sa femme, morte dans l'île de Rhodes, se fit dominicain et donna ses États à la France, à la condition que le fils aîné de nos rois porterait le titre de Dauphin et les armes du Dauphiné.

Depuis ses dauphins et ses chevaliers bannerets, la maison de la Tour-du-Pin a continué de donner à la France une telle quantité de personnages marquants, qu'il serait impossible de les énumérer en détail ici. Nous rappellerons donc en bloc, quinze officiers généraux, dont quatre gouverneurs de province; deux cordons rouges, un ministre de la guerre, un ambassadeur; nombre de colonels, de brigadiers des armées et de chevaliers de Saint-Louis. Dans l'Église : Hugues et Guy, évêques de Clermont en 1227 et 1278; Henri, évêque de Metz en 1325; Hugues, évêque de Viviers en 1262; Louis-Pierre, évêque de Toulon en 1712; Louis-Apollinaire, archevêque d'Auch en 1783. Des chanoines-comtes de Lyon en 1230, 1243, 1244 et 1710.

Enfin, l'illustration des femmes ne lui a pas même fait défaut; car elle a produit Philis de la Tour-du-Pin, dite mademoiselle de la Charce, qui, à la tête des vassaux de son père, repoussa, en 1692, le duc de Savoie, qui avait envahi le Dauphiné; fit couper les ponts, garder les passages; en un mot, prit toutes les mesures d'un habile général. Non-seulement elle empêcha le Duc de pénétrer au delà de Gap, mais elle le battit en plusieurs rencontres et finit par le rejeter hors de la province. Louis XIV, pour reconnaître ses services, lui donna une pension militaire, et fit placer dans le trésor de Saint-Denis son portrait, son écusson et les armes dont elle se servait, auprès de l'épée de Jeanne d'Arc, avec cette inscription : *Philis de la Charce, de la maison de la Tour-du-Pin en Dauphiné.*

Cette maison subsiste encore aujourd'hui en quatre branches, qui sont celles de *Gouvernet, de la Charce, de Soyans* et de *Verclause;* toutes ont pour auteur commun Berlion V de la Tour-du-Pin, seigneur de Vinay en Dauphiné, de 1200 à 1258, fils puîné d'Albert Ier de la Tour-du-Pin, vicomte de Vienne, bisaïeul du premier dauphin de la maison de la Tour-du-Pin. Elle porte : *écartelé; au 1er et 4 d'azur à la tour d'argent, au chef cousu de gueules chargé de trois casques d'or, tarés de profil,* qui est de la Tour; *au 2 et 3 d'or au dauphin d'azur, cretté et oreillé de gueules,* qui est de Dauphiné. L'écu timbré d'une couronne ducale, à cause des armes de Dauphiné, qui n'en souffrent pas d'inférieure. Devises : *Turris fortitudo mea* et *Courage et loyauté.*

XXIII. René-François-André comte de la Tour-du-Pin, vicomte de la Charce, brigadier des armées du Roi, épousa en 1741 Jacqueline-Françoise-Louise *de Chambly,* héritière de sa maison, qui stipula, dans son contrat de mariage, que ses enfants joindraient son nom à celui de leur père et écartelleraient ses armes avec les siennes. De ce mariage ne vint qu'un fils unique :

XXIV. René-Charles-François comte de la Tour-du-Pin-Chambly de la Charce, colonel des grenadiers royaux de Bourgogne, mort sur l'échafaud révolutionnaire le 7 juillet 1794, épousa en 1779 Angélique-Louise-Nicolle *de Bérulle,* dont il eut deux fils :

1° René-Amable-Louis comte de la Tour-du-Pin-Chambly de la Charce, né en 1780, épousa en 1799 Marie-Gabrielle-Claudine *Douet de la Boullaye,* dont il a :

    1° René-Henri-Gabriel-Humbert de la Tour-du-Pin, officier d'état-major, marié avec Alexandrine *de Maussion,* dont deux fils;

    2° Armand-Fernand de la Tour-du-Pin, officier de la marine, épousa Amélie *Barre de la Prémuré,* sans enfants;

    3° Amélie-Gabrielle-Louise de la Tour-du-Pin, mariée en 1825 à Alain-Charles-François-Ulric marquis *de Rune,* dont postérité;

    4° Alix de la Tour-du-Pin, sans alliance;

5° Augustine de la Tour-du-Pin, mariée au vicomte Édouard *de Madrid de Montaigle*;

2° Alexandre-Louis-Henri vicomte de la Tour-du-Pin-Chambly de la Charce, né le 13 avril 1783, chevalier de Malte, capitaine d'état-major, épousa le 15 novembre 1802 Élisabeth-Marie-Modeste *de Sesmaisons*, dont il a :

1° Louis-Berlion-Joseph de la Tour-du-Pin-Chambly, né en 1803, lieutenant de cuirassiers, marié en 1833 avec Cécile-Charlotte-Aglaé-Gabrielle *du Bosc de Radepont*, fille du marquis de Radepont, pair de France, dont il a : 1° Henri-Berlion-Gabriel de la Tour-du-Pin, né en 1834, officier d'état-major; 2° Auguste-Humbert-Louis-Berlion de la Tour-du-Pin, né en 1835, officier de la marine; 3° Scipion-Charles-Berlion de la Tour-du-Pin, né en 1841; 4° Victoire-Marie-Louise-Gabrielle de la Tour-du-Pin, mariée en 1856 à Aynard-Antoine-François-Aimé *de Clermont-Tonnerre*;

2° Charles-Gabriel-René-Berlion de la Tour-du-Pin-Chambly, né en 1820, marié en 1846 avec Henriette *Pépin de Belleisle*, dont : 1° Jacquemine de la Tour-du-Pin, née en 1848; 2° Marguerite de la Tour-du-Pin, née en 1850;

3° Louise-Élisabeth-Charlotte de la Tour-du-Pin-Chambly, née le 25 septembre 1814, mariée avec Alphonse-Jean-Claude-René-Théodore *de Cornulier Lucinière*, comme on l'a dit plus haut.

DE CHAMBLY.

La maison de Chambly, d'ancienne chevalerie, est originaire du Beauvoisis; elle portait : *d'argent à la croix dentelée d'azur, chargée de cinq fleurs de lis d'or; le 1er canton chargé d'un écu de gueules à trois coquilles d'or,* qui est de Chambly ancien, antérieur à 1400.

Jean et Nicolas de Chambly se croisèrent en 1191. Jean de Chambly accompagna Saint-Louis à la croisade de 1270. Adam et Gautier de Chambly furent évêques de Senlis en 1227 et en 1287. Pierre de Chambly, fait chevalier par le roi Philippe le Bel, en 1313, en même temps que les trois fils de ce prince, épousa Isabeau de Bourgogne, veuve de l'empereur Rodolphe de Hapsbourg. Jean de Chambly fut maître d'hôtel de Charles V en 1370, et Charles de Chambly, chambellan de Charles VI en 1397.

Charles-François de Chambly, seigneur de Monthenault, comte de Bômont en Thierache, dernier mâle de sa maison, né laissa qu'une fille unique héritière : Jacqueline-Françoise-Louise de Chambly, mariée en 1741 à René-François-André de la *Tour-du-Pin*, comme on l'a dit ci-dessus.

DE BÉRULLE.

La maison de Bérulle, originaire de Bourgogne, porte : *de gueules au chevron d'or, accompagné de trois molettes d'éperon de même, 2, 1.* Elle remonte à l'an 1339.

Claude de Bérulle, conseiller au parlement de Paris, épousa Louise *Séguier*, tante du chancelier, dont il eut, entre autres : Pierre de Bérulle, né en 1575, fondateur de l'ordre de l'Oratoire en France, chef du conseil de régence sous Marie de Médicis, cardinal en 1627. Jean de Bérulle, neveu du cardinal, conseiller d'État, procureur général de la reine Marie de Médicis. Charles, maître des requêtes, vicomte de Guyencourt près Versailles, en 1657, fut père de Pierre de Bérulle, premier président du parlement de Grenoble en 1694, depuis lequel cette charge est restée de père en fils dans sa famille jusqu'à la suppression des parlements.

XII. Amable-Pierre-Thomas marquis de Bérulle, premier président du parlement de Grenoble, mort en 1787, épousa en 1748 Catherine-Marie *Rolland*, fille de Pierre-Barthélemy Rolland, comte de Chambaudouin, seigneur d'Erceville, conseiller au parlement de Paris, et de Catherine *Pichon*, dont il eut neuf enfants, qui suivent :

1° Amable-Pierre-Albert marquis de Bérulle, premier président du parlement de Grenoble, exécuté en 1794, épousa : 1° en 1779, Marie-Blanche-Rosalie *Hue de Miromesnil*, fille du garde des sceaux; 2° en 1790, Anne-Marie-Françoise *le Vavasseur d'Hérouville*. Du 1er lit vint : Armand-Amable-Marie marquis de Bérulle, mort en 1805, non marié. Du 2e lit vint : Amable-Blanche de Bérulle, mariée en 1813 à Athanase-Gustave-Charles-Marie marquis *de Lévis-Mirpoix*, morte sans postérité en 1815;

2° Barthélemy-Pierre-Clériadus de Bérulle, reçu chevalier de Malte en 1771;

3° Balthazar-Joachim-Laurent-Charles-Pierre-Marie-Hugues-Grenoble marquis de Bérulle, capitaine de vaisseau, chevalier de Saint-Louis, mort en 1836, épousa Anne *Ferriot*, dont : 1° Joachim-Marcellus de Bérulle, né en 1810, marié à demoiselle *du Châtelet*, dont postérité; 2° Hugues-Victor-Bonaventure de Bérulle, né en 1816, marié à demoiselle *du Châtelet*, sœur de la femme de son frère; 3° Marie-Germaine-Clara de Bérulle, née en 1808, mariée à Louis-Pierre *de la Porte*;

4° Amable-Pierre-François de Bérulle, conseiller au parlement de Paris, épousa Claudine-Joséphine *de Monteil,* dont il eut deux filles : 1° Amable-Joséphine-Marie-Charlotte de Bérulle, mariée en 1815 à Gabriel-Antoine-Marie- marquis *de Puibusque,* en Languedoc, dont deux filles, Bathilde et Alix de Puibusque, nées en 1815 et 1817 ; 2° Herminie-Marie-Françoise de Bérulle, mariée en 1822 à Étienne-Trophime-Alexandre-Joseph *de la Tour de Séguins,* marquis de Reyniès en Languedoc, dont un fils et une fille ;

5° Adélaïde-Catherine-Renée de Bérulle, mariée en 1767 à Conrard – Alexandre *Bochart,* marquis de Champigny, lieutenant général, déjà mentionné ci-dessus au V° degré de cette branche *de Lucinière.* Elle en eut : 1° Amable- Jean-Conrard Bochart, comte de Champigny, marié avec Louise-Caroline *de Seyssel,* dont Jean-Paul Bochart de Champigny, né en 1819 ; 2° Adélaïde-Louise Bochart de Champigny, mariée à Ferdinand-Amable *de la Roque,* comte du Ménillet, sans postérité ;

6° Anne-Françoise de Bérulle, mariée en 1780 à Joseph marquis *de Mauléon,* maréchal de camp, fils de Jean- Louis de Mauléon et de Catherine *de Preissac de Maravat,* dont un fils et une fille. Celle-ci, Herminie de Mauléon, mariée en 1806 à M. *de Bonnefont de Fieux,* est morte en 1823. Le fils, Amable-Lambert-Charles-Joseph-Julien comte de Mauléon, capitaine de cavalerie, mort en 1820, épousa Aglaé-Françoise-Rosalie *Barrin,* fille d'Augustin- Félix-Élisabeth Barrin, comte de la Galissonnière, lieutenant général, dont : 1° Augustin-Raoul marquis de Mauléon, marié en 1842 avec Donatienne-Marguerite- Marie *de Cornulier* (voyez ci-dessus, XI° degré de la branche du *Boismaqueau*) ; 2° Amélie-Jeanne de Mauléon, mariée en 1826 avec Édouard-Louis-Marie-Alexandre *le Sénéchal,* marquis de Carcado-Molac (voyez ci-dessus, VII° degré de la branche *aînée*) ;

7° Angélique-Louise-Nicolle de Bérulle, mariée en 1779 à René-Charles-François comte *de la Tour-du-Pin-Chambly de la Charce,* comme il a été dit ci-dessus.

8° Catherine-Philiberte-Françoise de Bérulle, mariée en 1780 à Jean-Baptiste-Charles *Goujon,* marquis de Thuisy, comte de Saint-Souplet, baron de Pacy en Valois, maréchal de camp, dont : Charles-François-Emmanuel-Louis Goujon de Thuisy, marié en 1821 avec Alexandrine-Françoise- Victoire *de Galard de Béarn de Brassac,* comme il a déjà été dit au présent degré, à l'article *de Galard ;*

9° Madeleine-Claude de Bérulle, mariée à Louis *Dezeddes,* morte en 1790.

La famille ROLLAND porte : *d'azur au chevron d'or, accompagné en chef de trois étoiles, et en pointe d'une levrette, le tout d'or; la levrette colletée et bouclée de gueules.* Barthélemy Rolland, seigneur de Chambaudouin, secrétaire du Roi, mort en 1718, épousa Catherine-Agnès *Langlois de la Fortelle*, dont Pierre-Barthélemy Rolland, comte de Chambaudouin, père de Catherine-Marie Rolland, mariée en 1748 au marquis *de Bérulle*, comme on vient de le dire, et de Gabriel-Barthélemy Rolland, président au parlement de Paris, mort sur l'échafaud révolutionnaire, qui avait épousé en 1761 Françoise-Marie *Blondeau*, desquels descendent les Rolland de Chambaudouin et d'Erceville de nos jours. Un frère de Pierre-Barthélemy est l'auteur des Rolland de *Villarceaux* et de *Chabert*. Nous nous bornons à indiquer l'origine de ces dernières parentés, sans en exposer le détail, qui sort de notre cadre.

DE LAVERDY.

La famille de Laverdy porte : *d'azur à la bande de gueules chargée d'un renard du champ.* Elle a été maintenue par arrêt du conseil en 1746. Michel de Laverdy, originaire du Milanais, est le premier qui s'établit en France sous le règne de Henri III.

Clément-Charles-François de Laverdy, marquis de Gambaye, conseiller au parlement de Paris, contrôleur général des finances, épousa le 23 août 1751 Catherine-Élisabeth *de Vin*, fille de Jacques-René de Vin, d'une famille de Paris, dont le quatrième aïeul était Adrien de Vin, échevin de Paris en 1643, et qui portait : *d'argent à trois grappes de raisin de gueules, tigées et feuillées de sinople, 2 et 1; au chef d'azur chargé d'un soleil d'or.*

De ce mariage vinrent deux filles :

1º Paule-Mélanie de Laverdy, mariée en 1776 avec Louis-Henri-Charles-Rogatien vicomte *de Sesmaisons*, lieutenant général, grand'croix de Saint-Louis, comme on l'a dit plus haut. Leur postérité a été exposée au XIe degré de la branche du *Boismaqueau*, à l'article *de Sesmaisons;*

2º Catherine-Élisabeth de Laverdy, qui était l'aînée, mariée en 1770 à Arnaud-Barthélemy *de la Briffe*, baron d'Arcy-sur-Aube, colonel des grenadiers de France, dont :

> 1º Pierre-Arnaud de la Briffe, colonel de dragons, épousa en 1814 Marie-Geneviève-Joséphine *de Canclaux*, veuve du comte *de Colbert*, pair de France, dont Arnaud-Camille et Louis-Arnaud de la Briffe ;
>
> 2º Angélique-Marie-Élisabeth de la Briffe, mariée en 1796 à Louis-Antoine *de Padoue*, marquis de Seguins-Pazzi ;
>
> 3º Antoinette-Mélanie de la Briffe, mariée en 1797 à

Louis-Pharamond *Pandin*, baron de Narcillac, dont :
Louis-Pharamond-Léonce Pandin, comte de Narcil-
lac, capitaine de hussards, marié en 1825 avec
Claudine-Renée-Christine *Terray*, dont : Ernest et
Charles Pandin, nés en 1828 et 1832, et Agathe
Pandin, mariée en 1848 à Arnaud-Camille marquis
de la Briffe, de la branche de Ferrières.

4° THÉODORE DE CORNULIER.

Caroline-Germaine-Marie *de Sailly*, mariée le 27 avril 1840
avec Théodore-Gabriel-Benjamin-Charles de Cornulier-Lucinière, est fille unique d'Armand-Joseph vicomte de Sailly et
d'Anne-Marie-Louise-Alexandrine *du Faur* de Pibrac, dont
les auteurs et les collatéraux ont déjà été exposés au présent
degré, à l'article *du Faur*.

Armand-Joseph vicomte de Sailly était fils d'Armand-Léon
marquis de Sailly et de Charlotte-Henriette *de Cocqborne*, fille
elle-même de Henri de Cocqborne et de Jeanne *de Pâris*.

Armand-Léon de Sailly était fils de Charles-Joseph marquis
de Sailly et de Marie-Charlotte *Laisné de Sainte-Marie*.

DE SAILLY.

La maison de Sailly tire son nom de la terre de Sailly, au
bailliage de Mantes, qu'elle possède encore aujourd'hui. Elle
porte : *d'azur à la fasce d'or, chargée de trois croisettes de sable
et accompagnée de trois têtes de butor d'or*. Une autre famille
de Sailly existait autrefois en Picardie, et tirait son nom de la
terre de Sailly, en la châtellenie de Péronne; elle a donné un
lieutenant général célèbre sous Louis XIV, et portait : *d'azur à
trois aigles d'or éployées*. Selon les traditions de famille, ces
deux maisons n'en auraient fait qu'une à l'origine, et ce serait
par un pur caprice misanthropique qu'un Sailly du bailliage de
Mantes aurait substitué, dans le XIVe siècle, des têtes de butor
aux aigles des armes anciennes; quant à la fasce, elle était
déjà usitée dans sa branche comme brisure de puînesse.

En 1102, Baudouin, sire de Sailly en Picardie, est mentionné parmi les chevaliers de haute marque (*milites primates*)
dans une charte de l'abbaye de Bornhem. En 1106, Bernardin,
sire de Sailly, est qualifié chevalier dans la charte de dédicace
de l'abbaye d'Arouaïse, voisine du château de Sailly. Selon
plusieurs auteurs, Gilbert de Sailly fut le quatrième grand
maître de l'ordre de Saint-Jean de Jérusalem, en 1167.
Thibaud de Sailly accompagna Philippe-Auguste à la croisade
de 1191. Raoul de Sailly fit des donations aux moines de
Juziers en 1254.

Jean de Sailly, chevalier, vivant en 1400, seigneur de Sailly dans le Vexin français, de Guytrancourt, de Beuil, de Gérinville, etc., est auteur des quatre principales branches de cette famille, qui sont :

1º La branche de Sailly-Sailly, qui suit, dont nous ne prendrons la filiation qu'au VII° degré à partir de celui qui précède ;

2º La branche des seigneurs de Tilleuse, finie dans la personne de Charles de Sailly, aumônier de la Dauphine, chanoine et grand chantre de la Sainte-Chapelle de Paris, abbé de Vaux, prieur de Marbos, commandeur de Saint-Lazare et du Mont-Carmel, mort le 9 juillet 1769 ;

3º La branche de Saint-Cyr, de laquelle était Élisabeth de Sailly, abbesse de l'abbaye royale de Saint-Denis de Vernon, morte en 1778 ;

4º La branche d'Anneau, dont il n'est resté qu'une seule fille, Marie-Armande de Sailly, mariée à Emmanuel-Claude *Testu de Balincourt*, dont postérité.

VII. Antoine de Sailly, chevalier, seigneur de Sailly, gentilhomme de la maison du Roi, épousa en 1638 Jeanne *de Marvilliers*, veuve de Rolland *de la Chaussée*, chevalier, seigneur de Theuvy, près Chartres, et qui eut cette dernière terre pour ses reprises, dont :

1º Jean-Armand, qui suit ;

2º Madeleine-Yolande de Sailly, mariée en 1663 à Charles *le Sart*, chevalier, seigneur de Primont, gentilhomme ordinaire de la chambre du Roi.

VIII. Jean-Armand de Sailly, seigneur de Sailly et de Theuvy, capitaine d'infanterie, épousa en 1660 Jeanne *de Guéry*, dont :

1º François-Louis, qui suit ;

2º Marguerite de Sailly, mariée en 1711 à Claude-Robert *de Gogué*, chevalier, seigneur de Moussonvilliers, capitaine d'artillerie ;

3º Marie et Jeanne de Sailly, religieuses à Saint-Cyr.

IX. François-Louis de Sailly, seigneur de Sailly et de Theuvy, page du Roi, puis écuyer du duc du Maine, épousa en 1698 Jeanne-Michelle *le Sart*, fille de Charles le Sart, seigneur de Primont, lieutenant de Roi en Cambrésis et en Hainault, gouverneur du Catelet, chambellan du duc d'Orléans, et d'Antoinette-Caroline le Sart, dont :

1º Charles-Joseph, qui suit ;

2º Jean-François de Sailly, seigneur de Berval, auteur d'une branche établie à Candé, en Anjou, et bisaïeul de Théo-

dore de Sailly, son seul représentant mâle actuel, marié,
sans enfants, avec Aurélie *de Bizemont*, comme il a déjà
été dit au présent degré, à l'article *d'Hallot*.

3° Alexandre de Sailly, capitaine au régiment de Navarre,
tué à Prague.

X. Charles-Joseph de Sailly, seigneur de Theuvy, capitaine
au régiment de marine-infanterie, chevalier de Saint-Louis,
commissaire d'artillerie, mort à Theuvy en 1785, épousa à
Orléans, le 25 juin 1742, Marie-Charlotte *Laisné de Sainte-
Marie*, dont :

1° Charles-Léon de Sailly, officier aux gardes françaises,
mort sans postérité en 1764;

2° Armand-Léon, qui suit;

3° Charlotte-Thérèse de Sailly, mariée en 1769 à Claude
de Loynes, seigneur d'Auteroche, de la Porte, etc., morte
sans postérité en 1833.

XI. Armand-Léon marquis de Sailly, né en 1747, seigneur
de Theuvy, Achères, la Bouillère, etc., mousquetaire gris,
puis, en 1776, lieutenant des maréchaux de France à Chartres,
chevalier de Saint-Louis, mort en 1829; avait épousé à Chartres,
le 6 septembre 1773, Charlotte-Henriette *de Cocqborne*, fille et
unique héritière de Henri de Cocqborne, seigneur d'Orval, près
Houdan, brigadier des mousquetaires gris, chevalier de Saint-
Louis, et de Jeanne-Geneviève-Louise *de Pâris*. Henriette de
Cocqborne est morte à Orléans en 1839, laissant deux garçons
et cinq filles, qui suivent :

1° Armand-Charles marquis de Sailly, né le 29 mai 1777,
épousa : 1° le 28 mars 1805, Clotilde-Élisabeth *de Bar-
ville*, morte en 1842; 2° Élisabeth *Hue de Caligny;* sans
postérité;

2° Armand-Joseph vicomte de Sailly, né le 29 mai 1787,
chevalier novice de l'ordre de Malte, mort le 6 mai 1825,
épousa le 11 février 1813 Anne-Marie-Louise-Alexandrine
du Faur de Pibrac, déjà mentionnée précédemment,
dont une fille unique :

Marie-Germaine-Caroline de Sailly, mariée le 27 avril
1840 à Théodore-Gabriel-Benjamin-Charles *de Cornulier-Lucinière;*

3° Charlotte-Henriette de Sailly, née le 15 décembre 1774,
chanoinesse honoraire de Poulangy, morte en 1824, mariée le 30 décembre 1798 à Armand-Joseph marquis *de
Buchepot*, veuf sans enfants de Gabrielle-Marie *de Bar-
bançois*, et mort en 1814, dont :

1° Aurélie de Buchepot, religieuse de Saint-Vincent-
de-Paule en 1826;

2° Ernest marquis de Buchepot, mort en 1853, marié en 1825 à Céleste *de Massol,* dont :

Paul de Buchepot, né en 1829, marié en 1850 à demoiselle *Maingre de Noras,* dont postérité;

4° Marie-Joséphine de Sailly, née le 19 mars 1779, dite Mlle d'Orval, morte en 1810, épousa en 1801 Armand-Cyr, comte *de Martel,* ancien officier aux gardes françaises, mort en 1816, dont :

1° Armand-Louis-Raoul de Martel, né en 1805, marié en 1845 avec Marguerite *de Chastenet de Puységur,* dont postérité;

2° Arthur-Charles de Martel, né en 1808;

3° Anaïs de Martel, mariée en 1822 à Charles-Joseph-Véran comte *de Grasse* (voyez VII° degré de la branche *aînée,* article *le Sénéchal*), dont un fils, marié en 1854 à Marie *de Cherisay,* et une fille mariée à M. *le Prevost d'Iray.*

5° Alexandrine-Louise-Thérèse de Sailly, née le 28 mai 1782, dite Mlle d'Achères, chanoinesse honoraire de Poulangy, mariée en 1802 à Marie-Louis-Honoré *Mac-Ghuire,* marquis de Crux, sous-gouverneur des pages du Roi, mort en 1841, dont :

1° Adelphe-Armand Mac-Ghuire, comte de Crux, marié en 1838 avec Éliane *Le Prêtre de Thémèricourt;*

2° Alfred Mac-Ghuire de Crux, né en 1813, marié en 1844 avec Gabrielle *d'Amonville;*

3° Zénaïde Mac-Ghuire de Crux, mariée en 1821 au vicomte Ernest *de Salvert,* écuyer de main du Roi, dont une fille mariée en 1851 à M. *d'Amonville,* frère de sa tante;

4° Nathalie Mac-Ghuire de Crux, mariée en 1832 au comte Auguste *Le Bastier de Rainvilliers;*

6° Alexandrine-Charlotte-Louise-Thérèse de Sailly, née le 4 décembre 1784, mariée le 22 octobre 1804 à Joseph *Bertrand,* chevalier, comte de Beuvron, dont :

1° Elphège-Louis *Bertrand de Beuvron,* né en 1812, page du roi Charles X, marié en 1845 avec Marie-Florine *de Bonnecaze-Baas;*

2° Eugène-Henri Bertrand de Beuvron, né en 1816, entré dans la compagnie de Jésus et ordonné prêtre en 1847;

3° Charles-Gustave Bertrand de Beuvron, né en 1820, marié en 1850 avec Isabelle *de la Bourdonnaye-Boisry;*

4º Henri-Joseph Bertrand de Beuvron, né en 1822, ordonné prêtre en 1847, chanoine de la cathédrale d'Orléans ;

5º Anatole-Joseph-Marie Bertrand de Beuvron, né en 1827 ;

6º Alphonsine-Charlotte Bertrand de Beuvron, née en 1807, sans alliance ;

7º Émilienne-Marie Bertrand de Beuvron, née en 1809, mariée en 1830 au comte Léon *d'Anglars*, sans postérité ;

7º Caroline-Joséphine de Sailly, née le 26 août 1790, mariée en 1822 à Benjamin-Casimir-Zacharie marquis *de Vassan*, capitaine-commandant dans la garde royale, chevalier de Saint-Louis et de Malte, sans postérité.

DE COCQBORNE.

La famille de Cocqborne ou *de Cockburn*, originaire d'Écosse, pairs et grands chambellans héréditaires dudit royaume, est issue en ligne directe de Guillaume de Cockburn, baron de Longton, qui vivait en 1316, sous le règne de Robert Bruce. La branche aînée subsiste toujours en Angleterre, où elle était représentée en 1815 par l'amiral Cockburn, qui conduisit Napoléon à Sainte-Hélène. Cette maison porte : *de gueules à trois coqs d'or, 2 et 1 ; au cœur de même en abîme.*

Les premiers qui s'établirent en France furent Robert de Cocqborne et Patrix, son frère ; ils y vinrent à la suite de Marguerite d'Écosse, première femme de Louis XI. Robert fut abbé de Saint-Malo, trésorier de la Sainte-Chapelle de Paris, aumônier du Roi, évêque de Ross, et enfin nommé à l'archevêché de Bourges, dont il allait prendre possession lorsqu'il fut surpris par la mort.

Patrix, lieutenant des cent gendarmes écossais de la garde du Roi, fut père de Georges de Cocqborne, chevalier, seigneur d'Orval, près Houdan, conseiller et chambellan du Roi, capitaine des cent gendarmes écossais de sa garde. Il épousa Marguerite *de Rouxellay*, dont il eut deux fils :

1º Jean, seigneur d'Orval, dont est issue au VIIᵉ degré Charlotte-Henriette de Cocqborne, dame d'Orval, unique héritière de sa branche, mariée en 1772 à Armand-Léon marquis *de Sailly* ;

2º Autre Jean de Cocqborne, archer de la garde écossaise, auteur de la branche des vicomtes de Fussy en Berry, de laquelle est sortie celle des seigneurs de Villeneuve en Bourgogne.

DE PARIS.

La famille de Pâris, originaire de Paris, a donné au parlement de cette ville quantité de conseillers et de présidents depuis l'an 1260 ; le catalogue de Blanchard est rempli de leurs noms. La branche des seigneurs de la Brosse, près Montereau-faut-Yonne, marquis de Monceaux, qui a survécu aux autres, a été également distinguée dans la chambre des Comptes. Cette famille porte : *d'azur à la fasce accompagnée en chef de trois roses, et en pointe d'une tour, le tout d'or.*

Charles de Pâris, marié avec Françoise *Recoquillé*, morte à Chartres en 1799, en eut : Jeanne-Geneviève-Louise de Pâris, femme de Henri *de Cocqborne*, seigneur d'Orval (fils de Charles de Cocqborne et d'Henriette *de la Forest*), et un fils qui ne laissa lui-même que trois filles, savoir :

1° Demoiselle de Pâris, mariée à M. *de la Malmaison*, dont Édouard de la Malmaison et Ernestine de la Malmaison, mariée à M. *Patas d'Illiers*, dont Ernest et Arthur Patas d'Illiers, et Laurence Patas d'Illiers, mariée à M. *du Pré de Saint-Maur;*

2° Demoiselle de Pâris, mariée au comte *Drouin de Rocheplatte*, maire d'Orléans sous la Restauration, dont Albert de Rocheplatte, marié à demoiselle *Crublier de Fougères*, et Nathalie de Rocheplatte, mariée au comte *d'Aboville*, pair de France;

3° Demoiselle de Pâris, mariée à M. *de Villemotte*, dont un fils, et Élisa de Villemotte, mariée au comte *d'Ambrun.*

LAISNÉ.

La famille Laisné porte : *de gueules à deux tours d'argent posées sur une plate-forme de même; au chef d'or chargé de trois demi-vols de sable.*

Joseph Laisné, écuyer, seigneur de Sainte-Marie, trésorier de France et général des finances à Orléans, épousa Claude-Charlotte *de Mareau*, d'une ancienne famille d'Orléans, seigneurs de la Renardière, de Pully, de Ville-Regis, etc., qui porte : *d'or à trois trèfles de sinople.* Le chanoine Hubert remonte sa filiation suivie à l'an 1230 ; mais Guyot de Mareau, seigneur de Pully, fut anobli par Charles VII, en récompense des services qu'il avait rendus pendant le siège d'Orléans, par lettres données à Jargeau le 5 mai 1430, confirmées par autres lettres de 1513. Du mariage de Joseph Laisné avec Claude-Charlotte de Mareau vinrent deux fils et une fille : Joseph et Gabriel Laisné, sur lesquels nous allons revenir, et Marie-Charlotte Laisné de Sainte-Marie, mariée le 25 juin 1742 à

Charles-Joseph marquis *de Sailly*, comme on l'a dit plus haut.

Gabriel Laisné de Sainte-Marie, officier au régiment de Crussol-cavalerie, épousa le 7 avril 1761 Marie-Thérèse *Painchereau du Solay*, dont il eut deux fils :

1° André-Gabriel Laisné de Sainte-Marie, officier au régiment d'Orléans-infanterie, épousa le 9 novembre 1790 Madeleine-Félicité *Tassin-Seurat*, dont : 1° Augustin-Gabriel-Amédée Laisné de Sainte-Marie, né en 1793, président à la cour d'Orléans, non marié ; 2° Madeleine-Émilie-Clotilde Laisné de Sainte-Marie, née en 1810, mariée en 1830 à Marie-Adolphe *Guyon de Guercheville*, son cousin, comme on le dira ci-après ;

2° Gabriel-Jacques Laisné de Villévêque, député du Loiret, épousa le 12 juillet 1791 Marie-Madeleine-Pauline *Miron*, dont : 1° Athanase-Gabriel Laisné de Villévêque, consul de France dans l'Amérique centrale, mort non marié ; 2° Abel-Gabriel Laisné de Villévêque, sans alliance ; 3° Marie-Élisabeth-Stéphanie Laisné de Villévêque, mariée à M. *de Bercy*, sans postérité.

Joseph Laisné, seigneur de Saint-Péravy, aîné, officier au régiment de Chabot-cavalerie, épousa le 1er mars 1751 Adélaïde-Madeleine-Claude *Baguenault*, dont :

1° Alexandre-Joseph Laisné de Saint-Péravy, officier de cavalerie, mort en 1782, non marié ;

2° Marie-Sophie, qui suit ;

3° Marie-Élisabeth-Adélaïde, mariée à Jean-Baptiste *Roussel*, marquis de Courcy, sur laquelle nous reviendrons ;

Marie-Sophie Laisné de Saint-Péravy, mariée le 20 mai 1783 à Armand-Jacques-François *Guyon*, marquis de Guercheville, seigneur de Dizier, Courbouzou, etc., officier aux gardes françaises, en eut sept enfants, qui suivent :

1° Édouard-Jacques-Paul Guyon, marquis de Guercheville, épousa en 1811 Jeanne-Louise *de Ribeyreys*, dont deux filles : Marie-Louise Guyon, née en 1812, mariée en 1832 à Achille *Bigot*, baron de Morogues, lieutenant de vaisseau ; et Marie-Armande-Octavie Guyon, née en 1816, mariée en 1836 au comte *Brochard* de la Roche-Brochard, lieutenant de vaisseau ;

2° Armand-Charles-Frédéric Guyon de Guercheville, né en 1789, épousa à Rouen, en 1819, Rosalie-Fanny *Coigniard de Saint-Étienne*, dont Henri Guyon, marié en 1848 avec Maximilienne *de Broyes* ;

3° Marie-Charles-Floriselle Guyon de Guercheville, né en

1797, épousa en 1824 Aménaïde *de Brossard*, dont :
1° Léonce Guyon, marié avec Joséphine *Douffières;*
2° Gaston; 3° Lucie Guyon ;

4° Marie-Adolphe Guyon de Guercheville, né en 1799,
épousa en 1830 Madeleine-Émilie-Clotilde *Laisné* de Sainte-
Marie, sa cousine, comme on vient de le dire, dont :
1° Maxime Guyon, né en 1843 ; 2° Sara Guyon, née en
1833, mariée en 1853 à René *de Bazonnière;* 3° Méline
Guyon, née en 1839, mariée en 1858 à M. *de la Fontaine*
de Follin ;

5° Eugénie-Joséphine Guyon de Guercheville, mariée en 1806
à Charles-François *de Lockhart,* dont un fils mort en bas âge ;

6° Marie-Éléonore-Coraly Guyon de Guercheville, mariée
en 1804 à Anne-Gabriel *du Breuil du Bost,* comte de
Gargillesse, dont : 1° Charles-Marie-Ludovic du Breuil
du Bost, vicomte de Gargillesse, marié en 1836 avec Clémentine *de la Barre* (voyez au présent degré, article *de la
Barre*); 2° Marie-Armande-Irène de Gargillesse, mariée
en 1827 à Paul *Bigot,* baron de Morogues, dont : Alexandre
Bigot de Morogues, officier de cavalerie; Marguerite Bigot
de Morogues, mariée en 1856 à M. *Donjon* de Saint-Martin,
morte sans postérité ; et Jeanne Bigot de Morogues, mariée
en 1859 à M. *Robert* de Beauregard ;

7° Marie-Joséphine-Laure Guyon de Guercheville, mariée
en 1813 à Eugène-Valentin *d'Oberlin,* baron de Mittersbach,
colonel, pair de France, dont : 1° Gaston d'Oberlin, né
en 1817; 2° Octave d'Oberlin, marié en 1850 avec Clotilde
Pinon.

Marie-Élisabeth-Adélaïde Laisné de Saint-Péravy, mariée le
6 octobre 1789 à Marie-Jean-Baptiste *Roussel,* marquis de
Courcy, en eut six enfants, qui suivent :

1° Paulin Roussel, marquis de Courcy, mort en 1860, épousa
en 1822 Aglaé-Eugénie-Louise *de Montbel,* dont : 1° Marie-
Maurice Roussel de Courcy, maréchal des logis de spahis,
chevalier de la Légion d'honneur, mort en 1847, sans
alliance ; 2° Marie-René Roussel de Courcy, diplomate,
chevalier de la Légion d'honneur, marié en 1858 avec
demoiselle *d'Espinois;* 3° Marie-Roger Roussel de Courcy,
marié en 1857 avec Berthe *de Saint-Germain;* 4° Marie-
Marthe Roussel de Courcy, mariée en 1846 à Gaston
le Blanc, baron de Cloys, morte en 1853, laissant un garçon et deux filles ;

2° Pierre-Léon Roussel, comte de Courcy, épousa en 1824
Julie-Adèle *de Néverlée,* dont : 1° Philippe-Marie-Henri
Roussel de Courcy, né en 1827, capitaine de chasseurs à

pied, marié en 1857 avec Marie-Mathilde-Henriette *de Goyon*, fille du lieutenant général (voyez VIIIe degré de la branche de *la Caraterie*); 2° Ernest Roussel de Courcy, né en 1829, officier de chasseurs à cheval; 3° Marie-Édith Roussel de Courcy, mariée en 1845 à Jean-François-Albert *du Pouget*, marquis de Nadaillac, dont deux fils et une fille;

3° Adalbert Roussel, vicomte de Courcy, né en 1805, mort en 1844, épousa en 1833 Zoé *de Biencourt*, dont : Maxime et Georges Roussel de Courcy, officiers dans l'armée;

4° Esther Roussel de Courcy, mariée en 1810 à M. *Miron* de l'Espinay, procureur général à Orléans, dont : 1° Gonzalve Miron, conseiller à la cour d'Orléans, marié avec Mélanie *Renoult*, dont trois fils; 2° Maurice Miron, capitaine de gendarmerie; 3° Aurélie Miron, mariée à Édouard *de Nazon*, dont Esther de Nazon, mariée à M. *de Maindreville*; 4° Félicie Miron, mariée à Anatole *de Bretagne*; 5° Charlotte Miron, mariée à Émile *Sarrebourse* de la Guillonnière;

5° Élise Roussel de Courcy, mariée en 1811 à M. *de Lange* de Sandray, dont : 1° Delphine de Lange, morte en 1850, mariée à Eugène *de Bazonnière*, dont un fils et une fille; 2° Laure de Lange, mariée à Léopold *Jacques* de Mainville, dont deux filles.

6° Euphrosine Roussel de Courcy, mariée en 1812 à Victor *Bodin* de Boisrenard, dont : Valentine Bodin de Boisrenard, mariée en 1833 à Édouard *Berthier* de Grandry, dont Raymond Berthier de Grandry, et Édith Berthier de Grandry, mariée en 1858 à Albert *de Bengy* de Puyvallée, comme on l'a déjà dit au présent degré, à l'article *d'Hallot*; 2° Stéphanie Bodin de Boisrenard, mariée à Alphonse *de Champeaux* de la Boulaye, dont quatre garçons et deux filles; 3° Marie Bodin de Boisrenard, mariée à Fernand *Baguenault* de Puchesse, dont un garçon et une fille.

5° ALFRED DE CORNULIER.

Marie-Alfred-Ernest de Cornulier de Lucinière, né au château de Lucinière, commune de Joué-sur-Erdre, le 15 janvier 1822, contracta un engagement volontaire le 10 novembre 1840, et fut admis comme élève, avec le n° 135, à l'école spéciale militaire de Saint-Cyr, le 20 novembre 1840; il en sortit, avec le n° 23, le 1er octobre 1842.

Nommé sous-lieutenant au 5e bataillon de chasseurs à pied, il rejoignit ce corps, alors en Afrique et commandé par M. Certain de Canrobert, depuis maréchal de France, et prit part, sous ses ordres, à plusieurs expéditions dans les provinces

d'Alger et d'Oran. Son chef ayant remarqué son intelligence
militaire et son entrain au feu, le désigna au choix du lieutenant général de la Moricière, qui lui avait demandé un officier d'ordonnance.

Nommé, le 25 janvier 1846, lieutenant au 6ᵉ bataillon de
chasseurs à pied, il n'en resta pas moins attaché à l'état-major
du général commandant la division d'Oran et l'accompagna
constamment dans ses nombreuses expéditions. Le 23 mars
1846, il fit prisonnier de sa main un cavalier arabe, dans un
combat à l'arme blanche. Le 22 décembre 1847, il partit avec
le général de la Moricière pour les frontières du Maroc, lors
de l'expédition dirigée contre Abd-el-Kader, assista à la soumission de ce chef redoutable, et rentra en France avec son
général, qui obtint pour lui, en récompense de ses services, la
croix de la Légion d'honneur, le 23 janvier 1848.

Nommé capitaine au 3ᵉ bataillon de chasseurs à pied le 6 décembre 1850, puis adjudant-major au même corps le 17 novembre 1851, il fit partie de l'armée de Paris, puis fut embarqué
pour l'armée d'Orient le 19 mars 1854. Assista à la bataille de
l'Alma, sous les ordres du général Bosquet, et se distingua
par son intrépidité à celle d'Inkermann, où il reçut deux blessures graves et eut un cheval tué sous lui, et ne quitta néanmoins le champ de bataille que sur l'ordre formel du général
Canrobert.

Évacué sur l'hôpital de Constantinople, pour y guérir ses
blessures, il reçut la décoration du Medjidié de Turquie, et fut
nommé chef de bataillon au 50ᵉ régiment de ligne, le 28 décembre 1854; puis, le 27 janvier 1855, au commandement du
9ᵉ bataillon de chasseurs à pied.

Il rejoignit ce dernier corps sous les murs de Sébastopol, le
15 mars; assista dès lors à toutes les opérations du siége, et s'y
fit remarquer par son sang-froid et son brillant courage, tant
dans les combats que dans les gardes de tranchées, où il courut
les plus grands dangers. Son adjudant-major fut tué à ses
côtés, et lui-même couvert du sang d'un jeune officier du génie
pendant qu'ils s'entretenaient ensemble. Plusieurs fois il eut
ses habits percés de balles ou déchirés par des éclats de
bombes et d'obus.

Nommé au commandement du bataillon de chasseurs à pied
de la garde le 17 août 1855, il quitta le vieux siége, où il avait
été employé jusqu'alors, pour passer à l'attaque de droite, du
côté de la tour Malakoff. Le 8 septembre, ce bataillon d'élite
fut désigné pour l'assaut général, et placé en réserve derrière
les parallèles occupées par la division Dulac, en face du petit
Redan. Le commandant de Cornulier, enveloppé dans sa cri-
méenne, paraissait absorbé dans une profonde méditation;
les bombes et les obus pleuvaient autour de lui : il n'y prenait
pas plus garde, raconte son chirurgien-major, que si c'eussent
été des boules de neige. L'ordre d'attaquer arrive; il jette son

manteau, paraît en grande tenue, et, l'épée à la main, enlève ses chasseurs avec un admirable élan. Il franchit successivement, au pas de course, six parallèles, remplies de nos soldats, sous une grêle de balles et de mitraille, sans jamais souffrir que personne le devance. Toujours le premier, il gravit la *batterie noire*, établie par les Russes sur la courtine qui relie le petit Redan à Malakoff; escalade le parapet, et de là, brandissant son épée, crie à ses chasseurs : *En avant!* Mais, au même instant, frappé de plusieurs balles, à bout portant, il roule sans vie au fond du fossé.

Son épée, enlevée à sa main mourante, fut plantée sur le parapet russe, et servit de point de ralliement à son bataillon jusqu'au moment où elle fut brisée par un boulet ennemi.

Sur mille combattants environ, le bataillon de chasseurs de la garde avait eu 450 hommes hors de combat, quatre officiers tués et d'autres mourants à l'ambulance. Le corps d'Alfred y fut porté le lendemain. « Ce pauvre M. de Cornulier, dit « M. Humbert de Lambilly, avait sur sa figure, après sa mort, « un air de sérénité ineffable ; il était si calme, qu'il paraissait « dormir : son bras droit était encore tendu comme lorsqu'il « avait brandi son épée, et son bras gauche, encore à moitié « plié, avait la position qu'il occupait lorsqu'il montrait de la « main gauche les Russes à ses soldats. »

Le 10, il fut inhumé dans le cimetière de la Garde, situé tout près du champ de bataille d'Inkermann, où il s'était si particulièrement distingué, à trois cents mètres, environ, du point où la route de Woronzoff commence à descendre du plateau dans la plaine de la Tchernaïa, entre Sébastopol et cette rampe, sur les premières pentes qui terminent le plateau supérieur. Ce cimetière a été entouré d'un petit mur. Le tombeau d'Alfred est bâti en pierre et en chaux ; c'est un carré posé sur une marche qui déborde tout à l'entour. Il est recouvert d'une pierre de marbre de Marmara, blanche, mais rude et peu lisse ; on y a gravé l'inscription suivante :

✝

ALFRED COMTE DE CORNULIER-LUCINIÈRE,
COMMANDANT LES CHASSEURS A PIED DE LA GARDE,
TUÉ A L'ASSAUT DE SÉBASTOPOL.

PRIEZ POUR LUI.

Quoniam in me speravit, liberabo eum.

Le corps, renfermé dans une châsse de sapin, présente les pieds du côté de la vallée de la Tchernaïa ; on lui a laissé au doigt sa chevalière.

M. Koch, capitaine aux grenadiers de la garde, disait :
« Quand on apprit la mort de Cornulier, ce fut un deuil général
« dans l'armée d'Orient : depuis le général en chef jusqu'au
« dernier soldat, il jouissait de l'estime et de l'affection géné-
« rale; nul officier n'a été plus sincèrement regretté; il était
« destiné à fournir la plus brillante carrière; il n'avait pas un
« envieux. A la bataille d'Inkermann, tout le monde avait mis
« pied à terre pour se dérober à la terrible mitraille des
« Russes; seul de toute l'armée, il eut l'audace de rester à
« cheval au milieu de cet ouragan de fer : il excita l'admiration
« de tous. »

« Vous avez fait une grande perte, nous disait un de ses
« chasseurs, et nous aussi; le bataillon ne l'oubliera pas plus
« que sa famille : ah! croyez-bien que ce n'est pas notre faute
« si nous ne vous l'avons pas ramené, mais il était trop
« brave! »

Un autre chasseur, interrogé sur son commandant, se re-
cueille un instant, et répond d'une voix solennelle d'abord,
émue ensuite : « *Il était brave!..... il était juste!......et il*
« *était bon!* »

Quelques mois avant sa mort, le colonel de Castagny disait
à Thornton : « Cornulier est un homme exceptionnel. Rap-
« pelez-vous ce que je vous dis; s'il n'est pas tué ici, c'est un
« homme qui marquera en France. »

Le général Mellinet écrivait à M. de Bouteiller : « Ce brave
« jeune Alfred de Cornulier, comme il est mort vaillamment,
« l'épée à la main, à la tête de son bataillon, qui venait de
« prendre la courtine de Malakoff! J'avais passé toute la journée
« de la veille avec lui; et, lorsqu'il est parti pour s'engager
« avec son bataillon, je lui pressai encore fortement la main
« en lui souhaitant une chance qu'il n'a pas eue, le digne et
« valeureux garçon. »

Le général Trochu, sous les ordres immédiats duquel Alfred
servait au siége de gauche, écrivait à Mᵐᵉ Legendre : « C'était
« un noble cœur, une âme pleine d'élévation, un officier ac-
« compli, et la perte de ce vaillant jeune homme, qu'attendait
« un grand avenir, est l'une des plus irréparables que le pays
« et l'armée aient faites devant Sébastopol, où tant de braves
« gens ont succombé. »

Le même écrivait encore à Mᵐᵉ de Cornulier : « ..... Com-
« mandant sous mes ordres une troupe dont il avait fait une
« élite; aimé de tous, honoré de tous pour sa brillante valeur
« et l'élévation de son caractère, votre mari, Madame, était
« mon ami et comme mon enfant. J'éprouvais une vive satis-
« faction à penser que je contribuerais au développement de
« cette belle carrière, et quand, sur sa réputation, il fut arraché

« à mon affection pour aller servir loin de moi, j'en fus, et je
« crois qu'il en fut, mortellement affligé. On ne se séparait
« jamais d'un ami dans cette guerre terrible sans avoir de
« douloureux pressentiments d'une séparation éternelle; et
« quand il vint me faire ses adieux, quand je lui donnai l'ac-
« colade militaire, j'eus la pensée que l'un de nous ne reverrait
« pas ses foyers. Cette pensée, qui m'obsédait, s'est hélas réa-
« lisée; et, au milieu des périls communs, Dieu a voulu appeler
« à lui celui qui, bien plus jeune, n'eût pas dû être appelé le
« premier.

« On ne parle pas à une épouse et à une mère des gloires
« qui ont environné la mort de son mari; mais nous, Madame,
« qui sommes des soldats, nous éprouvons quelque consolation
« à la pensée qu'un compagnon d'armes, un ami, est descendu
« dans la tombe entouré de tant d'honneurs et de regrets.... »

Enfin, le R. P. de Damas, aumônier de l'armée d'Orient,
écrivait à Mᵐᵉ de Grandville et à Mᵐᵉ la marquise de Mon-
teynard : « L'Écriture dit que l'âme de David se colla à celle
« de Jonathas, pour exprimer la force du lien qui unissait les
« deux amis : je crois que quelque chose de semblable s'était
« opéré entre l'âme de M. de Cornulier et la mienne. Je me
« rappelle son souvenir avec bonheur; je me réjouis d'avoir
« pu contribuer à entretenir la blancheur de cette âme toute
« bretonne, et je me promets une grande jouissance pour le
« moment où Dieu nous permettra de nous voir dans le ciel.
« Je sens que j'ai besoin de le retrouver, et je suis bien sûr
« qu'il me verra venir avec une vraie joie. Le bon Dieu nous
« avait unis par les rapports les plus intimes qui puissent
« exister sur la terre, ceux de la conscience. »

La vie d'Alfred en Afrique et surtout pendant la campagne
d'Orient, a présenté un assez grand nombre d'épisodes inté-
ressants : nous nous proposions de les consigner ici, aussi
bien que les nombreux témoignages de haute estime qu'il avait
su conquérir dans l'armée; mais on a préféré consacrer à ces
souvenirs un recueil spécial et à part, qui permît de les reproduire intégralement, de manière à faire connaître complétement un caractère qui ne peut que gagner à être exposé sous
toutes ses faces. Cependant, nous n'abandonnerons pas ce qui
le concerne sans dire ce qu'il fut sous un rapport d'autant plus
appréciable qu'il est moins commun.

La bravoure est une vertu militaire commune à toutes les
armées, remarquable dans la nôtre, et dont Alfred a donné
plus particulièrement l'exemple. Le courage des principes, la
fermeté des sentiments et des convictions, est une vertu plus
rare parmi nous, où le désir d'obtenir les honneurs l'emporte
trop souvent sur le besoin de les mériter. Alfred possédait cette
union si rare d'un beau courage et d'un beau caractère; la
générosité de son cœur et sa loyauté éclatèrent particuliè-

rement dans deux circonstances graves, où la fermeté de son langage pouvait compromettre sa carrière.

Immédiatement après le coup d'État du 2 décembre 1851, des registres furent envoyés dans tous les corps pour y faire signer aux officiers leur adhésion au nouveau 18 brumaire. Alfred refusa noblement d'y apposer sa signature, quelques instances que lui fissent ses camarades et son chef de bataillon, lui représentant qu'il perdait son avenir. Son chef de bataillon, appelé au ministère de la guerre pour donner des explications sur ce refus exceptionnel, répondit : Cet officier est le meilleur de mon bataillon ; mais ayant été attaché pendant plusieurs années à la personne du général de la Moricière, il répugne à sa délicatesse de s'associer à une mesure qui le frappe d'exil.

Les choses en restèrent là pour un temps, et Alfred n'en fut que plus estimé et respecté dans son bataillon, où l'on ne laissait pas que d'éprouver de l'humiliation pour l'armée d'avoir arrêté ses plus glorieux généraux. Toutefois, le souvenir de ce refus ne s'était pas perdu dans les hautes sphères de l'armée, comme il parut dans la circonstance suivante.

Alfred écrivait, en date devant Sébastopol, le 28 août 1855, au moment où il venait d'être nommé, par le général Pélissier, au commandement des chasseurs à pied de la garde impériale :

« Je me présentai d'abord chez le général de Martimprey, chef d'état-major général, et je me plaignis à lui de ce qu'on m'avait choisi pour un poste qui me convenait si peu. Il me répondit que le général en chef avait tout pesé, et qu'il ne s'était arrêté à la détermination qui me concernait qu'en parfaite connaissance de cause.

« De là je fus faire mes visites d'arrivée, d'abord à mon nouveau général de brigade, M. de Pontèves, que j'ai connu jadis à Oran ; ensuite au général Mellinet, qui devient mon général de division, et enfin au général en chef de la garde, M. Regnault de Saint-Jean-d'Angely. En m'entendant annoncer, celui-ci prit un air des plus graves et des plus soucieux, et me conduisit dans un coin mystérieux et retiré de sa baraque, où j'eus à subir l'interrogatoire suivant :

« — Aviez-vous demandé à venir dans la garde?

« — Non, mon général.

« — Aviez-vous le désir d'y être admis?

« — Non, mon général.

« — On m'a dit que vous étiez parent du général de la
« Moricière. Cet officier général a des opinions hostiles au
« gouvernement: si vous les partagiez, ce serait fâcheux ; car,
« dans la position que vous allez occuper, vous aurez de
« doubles devoirs à remplir, d'abord ceux qui sont imposés à
« tout officier, et ensuite des obligations plus étroites envers la
« personne du souverain, pour laquelle chaque officier de la
« garde doit professer un attachement tout particulier.

« — Je ne suis pas parent du général de la Moricière, mais
« j'ai eu l'honneur de faire partie pendant trois années de son
« état-major. Je ne partage 'pas ses opinions politiques ; mais
« j'appartiens à une famille qui en professe d'autres qui ne
« sont pas davantage dans le sens du gouvernement, et je
« déclare en toute franchise que mes sympathies personnelles
« sont de ce côté. Je ferai mon devoir en toute circonstance
« comme il convient à un officier d'honneur ; mais je déclare
« nettement que je n'éprouve pour le chef actuel de l'État
« aucun sentiment d'attachement particulier. »

« Mon vieux général semblait très-malheureux de toutes
mes réponses. Quant à moi, j'étais posé en face de lui bien
carrément, parfaitement à l'aise, n'éprouvant aucun embarras
à satisfaire sa curiosité. Enfin, je fus congédié avec ces mots :
« — Je respecte, Monsieur, toutes les convictions ; mais il est
« regrettable qu'on ne consulte pas les officiers avant de les
« nommer aux emplois de la garde. »

« Je m'inclinai sans répondre, remontai à cheval, et arrivai
au camp de mon nouveau corps. »

Marguerite-Amélie *Law dé Lauriston*, mariée en 1846 avec
Marie-Alfred-Ernest de Cornulier, est fille de Louis-Georges
Law de Lauriston et d'Agnès *de Vernety*.

Louis-Georges Law de Lauriston était fils de John Law, baron de Lauriston, et de Jeanne *Carvalho*.

John Law était fils de William Law, baron de Lauriston, et
de Rebecca *Desves*.

Jeanne Carvalho était fille de don Juan-Alessandro Carvalho
et de Jeanne *de Saint-Hilaire*.

Agnès de Vernety est fille de Pierre-Jean-Baptiste-Dominique
de Vernety, marquis de Saint-Hubert, et de Marie-Anne-Joséphine *de Folard*.

Pierre-Jean-Baptiste-Dominique de Vernety était fils de Joseph-
Ignace de Vernety et de Marthe *de Roussel*.

Marie-Anne-Joséphine de Folard était fille de Hubert de
Folard et d'Agnès, baronne *de Mantica*.

LAW.

La famille Law, originaire de la vicomté de Fife, en Écosse,
porte : *d'hermines à la bande de gueules, accompagnée de deux
coqs de même, un en chef et l'autre en pointe ; à la bordure
engreslée aussi de gueules.* Avec cette devise : *Nec obscura, nec
ima.*

IV. James Law, baron de Brunton, archevêque de Glascaw de 1615 à 1632, épousa Margaret *Preston de Prestonhall*, dont il eut deux fils : l'aîné a continué la branche des barons de Brunton, restée en Écosse.

V. William Law, le second, acquit en 1683 la baronnie de Lauriston, dans le comté de Midlothian, et épousa Jeanne *Campbell*, issue de l'illustre maison des ducs d'Argyle, dont il eut onze enfants; entre autres :

1° John Law, baron de Lauriston, en Écosse; marquis d'Effiat, de Charleval et de Toucy, comte de Valançay et de Tancarville, en France, contrôleur général des finances sous le Régent, fameux par son système financier; épousa lady Catherine *Knollys,* troisième fille du comte de Bambury, dont il eut : John Law, baron de Lauriston, mort sans postérité, et Marie-Catherine Law, mariée au vicomte William *Wallingford*, son cousin, morte sans postérité en 1790.

2° André Law épousa la fille du comte *de Melvil,* et mourut sans postérité mâle.

VI. 3° William Law, né à Édimbourg en 1675, mort à Paris en 1752, hérita de la baronnie de Lauriston en 1734. Il épousa à Londres, en 1716, Rebecca *Desves,* de l'illustre maison *de Percy*, à laquelle appartiennent les ducs de Northumberland, dont il eut deux fils et neuf filles, entre lesquels :

1° John, qui suit;

2° James-Francis, qui suivra;

3° Jeanne-Marie Law, née en 1722, épousa : 1° en 1743, Jean-Jacques *de la Cour,* comte de Montcamp, seigneur de Viala; 2° le comte *de Bermondet.* Elle a laissé postérité;

4° Élisabeth-Jeanne Law, née en 1725, épousa François-Xavier *de Boisserolles,* conseiller à la cour des Comptes de Montpellier, dont postérité.

VII. John Law, baron de Lauriston, né en 1719, maréchal de camp, chevalier de Saint-Louis, gouverneur général des possessions françaises dans l'Inde, et commissaire plénipotentiaire du Roi en Orient, mort en 1796, épousa en 1755 Jeanne *Carvalho,* de la maison de Pombal, dont il eut, outre deux enfants morts en bas âge :

1° John-William Law de Lauriston, né en 1766, officier de la marine royale, mort en 1788, sur la frégate l'*Astrolabe,* dans l'expédition de la Peyrouse;

2° Jacques-Alexandre-Bernard Law, marquis de Lauriston,

né en 1768, pair et maréchal de France, mort en 1828, épousa Julie *le Duc,* fille de M. le Duc, maréchal de camp, dont deux fils et une fille, savoir :

   A. Auguste-Jean-Alexandre Law, marquis de Lauriston, maréchal de camp, pair de France, marié avec Jeanne-Louise-Délie *Carette,* morte en 1854, dont trois fils : Alexandre Law de Lauriston, marié avec Victorine *de Lanjuinais;* Charles Law de Lauriston, marié en 1852 avec Félicie *Pascal;* et Arthur Law de Lauriston ;

   B. Paul Law de Lauriston, officier de la garde royale, démissionnaire en 1830, non marié ;

   C. Coralie Law de Lauriston, mariée au comte *Hocquart de Turtot,* dont deux fils : Louis Hocquart de Turtot, capitaine d'artillerie, et Henri Hocquart de Turtot, lieutenant de vaisseau ;

3° Charles-Louis Law de Lauriston, né en 1769, chevalier de Malte, receveur général des finances, mort en 1849, épousa Agnès *de Boubers,* fille du marquis de Boubers et de Cunégonde *de Folard,* dont deux filles : Julie Law, sans alliance, et Augustine Law, mariée à M. *Pécoul,* créole de la Martinique ;

4° Joseph-Charles Law de Lauriston, né en 1770, non marié ;

5° Francis-John Law de Lauriston, né en 1771, établi en Angleterre, mort sans enfants ;

6° Louis-Georges Law, qui suit ;

7° Jeanne Law de Lauriston, née en 1757, mariée en 1777 au comte *Lopez de la Fare,* capitaine de cavalerie, d'une famille du comtat Venaissin, dont un fils mort sans postérité, et deux filles, l'une sans alliance, et l'autre mariée à M. *de Marquet,* dont : Constant de Marquet, colonel de cavalerie, et Clémence de Marquet, chanoinesse.

VIII. Louis-Georges Law de Lauriston, né en 1773, élève de la marine royale, chevalier de Saint-Louis et de la Légion d'honneur, receveur général des finances à Nantes, épousa à Paris, en 1806, Agnès *de Vernety,* fille de Pierre-Jean-Baptiste-Dominique de Vernety, marquis de Saint-Hubert, et de Marie-Anne-Joséphine *de Folard,* dont :

1° Gustave-Hyacinthe Law de Lauriston, né en 1806, colonel de cavalerie, marié à Esther *Mascarène de Rivière,* dont un fils ;

2° Georges-Alexandre-Auguste Law de Lauriston, né en 1808, receveur particulier des finances, puis frère de Saint-Vincent-de-Paule ;

3° Olivier-Hubert Law de Lauriston, né en 1809, capitaine

de frégate, chevalier de la Légion d'honneur, du Sauveur de Grèce et de Saint-Grégoire-le-Grand, mort sans alliance en 1859 ;

4° Hyacinthe-Étienne-François Law de Lauriston, né en 1816, capitaine au long cours, marié à Aline *Nourry*, dont trois enfants ;

5° Charles-François-Octave Law de Lauriston, né en 1825, ingénieur des ponts et chaussées, marié avec Marie *de Boubers ;* autorisée par ordonnance à ajouter le nom de Boubers à celui de Lauriston ;

6° Marie-Blanche Law de Lauriston, née en 1811, mariée à Jean *Marion*, baron de Beaulieu, maréchal de camp du génie, dont six enfants ;

7° Valentine-Marie Law de Lauriston, née en 1820, mariée à Ange-Bernard *Mercier de Boissy,* dont deux fils ;

8° Marguerite-Amélie Law de Lauriston, née le 3 avril 1823, mariée à Marie-Alfred-Ernest *de Cornulier de Lucinière.*

VII. James-Francis Law, comte de Tancarville, né en 1724, major général des troupes françaises dans l'Inde, chevalier de Saint-Louis, mort en 1767, épousa en 1751 Marie *Carvalho*, sœur de Jeanne Carvalho, mariée à son frère aîné, dont :

1° Jacques Law de Clapernou, né en 1758, officier dans l'armée française, épousa N***, dont trois fils :

   Jacques Law de Clapernou, colonel d'infanterie de marine ; Adrien Law de Clapernou, capitaine de corvette ; et Amédée-Joseph Law de Clapernou, né en 1805, commissaire de la marine à Pondichéry ;

2° Marie Law, née en 1752, mariée à M. *de Bruno*, dont postérité (voyez ci-après l'article *Folard*) ;

3° Françoise Law, née en 1754, mariée à Charles *Smith,* gouverneur de Madras, dont un fils qui a épousé en 1799 lady Anna *Wellesley,* sœur du duc de Wellington ;

4° Jeanne Law, née en 1757, mariée à Samuel *Johnson,* écuyer, conseiller de la présidence de Madras, dont postérité.

CARVALHO.

La maison de Carvalho, en Portugal, a surtout été illustrée par don Sébastien-Joseph Carvalho-Melho, comte d'Oyeras, marquis de Pombal, né en 1699, premier ministre de Portugal, auteur de l'expulsion des Jésuites. Don Diego de Carvalho-Cerqueira était envoyé extraordinaire de la Cour de

Portugal à Turin en 1681. Don Gonzalès-Joseph Carvalho-Patalin était marié en 1699 avec Marie-Claire de Bretagne-Avaugour.

DE VERNETY.

La famille de Vernety, autrefois *de Vernet*, porte : *d'or à un arbre de sinople sur une terrasse de même; au lion de gueules grimpant contre le fût de l'arbre.* Elle est originaire de Privas, en Vivarais, et s'est établie à Sorgues, dans le comtat d'Avignon, vers le milieu du XIV° siècle. Le cardinal *Bernetti*, mort de nos jours, appartenait à une branche italienne de cette famille, le *b* et le *v* s'employant indifféremment dans les idiomes du Midi.

Cette famille a été reconnue noble d'extraction par rescrit du pape Benoît XIV, confirmé par un bref du pape Pie VI, lorsqu'il érigea, le 15 novembre 1787, le fief de Saint-Hubert, près Sorgues, en titre de marquisat en faveur de Pierre-Jean-Baptiste-Dominique de Vernety, et par un autre bref du 3 mars 1789, portant érection en titre de comté de la terre de Vaucrose, au comtat Venaissin, en faveur d'Anselme-Antoine-Xavier de Vernety.

VI. Barthélemy de Vernety épousa : 1° Diane *de Queiras*, d'où est sortie sa postérité ; 2° le 12 juin 1605, Antoinette *d'Albert,* sœur du connétable de Luynes, qui se remaria en 1628 avec Henri-Robert *de la Marck*, prince de Sédan.

VIII. Joseph-Ignace de Vernety, petit-fils de Barthélemy ci-dessus, seigneur de Vaucrose, conseiller en la cour papale d'Avignon, épousa Marthe *de Roussel,* dont :

1° Pierre-Jean-Baptiste-Dominique, qui suit ;

2° Anselme-Antoine-Xavier de Vernety, comte de Vaucrose, né à Avignon le 16 avril 1759, mort sans alliance.

IX. Pierre-Jean-Baptiste-Dominique de Vernety, marquis de Saint-Hubert, gentilhomme ordinaire de la chambre du Roi en 1774, épousa le 16 mai 1780 Marie-Anne-Joséphine *de Folard,* dont :

1° Hubert de Vernety, directeur des contributions indirectes, mort non marié ;

2° Agnès-Marie-Xavier-Vincent-François de Vernety, garde du corps de Louis XVIII, chevalier de la Légion d'honneur, épousa en 1821 Pauline-Octavie *Colas de Brouville,* dont René de Vernety, marié avec Alix *Baguenault;*

3° Auguste de Vernety, directeur des douanes à l'île Bourbon, père de deux garçons et d'une fille ;

4° Hippolyte de Vernety, mort sans alliance;

5° Étienne de Vernety, lieutenant colonel d'artillerie, mort non marié;

6° Agnès de Vernety, mariée à Louis-Georges *Law de Lauriston*, comme on vient de le dire;

7° Ernestine de Vernety, morte sans alliance;

8° Adèle de Vernety, mariée à M. Pâris, dont : Émile Pâris, dominicain; Aristide Pâris, marié avec demoiselle *de Mieulle*; Adrienne Pâris, mariée à Auguste-Charles *Legendre*, lieutenant général d'artillerie; Nanine Pâris, mariée à Charles *Éblé*, lieutenant général, commandant l'École Polytechnique; et Marie Pâris.

DE FOLARD.

La famille de Folard, originaire d'Avignon, porte : *d'azur à la fasce d'or*. Elle a été illustrée par le fameux chevalier de Folard, surnommé le Végèce moderne, mort en 1752. Il était le grand oncle d'Hubert de Folard, né à Avignon en 1709, ministre plénipotentiaire de France en Allemagne, qui épousa à Munich, en 1759, Agnès baronne *de Mantica*, fille du baron de Mantica, noble bavarois, chambellan de l'empereur Charles VII et de demoiselle *de Ridler*, dont il eut six filles, qui suivent :

1° Joséphine de Folard, née en 1761, mariée en 1778 avec M. *de Toureau*, officier aux dragons d'Avignon; elle mourut à 18 ans;

2° Marie-Anne-Joséphine de Folard, née en 1763, morte en 1799, mariée à Pierre-Jean-Baptiste-Dominique *de Vernety*, comme on vient de le dire;

3° Amélie-Marie-Josèphe-Antoinette-Walbruge-Thérèse-Agnès de Folard, née en 1765, mariée en 1782 avec Richard-Daniel-Dominique baron *Darcy*, officier au régiment de Bouillon, dont :

   A. Pierre-Alfred comte Darcy, marié en 1832 avec Napoléone-Joséphine *Fontaine de Cramayel*, sœur du marquis de Cramayel, sénateur, sa cousine germaine;

   B. Eugène baron Darcy, marié en 1839 avec Joséphine *de Gaigneron de Marolles*;

   C. Élisabeth-Bernardine-Désirée Darcy, mariée en 1822 à Jean-Thomas *le Mesle*, dont : Georges-Paul le Mesle, marié en 1854 avec Juliette *de Menou*; Julien le Mesle; Amélie-Cunégonde le Mesle, femme du vicomte Charles *de Rancogne*; et Jeanne le Mesle;

4° Cunégonde de Folard, morte en 1841, mariée au marquis *de Boubers*, dont :

A. Adolphe marquis de Boubers, épousa Marie-Élisabeth *Bartholdi*, veuve du baron de Berkheim, dont deux filles : Clémentine de Boubers, mariée à M. *Renouard*, baron de Bussière, receveur général des finances à Colmar ; et Marie de Boubers, mariée en 1856 à Charles-François-Octave *Law de Lauriston*, comme on l'a déjà dit ;

B. Clémentine de Boubers, mariée à M. *Baudon*, receveur général des finances à Rouen ; dont : Adolphe Baudon, directeur de la Société de Saint-François-Régis, et Mathilde Baudon, mariée au marquis *de Maillé de la Tour-Landry*, dont dix enfants ; entre autres, Claire de Maillé, mariée en 1857 à Louis Marie-François *de la Forêt, comte de Divonne*, et Clémence de Maillé, mariée au baron *de Cambray;*

C. Agnès de Boubers, mariée à Charles-Louis *Law de Lauriston*, comme on l'a déjà dit ;

5° Demoiselle de Folard, née en 1772, mariée à M. *Fontaine, marquis de Cramayel*, dont quatre garçons et trois filles : 1° Louis ; 2° Richard ; 3° René-Éleuthère Fontaine, marquis de Cramayel, lieutenant général, sénateur, marié avec Pauline *Habert de Gentil;* 4° Jules Fontaine de Cramayel, diplomate ; 5° Félicie Fontaine de Cramayel, mariée à M. *de Montgay*, dont Gaston de Montgay et Valentine de Montgay, femme de M. *de Segonsac;* 6° Apolline Fontaine de Cramayel, chanoinesse ; 7° Napoléone-Joséphine Fontaine de Cramayel, mariée en 1832 à Pierre-Alfred, comte *Darcy*, son cousin germain, comme on vient de le dire ;

6° Hyacinthe de Folard, née en 1775, mariée à Adrien-François baron *de Bruno*, maréchal de camp, dont :

A. Édouard-Hubert-Joseph de Bruno, colonel de cavalerie, marié avec Hélène *Queulain;*

B. Ferdinand de Bruno, baron de Molaret, inspecteur des finances ;

C. Adrienne de Bruno, mariée en 1840 à Auguste *Le Moyne*, ministre plénipotentiaire près la confédération argentine, dont cinq enfants.

Nantes, Impr. And GUÉRAUD et Cie, rue Basse-du-Château, 6.

www.ingramcontent.com/pod-product-compliance
Lightning Source LLC
Chambersburg PA
CBHW071635270326
41928CB00010B/1930